Brian Leftow

·

Anselm's Argument
Divine Necessity

Oxford University Press

2022

Брайан Лефтоу

•

Аргумент Ансельма

Божественная необходимость

Academic Studies Press
Библиороссика
Бостон / Санкт-Петербург
2025

УДК 2-154
ББК 86.201
Л53

Перевод с английского Максима Воробьева

Серийное оформление и оформление обложки Ивана Граве

Лефтоу, Брайан.
Л53 Аргумент Ансельма: Божественная необходимость / Брайан Лефтоу ; [пер. с англ. Максима Воробьева]. — СПб.: Academic Studies Press / Библиороссика, 2025. — 496 с. — (Серия «Современное религиоведение и теология» = «Contemporary Religious and Theological Studies»).

ISBN 979-8-887199-87-0 (Academic Studies Press)
ISBN 978-5-907918-64-1 (Библиороссика)

«Если бы существовало какое-либо совершенное существо, его существование было бы абсолютно необходимым»: онтологический аргумент в пользу существования Бога, сформулированный схоластом Ансельмом Кентерберийским, до сих пор привлекает умы философов. Брайан Лефтоу в своей книге находит новый подход к оценке этого аргумента. Автор ставит перед собой две задачи: осмыслить категории возможности и необходимости в философии Ансельма и показать, что в его модели Необходимость Совершенного Существа действительно абсолютна.

УДК 2-154
ББК 86.201

ISBN 979-8-887199-87-0
ISBN 978-5-907918-64-1

© Brian Leftow, text, 2022
© Oxford University Press, 2022
© М. Воробьев, перевод с английского, 2025
© Academic Studies Press, 2025
© Оформление и макет.
ООО «Библиороссика», 2025

*Лоуренсу Ньюману, доктору медицины
Человеку, которого хорошо бы знать,
если у вас есть мозг*

Предисловие

Эта книга рассчитана на три группы читателей. В первую очередь на аналитических философов религии и исследователей средневековой философии. Но стиль аргументации Ансельма в пользу существования Бога оставался предметом споров и в ранней философии Нового времени, и поэтому я думаю, что студенты, изучающие раннюю философию модерна, также найдут здесь много интересного для себя. Книга является продолжением моей работы «Бог и Необходимость» в двух отношениях. Часть того, что я делаю, уточняя положения Ансельма, считается дальнейшим развитием модальной метафизики, основанной на силе, которую я представляю в той работе, поскольку Ансельм (как я это вижу) также основывает модальность на фактах о силах. Что еще более важно, я использую тезисы из «Бога и Необходимости» для защиты аргумента Ансельма. Таким образом, «Бог и Необходимость» и эта книга являются частью довода в пользу того, что Бог существует. Чтобы завершить этот довод, нужно доказать, что, возможно, Бог существует. Я надеюсь сделать это в другой книге.

Если дьявол кроется в деталях, то написание этой книги было похоже на игру в «бей крота» с демонами. Одно из удовольствий предисловия — возможность выразить признательность тем, кто помог мне их разбить. Грэм Оппи прокомментировал полный черновик более ранней версии этой книги и провел со мной три полных дня летом в интенсивном диалоге по электронной почте. Учитывая часовые пояса, я заставлял его сидеть за клавиатурой до полуночи. Это была замечательная щедрость. Кристофер Хьюз также прокомментировал всю рукопись с остротой и (опять же) щедростью в отношении своего времени. Некоторые комментарии Хьюза были длиннее главы, которую он комментировал. Питер Кинг прочитал ряд материалов по философии языка Ансельма. Ральф Уокер любезно прочитал материалы по Канту. Гонсало Родригес-Перейра любезно прочитал материалы по аргументам вычитания. Джошуа Расмуссен любезно прочитал несколько глав. Питер Милликан тоже уделил мне свое время. Дэниел Берндстон позволил мне донимать его вопросами по физике. Я благодарю их всех, а также мой выпускной курс Оксфорда по онтологическому аргументу и группы по работе над философией религии в Оксфорде и (особенно) Ратгерсе. Я старался признавать тот конкретный вклад моих коллег там, где он стал частью финальной версии исследования. Если вы дали мне что-то, а я нет, пожалуйста, извините. Эта книга долго появлялась на свет, и я не вел список.

Я посвящаю книгу признанию и иного долга. В 1998–1999 годы я был слишком болен, чтобы работать, жил на пособие по инвалидности и испытывал ужасную боль. Какое-то время все, что пробовали врачи, только ухудшало ситуацию. Я задавался вопросом, закончилась ли моя карьера; я задавался вопросом, будет ли боль тем, что осталось от моей жизни. В конце концов я попал под опеку Лоуренса Ньюмана, и тогда все начало меняться. Дело было не только в том, что он нашел правильное лечение. Он также был всем, чем должен быть врач на личном уровне: добрым, ободряющим, забавным. Он всегда отвечал на мои звонки, и, когда мне нужно было его увидеть, каким-то образом в его графике просто волшебным образом появлялось время. За пятнадцать лет, которые я прожил в Англии, я не заплатил ему ни цента гонорара, но все же, если моя проблема начинала повторяться, он был рядом с советами по электронной почте — быстро. Он вернул меня к работе осенью 1999 года. Три года спустя я был в Оксфорде. Моя благодарность ему не может иметь границ.

Есть еще один долг, который всегда заслуживает упоминания. Пока я работал над этой книгой, как и на протяжении всей моей карьеры, моя жена Дениз дарила мне время и тепло. Это делает ее похожей на сингулярность Большого взрыва, но уверяю вас, что она значительно приятнее.

Часть моих ранее опубликованных работ вошла в эту книгу, и я с благодарностью принимаю разрешение на их использование. Я благодарю Oxford University Press за разрешение использовать «Anselm on Necessity» (Oxford Studies in Medieval Philosophy. 2017. Vol. 5. P. 1–44). Я благодарю Cambridge University Press за разрешение использовать «Swinburne on Divine Necessity» (Religious Studies. 2010. Vol. 46. P. 141–162) и «Divine Necessity» (Charles Taliaferro, Chad Meister, eds. The Cambridge Companion to Christian Philosophical Theology. Cambridge: Cambridge University Press, 2010. P. 15–30).

Введение

Между обломками Римской империи и шпилями схоластики — в основном темная голая равнина, нарушаемая лишь одной настоящей башней: Ансельмом. На протяжении большей части своей карьеры ему не с кем было поговорить. У него было жалкое количество книг, которые он мог бы прочитать, и лишь немногие из них были философскими. Однако спустя 900 лет после его смерти невозможно обсуждать аргументы в пользу существования Бога, его природы или христианской доктрины искупления, не ощущая его присутствия.

Его аргументы в пользу существования Бога, безусловно, занимают первое место по оригинальности. Ансельм не был первым, кто сформулировал их ключевой тезис: Бог — это то, выше чего не может быть ничего больше. Он мог бы найти этот тезис у Сенеки, Августина или Боэция. Но он был первым, кто использовал его для доказательства существования Бога, и то, как он его использовал, не имело прецедента. Кант назвал новый вид аргумента Ансельма «онтологическим», — это яркий пример того, что плохая терминология приживается только потому, что она становится привычной. Вместо того чтобы проклинать тьму, я зажигаю свечу. То, больше чего невозможно помыслить, — это наибольшее мыслимое существо. Но многие трактуют фразу Ансельма как «вещь, выше которой нет ничего возможного», т. е. наибольшее возможное существо. Различия между этими двумя понятиями не имеют значения для текущих целей. «Совершенное существо» можно трактовать по-разному, и этот термин довольно краток. Поэтому я часто заменяю эту фразу Ансельма на «совершенное существо», а аргументы Ансельма называю «аргументами от совершенства»¹.

Ансельм предложил первый модальный аргумент от совершенства — то есть поставил в первую очередь на то утверждение, что есть

Необходимость Совершенного Существа (Perfect Being Necessity): если бы существовало какое-либо совершенное существо, его существование было бы абсолютно необходимым.

Чарльз Хартшорн и Норман Малкольм утверждали, что он сделал это в *Proslogion* 3 [Malcolm 1960; Hartshorne 1965]. Сейчас большинство не согласно с такой трактовкой. Но такой аргумент *есть* в «Ответе Гаунило»² Ансельма, в котором делается вывод о существовании совершенного существа. Этот вывод интересует Ансельма только потому, что он считает, что любое совершенное существо было бы Богом³. Поэтому, хотя Ансельм исходит только из **Необходимости Совершенного Существа**, он также считает, что

Божественная Необходимость (Divine Necessity): существование Бога было бы абсолютно необходимым.

---

1. Четвертый путь Аквината (Четвертый путь Фомы Аквинского) иногда называют аргументом от совершенства. Это название ошибочно. На самом деле это аргумент от степеней благости, бытия и т. д. к совершенному существу.

2. Это впервые заметил, насколько я могу судить, Роберт М. Адамс — см. [Adams 1971]. Мое рассмотрение этого аргумента отличается от предложенного этим автором в некоторых отношениях, но я не буду утруждать себя рассмотрением этих различий.

3. *Monologion* 15 говорит нам, что сущность, существование которой доказывается в *Monologion*, есть «то, чему лучше быть, чем не быть». Выведя из этого следствий, *Monologion* 80 делает вывод, что это Бог. *Proslogion* 5 говорит нам, что совершенное существо Ансельма есть «то, чем лучше быть, чем не быть». Таким образом, для Ансельма, согласно *Monologion* 80, это Бог.

Немного истории

Доктрины о необходимости божественного или совершенного существа прошли сложный путь. До Юма трудно найти философа, который рассматривал бы этот вопрос и отказал Богу или совершенному существу в самом сильном виде необходимости, который он или она признавали. Я буду утверждать, что самым сильным видом необходимости, которую Ансельм признавал, была та необходимость, которую я называю абсолютной, а другие — метафизической или — в широком смысле — логической. Если я прав, он был первым в христианстве, кто утверждал это. Возможно, он был первым вообще[4]. По крайней мере, четыре направления мысли способствовали длительной популярности идеи о необходимости божественного и совершенного существа.

Священные Писания авраамических религий учат, что Бог вечен. Аристотель утверждал, что все вечное существует необходимым образом[5]. Мысль, лежащая в основе его аргументации, была влиятельной вплоть до модерна. Правоверные христиане, иудеи или мусульмане, которые принимали рассуждения Аристотеля или нечто подобное им, считали себя приверженцами того, что Бог существует с той или иной необходимостью, которую они использовали для интерпретации рассуждений Аристотеля. Если они думали о Боге как о совершенном существе, они также оказывались приверженцами утверждения, что совершенное существо существует с такой необходимостью.

Опять же, вечность Бога включает в себя по крайней мере то, что Он никогда не прекратит свое существование. Рефлексирующие теисты обычно добавляют, что Он нетленен, то есть абсолютным образом не мог бы прекратить существовать. Средневековые аристотелики склонны были считать, что прошлое, раз оно прошло, абсолютно необходимо[6]. Прежде чем Сократ выпил

---

[4] Исламские философы утверждали божественную необходимость до Ансельма, но я не уверен, какой именно род необходимости они имели в виду.

[5] См. [Аристотель 1981, 3: 240]. Для настоящих целей нам нет нужды пытаться разобраться, какой именно вид необходимости он имеет в виду.

[6] Напр., см. Aquinas, *Summa Theologiae Ia*, 25, 4 et *ad* 2.

болиголов, он мог этого не делать. В то же время, утверждали они, после того как он выпил его, он уже не мог не выпить в каком бы то ни было смысле[7]. Таким образом, хотя то, что произошло в прошлом, могло никогда не произойти, теперь существует только одно абсолютно возможное прошлое. Предположим, что это так и что в этом прошлом Бог всегда существовал и абсолютно не мог перестать существовать. Если исходить из средневекового аристотелевского предположения, что Он всегда существовал, то теперь абсолютно необходимо, чтобы Он существовал. Если Он абсолютно не мог бы перестать существовать, то ни в одном абсолютно возможном продолжении реальной истории Он не прекращает существование. Если существует только одно абсолютно возможное прошлое, то каждая абсолютно возможная история состоит из актуального прошлого плюс некоторое абсолютно возможное продолжения актуальной истории. Таким образом, исходя из этих предположений, нет никакой абсолютно возможной истории, в которой бы Бог никогда не существовал. Таким образом, Бог существует с абсолютной необходимостью. Вера в одно абсолютно возможное прошлое оказалась под давлением по мере того, как Средневековье развивалось. Но до тех пор, пока она сохранялась, она плюс божественная нетленность требовали божественной необходимости.

Первые два довода в пользу доктрин о необходимости божественного или совершенного существа зависят от утверждений, которые мало кто из современных философов принимает, если вообще принимает. Но два других довода все еще привлекают внимание многих. Начиная с аль-Фараби, мусульманские философы разработали космологические аргументы от контингентности, которые утверждают, что существует нечто, что вызвало существование всех контингентных объектов. Если нечто обусловливает существование каждой контингентной вещи, то если Бог контингентен, то и Его существование обусловлено чем-то. Авраамические религии отвергают это. Все они говорят, что ничто не создало Бога. Для авраамических теистов, прини-

---

[7] См. Aquinas, *Summa Theologiae, Ia,* 25, 4.

мающих аргументы от контингентности, единственным выходом является утверждение, что существование Бога не является контингентным. Если это не так, то Он существует с необходимостью, которая сочетается с той контингентностью, которая присутствует в этом аргументе. Таким образом, любой авраамический философ, принимающий аргумент от контингентности, должен принять дополняющий ее вид божественной необходимости.

Наконец, как мы вскоре увидим, в «Ответе Гаунило» Ансельма утверждается, что совершенное существо будет существовать с абсолютной необходимостью только потому, что оно совершенно. Другими словами, он утверждает, что совершенство влечет необходимость. Больше Ансельм ничего не сказал. По-видимому, это казалось ему очевидным, как и многим впоследствии. Я попытаюсь привести некоторые аргументы в пользу этого утверждения. Опять же, то, что Ансельм имеет дело с абсолютной необходимостью, я утверждаю позже.

Так обстояли дела до Юма. Юм и Кант представили весьма влиятельные аргументы против **Божественной Необходимости (Divine Necessity)** и **Необходимости Совершенного Существа (Perfect Being Necessity)**. После этого эти два утверждения исчезли из поля зрения. В темной ночи посткантовской Европы трудно найти философа, который рассматривал бы этот вопрос. Среди аналитических философов XX века божественная необходимость имела столь плохую репутацию, что Дж. Н. Финдли мог основывать на ней предполагаемое опровержение существования Бога. Но ситуация снова изменилась. **Божественная Необходимость** и **Необходимость Совершенного Существа** сегодня являются консенсусом среди «аналитических» философов-теистов. Это не так, как если бы возникла битва и рыцари Необходимости уничтожили своих противников. Скорее, вскоре после появления семантики возможных миров (о которой мы еще поговорим) большинство философов-теистов, казалось, спонтанно восприняли интуицию Ансельма о том, что абсолютная необходимость идет вместе с совершенством. Мнение «перевернулось» без особых аргументов. Я разделяю эту интуицию. Но иногда интуиции не оправдываются, а иногда в них можно покопаться и раскопать аргументы. Я надеюсь сделать это и таким образом поставить **Божественную Необходимость** и **Необходимость Совершенного Существа** на более прочную основу.

Каковы мои задачи

Настоящая книга преследует исторические и философские цели. Одна из исторических целей — осмысление модальной метафизики Ансельма (то есть его метафизики возможности и необходимости). Другая цель состоит в том, чтобы показать, что необходимость в ансельмовской **Необходимости Совершенного Существа** действительно абсолютна. В это верили многие, но почти никто не верил в это на основании внимательного изучения модальной метафизики Ансельма. Вместо этого они считали это само собой разумеющимся или основывались на неверном прочтении. Они были правы, но либо не основывали свою позицию на каких-либо доводах, либо основывали на ошибочных. Я предлагаю (надеюсь) правильные доводы. Я добавляю, что если я правильно понял Ансельма, то его метафизика представляет собой забытую альтернативу, которую мы могли бы рассмотреть. Я доказываю достоинства этой альтернативы в другом месте [Leftow 2012]. Здесь же я привожу только ход его мысли, чтобы прояснить один аргумент.

Философская цель — защитить все, кроме одной, посылки аргумента в пользу существования Бога, близкого к аргументу Ансельма. Большая часть моих усилий направлена на доказательство **Необходимости Совершенного Существа и Божественную Необходимость**. Иногда я обращаюсь к пунктам, которые я обосновывал в «Боге и Необходимости» [Ibid.]. Таким образом, по мере того как аргумент переходит от истории к философии религии, эта книга становится продолжением «Бога и Необходимости», в которой я начинаю доказывать существование Бога, описанное там.

Почему они значимы

Необходимость Совершенного Существа является основой модального аргумента Ансельма от совершенства. Этого достаточно, чтобы привлечь к нему наше внимание. **Божественная Необходимость** могла бы занять место необходимости совершенного существа в этом аргументе. Этого достаточно, чтобы сделать его достойным нашего внимания. Но у нас есть еще больше причин, чтобы обратить на него внимание. Во-первых, она играет важную роль в большой части естественного богословия, и три других вида теистических аргументов требуют ее.

Сначала я отмечу аргументы, требующие этого. Только **Божественная Необходимость** может превратить космологические аргументы, основанные на случайности, в аргументы в пользу существования Бога. Ведь эти аргументы указывают на необходимое существо. Значит, Бог должен существовать необходимым образом, если мы хотим отождествить Его с ним. На самом деле, мы можем сделать еще один шаг дальше. Необходимое существо, на которое указывают эти аргументы, вызывает либо существование всех случайных вещей, либо существование первых вещей, в зависимости от того, как идет аргумент. Предполагается, что Бог играет эти роли. Если это делает что-то другое, значит, Бог не существует или не является таким, каким его считают. Поэтому теисты, принимающие аргументы от случайности, вынуждают себя принять **Божественную Необходимость**.

Божественная Необходимость также необходима для другого вида теистических аргументов, который я привожу в другом месте, — для аргументов, исходящих из модальной метафизики [Ibid.: 536 и далее]. Наконец, **Божественная Необходимость** позволяет ответить на вопрос «Почему существует что-то, а не ничто?». Ответ заключается в том, что не могло быть ничего, потому что Бог существовал бы, несмотря ни на что. **Божественная Необходимость** позволяет ответить и на вопрос «Почему существует что-то конкретное, а не ничто конкретное?». Бог, конечно, отвечает и на вопрос «Почему существует что-то физическое?». Эта тройная роль является законным источником религиозного благоговения. Она также служит дополнительным аргументом в пользу существования Бога, хотя я не могу развивать эту тему здесь.

Теперь я рассмотрю те места, где помогает **Божественная Необходимость**. Начнем с того, что она делает Бога более удовлетворительной конечной точкой объяснения для каузальных космологических аргументов. В них каузальное объяснение останавливается на первой причине, которую аргументатор надеется отождествить с Богом. Чем грубее факт, тем менее удовлетворительно с интеллектуальной точки зрения объяснение, которое на нем заканчивается, *ceteris paribus*. Факты являются грубыми, если необъяснимы и если нет объяснения тому, что именно они, *а не какой-то другой* возможный факт, имеют место. Факт является более грубым, если оба истинны, чем если истинен только один из них. Для контингентно грубых фактов оба истинны. Для абсолютно необходимых грубых фактов — только один является истинным. Любой абсолютно необходимый факт имеет место в сопоставлении с каким-то другим возможным фактом именно потому, что такого возможного факта не существует. Не существует другого возможного положения вещей. Таким образом, если космологический аргумент отождествляет первую причину с Богом, **Божественная Необходимость** делает ее существование более удовлетворительной объяснительной позицией. Некоторые считают, что необходимые факты существуют, *поскольку* нет никакого другого возможного сценария. Если это так — я приводил аргументы против этого [Ibid.: 51–55], — то абсолютно необходимые факты вовсе не являются грубыми. Если это не так, то абсолютно необходимое существо — это еще лучший способ объяснения.

Опять же, семейство теистических аргументов утверждает, что абстрактные сущности лучше всего интерпретируются с привлечением Бога: атрибуты как содержание Его понятий, пропозиции как существующие в Его мыслях и т. д. Один из вариантов утверждает, что Бог обеспечивает наилучший способ устранения абстракций — Его понятия или Его ментальные события, заменяющие атрибуты, Его мысли, выполняющие функцию пропозиций, и т. д. Теперь предположим, что абстракция, о которой идет речь, будет существовать необходимо. Любая причина, чтобы поместить их в носитель или устранить, была бы одинаково хороша в любой возможной ситуации. Так что если (бы) абстракции (были) необходимы и этот аргумент валиден и имеет истинные посылки, то у них обязательно есть носитель или устраняющий фактор. Если Бог может не существовать, чтобы принять или устранить их, возникают вопросы о том, почему нам гарантирована замена, когда Бога нет, что ее обеспечивает и играет ли она роль или разделяет ее, если Бог все-таки существует. На них трудно ответить. Лучше не задавать их. **Божественная Необходимость** позволяет их избежать. Кроме того, она упрощает метафизику, поскольку в ней есть только один возможный устраняющий фактор. Такая простота делает теорию более правдоподобной. Таким образом, **Божественная Необходимость** укрепляет аргументы в пользу Бога как носителя или устраняющего фактора.

Божественная Необходимость также может улучшить моральные аргументы в пользу существования Бога. Такие аргументы предполагают божественный источник или основание всех моральных истин. Некоторые из этих истин необходимы. Таким образом, если у них есть источник или основание, то они необходимо имеют его. Опять же, в самой простой теистической теории Бог обязательно должен быть таким источником или основанием, а значит, существовать необходимо.

Таким образом, я утверждаю, что убедительное доказательство **Божественной Необходимости** укрепит доводы в пользу существования Бога. Это позволило бы привести аргументы, которых в противном случае у нас бы не было, и улучшить другие. Помимо всего прочего, **Божественная Необходимость** может быть полезной в теологии. Даже теологи, не терпящие естественного богословия, иногда видят это. Так, Карл Барт пишет:

> Первый первичный смысл Божьей... самосущности... (заключается в том, что) Он Сам, в своем бытии, является Своей собственной основой и... отличает... Свое существо-

вание… даже от мысли о Его небытии. (И поэтому) способ существования Ему приличествует тот, который не ограничен возможностью его небытия… [Barth 1957: 306][8]

Предположим, что Бог существует необходимо, а никакая другая конкретная вещь — нет. Тогда Его необходимость может помочь объяснить, каким образом Он превосходит Свои создания. Она помогает заполнить идею о том, что Он принципиально иного рода. Кроме того, она объясняет Его вечность. Я утверждал, что это делает Его атемпоральным [Leftow 1991b: 36–49, 273]. Если я ошибаюсь в этом, то все же, если Он должен существовать, Он всегда существовал и всегда будет существовать. **Божественная Необходимость**, таким образом, говорит нам, почему Бог — Ветхий денми: все это просто бурлящий поток, за исключением Бога, который должен пребывать. Кроме того, как считает Барт, **Божественная Необходимость** может помочь объяснить Его самосущность. Частью существования «из Себя» является то, что именно из Себя следует, что альтернативы Его существованию нет. Один из способов объяснить это приводит к теистической модальной метафизике [Leftow 2012]. Опять же, как отмечалось выше, **Божественная Необходимость** позволяет Богу играть главную роль в метафизике возможного, необходимого и абстрактного. То, что Он играет эти роли, является теологическим союзником, важным и плодотворным — и даже удовлетворительным — делом для религиозного созерцания.

---

[8] Несмотря на это, Барт не решается сказать, что Бог существует необходимо [Ibid.: 307]. Его беспокоит три момента. Наименее серьезный касается коннотаций и этимологии слова «необходимый». Более серьезно его беспокоит то, что мы можем думать, что у нас есть доступ к необходимости Бога помимо откровения. Но это не часть Божественной Необходимости, которая является метафизическим тезисом. Этот момент, связанный с доступом вне связи с откровением, не имеет последствий для эпистемологии. Наконец, Барт хочет предотвратить любое утверждение, что необходимость Бога первична относительно Его фактического существования и объясняет его. Моя концепция необходимости Бога не утверждает этого [Leftow 2012: 437и далее].

Основная часть этой книги посвящена **Необходимости Совершенного Существа** и **Божественной Необходимости**. Эти утверждения, как я полагаю, вполне заслуживают нашего внимания. Теперь я использую остальную часть этого введения, чтобы заложить основу для дальнейшего изложения. Я объясняю концепцию абсолютной необходимости, которую (как я утверждаю) мы находим у Ансельма и которая лежит в основе аргумента от совершенства, защиту которого я начинаю здесь. Для этого я объясняю концепцию возможного мира. Затем я указываю на некоторые вещи, которые я не буду обсуждать. Наконец, я предлагаю «дорожную карту» этой книги.

Абсолютная необходимость

Чтобы обсуждать утверждения о том, что существование чего-то является абсолютно необходимым, я должен объяснить, что такое абсолютная необходимость. Более полное описание этого понятия я даю в другом месте [Ibid.: гл. 1]. Сейчас я его введу. Для этого я использую своеобразную концептуальную машинерию. Сначала я поставлю ее на ход, потом применю в деле. Затем я покажу, как можно обойтись без нее.

Возможности бывают разными по своему охвату. Возможно, что меня изберут папой римским. Также возможно, что меня изберут папой, а моя жена будет удивлена. Возможно также, что я буду избран папой, моя жена будет удивлена, а Коллегия кардиналов в тот день будет пьяна в стельку. Эти возможности — маленькие кусочки возможных историй. Некоторые возможности являются возможными *полными* историями для всей реальности. Если бы они актуализировались, то для любой пропозиции Р было бы верно, что Р, а не то, что не-Р[9]. Это самые большие возможности. Возможность была бы больше, чем эти, только если бы в случае ее актуализации, для некоторого Р и то, что Р, и то, что не-Р было бы истинно. Подобная «возможность» вовсе не

---

[9] Я предполагаю бивалентность в рамках примера. Ничто в моем аргументе не предполагает ее.

была бы возможностью. Это не было бы тем, что может произойти[10]. Философы называют самые большие возможности возможными мирами. Каждая меньшая возможность является частью некоторых возможных миров и является их пересечением. Например, возможность того, что я стану папой римским, является частью многих. История может пойти разными путями, когда я стану папой Брайаном I.

Доминирующая семантика модальных высказываний говорит о возможных мирах[11]. Она рассматривает слова «необходимо» и «возможно» как квантификаторы над ними. Верно, что (∃x)(Fx) тогда и только тогда, когда хотя бы один объект в области «∃x», к которой мы применяем квантификацию, является F. Доминирующая семантика рассматривает «возможно» как экзистенциальный квантор над областью возможных миров. То есть считается, что возможно P, если и только если хотя бы в одном возможном мире в области, P (истинно/имеет место). Она рассматривает «необходимо» как универсальный квантор над областью возможных миров. То есть считается, что обязательно P тогда и только тогда, когда оно во всех возможных мирах в области, P.

Это дает возможность эксплицировать абсолютную необходимость, учитывая еще одну идею. Иногда, когда мы утверждаем, что возможно P, мы имеем в виду, что, насколько нам известно, P, или что наши убеждения не исключают, что P, и тому подобное. Такая возможность — это отношение между утверждением, что P, и совокупностью убеждений, знаний и т. д. Таким образом, она соотносит утверждения с сознаниями. Другие виды возможности и коррелирующие с ними виды необходимости не относят утверждения к сознаниям. Они касаются того, как вещи могут или должны быть, независимо от какого-либо конечного сознания. Поэтому я называю такие виды возможности и необходимость

---

[10] Вопреки диалетеизму.
[11] Классическая парадигма представлена у Сола Крипке — см. [Kripke 1971]. Альтернативные подходы можно найти, например, в следующих работах: [Humberstone 1981; Perry 1986; Stalnaker 1986].

объективными. Теперь я использую этот термин в работе. Если модальные термины квантифицируют миры, то абсолютно-модальные термины квантифицируют объективно возможные миры:

Абсолютно-необходимо P = df. во всех объективно возможных мирах, P.
Абсолютно-возможно P = df. по крайней мере в одном объективно возможном мире, P[12].

То, что P абсолютно невозможно, только если ни в одном объективно возможном мире P. Оно абсолютно случайно, только если оно не является ни абсолютно необходимым, ни абсолютно невозможным. Полезными будут еще три тезиса. Верно, что P в возможном мире W только в случае, если абсолютно необходимо: если W актуально, то P. Предмет I существует в возможном мире W только в случае, если абсолютно необходимо: если W актуально, то I существует. Положение дел S имеет место в возможном мире W только в том случае, если абсолютно необходимо, если W актуально, то S имеет место[13].

Поскольку абсолютное «возможно» квантифицирует *все* объективно возможные миры, абсолютная возможность — это самая широкая объективная возможность. Все, что так или иначе объективно возможно, является абсолютно возможным. Таким образом, любая другая разновидность объективной возможности является истиной или имеет место в некотором подклассе абсолютно возможных миров. Если это так, то каждый другой вид объективной возможности по сути является ее ограничением. Для каждого другого вида объективной возможности S существу-

---

[12] Если не существует таких вещей, как возможные миры, они могут квантифицироваться над суррогатами миров или «меньшими» возможностями (как, например, [Humberstone 1981]). «Бог и Необходимость» предоставляет теорию суррогатов миров. Считайте это уточнение действующим с этого момента.

[13] Как у Алвина Плантинги — см. [Plantinga 1974: 46–47].

ет некоторое условие C, которому только миры в подклассе S соответствуют. Например, мир номинально возможен тогда и только тогда, когда он абсолютно возможен и имеет только действительные/актуальные естественные законы. Для того чтобы быть S-возможным миром, необходимо быть абсолютно возможным и удовлетворять условию C. Быть абсолютно возможным не требует соответствия какому-либо такому C. Таким образом, абсолютная возможность — это самый слабый, наименее требовательный вид объективной возможности.

Для абсолютной необходимости, опять же, область миров — это все объективно возможные миры. Это делает ее самым сильным видом объективной необходимости. Необходимо P тогда и только тогда, когда в каждом мире в соответствующей области, P. Так что абсолютная необходимость P тогда и только тогда, когда во всех объективно возможных мирах, P. Так что абсолютно необходимо P тогда и только тогда, когда ни в одном объективно возможном мире, ¬P. Абсолютная необходимость является самой сильной, потому что абсолютная необходимость P исключает всякую объективную возможность того, что ¬P вообще возможно. Другие объективные необходимости этого не делают. Номинально необходимо, чтобы $E = mc^2$, но абсолютно возможно, чтобы $E = mc^3$. Существуют объективно возможные миры без наших номических необходимостей. Таким образом, номическая необходимость слабее, чем абсолютная. Чем слабее необходимость, тем больше доля возможных миров без нее. Как всякая другая разновидность объективной возможности является абсолютной возможностью при некотором условии, так и каждый другой вид объективной необходимости является абсолютной необходимостью при некотором условии. Номически необходимо, чтобы P, например, в том случае, если это абсолютно необходимо, учитывая действительные законы природы, чтобы P — то есть в том случае, если актуальные законы природы влекут за собой P.

Если существуют какие-либо объективно возможные миры, то существуют и абсолютные необходимости. Ибо если такие миры существуют, то некоторые истины будут иметь место во всех из них. Предположим для простоты, что существует всего два таких мира и всего две атомарные пропозиции, что P и что Q. Чтобы попытаться отрицать, что что-либо истинно во всех возможных мирах, давайте скажем, что в одном мире P, но не Q, а в другом Q, но не P. Это не исключает истинности во всех мирах. В обоих случаях истинно P или Q, и что нечто истинно. Нечто, истинное во всех объективно возможных мирах, является абсолютно необходимым. Таким образом, абсолютных необходимостей не существует только в том случае, если не существует объективно возможных миров[14].

Мы также можем определить абсолютную необходимость, не обращаясь к понятию возможных миров (world-talk). Мы можем сказать:

Абсолютно необходимо, что P = df. Несмотря ни на что, будет верно, что P.

Рассмотрим утверждения, что $2 + 2 = 4$ или что $((P \land (P \to Q)) \to Q)$. Могли ли они быть ложными? Нет! Разум восстает против этой мысли. Они истинны, несмотря ни на что. «Несмотря ни на что» означает именно это. Они будут верны в любой объективно возможной ситуации, какой бы шокирующей она ни была. Они абсолютно не могут не быть истинными, и точка. Эти истины — яркие примеры абсолютной необходимости. Давайте теперь сделаем это определение более формальным. Абсолютная необходимость — это такая необходимость, которая *присутствовала бы* независимо от обстоятельств. Поэтому можно дать такое определение в терминах сослагательного наклонения или кондиционала «могло бы быть» >:

Абсолютно-необходимо P = df. Для любого объективно возможного Q, Q > P[15].

---

[14] Или суррогаты миров, и т. д.
[15] Как у Тимоти Уильямсона — см. [Williamson 2005: 17].

То есть, *согласно* предыдущему аргументу, абсолютной необходимости не существует только в том случае, если не существует объективных возможностей. Утверждение, что объективных возможностей не существует, заслуживает обсуждения, но здесь я его не обсуждаю. Нужно с чего-то начать. Я начинаю с того, что существует реальная и нередуцируемая объективная модальность.

Что я не буду обсуждать

Замечу, что есть то, что я не буду здесь обсуждать.

Первое — я не буду говорить о существах как о великих и величайших. Ансельм считает, что это имеет смысл. В другом месте я пытаюсь доказать, что это действительно так[16]. Я полагаю, что «большее» Ансельма — это понятие, действующее в таких обычных истинах, как то, что 7-я симфония Бетховена — более великое произведение, чем «Ярость по поводу утерянного гроша», или что Линкольн был более великим человеком, чем я. Если это все, то метафизика, стоящая за этим словоупотреблением, может быть довольно безобидной. Защищая его идеи в других местах, я говорю так же, как Ансельм. Приведенные мной ниже аргументы в пользу **Необходимости Совершенного Существа** включают *аргументы от совершенного существа* — аргументы, прибегающие к рассуждениям о том, каким было бы совершенное существо. Некоторые отвергают такие аргументы. Я надеюсь рассмотреть этот вопрос в другом месте. Читатели, скептически относящиеся к аргументам такого рода, должны спросить, действительно ли те особенности, которые их беспокоят, играют какую-то роль в моем рассуждении. Если эти мои читатели думают, что это так, то, надеюсь, они будут играть со мной в ту же игру, что и я с ними до того момента, когда я представлю защиту.

Я защищаю аргумент в пользу совершенного существа. Он предполагает, что, возможно, совершенное существо существует. Здесь я защищаю только другие предпосылки аргумента.

---

[16] См. [Leftow... a] и [Leftow... b].

Я надеюсь обсудить предпосылку о возможности в другом томе. Поскольку она не является моей темой, здесь я не обсуждаю ни ее, ни возражения против нее, ни то, что она предполагает.

Ансельм утверждает, что его совершенное существо обладает традиционными божественными атрибутами[17]. Но он просто принимает как данность, что эти атрибуты могут быть у этого существа. Это большое допущение. Но обсуждение этого допущения привело бы к обсуждению предпосылки о возможности у Ансельма. Это значило бы обсудить его идею о том, что влечет за собой эта посылка, а значит, и о том, каково ее реальное содержание. Если одно существо обладает всеми традиционными божественными атрибутами, то они не только могут быть у этого существа, но и могут быть все взаимно совместимы. Но обсуждение вопросов совместимости привело бы к обсуждению предпосылки возможности Ансельма. Поэтому пока что я не обсуждаю эти вопросы. Я просто соглашаюсь с Ансельмом. Я использую «Ансельмовское существо» для сокращения «совершенное существо в целом, как его представляет себе его Ансельм». Иногда я напоминаю читателю о том, что я допускаю *arguendo*, говоря не о совершенном существе, а об Ансельмовском существе.

Некоторые отвечают на модальный аргумент Ансельма, пародируя этот аргумент. У нас есть (утверждает пародист) столько же оснований допустить, что, возможно, существует обязательно существующий Кетцалькоатль, как и для того, чтобы допустить, что возможно существование Ансельмовского существа. Если мы примем это и параллели с остальными предпосылками Ансельма, то Кетцалькоатль существует. Мы не думаем, что он существует. Поэтому мы не должны принимать ни то, ни другое. Но (говорит пародист) у нас не больше причин принимать предпосылки Ансельма, чем принимать их параллели с Кетцалькоатлем. Поэтому если мы не принимаем эти вещи в случае Кетцалькоатля, то мы не должны принимать их и в случае Ансельма. Я подробно обсуждаю пародию в другой книге

---

[17] Как в *Proslogion* 5, *Monologion* 80.

[Leftow... a]. Хотя это обсуждение играет ключевую роль с другим аргументом у Ансельма, большая часть этой дискуссии применима и здесь.

Предупреждение о вреде здоровью

Обратите внимание, чего не говорит **Необходимость Совершенного Существа**. В ней не говорится (или подразумевается), что необходимость делает совершенное существо великим. Это могло бы быть правдой, если бы необходимость не наделяла величием сама по себе, но была бы необходимым условием некоторого приращения величия. Опять же, здесь не говорится (или подразумевается), что лучше существовать необходимо, чем контингентно. Ведь совершенное существо обладает наилучшим набором совместно возможных сущностных атрибутов. Поэтому в принципе совершенное существо может быть необходимым, даже если в отдельности ему лучше быть контингентным. Необходимость может попасть в круг победителей, потому что нечто другое подразумевает ее, и ценность этого нечто и ценность этой вещи перевешивает ценность, которую могла бы привнести контингентность.

Дорога впереди

План таков. Чтобы понять, что Ансельм имеет в виду под необходимостью совершенного существа, нам нужно знать, что он подразумевает под словом «необходимо» и как он понимает метафизику необходимости. В главе 1 излагается метафизика. Идеи Ансельма во многом пересекаются с теми, которые я разработал в «Боге и Необходимости». Таким образом, глава 1 также показывает, как теория в моем духе может лежать в основе основных истин модальной логики. В главе 2 обсуждаются модальные утверждения, для экспликации которых Ансельм использует свою метафизику. Ансельм объясняет, почему прошлое «фиксировано» и становится актуальным, и я пытаюсь прояснить смысл этой концепции. В главе 3 рассматриваются возражения против моего утверждения, что Ансельм имеет дело с абсолютной модальностью, а также некоторые возражения против аспектов концепции Ансельма. Как ни странно, это приводит меня к его доктрине о предопределении. Оказывается, оно сильно отличается от того, что можно найти у Августина или Кальвина. В главе 4 излагается модальный аргумент Ансельма и не совсем идентичный ему аргумент, который я защищаю. В главе 5 показано, что одна из посылок аргумента верна тогда и только тогда, когда модальная логика для абсолютной модальности включает в себя то, что известно как система Брауэра (далее просто «Брауэр»)[18]. В ней также обосновывается, что эта логика включает систему Брауэра, и поэтому эта предпосылка на самом деле истинна. В остальной части книги рассматривается вопрос о **Необходимости Совершенного Существа**. В главах 6–12 я пытаюсь защитить ее от всех существующих возражений. Для тех, кто считает ее интуитивной, этого должно быть достаточно. Интуиция, которая не встречает никаких отменяющих факторов, не имеет поражений. Для тех, кто не уверен в **Необходимости Совершенного Существа** или хотел бы узнать, может ли аргумент сформулировать или подкрепить их интуицию, главы 13–17 доказывают **Необходимость Совершенного Существа**.

---

[18] Ради ясности я буду использовать в том числе словосочетание «постулат Брауэра» в отношении одной из значимых аксиом этой системы. — *Прим. перев.*

Глава 1
Метафизика

В «Ответе Гаунило» Ансельма говорится: «Если бы... нечто, выше которого ничего нельзя помыслить... существовало, то ни в действительности, ни в уме оно не могло бы не существовать».

Здесь Ансельм утверждает, что совершенное существо существовало бы необходимо. Теперь я разворачиваю аргумент в пользу того, что необходимость в этом утверждении является такой, которую мы сейчас называем в широком смысле логической, метафизической или абсолютной. Если это так, то здесь Ансельм утверждает **Необходимость Совершенного Существа**.

Ансельм не так много писал о модальности, а то, что он написал, озадачивает. Он описывает всю модальность в терминах силы, предотвращения и принуждения. Однако он применяет эти понятия к случаям необходимости, которые кажутся чисто алетическими — то есть такими, какими обладают логические истины. Поскольку смешение Ансельмом каузального и алетического кажется нам странным, исследователи Ансельма склонны разделять эти два понятия. Ансельм различает два вида необходимости. Большинство переводит его термины как «предшествующее» и «последующее», но я использую «первичное» и «последующее». Многие считают, что Ансельм говорит о принуждении и предотвращении применительно только к физической, причинной или естественной необходимости. Они склонны отождествлять их с первичной необходимостью, — необходимостью, которая «приходит раньше» того, что необходимо, и «заставляет» его иметь место. Затем они должны были завершить историю, найдя у Ансельма что-то для выражения абсолютной модальности. Некоторые считают, что у Ансельма последующие модальности осуществляют эту задачу, другие — что эту роль выполняют его рассуждения о том, что может и не может быть помыслено.

Я считаю эти подходы неверными. Я предлагаю другую концепцию. Я утверждаю, что рассуждения Ансельма о власти, предотвращении и принуждении — это его метафизика всех объективных модальностей и что как предшествующая, так и последующая необходимости абсолютны. Следующий этап — экспликация модальной метафизики. В главе 2 я пытаюсь указать, что Ансельм применяет ее именно к тому, что мы бы назвали абсолютными необходимостями. Чтобы сократить объем книги, я излагаю только свое прочтение Ансельма. Я не спорю с конкурирующими концепциями[1]. Заинтересованный читатель может найти мой взгляд на эту проблему в другом месте [Leftow 2017: 23–39]. Наш главный вопрос заключается в том, какого рода (видов) модальности требует метафизика Ансельма, а сам Ансельм никогда не говорит об этом прямо. Поэтому я в основном привожу его изложение, не уточняя этого. Когда я показываю, как она лежит в основе некоторых основных модальных истины, я указываю на то, что должно быть сказано, если оно применимо к абсолютной модальности.

1.1. Метафизика необходимости

Ансельм говорит о необходимости так:

> Всякая необходимость есть либо принуждение, либо предотвращение (prohibitio), причем эти две необходимости соотносятся противоположно, как «необходимое» и «невозможное». Ибо то, что вынуждено быть, предотвращается от небытия, а то, что вынуждено не быть, не может не быть,

---

[1] Об этом см. [Smith 2014; Williams, Visser 2009: 170; Craig 1986b; Henry 1967: 177–180; Roques 1963].

а что вынуждено быть, не может быть, так же как то, чему необходимо быть, невозможно не быть, а то, чему необходимо не быть, невозможно быть[2].

Эта концепция говорит о том, что такое необходимость. Она универсальна по своему охвату. Это утверждение о *всякой* необходимости. Как считает Ансельм, всякая необходимость *состоит в принуждении или предотвращении*[3]. Таковы «две необходимости». Поэтому для Ансельма разговор о необходимости — это на самом деле разговор о них. Быть необходимым — значит быть вынужденным. Необходимо не быть (быть невозможным) — значит быть предотвращенным. Ансельм, как ему кажется, доводит дело до конца, показывая, что отношения между принуждением и предотвращением зеркально отражают отношения между необходимостью и невозможностью. Иными словами, эти два понятия являются жизнеспособным основанием для логических истин, которые Ансельм признает в отношении необходимости и невозможности. Ансельм хочет иметь модальную метафизику, адекватную известной ему модальной логике, и видит в этой адекватности аргумент в пользу своих взглядов.

---

[2] См.: *Cur Deus Homo* II, 17, [Schmitt 1936, II: 123].

[3] В той же главе, всего на один-два абзаца позже, Ансельм говорит, что последующая необходимость не вызывает ничего (*Cur Deus Homo* II, 17, [Schmitt 1936, II: 125]). Если он просто не противоречит сам себе, его точка зрения должна заключаться в том, что либо принуждение или предотвращение, которые оно осуществляет, не являются причинными, либо разговор о последующей необходимости в его техническом смысле некорректен (о каком техническом смысле идет речь — можно понять из пункта 1.4). Я показываю позже, что существует не-каузальное предотвращение. В *De Concordia* I, 2 Ансельм говорит, что последующая необходимость ни принуждает, ни предотвращает что-то от того, чтобы быть или не быть [Schmitt 1936, II: 249], и ничего не принуждает к тому, чтобы быть [Ibid.: 250]. Опять же, он может иметь в виду, что последующая необходимость является необходимостью не в собственном смысле. Эти тексты также могут просто подчеркивать, что последующая необходимость положения дел не принуждает *это положение дел* к тому, чтобы быть.

Проблема темпоральности может, казалось бы, препятствовать использованию принуждения для интерпретации необходимости. Если необходимо P, то P. Между ними нет временного разрыва. Но предположим, что пират заставляет меня пройти по доске, держа меня на острие кортика. Я медленно отступаю, приближаясь к краю, пока кортик подталкивает меня. Меня заставляют прыгнуть в океан. Но я еще не прыгнул. Поэтому кажется, что я могу это осуществить, но еще не сделал этого. Если принуждение допускает временной разрыв, а необходимость — нет, то необходимость не может быть просто принуждением.

Я отвечаю, что принуждение дает результат. Ведь «принуждать» — это то, что Райл называл термином успеха. Сила, которой успешно сопротивляются, не может успешно принудить. Можно сказать, она просто пытается принудить. Нечто принуждает к P только в том случае, если оно действительно приводит к этому P. «Я был принужден сделать это, но не сделал» — это так же странно, как и «меня заставили это сделать, но я не сделал». Это странно, потому что быть принужденным сделать это — значит сделать это. Лучше сказать «Меня заставили...», «Я чувствовал себя принужденным...» или «Я был вынужден сделать это...». Пират заставляет меня прыгнуть. Меня принуждают к прыжку. Пират пытается заставить меня прыгнуть, и, возможно, вскоре ему это удастся. Однако я сопротивляюсь. Вот почему я еще не прыгнул. Несмотря на принуждение, я, возможно, никогда не прыгну. Возможно. Вместо этого я буду стоять, драться и получать удары. Все это — способ трактовать фразу «меня принуждают прыгнуть». Я не *был вынужден* прыгнуть, пока я не прыгнул. Обратите внимание на разницу в аспекте[4]. Мысль Ансельма может оказаться верной, если мы сохраним принуждение в совершенном («был принужден»), а не несовершенном («меня принуждают»).

Принуждение не просто дает результат. Интуитивно, принуждение имеет модальное содержание. Согласно одной картине,

---

[4] В оригинале — 'aspect', на русский можно адаптировать как «вид». — *Прим. перев.*

оно обусловливает необходимость своего результата. В рамках того, что представляет нам эта картина, буквальное принуждение пойти куда-то делает меня неспособным не пойти туда. Если я могу туда не идти, то я не был буквально вынужден туда идти. На меня лишь оказали давление. Успех в принуждении включает в себя успех в том, чтобы необходимо приводить к определенному результату. «Я был принужден это сделать, но не вынужден» звучит довольно странно. Там, где я не должен был этого делать, «я был вынужден это сделать» может быть более точным, хотя и менее идиоматичным. Здесь можно предположить, что если необходимость является частью принуждения, то она не может *быть* просто принуждением, как утверждает Ансельм. Но позиция Ансельма может состоять в том, что необходимость существует в реальности, в частности (*inter alia*), как модальное содержание случаев подлинного принуждения. Если принуждение обусловливает необходимо, то сказать, что нечто было вынужденным, значит сказать нечто большее, чем просто то, как оно возникло. Это имеет отношение к тому, что могло (не могло) произойти вместо этого в данной ситуации.

Согласно тому представлению своей модальной силы, которое дает вторая картина, принуждение может обусловливать необходимость, но может и просто делать результат очень вероятным. Оно либо не оставляет выхода, либо оставляет только маловероятные и трудные выходы. Грабитель, приставивший пистолет к голове кассира банка, давит на кассира, чтобы тот отдал деньги. Если кассир сдается, мы говорим, что грабитель принудил кассира к действию. Мы говорим это, хотя кассир мог отказаться. Согласно этой второй картине акт физического принуждения со стороны грабителя действительно вынудил его жертву, потому что принуждение не обязательно приводит к некоему результату с необходимостью. По мнению Ансельма, это всего лишь пустая болтовня. Это не было истинным принуждением. Оно просто очень сильно побуждало к действию.

Вторая картина поднимает вопрос о том, что отличает приводящий с необходимостью к определенному результату вид принуждения от того, который я описал в примере с грабителем.

Ансельм не мог допустить, чтобы отличительной чертой была необходимость. Ибо тогда его рассказ о необходимости включал бы в себя нечто, напоминающее круговое определение: необходимость — это правильный вид принуждения, а правильный вид — это тот, который обусловливает необходимость. Но было бы трудно избежать круга такого рода. Например, «непобедимый» может показаться правдоподобной отличительной чертой. Но непобедимым является то, чему невозможно успешно противостоять, — то есть то, что требует неудачи в сопротивлении, а значит, требует результата. Трудно представить, что Ансельм мог бы попытаться сделать, чтобы не столкнуться с этим. Учитывая его цель экспликации необходимости, ему лучше остановиться на первой картине, — и, как я уже предположил, эта картина достаточно интуитивна.

Предотвращение тоже имеет модальное содержание. Согласно первой картине, то, что мне не дают куда-то попасть, значит, что я не могу туда попасть. Если я могу туда попасть, не помешает мне туда попасть. Таким образом, предотвращение с необходимостью приводит к результату. Если я препятствую тому, что Р, я закрываю все пути к Р. Я делаю так, что ход истории не может привести к такому результату. Такова картина Ансельма. Согласно другой картине, предотвращение может приводит с необходимостью к определенному результату, но это не обязательно. Предположим, римляне закрыли все альпийские перевалы для Ганнибала, кроме самых худших. Если бы это заставило Ганнибала отказаться от своего плана, мы могли бы сказать, что римляне предотвратили его вторжение, даже если бы он мог воспользоваться единственным открытым перевалом. Ансельм тоже назвал бы это пространными речами, и проблема со второй картиной принуждения имеет параллель с проблемой предотвращения. Для Ансельма принуждение и предотвращение — это необходимость. Они имеют модальное содержание. Он не сводит их к чему-то более базовому. Таким образом, основание концепции Ансельма — модальное. Он не устраняет модальность и не сводит ее к чему-то немодальному. Он делает примитивную модальность частью реальности.

Зачастую использование сил — это то, что вынуждает или предотвращает: толчок вынуждает и предотвращает. Потенциальное применение силы тоже часто вынуждает или предотвращает. Бдительная мать может помешать своему ребенку выбежать на улицу. Ее бдительность может гарантировать, что, если ребенок начнет бегать, она загонит его в угол. Она предотвращает, потому что она потенциально может использовать определенные силы, потому что они уже есть, готовые действовать. Фактическое или потенциальное использование силы, кажется, не является обязательным условием в рассказе об алетической или абсолютной необходимости. Ни то ни другое ни заставляет быть так, что 2 + 2 = 4, ни препятствует тому, чтобы 2 + 2 = 5. Опять же, для Ансельма Бог существует необходимо. Никакое фактическое или потенциальное использование силы не заставляет Его существовать или не позволяет Ему никогда не существовать. Поэтому может показаться, что Ансельм просто не может рассматривать всю абсолютную необходимость как принуждение или предотвращение.

Я утверждаю, что он может. В цитате, приведенной в начале этого раздела, Ансельм говорит, что принуждение влечет за собой предотвращение. Он не говорит, что предотвращение влечет за собой принуждение. Это может быть неслучайно. Предотвращение не требует даже возможного применения силы. Отсутствие необходимого условия предотвращает. Отсутствие может предотвратить без фактического или возможного применения силы. У кошек отсутствуют жабры. Отсутствие последних препятствует дыханию этих животных под водой. Но оно не использует и не может использовать никакую силу, чтобы предотвратить это. Ответ: несмотря на это, отсутствие жабр не позволяет кошкам дышать под водой. Здесь отсутствие, негативное положение дел, вызывает ненаступление события. Таким образом, случай с жабрами не показывает, что предотвращение может быть там, где не может возникнуть причинно-следственная связь. Причина может возникнуть даже там, где сила не может быть использована.

Причинно-следственная (каузальная) связь, вызванная отсутствием объекта, и отрицательная причинно-следственная связь — это большие темы для обсуждения. Все, что я могу сделать здесь, это обозначить ту линию, которой я хотел бы придерживаться. Она заключается в том, что разговоры об отсутствии как о причине на самом деле являются сокращением. Мы говорим, что отсутствие капитана привело к тому, что корабль сел на мель. Но на самом деле все дело в том, что волны посадили корабль на мель, и если бы капитан был у штурвала, он, вероятно, предотвратил бы это. Если мы говорим, что отсутствие жабр стало причиной и т. д., то это аналогичное сокращение для «кошки не дышат под водой, а если бы у них были жабры, они бы дышали». Причины, на мой взгляд, — это всегда либо события, либо субстанции. Отсутствия не являются ни тем ни другим.

Двигаясь дальше, содержание атрибутов может предотвращать. Треугольность мешает нарисовать треугольник, нарисовав трапецию. Но треугольность не *делает* и не может ничего *сделать*, чтобы предотвратить это. Кто-то может сказать, что поскольку эта связь не каузальна, то это не настоящее предотвращение, что разговоры о предотвращении атрибутов — это то же самое сокращение, на которое я ссылаюсь в случае с отсутствующим капитаном. Но рассмотрим диалог. «Что это ты рисуешь?» — «Треугольник». — «Пусть это будет заодно и рисунок трапеции!» — «Я не могу». — «Почему? Что тебя останавливает?» — «Треугольники просто не трапеции, вот что». Здесь Художник дал Любопытному подлинное объяснение. Любопытный просил о невозможности. Художник объяснил, почему это невозможно. То, что делает что-то невозможным, мешает. «Треугольники — не трапеции» — жест, указывающий на факты об атрибутах, которые делают это невозможным.

Все, что нужно Ансельму для реализации его идеи, — это чтобы либо принуждение, либо предотвращение обеспечивали любую необходимость. Ему не нужны оба этих компонента во всех случаях. Если предотвращение не обязательно должно быть каузальным и может опираться на содержание природы, то основанная на предотвращении концепция необходимости Бога и математики не исключена с самого начала. Я вернусь к обсуждению этих вариантов позже.

1.2. Ансельм о возможности

Рассмотрим следующее:

> До того, как он существовал, существование (мира) было одновременно и возможным, и невозможным. Оно было невозможно для того, кто не имел возможности заставить его существовать. Но он был возможен для Бога, в чьей власти было заставить его существовать[5].

Ансельм объясняет «возможное» и «невозможное» в терминах «возможное для» и «невозможно для». В понимании Ансельма, то, что возможно для x, — это то, что x может то, к чему x может привести. Поскольку Ансельм говорит, что невозможность «есть» предотвращение, то, что «это было невозможно», для мира утверждает, что мир был лишен возможности действовать. Его появление не было предотвращено в целом, потому что нечто другое могло сделать то, что мир не мог. Для Ансельма то, что предотвращается в любой ситуации, решается только *всеми* силами в данной ситуации и тем, как они используются[6].

Для Ансельма, таким образом, возможно, что y существует, если для некоторого существующего x возможно сделать так,

---

[5] *De Casu Diaboli* 12, [Schmitt 1936, I: 253].

[6] Необходимо, если никакая конкретная вещь не существует, ничто не обладает никакой силой. Так что, согласно метафизике Ансельма, необходимо, что, если никакая конкретная вещь не существует, невозможно, чтобы любая конкретная вещь существовала. Таким образом, для Ансельма с необходимостью, если возможно некоторая конкретная вещь существует, некоторая конкретная вещь существует. Из этого следует, что для Ансельма с необходимостью, — если необходимо, что возможно, что та или иная конкретная вещь существует, необходимо, что есть что-то конкретное. Ансельм привержен антецеденту этого условного предложения. Ибо, как мы увидим позже, он привержен чему-то, что в «очищенном виде» трансформируется в утверждение, что $P \supset \Box \Diamond P$. Учитывая этот момент и то, что некоторая конкретная вещь актуально существует, из этого следует, что необходимо возможно, что некоторая конкретная вещь существует. Таким образом, для Ансельма необходимо существует что-то конкретное.

чтобы y существовал[7]. Далее, возможно, что y существует, *потому что* это возможно для x. Для Ансельма то, что Бог способен сотворить мир, делает существование мира возможным. То же самое может и должно применяться к другим возможностям. Если я слеп, то мое зрение возможно для хирурга, который может дать мне зрение, и поэтому возможно. Для Ансельма, таким образом, существует возможность, если есть сила, потому что сила приносит с собой возможность[8]. *Какого рода* возможность она приносит — абсолютную или какую-то другую — вот наш главный вопрос. Поскольку Ансельм никогда не отвечает на него прямо, я развиваю его идеи, не уточняя этот вопрос.

Позвольте мне ввести два технических термина. Сила для P — это род, видами которого являются силы для возникновения и поддержания P. Кроме того, цепь сил — это серия сил, начинающаяся с существующей силы F, в которой F является силой для производства, в частности (*inter alia*), силы G, которая является силой для производства, в частности (*inter alia*), силы H, и так далее[9]. Если бы H существовала, то существование H сделало бы возможным целый ряд эффектов. Учитывая цепочку, я утверждаю, что существование F делает возможными эффекты H. Предположим, что Герман и Паулина Эйнштейны совместно обладают способностью произвести на свет сына, Альберта, который способен сформулировать идею общей относительности. Тогда силы Эйнштейнов плюс многие другие (силы пищи, воздуха, учителей и т. д.) совместно делают возможным формулировку общей теории относительности. Эйнштейны не могут

---

[7] Но не только если: см. 1.22.

[8] «Приносит... с собой» — намеренно неопределенно. Силы могут каким-то образом включать возможности, или фундировать их, или просто подразумевать их. Возможно, есть еще другие варианты. Ансельм не говорит ничего, что позволило бы сделать выбор между такими альтернативами. Для настоящих целей нам не нужно выбирать между ними.

[9] Я заимствую эту идею у Джонатана Якобса [Jacobs 2010]. Цепочка силы в один момент времени существует, только если в этот момент времени существуют все ее силы и эти силы соответствующим образом связаны. Цепочка силы во времени существует тогда и только тогда, когда одна из ее не первых сил существует и происходит от предыдущих сил в цепи.

сделать это сами, но у них может быть сын, который может это сделать[10]. В силу этой возможности, достижимой для них, формулирование общей теории относительности находится в пределах существующих сил. Иными словами, поскольку эти силы существуют, один из вариантов развития событий может заключаться в том, что Герман и Паулина встречаются, зачинают сына, мы получаем способности Альберта, и Альберт использует их. Таким образом, силы Эйнштейнов, плюс силы, которые будут сотрудничать, делают работу Альберта возможной. Они сделали бы ее возможной, даже если бы Герман и Паулина никогда бы не встретились. Существующие на тот момент силы, включающие Эйнштейнов, начинают цепочку, которая заканчивается способностями Альберта. Таким образом, они делают возможным все, что сделали бы возможным и силы Альберта. Ансельм не высказывает идею цепочки сил, но она является разумным продолжением «силового» подхода, верным его духу и онтологии.

Существующая сила обеспечивает возможность для P, если она начинает цепочку силы, направленную на цепочку, ведущую к силе для P. Цепочки силы, простирающиеся в будущее, могут включать в себя силы, которые еще не существуют. Силы, которые еще не существуют, сейчас только лишь возможны. Поэтому разговоры о цепях силы иногда включают в себя разговоры о только лишь возможных силах. Я не являюсь онтологически приверженным им. Для меня они являются удобным *фреймом* (*façon de parler*). Они позволяют мне говорить о том, какие существующие силы могут быть реализованы. В другом месте я указываю на намеки Ансельма на то, что он верит в только лишь возможные объекты [Leftow… a: гл. 1–2]. Если у них есть только лишь возможные силы, то если Ансельм верил в цепочки сил, то он вполне может верить в любые возможные силы, которые они содержат.

Может показаться, что подход Ансельма к возможности подразумевает принцип достаточного основания (ПДО). Может

---

[10] Если бы Цвайнштейны тоже могли иметь такого ребенка, Эйнштейны и Цвайнштейны сверхдетерминировали бы эту возможность.

показаться, что если для существования возможности требуется сила, то для актуализации этой возможности требуется использование этой силы. Если это так, то никакая возможность, опирающаяся на силу, не может «просто так» стать актуальной, без всякой причины. Это было бы ограниченным ПДО. Ансельм действительно придерживался ПДО[11]. Но его модальная метафизика не требует этого. Ансельм не верил в беспричинные события[12]. Но он мог бы последовательно придерживаться такой позиции. Его метафизика могла позволить возможности, опирающейся на силу, «случайно» стать действительностью. Например, она могла позволить силе сделать область пространства-времени открытой для беспричинных событий. Такая сила сделала бы беспричинные события возможными[13]. Она не вызывала бы их. Она бы только позволила им произойти. В таком случае, возможно, P обусловлено силой, и все же может случиться, что P, даже если ничто не приводит к тому, что P.

1.2.1. Типы сил

До сих пор я говорил только о силах, не выделяя различные типы. Но различия между силами имеют значение для взглядов Ансельма. Начнем с того, что силы могут быть внутренне или внешне присущими. Нет единого мнения о том, как определить «внутреннюю присущность». Для нынешних целей мне нужно только первое определение. Его корректировка не повлияет ни на один из пунктов, которые я хочу донести. Мой первый вариант таков:

Необходимо, для любого x и F, x имеет F внутренним образом, если и только если x имеет F, и то, что x является F, решается исключительно F-сущностью (если таковая существует) и тем,

---

[11] См. *Monologion* 3.
[12] *Monologion* 3.
[13] Если бы она была использована, они были бы возможными. Поскольку она может быть использована, они, возможно, возможны. Мы позже увидим, что для Ансельма возможная возможность влечет возможность.

как *x* и части *x* (если таковые имеются) существуют. *x* обладает F внешним образом только в том случае, если *x* обладает F и не обладает им внутренним образом. Атрибут является внутренне присущим, если он может быть присущ только внутренне, и внешним, если им можно обладать только внешним образом.

Приобрести или потерять атрибут, присущий внутренне, — значит измениться внутренне. Изменение, которое не является внутренним, является внешним.

Силы также могут быть заложенными или нет. Заложенная сила — это та, которая во всех отношениях готова произвести свой эффект. Если она нуждается в сотрудничестве с другими силами, все они присутствуют и готовы помочь. Если обстоятельства должны быть благоприятны, они благоприятны. Моя сила говорить готова, если и только если ей не хватает только волевого акта или какого-то другого пускового механизма — например, если все, что мне нужно сделать, это попытаться, и я заговорю. Цепь сил является заложенной только в том случае, если заложена та сила, которая ее начинает, или (если цепь простирается во времени) та ее сила, которая существует в данный момент. Цепочка силы заложена *для* P только в том случае, если она заложена и существует цепь власти, заложенная для P, которую она произвела бы.

В *De Libertate arbitrii* Ансельм пишет:

> У нас нет силы... которая сама по себе достаточна для действия, и все же, когда отсутствуют те вещи, без которых наши силы вообще не могут действовать, мы имеем силы не меньше. Точно так же ни один инструмент сам по себе не достаточен для действия, и... когда у нас нет тех вещей, без которых мы не можем использовать инструмент... у нас есть инструмент[14].

Параллель «без чего мы не можем» показывает, что расплывчатое «не побуждает к действию» на самом деле означает отсут-

---

[14] См. [Schmitt 1936, I: 212].

ствие необходимого условия для действия. Для Ансельма мы обладаем некоторыми способностями независимо от того, позволяют нам обстоятельства их использовать или нет. У меня есть способность поднять ногу. Я обладаю ею, даже если я заключен в бетон, так что я не могу ею воспользоваться. Я обладаю ею просто потому, что я и мои части тела — мои сила мышц, нервные связи и т. д. Все остальное не имеет значения. Я обладаю им по своей сути, исходя из того, каков я и мои части тела. Эти вещи дают мне возможность двигать ногами, если обстоятельства складываются удачно (например, я избегаю участи быть запечатанным в бетон). Ансельм утверждает, что ни одна из наших способностей сама по себе недостаточна для совершения какого-либо действия. То есть, по его мнению, ни одна из наших способностей, которыми мы обладаем по своей природе, сама по себе не является достаточной.

Для Ансельма только заложенная сила несет в себе возможность. В *De Libertate arbitrii* он утверждает, что для обеспечения акта зрения необходимы четыре силы, действующие вместе, и добавляет, что, когда какая-либо из них отсутствует, «остальные три ни по отдельности, ни все сразу не могут привести к чему-то»[15]. При отсутствии четвертой носители остальных трех способностей в совокупности бессильны произвести зрение. Они так же бессильны произвести зрение, как несуществующий мир не может заставить себя быть. Несуществующий мир, не обладающий силой, способной привести его к бытию, не может существовать сам по себе. Он сам по себе не является достаточным условием для того, чтобы существовать. Таким образом, так и три носителя силы вместе недостаточны для возможности зрения. Они не видят, потому что их силы недостаточны для того, чтобы обеспечить заложенную силу зрения.

---

[15] См. [Schmitt 1936, I: 213].

1.2.2. Актуальность и Возможность

Силы не могут сделать так, чтобы Бог когда-либо существовал или имел свою природу. Бог существует сам по себе (*a se*)[16]. Поэтому ничто другое не может заставить Его существовать или придать Ему Его природу. Бог также не может стать причиной Своего существования или Своей природы, ибо Он должен сначала существовать и иметь Свою природу, чтобы стать причиной чего-либо вообще[17]. Ансельм добавляет оговорку в свою концепцию возможности, которая касается этих вопросов. Он знал, что если P, то возможно P. Ансельм добавляет, что то, что актуально, возможно, *потому что* оно актуально [Schmitt 1936, I: 252][18]. Это относится и к Богу. Для Ансельма, как я полагаю, существование Бога возможно, потому что оно актуально. Говоря нашими терминами, Его конкретное актуальное существование объясняет его существование в некотором возможном мире. Согласно позиции, которая обращается к «силам», все невоспроизводимое — не только Бог — может стать возможным только таким образом. Некоторые современные теории также принимают во внимание утверждение Ансельма. По мнению А. Н. Прайора, оно относится ко всякой партикулярии, а не только к Богу [Prior 1960]. Для комбинаториализма все возможности являются лишь «перестановками» актуально существующих элементов[19].

Даже если Бог возможен, потому что Он актуален, не нужно предполагать заключение в посылке, чтобы утверждать в аргументе в пользу существования Бога, что Бог, возможно, суще-

---

[16] *Monologion* 1–4, 6.

[17] Если Он темпорален, предположительно Он может быть причиной продолжения собственного существования или причиной обладания своей природой. Но осуществление этого предполагает Его вечное существование и не может объяснить его.

[18] В латинском тексте на этом сделан акцент: *omne quod est, eo ipso quia est potest esse*.

[19] Пример такого взгляда можно найти у Д. М. Армстронга [Armstrong 1989].

ствует. Согласно той концепции в отношении круговых аргументов, которую я предпочитаю, вопрос о том, заключает ли посылка заключение, зависит от того, как ее можно поддержать[20]. Не нужно апеллировать к реальному существованию Бога, чтобы поддержать утверждение о том, что Он, возможно, существует. Не нужно апеллировать к актуальному существованию Бога, чтобы поддержать утверждение о том, что Он, возможно, существует. Порядок познания и порядок бытия не обязательно должны совпадать.

1.3. Модальная логика Ансельма

Системы модальной логики устанавливают, какие умозаключения с использованием «необходимо» и «возможно» являются валидными[21]. Факты о валидности отражают реальные факты о возможности и необходимости. Таким образом, модальная логика является или, по крайней мере, отражает часть модальной метафизики. Теперь я рассмотрю, какая логика отражает ансельмовскую модальность. Для этого я рассмотрю, какие вещи, по словам Ансельма, делают утверждения о возможности истинными. Если все они приводят к определенной аксиоме модальной логики, значит, Ансельм привержен этой аксиоме.

Ансельм основывает истины возможности на существовании сил и на актуальности. Я предложил добавить к этой комбинации цепочки сил. Некоторые считают, что для Ансельма если мыслимо P (в некотором подходящем смысле слова «мыслимо»), то возможно P, потому что они думают, что Ансельм использует разговоры о том, что он может думать или мыслить, для выражения абсолютной возможности[22]. Я утверждаю в другом месте, что он этого не делает [Leftow 2017: 23–39]. Я не вижу других причин

---

[20] О концепциях заключения в посылке и о том, содержат ли посылки возможности предполагаемое заключение, см. мою работу [Leftow... a: гл. 6].

[21] О системах модальной логики см. главу 5. В качестве общего введения в тему можно использовать [Hughes, Cresswell 1996].

[22] Как, например, [Smith 2014; Henry 1967: 177–180].

считать, что Ансельм придерживается общего принципа перехода от мыслимости к возможности. Таким образом, для Ансельма, по-видимому, только сила и актуальность объясняют возможности[23]. Далее, даже если бы он считал, что мыслимость объясняет возможность, это не вывело бы его за рамки «властного» учета возможности. Он просто отводил бы особую роль в теории «сил» силе мыслить. Теперь я утверждаю, что Ансельм привержен аксиоме системы S4 модальной логики, что:

S4. Если возможно Р, то возможно Р.

Сначала я рассмотрю случаи, когда из того, что Р действительно Р, следует, что возможно Р. Если да, то это фактически Р также делает возможным Р. Далее, в выражении «фактически Р делает возможным Р» давайте заменим «возможно Р» на переменную «Р». В результате получается, что актуально возможное Р делает так, что возможно, что возможно Р. Таким образом, фактически Р делает так, что, возможно, возможно Р. Таким образом, если возможно Р, потому что возможно Р, то также возможно, что возможно, что возможно Р. Таким образом, (S4) справедливо для этих случаев[24]. Поскольку во всех этих случаях мы должны иметь как то, что возможно Р, так и то, что возможно Р.

Далее я рассматриваю случаи, когда сила приносит возможности, но не в виде цепочки. С точки зрения Ансельма необходимо, если существует сила для Р, то возможно Р. Так что необходимо,

---

[23] Это единственные основания для возможности, которые он ясно утверждает. Ансельм никогда не излагает систематическую модальную метафизику. Мы можем собрать его взгляды только из разрозненных замечаний. Но Ансельм начал систематическую теорию в незавершенных «Ламбетских фрагментах», и в них нет даже намека на основание для возможности, отличное от актуальности или силы.

[24] Теперь я ввожу конвенцию. Когда я впервые маркирую предложение, как я сделал с «S4», обозначение («S4») называет предложение, которое предложение обычно выражает. Когда я помещаю обозначение в скобки, как я сделал с «(S4)», результат также называет предложение, которое маркированное предложение обычно выражает.

если, возможно, существует сила для P, то, возможно, возможно P. Но поскольку актуальность делает возможным, если сила для P существует, то возможно, что сила для P существует. Так что если сила для P существует, то, возможно, возможно P. Таким образом, (S4) справедливо и для этих случаев тоже. И здесь мы должны иметь как то, что, возможно, возможно P, так и то, что возможно P.

Теперь я рассмотрю случаи, когда силы приносят возможности за счет цепочки сил. С необходимостью, если цепочка сил включает в себя силы для P, то возможно, что силы для P существуют. Необходимо, что если существует сила для P, то возможно P. Поэтому необходимо, что если, возможно, существует сила для P, то возможно P. Таким образом, если цепь силы включает в себя силу для P, то возможно P. Ибо цепь делает силу для P возможной, а сила для P делает возможным P. Но, как мы уже видели, цепь также делает возможным P. Сила Германа и Паулины делает возможным то, что Альберт сформулировал относительность, а не просто возможно возможным. Таким образом, там, где возможное опирается на цепочки полномочий, мы получаем (S4).

Наконец, из того, что необходимо P, следует, что возможно P. Ну а если необходимо P, то P. Если P, то мы получаем (S4) по пути актуальности. Насколько я могу судить, это все способы вывести возможную возможность из метафизики Ансельма. В каждом случае метафизика также дает возможность. Таким образом, метафизика Ансельма плюс допущение о цепях сил — предполагает приверженность (S4), а значит, и к модально-логической системе S4. Позже мы увидим, что Ансельм привержен чему-то близкому к «остальной» логической системе S5. Таким образом, комбинация «Ансельм-плюс-цепи» близка к приверженности S5 — которая, как принято считать, является правильной логикой для абсолютной модальности.

Я отмечаю, что модальная метафизика Ансельма является актуалистской. Иными словами, она допускает только актуальные сущности. Ансельм делает актуальность основой для возможности. Существующие силы, к которым апеллирует Ансельм, являются актуальными. В другом месте я утверждаю, что Ансельм верит в несуществующие объекты[25]. Я не обсуждаю это здесь, поскольку они не фигурируют в модальном аргументе Ансельма от совершенства и не нужны для интерпретации его концепции необходимости. Тем не менее, насколько я могу судить, они являются актуальными несуществующими. Они не изменяют актуализм Ансельма.

1.4. Собственное и Не-собственное

Теперь я перехожу от модальных фактов к модальному языку. Сначала я объясню общее различие, которое проводит Ансельм, а затем покажу, как он применяет его к модальным предложениям.

На протяжении всей своей карьеры Ансельм различает «уместную» и «неуместную» речь[26]: он проводит это различие в своем, возможно, первом произведении[27], а его последняя работа, *Lambeth Fragments*, пытается подробно разъяснить эту дистинкцию. В целом Ансельм считает, что мы говорим *неуместно*, когда делаем утверждения таким образом, что неверно отражаем то, что делает их истинными[28]. Так, например, неуместно говорить, что справедливость отходит от падшего ангела, когда на самом деле речь идет о том, что ангел отходит от справедливости[29]. Опять же, Ансельм пишет, что если A крадет одежду C, а B мог бы предотвратить это, но не сделал, мы можем сказать, что B действительно стал причиной того, что C оказался голым, потому что мы подразумеваем под этим, что, хотя B мог бы сделать так,

---

[25] См. [Leftow... a: гл. 1–2, *passim*].

[26] Эти термины не стоит переводить как «правильная» и «неправильная» речь. Помимо того, что такой перевод слишком многозначен, одна из трактовок «правильного» — это «истинный», а Ансельм прямо не утверждает, что «неуместная» речь ложна — речь идет о том, что такая речь специфическим образом искажает смысл того, что мы пытаемся высказать с ее помощью. — *Прим. перев.*

[27] См. *Monologion* 65. Некоторые относят *de Grammatico* к более ранней дате, но это мнение наталкивается на возражения.

[28] *De Casu Diaboli* 1.

[29] *De Casu Diaboli* 27.

чтобы С остался одетым, В не сделал этого[30]. Таким образом, здесь мы используем «В вызвал», чтобы отрицать, а не утверждать, что В стал причиной определенного положения дел. То, что делает это утверждение истинным, включает в себя противоположное тому, на что указывают слова. То есть оно истинно только в том случае, если мы используем «В вызвал» неуместным образом (или: не в собственном смысле). Если воспринимать все термины буквально и в собственном смысле, то утверждение «В стал причиной того, что С оказался голым» было бы ложным. Ибо В не был причиной ограбления. Ансельм отмечает, что мы неуместным образом применяем предикаты к вещам, которые подобны тому, что должно было бы удовлетворять им, или являются его причиной, следствием, родом, видом, включая целое или часть, или разделяют с ним силу, или являются его содержимым или вместилищем, пользователем или инструментом — и даже больше [Schmitt 1936, 34, ll: 29–39][31]. Во всех таких случаях то, что делает наше утверждение истинным, не является тем, на что указывают слова. Таким образом, неуместное использование может ввести в заблуждение. Неуместные утверждения (или: утверждения не в собственном смысле — *improper assertions*) не являются ложными как таковыми, но они метафизически непроницательны.

1.4.1. Собственное, Не-собственное и Возможность

Ансельм различает описания модальных терминов в собственном и не-собственном смысле[32]. Ансельм считает, что при уместном использовании «S может сделать A» приписывает силу, и эта сила находится там, где «может» ее приписывает: в S[33]. Поэтому «книга может быть написана мной» является неуместным утвер-

---

[30] *De Casu Diaboli* 1, [Schmitt 1936, I: 234].

[31] Это сходно с аристотелевским пониманием *pros hen* — эквивокации (*Metaphysics* Γ 2).

[32] Также, для простоты, — *уместные и неуместные* описания. — *Прим. перев.*

[33] *De Casu Diaboli* 12, *de Libero Arbitrio* 2.

ждением, а «я могу написать книгу» — уместным. Оба они таковы, потому что сила, чье существование делает оба истинными, находится во мне, а не в книге[34]. Для Ансельма предложение «книга может быть написана мной», рассмотренное в собственном смысле, говорит о чем-то ложном. Несуществующие книги не имеют силы. В неуместном понимании это запутывающий способ утверждать, что я могу написать книгу. Опять же, по Ансельму, мы говорим не в собственном смысле, что этот человек может быть побежден этим[35]. «Может» приписывает силу, считает Ансельм. Но на самом деле, говорит Ансельм, то, что делает «может быть побежден» применимым, — это отсутствие силы[36]. При таком неуместном употреблении смысл слова «может» смещается: «бессилие (*impotence*) понимается через "силу"», «это "быть способным" — не сила, а бессилие»[37]. Контраст в латинском языке, *impotentia/potentia*, ясно показывает, что это столь же радикальный сдвиг, как использование «я являюсь причиной» для того, чтобы сказать, в частности (*inter alia*), причиной чему я не был.

Тем не менее слово «can»[38] имеет одинаковое *значение* в уместном и неуместном употреблении. Оно всегда обозначает силу и возможность. То есть оно вызывает их в памяти, и предложение с использованием «can» истинно только в том случае, если они существуют[39]. Поскольку смысл не тождественен значению, термин может иметь одновременно много смыслов и только одно значение. Это верно и для «может», и для «возможно». Ведь на латыни «может» — это *«potest»*. Это форма слова *«posse»*, от которого производно *«possibilitas»*.

Значения слов «может» и «возможно» создают проблему в связи «возможно, Бог существует». Ансельм нигде не обсуждает это предложение. Но ничто другое не может иметь силу, чтобы

---

[34] *De Casu Diaboli* 12.
[35] *De Casu Diaboli* 12; *Cur Deus Homo* II, 16.
[36] См. *Proslogion* 7.
[37] *Proslogion* 7, [Schmitt 1936, I, 105].
[38] «Может», «возможно». — *Прим. перев.*
[39] См. [King 2004].

вызвать существование Бога. Поэтому для Ансельма вопрос о том, является ли «возможно, Бог существует» уместным употреблением, зависит от того, обладает ли Бог силой, чтобы существовать или заставить Бога существовать. Если да, то «возможно» используется уместным образом — в собственном смысле. Ансельм, конечно же, принял никейский Символ веры, в котором говорится, что порождение Сына — это «Бог от Бога»[40]. Возможно, это дает Богу силу сделать Бога существующим. Но, предположим, это не так. Тогда слово «возможно» означает силу, и нет никакой силы, которую оно могло бы обозначать. Поэтому «возможно, Бог существует» ложно. Тем не менее у Ансельма есть легкий выход. Он может сказать, что там, где возможно P только потому, что действительно P, «возможно» означает актуальность, которая делает утверждение о возможности истинным.

1.4.2. Два модуса модальности и Необходимость

Ансельм применяет различие уместного/неуместного и к необходимости. Он пишет в *Cur Deus Homo*:

> Слово «необходимость» неуместно произносить там, где нет ни принуждения, ни предотвращения[41]. Бог ничего не делает по необходимости, потому что Его никто не заставляет делать... и не препятствует делать что-то. И когда мы говорим, что Бог делает что-то как бы по необходимости, чтобы избежать бесчестия... предпочтительно понимать, что Он делает это по необходимости, чтобы сохранить Свою честь. Эта необходимость — ... неизменность Его чести, которую Он имеет только от Себя, а не от другого, и по этой причине ее не в собственном смысле называют необходимостью[42].

---

[40] URL: https://www.loyolapress.com/catholic-resources/prayer/traditional-catholic-prayers/prayers-every-catholic-should-know/nicene-creed/
[41] См.: *Cur Deus Homo* II, 10, [Schmitt 1936, II: 108].
[42] См.: *Cur Deus Homo* II, 5, [Schmitt 1936, II: 99–100].

Для Ансельма принуждение и предотвращение — *это и есть* необходимость. Если нет ни того ни другого, то нет и необходимости. Если нет ни того ни другого, то говорить о «необходимом» не неуместно, а ложно. Таким образом, первый текст не допускает необходимостей *не в собственном смысле*, не основанных на принуждении или предотвращении. В этом тексте слово «где» относится к субъекту. В тексте говорится, что «необходимо» неуместно говорить о предмете, который не принуждается и не предотвращается, как, например, «Бог необходимо сохраняет свою честь». Дело не в том, что в картине нет принуждения или предотвращения. А в том, что их нет в предмете, называемом необходимым, и поэтому слово «необходимый» используется неуместно.

Вскоре мы увидим, что и по другим вопросам — например, о необходимости того, чтобы Бог был правдивым, — Ансельм предлагает рассматривать необходимость в терминах принуждения или предотвращения вещей, отличных от Бога. Мы должны трактовать данный случай параллельно этому. Таким образом, здесь для Ансельма за употреблением слова «необходимо» стоит неизменная честь, которая не позволяет другим вещам заставить Бога поступить бесчестно. Необходимость «есть» неизменность его чести. Основа этой необходимости — предотвращение. Строго говоря, неизменность — это то, что предотвращает. Предотвращение касается других вещей, а не Бога. Поэтому такая необходимость не является необходимостью в собственном смысле. Как отмечалось в 1.4, с точки зрения Ансельма мы можем неуместным образом применить предикат к чему-то, что вызывает уместное применение предиката. В данном случае мы применяем его к неизменности, которая приводит к тому, что другие вещи не могут быть предотвращены.

Точно так же, как для Ансельма «S может сделать A» уместным образом использует «может» и говорит что-то истинное, только если сила совершить A находится в S, для Ансельма «S необходимо P» использует «необходимо» уместным образом — в собственном смысле — и говорит нечто истинное, только если релевантное принуждение или предотвращение имеет место в отношении S. Если же S не принуждается и не предотвращается, то «S обязательно P» может выражать истину, но (для Ансельма) вводит в заблуждение относительно основополагающих фактов. Во втором цитируемом тексте Ансельм говорит, что Бог ничего не делает по необходимости. Здесь он говорит уместным образом. Ансельм считает, что, поскольку Бог не принужден, Его честь не является в собственном смысле образом необходимой[43]. Затем он добавляет, используя слово «необходимо» не в собственном смысле, что Бог необходимо что-то делает. Он не противоречит себе, потому что смысл термина различается в уместном и неуместном употреблении.

В итоге Ансельм утверждает, что:

— если в собственном смысле x возможно F, то истинным это делает то, что x обладает заложенной способностью быть F или быть актуально F; и

— если в собственном смысле x необходимо является F, то это означает, что нечто другое заставляет x быть F или препятствует тому, чтобы x не был F.

---

[43] Он, кажется, думает, что если честность Бога полностью исходит из него самого, то оно не принужденно. Об оппозиции между «из себя» и «по необходимости» см. также *Cur Deus Homo* II, 16, и *De Concordia* I, 3. Если необходимость заключается в принуждении или предотвращении, то это *ipso facto* противопоставление между «из себя» и принуждением или предотвращением. Теперь, следуя Ансельму, мы на самом деле можем принуждать себя. То, что я делаю сейчас, может заставить меня сделать что-то позже. Опять же, если моя левая рука сопротивляется движению моей правой руки, я в данный момент заставляю часть себя не двигаться. Параллельные доводы применимы к предотвращению. Ансельмовское существо не может принуждать или предотвращать себя такими способами, поскольку оно атемпорально, просто и нефизично. Тем не менее Ансельм также считает его всемогущим. Если всемогущее существо неизменно желает, чтобы P (имело место), это может помешать ему осуществить то, что не P. Ансельм мог бы допустить самопринуждение и самопредотвращение. Ему просто пришлось бы назвать эти употребления терминов неуместными и сказать, что его противопоставление «из себя» / «необходимо» имеет место только для уместного употребления.

Это де-возможность и необходимость. Ансельм, похоже, не знает о различии *de dicto* / *de re*. Я подозреваю, что он сказал бы то же самое о модальностях *de dicto*, но это лишь предположение. Эти утверждения охватывают только простые предикации, но их можно легко распространить на предложения других логических форм[44]. Во всех случаях употребление является неуместным, только если оно не является уместным.

1.5. Ансельмовская метафизика для базовых модальных истин

Ансельм более чем доброжелательно относится к объяснению метафизики, лежащей в основе модальных логических истин: он сам это делает. Но то, что он делает, едва ли иллюстративно. Он оставляет проект незаконченным[45]. Мы не можем по-настоящему оценить идеи Ансельма, пока не проведем тест-драйв и не посмотрим, как они работают. Мы уже видели, как они справляются с аксиомой S4. Теперь давайте набросаем метафизику в духе Ансельма для некоторых основных модальных истин и посмотрим, насколько правдоподобными получаются результаты.

---

[44] Очевидно, как расширить их для конъюнкций, дизъюнкций, отрицаний и, следовательно, кондиционалов. Ниже приведены разумные расширения для квантификаций:

Если что-то в собственном смысле возможно F, то это делает истинным то, что что-то имеет заложенную силу быть F или на самом деле является F.

Если что угодно в собственном смысле возможно F, то это делает истинным то, что что угодно имеет заложенную силу (primed power) быть F или на самом деле является F.

Если что-то в собственном смысле необходимо F, то это делает истинным то, что что-то принуждает какую-то другую вещь быть F или предотвращает то, что она не является F.

Если что угодно в собственном смысле необходимо F, то это делает истинным то, что для чего бы то ни было нечто отличное от него принуждает его быть F или предотвращает то, что это нечто не является F.

[45] *Lambeth Fragments* представляют собой проект осмысления модальности, который они не завершают. Так что в какой-то момент, по крайней мере, Ансельм намеревался проделать более полную работу в этом направлении.

Я начинаю с той истины что:

1. $\Diamond P \supset \neg\Box\neg P$.

Я делаю первый шаг к тому, что делает (1) истинным. Затем я показываю, как этот кандидат не соответствует заявленному. Затем я пытаюсь снова. В качестве первого шага давайте скажем, что для Ансельма истинным (1) является то, что:

2. Для P существует сила (цепь сил[46]) только в том случае, если не предотвращено, что P, и
3. P только в том случае, если не предотвращается, что P.

Если возможно P, то для P либо есть, либо нет заложенной силы. Если есть, то это дает нам антецедент (2). Следствие (2) таково, каково оно есть, потому что для Ансельма не быть необходимо значит быть предотвращенным. *Согласно* 1.21, с аналитической точки зрения, что-либо обладает заложенной способностью к P только в том случае, если ему не препятствуют ее использовать. Если нечто обладает силой для P и не лишено возможности использовать ее, то P не предотвращено. Таким образом, концептуальная истина о первичной силе и предотвращении дает (2) как метафизическое основание для (1), где физическое основание для (1), где существует заложенная сила для P.

Теперь перейдем к (3). Предположим, что для P не существует примитивной силы. В этом случае единственный принцип, который дает нам Ансельм, гласит: где P, $\Diamond P$, потому что P. Поэтому я предполагаю, что для Ансельма, когда нет силы для P и возможно, что P, то, что делает возможным, что P — это то, что актуально P. Там, где нет силы для P, правильная метафизическая история для (1) будет иметь P в своем антецеденте, чтобы привести к возможности, что P. Следствие будет таким, как в (2). Это дает нам (3), которое является очевидным. Очевидным является и:

---

[46] В оставшейся части этой главы считайте это дополнение обязательным к прочтению там, где это уместно.

4. P только в том случае, если не вынуждено (compelled), что ¬P.

Поскольку если *бы было* вынуждено быть так, что ¬P, то не было бы так, что P. Опять же, «принудить» — это термин успеха. И в (3), и в (4) метафизические факты, записанные в концептуальных истинах, лежат в основе (1). Таким образом, метафизика, лежащая в основе логической истины, имеет дело с концептуальными истинами. Так и должно быть. Но для Ансельма это концептуальные истины о силе, предотвращении и т. д.

Один из способов, с помощью которого мы не справились с первым тестом, заключается в следующем. Даже если (2) и (3) являются концептуальными истинами, они не являются жизнеспособным основанием для абсолютной модальности. Ибо независимо от того, верил ли Ансельм в это или нет, но альтернативное прошлое остается абсолютно возможным. Но они предотвращены сейчас. Для них уже слишком поздно. Теперь нет никакой темпорально заложенной силы, чтобы Сократ не пил болиголов. Более того, акт его непринятия никогда не было реальным. Таким образом, если для абсолютной возможности требуется заложенная темпоральная сила или актуальность, то теперь не является абсолютно возможным, чтобы Сократ не выпил болиголов[47]. Ансельмовская концепция абсолютной модальности должна, таким образом, добавить что-то для сохранения прошлых возможностей. Я не утверждаю, что Ансельм хотел бы это сделать. Скорее, мы должны это сделать, чтобы дать его основному подходу шанс стать привлекательным для нас. Поэтому давайте заменим пункты (2) и (3):

---

[47] Я подозреваю, что Ансельм просто принял бы это. Если бы он это сделал, это дало бы второй смысл, в котором необходимость чести Бога, выше, была бы его неизменностью. Ибо если прошлое теперь абсолютно необходимо, каждый возможный мир теперь состоит из актуального прошлого и некоторого возможного продолжения. Неизменность чести Бога в том, что Он честен в актуальном прошлом и каждом возможном его продолжении. Если каждый возможный мир состоит из актуального прошлого и некоторого возможного продолжения, необходимость Его чести — это то же самое положение дел.

5. В некоторый момент времени P только в том случае, если не всегда предотвращается, что P.
6. Атемпорально P только в том случае, если атемпорально не предотвращается, что P.
7. В некоторый момент времени существует заложенная (primed) сила для P только в том случае, если не всегда предотвращается, что P.
8. Атемпорально существует заложенная сила для P только в том случае, если атемпорально не предотвращается, что P.

(5) и (7) трактуют (1) таким образом, чтобы прошлые абсолютные возможности оставались возможными. Они делают это, позволяя существованию соответствующего истинностного фактора *в какой-то момент* быть достаточным для текущей возможности. Больше не существует заложенной силы для Сократа не пить, но она была. (5) и (7) позволяют этому быть достаточным для постоянной, хотя теперь и нереализованной возможности. В следствиях говорится о том, что, по всей видимости, только постоянное предотвращение обеспечивает абсолютную необходимость. (5)–(8) — это концептуальные истины. Их единственная онтологическая цена — это все, что мы платим за обеспечение истины не о настоящем.

Тем не менее не ясно, что даже (5)–(8) подойдут для абсолютной модальности. (5) и (7) относятся к временам, которые предположительно являются актуальными, (6) и (8) — к актуальным атемпоральным состояниям дел. Таким образом, (5)–(8) разбирают антецедент (1), ссылаясь только на актуальную историю. Они приводят нас только к возможностям, которые ответвляются от реальной истории. Мы склонны думать, что некоторые возможности не являются таковыми. Вместо этого мы думаем, что некоторые из них полностью отделены от реальной истории. Возможно, все на самом деле началось с Большого взрыва. Мы думаем, что вместо этого мог существовать мир с бесконечным прошлым с бесконечным устойчивым состоянием, ни одно из случайных состояний которого на самом деле не существует. Итак, опять же, хотя (5)–(8) являются концептуальными истинами, вопрос в том, дает ли разбор (1) с их помощью историю об абсолютной модальности. Я отвечаю, что для Ансельма, по крайней мере, это так. Ведь для Ансельма реальная история содержит Вечного и Всемогущего Бога. В главе 3, 3.1.1 показано, как это решает проблему, которая также возникает в связи с тем, что я говорю в следующих двух разделах.

1.5.1. Обратная направленность

Теперь рассмотрим утверждение, что $\neg\Box\neg P \supset \Diamond P$. Я снова начинаю с первого варианта, а затем все усложняю. Мой первый вариант состоит в том, что:

9. Не исключено, что P ⊃ (P или для P существует заложенная сила).

Антецедент переводится «$\neg\Box\neg$», исходя из того, что не быть необходимо — значит быть предотвращенным. Дизъюнкты консеквента получаются следующим образом. Если не предотвратить P, то либо P, либо ¬P, но возможно P. (Если невозможно, чтобы P, то все, что делает его невозможным, препятствует тому, что P.) Если P, то, с точки зрения Ансельма, возможно P, потому что P. Если ¬P, то, с точки зрения Ансельма, возможно P, потому что существует заложенная сила для P. Чтобы улучшить (9) в соответствии с (5)–(8), я предлагаю:

10. Не всегда предотвращается, что P ⊃ в какой-то момент времени или атемпорально, P, или в какой-то момент времени или атемпорально существует заложенная сила (цепь сил) для P.

Ансельм не верит в беспричинные события. Он считает, что невозможно даже «помыслить» их возникновение[48]. Поэтому

---

[48] См. *Monologion* 3.

Ансельм не стал бы беспокоиться о том, допускает ли (10) их. Но мы могли бы. Поэтому я отмечаю, что консеквент (10) допускает беспричинные события. Его первый дизъюнкт не требует причины, которая была бы P. Второй допускает беспричинные события, если они «подкреплены» силами, которые допускают беспричинные события.

1.5.2. Необходимое и Невозможное

Давайте теперь разберемся с истиной, что $\Box P \supset \neg \Diamond \neg P$. На первый взгляд, тем, что делает ее истинным в условиях, постулируемых Ансельмом, является то, что:

11. Если вынужденно является фактом, что P, то не является фактом, что ¬P, и не существует и не может быть заложенной силы для ¬P.

(11) истинно. Если вынужденно, что P, то не факт, что ¬P. Опять же, «принудить» — это термин успеха. Далее, для ¬P либо есть, либо нет внутренних сил. Если их нет, то для ¬P не существует и заложенной силы. Если они есть, то все, что бы ни принуждало к P, *ipso facto* удерживает их от того, чтобы привести к тому, что ¬P. Таким образом, они не могут добиться этого ¬P «просто попытавшись». Сначала что-то должно снять блокировку. Таким образом, силы не заложены для ¬P, хотя они являются силами для ¬P и все еще могут быть заложены для того, чтобы сделать шаги на пути к ¬P. Таким образом, независимо от того, существуют или не существуют внутренние силы для ¬P, если вынужденно, что P, то не существует заложенной силы для ¬P. Таким образом, (11) является концептуальной истиной. Но лучшим вторым вариантом было бы:

12. Если всегда вынужденным образом факт состоит в том, что P, то никогда не является фактом, что ¬P и для ¬P никогда не существует заложенной силы.

Мы также можем представить это как:

13. Если всегда предотвращается, что ¬P, то никогда не является фактом, что ¬P, и никогда не существует заложенной силы для ¬P.

Первый конъюнкт следствия следует потому, что «предотвратить» — это термин успеха. Вторая конъюнкция вытекает потому, что предотвращение того, что ¬P сохраняет любую силу для ¬P от того, чтобы быть заложенной для ¬P. И опять же, такая сила не может добиться успеха «просто попытавшись». Во-первых, блок должен быть удален.

Теперь обратимся к инверсии. С первого взгляда, с точки зрения условий, которые постулирует Ансельм, то, что делает истинным ¬◊¬P ⊃ □P, — это то, что:

14. Если P и для ¬P не существует заложенной силы, то предотвращается, что ¬P.

Вот что стоит за антецедентом (14). Ансельм допускает, что ◊P потому, что P. Таким образом, ¬◊¬P требует, чтобы не было актуальным ¬P, а значит, требует, чтобы P. Так как заложенная сила приносит возможность, то ¬◊¬P также требует другого конъюнкта антецедента. Первый конъюнкт дает следствие. Предположим, что может «просто случиться», что ¬P. Если уже является фактом, что P, то уже слишком поздно, если нельзя изменить прошлое или то, что есть сейчас (о чем подробнее позже). Если для ¬P нет никакой заложенной силы, то мы дважды получаем, что ничто не может изменить то, что P.

Однако это лишь первая попытка, поскольку здесь естественным образом возникает сомнение. Предположим, что в момент t, P и, следовательно, нет никакой силы, которая могла бы привести к тому, в t, что ¬P. Это не исключает, что существует сила, способная привести к тому, что ¬P позже. Ее не должно быть, если действительно не абсолютно возможно, что ¬P. Итак, я предлагаю вместо (14):

15. Если всегда P и для ¬P никогда не существует заложенной силы, то всегда предотвращается, что ¬P.

Из того, что всегда P, не следует, что для ¬P никогда не существует заложенной силы. Для иногда может существовать сила, которая будет приводить к тому, что ¬P позже — и которая никогда не используется. Чтобы привлечь внимание к некоторым беспричинным событиям, я предлагаю:

16. Если всегда P и никогда не существует заложенной силы или заложенной поддержки для ¬P, то всегда предотвращается, что ¬P.

1.6. Возможные миры

Я буду утверждать, что 1.1–1.3 излагают метафизику абсолютной модальности Ансельма (с добавлением цепей силы). Если я прав, то концепция Ансельма не использует возможные миры. Однако они все равно могут использоваться для изложения его взглядов. В дальнейшем я использую их как удобный концептуальный инструмент, не принимая онтологических обязательств. Я также использую их, чтобы говорить о модальности в целом, не считая конкретных взглядов Ансельма.

Глава 2
Приложения

У нас есть метафизика модальности Ансельма — его рассказ о метафизическом основании модального статуса. Метафизическое основание модального статуса — это то, почему пропозиция может, или должна, или не может и т. д. быть истинной, или положения дел могут и т. д. иметь место. Если они не могут, то это то, *почему* они не могут. Если они могут или должны, то это то, в чем заключаются эти возможности или необходимости, или что делает их возможными/необходимыми. Основание для модального статуса — это одно. То, для какого рода модальности оно является основанием, — это другое. В терминах возможных миров одно дело то, что (скажем) делает нечто истинным в некотором представителе некоторого класса возможных миров, и другое — какие миры входят в этот класс — только все физически возможные, все абсолютно возможные и т. д. Итак, рассмотрев метафизическое основание Ансельма, теперь я спрашиваю, для какого рода модальности оно является основанием. То есть я спрашиваю, какого рода Ансельм модальности намерен охватить своей метафизикой.

Я утверждаю, что метафизика Ансельма — это, в частности, метафизика абсолютной модальности. Поэтому теперь я покажу, что он действительно использует ее для экспликации абсолютных необходимостей. Я рассматриваю три текста, в которых Ансельм осуществляет эту задачу.

2.1. Фиксированность прошлого

Наш первый текст — это *Cur Deus Homo* II, в котором говорится о Боге следующее:

> Вся необходимость и невозможность подчинены Его воле... Ничто не является необходимым или невозможным, кроме как потому, что Он так пожелал... Никакая необходимость не предшествует Его желанию или нежеланию[1].

Это утверждение о всякой необходимости. Сюда входят все необходимости, которые мы называем абсолютными. Ансельм возводит все это к Божьей воле. Таким образом, он применяет ко всему этому свою метафизику власти и предотвращения. Ведь подчинение Божьей воле означает добровольное использование Божьей силы. Использование силы для принуждения и тем самым необходимости является частью теории Ансельма. Таким образом, утверждений этого текста достаточно, чтобы показать, что концепция Ансельма в отношении необходимости имеет именно ту сферу применения, которую я предполагаю.

Ансельм приводит иллюстрацию. Невозможно, говорит он, чтобы то, что прошло, перестало быть частью прошлого. То есть необходимо

Фиксированное Прошлое: если какое-либо положение дел целиком и полностью является прошлым, оно всегда остается прошлым.

Но (говорит Ансельм) **Фиксированное Прошлое** необходимо только потому, что Бог желает, чтобы истина была неизменной [Schmitt 1936, II: 123]. Необходимость **Фиксированного Прошлого** абсолютна. Для Ансельма то, что делает **Фиксированное Прошлое** необходимым, так это то, что Бог желает его. Таким образом, здесь выбранный Ансельмом пример его общего утверждения — абсолютная необходимость.

---

[1] См. *Cur Deus Homo* II, 17, [Schmitt 1936, II: 122–123].

Я хочу сделать вывод, что Ансельм действительно применяет свою метафизику таким образом. Для этого вывода у меня теперь есть все необходимое из *Cur Deus Homo* II, 17. Но мы также хотим знать, может ли метафизика Ансельма сделать то, что он намеревается, т. е. действительно может дать разумное объяснение абсолютным необходимостям. Для этого я должен показать, что утверждение Ансельма имеет смысл. Итак, теперь я эксплицирую тезис Ансельма о **Фиксированном Прошлом**.

2.1.1. Является ли божественная воля ненужной?

Непонятно, что Бог может сделать в отношении **Фиксированного Прошлого**. Оно, кажется, не нуждается в объяснении. Конечно, прошлое неизменно. **Фиксированное Прошлое**, думаем мы, это лишь часть того, что значит быть полностью прошедшим. Таким образом (мы можем думать), его необходимость также не нуждается ни в чем от Бога. Скорее, мы можем думать, что **Фиксированное Прошлое** необходимо, потому что оно является концептуальной истиной, или потому что оно выражает природу времени, или природы временных вещей. Возможно, Ансельму, в частности, следовало бы считать волю Бога холостым колесом. Ансельм считает, что:

1. Если время существует, оно является презентистским[2].

Для Ансельма темпоральное существование не имеет ни прошлого, ни будущего. Все, что есть в нем, это настоящее. Оно всегда толщиной с мгновение[3]. Опять-таки:

---

[2] Начиная с этого момента, когда я говорю о времени как если бы оно было субстанциональным, «вещью» самой по себе, это обозначение и рассуждения, которые я формулирую с его помощью, стоит понимать как краткий способ говорить о вещах «во» времени. О презентизме Ансельма см. мою работу [Leftow 2009a].

[3] По крайней мере, во времени. Как мы скоро увидим, вещи в вечном настоящем отличаются.

2. Если время является презентистским, то полностью прошедшее не существует[4].

Уместно заключить, что:

3. То, что не существует, не изменяется.

Если (1) истинно, то, возможно, оно также необходимо. (2) необходимо. (3) необходимо, если истинно. Если все они необходимы, то (1)–(3) могут решить вопрос с **Фиксированным Прошлым** и его необходимостью. Если это так, то, похоже, воля Бога не играет никакой роли в **Фиксированном Прошлом**. Ибо ничто в (1)–(3) не требует объяснения с помощью Божьей воли. Более того, (1)–(3) не просто оспаривают апелляцию Ансельма к Божьей воле. Они оспаривают утверждение, что метафизика Ансельма может обеспечить все случаи подлинной абсолютной необходимости.

2.1.2. Испытание Необходимостью

Теперь я займусь этим вопросом. Начнем с того, что (1) может и не быть необходимым. Возможно,

4. Время — это всего лишь одно измерение четырехмерного многообразия, —

как в случае специальной теории относительности. (4) кажется возможным. (4) естественным образом согласуется с утверждением, что прошлое, настоящее и будущее одинаково реальны, и, следовательно, отрицает презентизм. Таким образом, возможно, непрезентистское время — это реальная возможность. Возможно, не все метафизические истины являются необходимыми. Если (1) необходимо, Ансельм может справиться с этим, если

---

[4] Вечное настоящее (о котором подробнее позже) не усложняет это утверждение, ведь то, что существует в нем, является не прошлым, а настоящим (*De Concordia* I, 5).

необходимость основывается на природе времени или временных вещей. Ведь в разделе 1.1 показано, что содержание атрибутов может предотвращать, а необходимость, основанная на природе, вероятно, является абсолютной. Ансельм также может справиться с (1), если Бог обладает тем же видом необходимости, что и в (1), — и даже, как я сейчас покажу, таким образом, чтобы подтвердить его утверждение о Божьей воле.

Если (1) необходимо, то это потому, что время является презентистским во всех возможных мирах, над которыми «необходимое» квантифицируется. Предположим, что в этих мирах существует Бог. Ансельм считает, что Бог атемпорален по своей природе. Поэтому для него, если Бог имеет вид необходимости (1), любое время в этих мирах сосуществует с атемпоральным Богом. Согласно *Monologion* 3, невозможно даже «помыслить», чтобы временная вещь существовала, но не благодаря Богу. Это касается и самого времени, если оно является «вещью». Таким образом, в рамках условий, которые формулирует Ансельм, если Бог обладает необходимостью такого рода, которая описывается в (1), в любом релевантном временном возможном мире Бог творит время. Таким образом, при наличии правильного вида божественной необходимости Бог делает (1) истинным во всех этих мирах, создавая тем самым в них время. Предположим теперь, что в некоторых мирах, которые попадают в необходимость, описанную в (1), нет времени. (1) истинно в этих мирах, потому что его антецедент ложен. Антецедент ложен по воле Бога. Таким образом, необходимость (1) указывает на волю Бога, как считает Ансельм. Мы можем рассматривать (2) таким же образом. Ведь во всех возможных мирах, где бы Бог ни делал время презентистским, Он придает прошлому такой статус.

Теперь обратимся к (3). Для Ансельма несуществование само по себе не может объяснить, почему вещь не может измениться. Как я утверждаю в другом месте, Ансельм верит в несуществующие объекты[5]. Для Ансельма несуществующие, полностью прошедшие предметы все еще находятся в онтологической пере-

---

[5] См. [Leftow... a: гл. 1–2].

писи⁶. Поэтому Ансельм должен также сказать, могут ли несуществующие предметы меняться, и если нет, то почему. Для Ансельма, я думаю, они не могут измениться внутренним образом, поскольку Ансельм помещает несуществующие объекты только в уме Бога⁷. Если Бог по своей сути неизменен, то ничто, что находится только в уме Бога, не меняется внутренним образом. Поэтому несуществующее не может измениться внутренним образом, потому что Бог не может. Это последнее «не может» является абсолютным. Бог не меняется, поскольку такова его природа. Итак, если у Ансельма есть разумное объяснение абсолютной необходимости существования Бога и Его природы, он может предложить осмысленную теистическую концепцию абсолютной необходимости (1), (2) — и этой части (3) пункта.

Даже если они не могут измениться по своей сути, возможно, несуществующие объекты приобретают и теряют внешние атрибуты. Любимая пивная кружка Сократа больше не существует. Но долгое время после того, как Ксантиппа стерла ее в пыль, сначала я о ней не думал, а потом вспомнил. Так что, возможно, несуществующая кружка сначала не имела, а потом приобрела такое внешнее свойство быть мыслимой мной. Ансельм, однако, считает иначе. *Monologion* 25 допускает наличие у Бога врожденных привходящих атрибутов (привходящих свойств, акциденций, accidents), но добавляет, что они неуместным образом называют-

---

⁶ В свете этого Даниэл Рубио предположил (в беседе), что Ансельм — сторонник теории «движущегося прожектора» (с позицией такого рода можно познакомиться у [Cameron 2015]). Рубио предполагает, что Ансельм изображает все время как выстроенное в линию, упорядоченную от прошлого к будущему. Когда будущее, вещи не существуют. Когда на них светит «прожектор» существования-в-настоящем, они существуют. Когда этого больше нет, они возвращаются в небытие. Презентизм — это тезис о том, что существует: грубо говоря, что существует только настоящее. На картине Рубио существует только то, что присутствует в настоящем. Таким образом, картина Рубио совместима с презентизмом. Но я не думаю, что Ансельм действительно является сторонником теории движущегося прожектора. С точки зрения такой теории, прошлое и будущее находятся вне любого разума. Лучшая картина несуществующих объектов Ансельма помещает их в разум Бога (см. [Leftow... a: гл. 2]).

⁷ См. [Leftow... a: гл. 2].

ся привходящими атрибутами [Schmitt 1936, I: 43]. Ансельм не считает, что ненадлежащее обозначение заключается в том, чтобы называть их привходящими. Он однозначно утверждает, что внешние предикаты могут начинаться и прекращать быть применимыми[8]. Так что, по-видимому, Ансельм считает неправильным — запутывающим — называть их атрибутами *вообще*.

Для Ансельма, таким образом, несуществующее не может приобретать и терять внешние атрибуты, потому что их нет. То, что их нет, вряд ли может быть контингентно. Таким образом, если то, что полностью прошло, больше не существует, оно абсолютно не может измениться внешним образом. Для Ансельма, если появляются новые истины о прошлом, это не является изменением в нем, даже внешним[9]. Более того, отсутствие таких изменений — это ансельмовская необходимость. Отсутствие необходимого условия ее предотвращает. Конечно, если это необходимое условие обязательно отсутствует, Ансельм должен объяснить нам и эту необходимости тоже. По его мнению, Бог «высказывает» все сущности в своем разуме[10]. Сущности существуют потому, что Бог вынуждает их быть таковыми. Не существуют сущности, которых нет, потому что Бог предотвращает существование других, не заставляя их быть. Бог «произносит» сущности в силу своей природы. Таким образом, если у Ансельма есть осмысленная концепция абсолютной необходимости существования Бога и наличия у Него природы, то у него есть и концепция, объясняющая не-существование каких бы то ни было сущностей, которых нет. Таким образом, все, что нужно сделать Ансельму, чтобы справиться с абсолютной необходимостью не-существования внешних атрибутов, — это распространить эту историю и на привходящие атрибуты.

Я спросил, может ли Ансельм дать разумное объяснение абсолютной необходимости **Фиксированного Прошлого**. Я показал нечто условное. Это то, что если Ансельм может справиться

---

[8] См. *Monologion* 25.
[9] Ibid.
[10] См. *Monologion* 9, 10, 31.

с абсолютной необходимостью Бога, то он сможет справиться и с **Фиксированным Прошлым**. Глава 3 оценивает рассказ Ансельма о необходимости Бога. Я не показал роль Божьей воли в необходимости (3). Но моя цель здесь — лишь предположить адекватность схемы силы-и-предотвращения. Я не защищаю тезис о Божьей воле.

2.1.3. Назад к основной линии

Мы не закончили. (1)–(3) возникли только как возражение против Ансельма. История (1)–(3) не является (как мне кажется) тем способом, которым Ансельм на самом деле объясняет **Фиксированное Прошлое** и его необходимость. Теперь я перехожу к этому.

Ансельм считает, что во времени прошлое не существует. Он также считает, что во времени прошлые предметы «являются» несуществующими объектами. Но и это еще не все, что Ансельм думает о прошлом. Он верит в атемпорального Бога. Сначала я объясню, как это усложняет дело, а затем покажу, как это помогает понять смысл того, что Ансельм говорит о **Фиксированном Прошлом**.

Для нас Магги (Muggie) перестал существовать. Предположим, что Магги перестал существовать и для Бога. Тогда для Бога существование Магги — это прошлое. Таким образом, у Бога есть прошлое. Все, что имеет прошлое, *ipso facto* темпорально. Для Ансельма Бог атемпорален. Атемпоральный Бог не имеет прошлого. Поэтому для атемпорального Бога существование Магги не является прошлым. Магги не скончался. Напротив, Магги каким-то образом существует. Бог не просто «видит» Магги — будь то за счет «присутствия в Его познании», или «эпистемического присутствия»[11]. Если только Магги не существует каким-то образом для Бога *на самом деле*, у Бога есть прошлое.

Ансельм видит это, продолжает утверждать, что Бог атемпорален, и не смущается того, что за этим последует. Его последняя

---

[11] Как предположил Уильям Хаскер — см. [Hasker 1989: 165].

завершенная работа[12], *De Concordia*, предлагает следующую аналогию:

> Как настоящее время содержит в себе все место и все, что находится в каком-либо месте... вечное настоящее заключает в себе все время и все вещи, существующие в любое время... вечность имеет свою собственную одновременность, в которой существуют все вещи, существующие в одном и том же месте или времени, и все, что бы ни существовало в разных местах и временах[13].

Ансельм относится к этому серьезно. Это рабочая часть его способа примирить человеческую свободу с Божественным предвидением[14]. Таким образом, для Ансельма, хотя Магги больше не существует *во времени*, он существует в вечном настоящем. Презентизм Ансельма нестандартен. Он действительно считает, что существует только то, что есть в настоящем. Но для него существует два настоящих, и одно из них — вечное. Как считает Ансельм, все, что когда-либо временно присутствует, всегда вечно присутствует.

Ансельм говорит, что в Божьем (вечном) настоящем Магги существует, хотя в нашем он не существует. Не новость, что некоторые вещи, которые сейчас не существуют, существовали или будут существовать. Добавляя вечное настоящее, Ансельм фактически добавляет четвертое время, вечное настоящее. Он прямо указывает на необходимость его наличия[15]. Пусть на это указывает подстрочный знак «e». Тогда для Ансельма некоторые вещи, которые сейчас не существуют, существовали, некоторые вещи, которые сейчас не существуют, будут существовать, а все вещи, которые существовали, существуют или будут существовать, —

---

[12] *Lambeth Fragments* обычно считаются более поздним текстом, но они неполны.

[13] См. *De Concordia* I, 5, [Schmitt 1936, II: 253].

[14] *De Concordia* I, 5.

[15] Ibid.

существуют. Это не значит, что прошлые и будущие вещи существуют *qua прошлые или будущие*. Опять же, во времени реальность никогда не имеет прошлых или будущих частей. Вечное настоящее — это настоящее время. В вечном настоящем прошлые и будущие вещи являются настоящими, а не прошлыми или будущими.

Взгляд Ансельма похож на то, что может возникнуть, если соединить специальную относительность (СО) и презентизм. В СО, если Спиди проезжает рядом с вами, двигаясь очень быстро, некоторые вещи в настоящем Спиди отсутствуют в вашем[16]. В частности, некоторые вещи, прошедшие для одного из вас, являются настоящими для другого. Если соединить СО с презентизмом, то получится, что некоторые вещи существуют только для одного из вас. Это убеждает некоторых в том, что СО и презентизм несовместимы[17]. Это убеждает Кита Файна в том, что если презентизм истинен, то истинна его «нестандартная» форма, которая допускает такую комбинацию[18]. По одной из нестандартных точек зрения, существует не одна текущая река времени, с одним универсальным настоящим. Вместо этого существует множество линий, каждая со своим настоящим. Одна — Спиди. Другая — ваша. То, что существует, зависит от того, о каком настоящем идет речь. Для Ансельма есть только две линии, и одна из них замерзла.

Если прошлое существует в вечном настоящем, то следующий вопрос — каково оно там. Для этого я возвращаюсь к приведенной выше аналогии Ансельма. Для Ансельма время содержит пространство. То есть пространство находится «во» времени. Это не изменяет пространство. Представьте себе пустое трехмерное субстанциональное пространство, существующее вне времени, само по себе. Теперь представьте его «во» времени, спокойно сохраняющимся. Помещение его внутрь времени не изменяет ни одной пространственной характеристики. Аналогия Ансельма,

---

[16] Изложение можно найти, например, у [Salmon W. 1980].

[17] См., например, [Putnam 1967].

[18] См. [Fine 2005].

таким образом, предполагает, что вечность не изменяет время, вмещая его в себя. Она предполагает, что то, что находится в вечности, является таким же, каким оно является во времени, — то есть таким, каким оно является во временном присутствии. Такая картина не должна предполагать, что вещи каким-то образом удваиваются — что я существую во времени и снова существую в вечности, или что я существую во времени, а некий дубликат существует в вечности. Пространство не удваивается, существуя во времени. Одно пространство существует в пространстве — но также и во времени[19]. Так и события происходят как во временном, так и в вечном настоящем, так же как и прохождение Спиди мимо вас происходит как в вашем настоящем, так и в настоящем Спиди.

Теперь я покажу реальную роль Бога (для Ансельма) в объяснении **Фиксированного Прошлого**. Сначала я указываю на роль Бога в объяснении истин прошлого. Затем я покажу, как это порождает **Фиксированное Прошлое**.

В раннем труде Ансельма *De Veritate* говорится, что «о чем-то истинно говорят, что оно прошло, потому что это так на самом деле. А нечто *является* прошлым, потому что оно является таковым в высшей истине»[20]. «Высшая истина» для Ансельма — это Бог. Поэтому его утверждение в *De Veritate* утверждает, что если бы было так, что P, то что-то в Боге делает это истинным. Ансельм уже писал, что Бог есть Его вечная жизнь[21]. Это темное высказывание. Для наших целей важно лишь то, что он это сказал. Если что-то в Боге делает истинным P, а Бог = жизнь Бога, то что-то в жизни Бога делает истинным, что P. Для Ансельма вечное настоящее — это как раз то настоящее, которым живет Бог. Жизнь

---

[19] «Пространство существует в пространстве» не должно звучать странно. Все является не-собственной частью самого себя. Более того, каждая малая собственная часть пространства существует в пространстве, поскольку каждая малая собственная часть пространства имеет остальное пространство вокруг себя. Если каждая малая собственная часть вещи находится в пространстве, то целое находится в пространстве.

[20] См. *De Veritate* 10, [Schmitt 1936, I: 190].

[21] См. *Proslogion* 18.

Бога происходит в едином настоящем. Поэтому в *De Veritate* с равным успехом можно было бы сказать, что нечто в настоящем Бога является причиной того, что P. Для Ансельма то, что обеспечивает полную истинность прошлого, — это существование прошлого в настоящем Бога. Для презентистов, опять же, реальность всегда толщиной с мгновение. В ней никогда нет прошлых частей. Таким образом, у презентистов возникает проблема с истиной о полностью прошедшем. Ведь если реальность никогда не имеет прошлых частей, то непонятно, что делает истины о полностью прошедшем истинными. В ответ на это презентисты часто добавляют временно присутствующие сущности и истинностные факторы. Ансельм добавляет атемпорального Бога, чтобы породить истинностные сущности в настоящем или с участием настоящего, присутствующего для Бога. Это утверждение можно было бы долго растолковывать, но это уведет нас слишком далеко в сторону.

Такова роль Бога, как ее видит Ансельм. Теперь о том, как это приводит к **Фиксированному Прошлому**. То, что существует в настоящем Бога, существует там (как бы) в соответствии с его правилами. Настоящее Бога не имеет временных частей, поскольку все, что имеет временные части, является временным. Поскольку у него нет временных частей, в нем ничего не может измениться. Поэтому оно может обеспечить только неизменную истину прошлого. Поэтому любая полностью прошлая истина должна быть неизменной: фиксированной. Таким образом, если **Фиксированное Прошлое** — это кондиционал, не имеющий экзистенциальных вводных, роль Бога в истинах прошлого достаточна, чтобы сделать их истинными. Ибо если брать без экзистенциальных вводных, верно, что:

Если все есть F, оно есть G.

Если и только если либо ничто не есть F, либо есть F и они все G. Атемпоральная роль Бога гарантирует, что либо ни одно состояние дел не является полностью прошедшим, либо есть полностью прошедшие состояния дел, и все они фиксированы. Исходя из этого, далее, **Фиксированное Прошлое** наследует любую необходимость, которой обладают существования Бога и его атемпоральность.

Если **Фиксированное Прошлое** не имеет экзистенциальных вводных, то сказанного мной достаточно. Однако Ансельм никогда не говорит, как *он* читает универсально квантифицированные кондиционалы. Исторически правдоподобные альтернативы состоят в том, что у него не было никаких взглядов на этот вопрос и что он был аристотелианцем. Аристотелианцы приписывают таким кондиционалам экзистенциальные вводные. Так что сказанного мной может быть недостаточно для Ансельма. Но у нас нет никаких свидетельств о том, что он думал о кондиционалах и т. д., что могло бы быть для него достаточным. Возможно, сказанное мной является для него частью истории. Лучшее, что я могу сделать в отношении остального, если оно есть, — это добавить что-то (надеюсь) правдоподобное, что согласуется с тем, что говорит Ансельм.

Пока что у Бога есть своя роль, но у Его воли ее нет. Ансельм говорит нам, как он видит роль воли: «Бог... желает, чтобы истина была неизменной, как и Он сам»[22]. Это может означать, что воля Бога обеспечивает истине неизменность, или что Бог желает, чтобы истина обладала атрибутом неизменности, или и то и другое. Я выбираю «и то и другое». Начну с первого. **Фиксированное Прошлое** истинно, если и только если каждое положение дел либо не является полностью прошлым, либо и полностью прошлым, и фиксированным. Если существует только атемпоральный Бог, то ни одно положение дел не является полностью прошлым. Если атемпоральный Бог желает, чтобы существовали темпоральные состояния дел, то все они либо не являются полностью прошедшими, либо и полностью прошедшими, и фиксированными. Таким образом, они достаточны для того, чтобы **Фиксированное Прошлое** было истинным. Учитывая атемпорального Бога, они переопределяют истинность такого прошлого. Но они делают это так же, как Каска и Брут, если оба сразу

---

[22] См. *Cur Deus Homo* II, 17, [Schmitt 1936, II: 123].

ударят Цезаря ножом, причем каждого удара будет достаточно, чтобы убить его. В этом случае оба способствуют его смерти. Таким образом, для Ансельма, как я предполагаю, одна из ролей Бога в обеспечении истинности **Фиксированного Прошлого** заключается в обеспечении темпоральных положений дел, которые способствуют ее достижению. Если Бог необходимо существует и атемпорален, то эти вещи придают **Фиксированному Прошлому** тот вид необходимости, которым обладает Бог. Его воля вносит свой вклад в эту необходимость, поскольку с необходимостью либо Он желает только фиксированное прошлое время, либо Он не желает никакого времени, но предрасположен желать только фиксированное прошлое время.

Бог также желает, чтобы истины прошлого были неизменными[23]. В терминах Ансельма Бог мог бы сделать это, просто желая, чтобы истины прошлого были неизменными. В таком случае Его атемпоральность делает ее неизменной. Но вместо этого Бог мог бы просто напрямую пожелать неизменность. Вкратце я предлагаю отличительно ансельмовские доводы для этого.

2.1.4. История Ансельма

Вот как, на мой взгляд, все это происходит у Ансельма. Бог поддерживает Магги, пока он существует. Теперь Магги больше нет. Но жизнь Бога — это единое настоящее. Он поддерживает Магги в этом настоящем. Поддерживающая часть жизни Бога не исчезла. Только в жизни состоящая из временных частей может потерять свою часть. Существование Магги — это часть поддержания Богом Магги, поскольку частью поддержания является то, что поддерживаемое существует («поддерживать» — это термин успеха). Таким образом, Магги существует в настоящем Бога. Она имеет там то существование, которое он имеет во времени, когда присутствует, ибо такова воля Бога. Таким образом, полностью

---

[23] Если все, что говорит Ансельм, применимо ко всем истинам, это применимо и к истинам прошлого тоже.

прошлые сущности больше не существуют, но существуют в настоящем Бога[24].

Поскольку она атемпоральна, поддержка Богом не может исчезнуть. Прохождение времени заставляет ее считаться во времени как поддержание прошлого. Даже когда существование Магги полностью прошло, это поддержание имеет место. Таким образом, то, что прошло, «остается» неизменным в жизни Бога. Таким образом, для Ансельма Божья воля и Его атемпоральность вместе влекут за собой это **Фиксированное Прошлое**. Бог задает **Фиксированное Прошлое**, поддерживая настоящее. Такая установка прошлого со стороны Бога не более избыточна, чем поддержание Им настоящего. То, что Он устанавливает его, поддерживая настоящее, следует из Его атемпоральности.

Теперь, согласно *Monologion* 3, даже не «мыслимо», чтобы темпоральная вещь существовала, но не благодаря Богу. Таким образом, для Ансельма необходимо:

5. Если темпоральная вещь существует, то существует и Бог.

Отрицание (5), опять же, даже не «мыслимо». Так что, вероятно, если бы мы рассказали Ансельму об абсолютной необходимости, а затем поставили вопрос, он бы ответил: «Да, необходимость (5) абсолютна». Далее, Бог атемпорален по своей природе. Природные необходимости тоже абсолютны. Таким образом, с точки зрения Ансельма, необходимо, если существует темпоральная вещь, существует атемпоральный Бог. А раз так, то для Ансельма необходимо и **Фиксированное Прошлое**. Эта необходимость абсолютна. Ни в одном из возможных миров истина прошлого не изменяется в силу необходимой роли Бога в нем. Обратите внимание, что в этой истории не нужна абсолютная необходимость Бога для того, чтобы получить **Фиксированное**

---

[24] Это порождает много вопросов. Я эксплицирую взгляд Ансельма более детально в [Leftow 1991b: 217–241]. Я рассматриваю некоторые эти вопросы более детально в других текстах [Leftow 2009a; Leftow 2018a].

Прошлое. Если существуют возможные миры, в которых нет ни Бога, ни времени, **Фиксированное Прошлое** все равно оказывается необходимым.

2.1.5. Основания Бога

Если Бог желает **Фиксированное Прошлое**, мы можем спросить почему. Возможно, Его причины — это просто Его основания для того, чтобы создать какую-то темпоральную вещь. Но теперь я рассмотрю, что, по мнению Ансельма, является Его основаниями.

Proslogion 7 утверждает, что Бог не может изменить прошлое, потому что Он всемогущ. Ведь у всемогущего существа нет недостатка в силе, утверждает Ансельм, и «способность» изменить прошлое была бы недостатком силы. Если мы обратим внимание на это последнее утверждение, мы сможем обнаружить один довод, предлагаемый Ансельмом. Чтобы уточнить его утверждение об отсутствии силы, Ансельм говорит лишь о том, что человек поступает неправильно или не в свою пользу из-за недостатка силы [Schmitt 1936, I: 105][25]. Он не говорит, почему способность изменять прошлое не принесет пользы Богу или почему его изменение было бы неправильным. Кроме того, то, что Бог не может изменить прошлое, не означает, что оно не может измениться (Бог не может лгать, но ложь может быть сказана). *Proslogion* 7 не дает полной концепции **Фиксированного Прошлого**. Но мы можем расширить его, если сделаем шаг или два дальше. Теперь я предлагаю эти шаги.

De Veritate была следующей работой Ансельма после *Proslogion*. Мы не знаем, сколько времени прошло между ними. Поэтому вполне может быть, что, когда он писал *Proslogion*, он придерживался своего мнения о прошлом из *De Veritate*. Предположим, что это так. Тогда для *Proslogion* Ансельма, если прошлое меняется, меняется и Бог, потому что прошлое находится в Нем. Если так, то Бог изменчив, если изменчиво прошлое. *Monologion* 16 называет «неизменным» то, чему «во всех отношениях лучше быть,

---

[25] Он мог заимствовать это из Книги 4 «Утешения» Боэция.

чем не быть» [Schmitt 1936, I: 31]. Если прошлое находится «в» Боге, то сила, способная изменить его, сделает Его изменчивым. Таким образом, для Ансельма из *Proslogion / de Veritate* эта сила была бы не тем, что увеличивает, но тем, что преуменьшает. Она не принесла бы пользы Богу.

Для того чтобы Бог был неизменным внутри, согласно условиям, которые предлагает Ансельм, прошлое должно быть неизменным. Итак, если Бог желает, чтобы существовало больше, чем одно мгновение времени, Он желает, чтобы у времени было прошлое. Ансельм считает, что если прошлое существует, то оно существует в Нем. Ведь, как мы уже видели, то, что «существует в высшей истине», чтобы сделать истины о прошлом, — это само прошлое[26]. Таким образом, по Ансельму, если Бог желает, чтобы протяженное время имелось для существования, но при этом желает сохранить все свое величие, — то, что Он желает, влечет за собой **Фиксированное Прошлое**. Основания, по которым Бог желает времени и сохранения Своего величия, были бы теми самыми основаниями, по которым Бог желает **Фиксированного Прошлого**.

Если это не так, то, возможно, мысль *Proslogion* 7 заключается в том, что разговоры об отсутствии неспособности изменить прошлое на самом деле являются некорректными разговорами о том, что Бог верен истине. В той же главе разговоры о Его неспособности грешить на самом деле являются неправильно сформулированными тезисами о Его приверженности добру. Высказываясь строго, Бог настолько любит добро, что грех отталкивает Его, и настолько силен, что ничто не может заставить Его делать то, что Его отталкивает. Таким же образом, возможно, Бог так любит истину, что, когда она уже есть, ее изменение отталкивает Его. И опять же, Он настолько могуществен, что ничто не может заставить Его сделать или допустить то, что отталкивает Его. Это объясняет Его желание **Фиксированного Прошлого**. Это также объясняет его ансельмианскую необходимость: **Фиксированное Прошлое** необходимо, потому что воля

---

[26] См. *Proslogion* 18.

Бога вынуждает к его истине, и ничто не может заставить Бога иметь ее иначе[27]. Таким образом, любовь к истине также объясняет, что Он желает, чтобы **Фиксированное Прошлое** было необходимым, — поскольку, желая **Фиксированного Прошлого**, Он делает его необходимым.

Взгляды Ансельма, безусловно, вызывают дополнительные вопросы. Но то, что Ансельм говорит о **Фиксированном Прошлом,** следует из атемпоральности Бога и утверждения, что время существует потому, что так хочет Бог. Его (**Фиксированного Прошлого**) необходимость вытекает из их необходимости. То, что Бог необходимо атемпорален, и то, что время обязательно существует, потому что Бог так хочет, является достойными уважения философскими гипотезами — так же, как и концепции Ансельма о **Фиксированном Прошлом** и его необходимости.

2.2. Правдивость Бога

Теперь давайте рассмотрим еще один фрагмент из *Cur Deus* II, 17:

> Когда мы называем что-то необходимым для того, чтобы быть или не быть в Боге, это не стоит понимать так, что в Нем есть необходимость, которая либо вынуждает, либо запрещает. Но подразумевается, что во всех других вещах есть необходимость, запрещающая им быть причиной и заставляющая их не быть причиной того, что противоречат тому, что сказано о Боге. Например, когда мы говорим, что необходимо, чтобы Бог всегда говорил истину... не говорится ничего другого, кроме того, что так велико Его постоянство в сохранении истины, что необходимо, чтобы ничто не могло привести к тому, чтобы Он не говорил истину [Schmitt 1935б, II: 123–124].

Сначала я скажу, что может лежать в основе этого шага Ансельма, затем проясню этот текст, а затем обсудим, какого рода необходимость в нем присутствует.

---

[27] О втором способе трактовки необходимости см. 2.2.

Ансельм утверждал, что необходимость состоит в том, чтобы быть принужденным или предотвращенным — таким, кто вынужден делать что-то или не делать этого. Учитывая это, часть мотивации для его поступка, вероятно, интуитивна. Для Ансельма, как и для большинства теистов, помимо Бога существуют только существа. Теисты обычно считают, что ни одно существо не может заставить Бога делать или быть чем-либо. И снова Ансельм исключает самопринуждение/предотвращение, как кажется, на том, что он посчитал концептуальными основаниями[28]. Если ни Бог, ни что-либо другое не может заставить Бога делать или быть, то Его нельзя заставить. Поэтому божественные необходимости не могут быть необходимостями в строгом смысле, — в том техническом смысле, о котором говорит Ансельм[29]. Они могут быть только необходимостями, описанными не в собственном смысле. То есть они могут состоять только в принуждении или предотвращении вещей, кроме Бога. Ансельм может поддерживать **Божественную Необходимость,** — столь долго, сколь принуждение или предотвращение других вещей подкрепляет ее.

Кроме того, Ансельм может так относиться к божественной необходимости в силу своей концепции самосущности Бога. По его мнению, Бог обладает всеми присущими ему атрибутами *a se*[30]. Если бы Бог был вынужден иметь какой-либо атрибут, он бы имел его от того, кто принуждает. Если бы Богу не позволили иметь внутренний атрибут, Он бы его лишился. Он получил бы внутренний недостаток от того, что препятствует. Для Ансельма то, что принуждает или препятствует, должно быть чем-то иным, чем Бог. Таким образом, у Бога не было бы атрибутов, приобретенных таким образом *a se*. Принуждение к обладанию внутренними атрибутами несовместимо с версией Ансельма о божественной самосущности. Ансельм не беспокоится о принуждении к обладанию внешними атрибутами, поскольку он не верит, что таковые существуют.

---

[28] См. *Cur Deus Homo* II, 5, [Schmitt 1936, II: 99–100].
[29] Об этом см. 1.4.
[30] См. *Monologion* 16.

Теперь давайте рассмотрим текст. Утверждение, что Бог всегда говорит правду, может быть воспринято как:

6. Бог всегда говорит только правду;
7. (P)(Бог утверждает P ⊃ P истинно)[31].

Ансельм принимает (6), поскольку считает, что Бог атемпорален и говорит. Атемпоральный Бог не может измениться. Таким образом, для Ансельма Бог всегда говорит все, что Он когда-либо говорит, и все, что Он утверждает, истинно. Это дает нам (6). Из (6) следует (7), но у Ансельма есть и другая причина принять (7). «Постоянство в поддержании истины» — это, можно полагать, добродетель, проявляющаяся в речи. Совершенно добрый Бог будет обладать ею в какой-то очень высокой степени. Эта добродетель в достаточно высокой степени, чтобы принадлежать Богу, как можно предположить, сделает (7) истинным. Поэтому Ансельм (как я полагаю) принимает (7) не просто в силу (6), но и в силу его приверженности тезису о совершенной благости Бога.

Ансельм не только принимает (7), но и называет его необходимым. Ансельм дает, как может показаться, два объяснения того, в чем состоит необходимость (7). Он говорит, что «все другие вещи» не могут заставить Бога лгать и не имеют возможности сделать это. Он также говорит, что «*ничто* не может привести к этому...» — что *все* предотвращено от этого. Если эти мнения расходятся, то они расходятся в вопросе о том, предотвращен ли Бог (от чего-либо). Но в любом случае необходимость заключается в предотвращении. Но, возможно, это не два объяснения. Вторая формулировка встречается в примере, призванном проиллюстрировать первую. Так что, возможно, квантор «ничто» имеет неявное ограничение, основанное на первой формулировке. В конце концов, Ансельм говорит, что Богу нельзя помешать делать или быть чем-либо.

Согласно Ансельму, «когда мы говорим, что» (7) «необходимо», то, что «говорится», касается «Его постоянства в поддержании

---

[31] Здесь «P» — это переменная для обозначения пропозиций.

истины». Это и есть то, что необходимо приводит к (7). Это то, что вынуждает или препятствует. Для Ансельма это постоянство — абсолютная неизменность Его желания, чтобы (7) было истинно[32] (абсолютная неизменность — это настолько постоянство, насколько возможно быть постоянным). Для Ансельма Божья воля определяет то, что необходимо. То, что Бог неизменно *желает* говорить только истину, является причиной того, что Бог говорит правду необходимо — то есть почему «все остальное» не может заставить Его не делать этого. Поскольку ни одна другая вещь не всемогуща, и ничто, не являющееся всемогущим, не может препятствовать всемогущей воле[33]. Таким образом, если Бог желает говорить только правду, это препятствует чему-либо другому заставить Его лгать. Это желание исключает заложенную возможность заставить Бога лгать. Бог также не обладает способностью лгать по собственной инициативе. Согласно предыдущему обсуждению, Ансельм истолковывает это «отсутствие» как некорректный способ говорить о горячем желании Бога высказывать истину. Таким образом, получается, что (по терминологии Ансельма) невозможно, чтобы Он лгал по воле Бога.

Теперь задаёмся вопросом, какого рода необходимость имеет место в (7). Ансельм называет Бога «высшей истиной» и «самой истиной»[34]. Для Ансельма *в Боге* нет ничего, кроме Его природы, — ничего привходящего[35]. Таким образом, согласно тем

---

[32] См. *Cur Deus Homo* II, 5, [Schmitt 1936, II: 100].

[33] См. *De Concordia* I, 3.

[34] Например, *De Veritate* 4.

[35] В *Monologion* 25 защищается та идея, что у Бога нет никаких внутренних привходящих свойств, которые он мог бы приобрести или потерять. Это не исключает обладание им привходящими свойствами, которые он не может приобрести или потерять, — аристотелевские propria. Однако в *Monologion* 16 и *Proslogion* 12 Ансельм заимствует доктрину божественной простоты Августина, согласно которой Бог «есть то, что Он имеет» (Augustine, *Civitas Dei*, XI, 10). Так что для Ансельма, если бы у Бога был *proprium,* он был бы ему тождественен. Таким образом, proprium был бы тождественен остальным Его атрибутам. *Propria* по определению отличен от той природы, из которой они проистекают. Так что, учитывая ансельмовскую доктрину божественной простоты, если Бог обладает природой, ничто в нем не может считаться *proprium*.

условиям, которые он постулирует, внутренне присущий предикат, действительно относящийся к Богу, может выражать только Его природу. «Сама истина», несомненно, является внутренне присущей. Таким образом, для Ансельма Бог по своей природе есть сама истина. Этого может быть достаточно, чтобы сделать (7) необходимым — как то, что должно быть самой истиной, может говорить неправду? В любом случае необходимая правдивость — часть благости Бога, а значит, и Его природы. Неизменность, к которой апеллирует Ансельм, также является частью Его природы. *Proslogion* 7 утверждает, что благодаря всемогуществу Бог не может лгать. Всемогущество, опять-таки, является частью Его природы [Schmitt 1936, I: 105]. Для Ансельма, таким образом, (7) имеет природную необходимость, даже если она вытекает из воли Бога. Природные необходимости абсолютны.

Ансельм, несомненно, назвал бы необходимость (7) абсолютной, если бы у него было явное понятие абсолютной необходимости, а не просто потому, что оно выражает природу. *Cur Deus* II, 10 спрашивает, как Бог может свободно соблюдать справедливость-праведность, если Он не способен грешить. Если бы Ансельм верил в какую-то объективную возможность того, что Бог лжет, он, несомненно, сделал бы эту возможность частью своего ответа («Соблюдение Им справедливости свободно, в частности, потому, что Он может выбрать не хранить его. Он может солгать»). Ансельм этого не делает. Поэтому, очевидно, для Ансельма необходимость (7) исключает всякую объективную возможность, что Бог лжет. Только абсолютная необходимость приводит к этому. Если и только если абсолютно необходимо, чтобы Р, то объективно невозможно, чтобы Р, и точка. Таким образом, мы можем быть уверены, что, если бы у Ансельма была явная концепция абсолютной необходимости, он назвал бы (7) абсолютно необходимым[36]. Итак, у нас есть то, что на самом деле является

---

[36] К слову об этом — согласно условиям, которые постулирует Ансельм, не является даже эпистемически возможным, чтобы Бог лгал. То, что Он лжет, несовместимо с тем, что мы знаем о Его природе, и даже знаем априори из теологии совершенного существа.

абсолютной необходимостью, и то, что Ансельм назвал бы таковой. Но она основана на факте о предотвращении — что воля Бога не дает ничему другому (или, возможно, просто чему угодно) заставить Его солгать.

2.3. Справедливость и Бессмертие

Теперь я обращаюсь к другому тексту. В *De Concordia* Ансельм пишет:

> Часто мы называем то, что не вынуждено быть под действием какой-либо силы, «необходимым, чтобы существовать» (necessary to be), а то, что устраняется без всяких препятствий, называем «необходимым, чтобы не существовать». Например, мы говорим, что Богу необходимо быть бессмертным и... не быть несправедливым не потому, что какая-то сила заставляет его быть бессмертным или запрещает ему быть несправедливым, а потому, что ничто не может привести к тому, чтобы он не был бессмертным или не был несправедливым[37].

Здесь стоит обратить внимание на несколько моментов.

Начнем с того, что это необходимости, описанные не в собственном смысле. Мы говорим: «Бог необходимо...», но ничто не принуждает и не препятствует Ему в этих случаях. И снова мы читаем, что «ничто» не может сделать эти вещи не такими. Если Ансельм имеет в виду «ничто *вообще*», то это включает в себя Бога. Это похоже на *Cur Deus*, где говорится о божественной необходимости не в собственном смысле, про которую мы не были уверены, что Ансельм имел в виду. Опять же, Ансельм говорит, что то, что оправдывает неправомерное использование слова «необходимо», — это то, что ничто (иное?) не обладает определенными силами. Таким образом, либо он думает, что отсутствие силы препятствует, либо имеет в виду некое принуждение или предотвращение, которое объясняет отсутствие

---

[37] См. *De Concordia* I, 2, [Schmitt 1936, II: 247].

силы, либо допускает отсутствие силы как новый источник необходимости, не сводимый к принуждению или предотвращению. Каким бы путем он ни пошел, он все равно остается в рамках метафизики власти и предотвращения, описанной в предыдущей главе.

Предположим, что Ансельм имеет в виду то, что говорит, — что *ничто*, даже Бог, не может сделать эти вещи ложными. Тогда он утверждает, что даже Бог не обладает соответствующими силами. Это добавило бы уровень в историю. *Cur Deus* II, 17 и *Proslogion* 7 объясняют разговоры о том, что Богу не хватает сил, как неуместный модус высказывания об основополагающих силах — здесь: чтобы поддерживать справедливость, жить. Для Ансельма у Бога нет никакого настоящего недостатка подлинной силы, никакого бессилия. Так, говоря надлежащим образом, Ему не препятствуют в этих случаях даже в том смысле, в каком отсутствие силы (возможно) препятствует. Но мы можем сказать «ничто не может...» не в собственном смысле, охватывая даже Бога. Таким образом, если у этой истории и есть более глубокий уровень, то этот уровень касается власти.

Наконец, необходимость того, чтобы Бог был бессмертным и несправедливым, абсолютна. Более того, Ансельм не допускает исключений из них возможностям любого рода. Таким образом, опять же, если бы у него была явная концепция абсолютной необходимости, он бы согласился с тем, что они абсолютны. И снова Ансельм рассматривает божественные абсолютные необходимости в терминах силы и предотвращения.

2.4. Аргумент от благожелательности

Что бы ни было абсолютно необходимым, оно также обладает всеми слабыми формами объективной необходимости. Ведь если нечто истинно во всех объективно возможных мирах, то оно истинно и в любом подклассе этих миров. Так, в частности, это верно во всех тех, где действуют наши физические законы и граничные условия. Поэтому мы можем назвать приложения Ансельма случаями физической необходимости, если мы считаем, что его метафизика может обеспечить только это. Но это было бы не вполне благожелательно по крайней мере по трем причинам.

Начнем с того, что, когда мы называем что-то физически необходимым, существует по крайней мере «конверсационная (коммуникативная) импликатура»[38], что физическое состояние мира имеет какое-то отношение с его наличием. В случае с приложением концепции Ансельма дело обстоит иначе. Необходимости выше имели бы место в любом случае независимо от физического состояния мира. Они имели бы место, если бы физического мира вообще не существовало. Более щедрым было бы трактовать Ансельма в соответствии с тем, что его примеры не имеют ничего общего с физическим состоянием мира.

Опять же, утверждение обладает физической необходимостью тогда и только тогда, когда физическое состояние мира влечет его за собой. Необходимости, о которых говорит Ансельм, *являются* абсолютными. Поэтому если логическое следование — это строгая импликация, то физическое состояние мира влечет их. Но это происходит только потому, что все что угодно влечет их. То есть, по этому критерию, примеры Ансельма считаются физическими необходимостями только из-за парадокса строгой импликации. Более щедрым было бы не делать из них парадоксальные примеры.

Опять же, важный модальный факт в примерах Ансельма заключается не в том, что они имеют место во всех физически возможных мирах. А в том, что они имеют место во всех каких бы то ни было объективно возможных мирах. Более благожелательным было бы трактовать примеры Ансельма как иллюстрации того, что в них есть существенного. Это абсолютная необходимость и ничего меньше. Конечно, можно стукнуть кулаком по столу и ответить: «Более благожелательно было бы рассматривать модальности как физические, потому что метафизика Ансельма действительно не может дать большего!» В главе 3 утверждается, что она *может* дать больше. Если это удастся, то такая апелляция к благожелательности рухнет.

---

[38] См. [Grice 1989: 22–40].

2.5. Неопределенное модальное понятие?

Одно дело сказать, что Ансельм распространяет свою историю на абсолютную необходимость. Другое дело — сказать, что у Ансельма было хоть что-то похожее на ясное понятие абсолютной необходимости. Ансельм просто говорит о «необходимости», и точка. Он не различает различные необходимости на основании их силы. Он различает разные виды необходимостей — предшествующую, последующую и т. д., — но не считает одни из них более сильными, чем другие. Так что, возможно, нам не следует приписывать ему понятие необходимости какой-либо одной силы — физической, абсолютной и т. д. Возможно, все, что у него есть, — это некая запутанная концепция необходимости, для которой вопрос о силе не возникал.

Однако предположим, что у Ансельма действительно есть только одно понятие. Тогда это то, что выражают все его лексемы «необходимо». Благожелательный интерпретатор принял бы эти лексемы как выражающие понятие, достаточно сильное, чтобы охватить все состояния дел, которые Ансельм называет необходимыми, даже если Ансельм прямо не ставит вопрос о силе вообще. Ибо благожелательность диктует интерпретацию чужих предложений как выражающих истины, если это можно сделать разумно. Абсолютная необходимость может покрыть их все. Мы можем получить более слабую необходимость путем ее ограничения: номинально необходимо, что P справедливо, если абсолютно необходимо, что если существуют актуальные естественные законы, P. Поэтому наиболее благожелательно принимать модальную концепцию Ансельма как абсолютную. Предположим, кто-то думает, что необходимость — это только одна вещь, что она охватывает истины с абсолютной необходимостью и что на самом деле просто невозможно, чтобы они были ложными. Тогда, конечно, то, что кто-то считает необходимостью, столь же сильно, как и то, что мы называем абсолютной необходимостью.

Глава 3
Проблемы

Я изложил метафизику модальности Ансельма. Я показал, что он использует ее для экспликации абсолютных необходимостей, в частности некоторых из них, касающихся Бога. Теперь я рассмотрю проблемы, связанные с изложенным. Некоторые из них касаются того, действительно ли Ансельм имеет дело с абсолютной модальностью, и/или направлены на модальную метафизику Ансельма в целом. Остальные касаются разбора Ансельмом фразы «необходимо, Бог...».

3.1. Не упускаются ли здесь какие-то возможности?

Одно дело, когда речь идет о том, чтобы дать метафизическое основание абсолютной модальности. Другое дело — добиться успеха. Если метафизика Ансельма не порождает некоторую абсолютную возможность, то либо она не имеет абсолютной модальности, либо это *плохая* метафизика абсолютной модальности. Теперь я рассмотрю три аргумента в пользу того, что метафизика Ансельма не порождает некоторую абсолютную возможность.

3.1.1. Аргумент Темного мира

Положим, что я нахожусь в Темном мире. Здесь нет света. Ничто не способно произвести его. Свет не может возникнуть без причины. Предположим, что я не слепой и мои глаза открыты. Но даже в этом случае мне не хватает заложенной силы, чтобы видеть. Я не могу увидеть, «просто попытавшись», поскольку я пытаюсь, но не вижу. Если я нахожусь в Темном мире, по мнению Ансельма, то невозможно, чтобы я видел. Но я мог бы находиться в освещенной комнате вместо этого. Это абсолютно возможно. Значит, абсолютно возможно, что я вижу. Если это так, то модальность в ансельмовском «невозможно, чтобы я видел» не может быть абсолютной.

Ансельм отмахнулся бы от этого аргумента. Он игнорирует Бога. Согласно *Monologion* 3, «нельзя (даже) помыслить», что я существую, а Бог — нет [Schmitt 1936, I: 15]. То, что делает это «немыслимым», вполне можно предположить, не является контингентным. Так что, пожалуй, если бы у Ансельма была концепция абсолютной необходимости, он бы сказал, что абсолютно необходимо, если я существую, существует и Бог. Кроме того, Бог по своей природе всемогущ. Поэтому абсолютно необходимо, что если Бог существует, то Он может производить свет. Если я сосуществую с таким Богом, то я не в Темном мире. Сила Бога приспособлена к тому, чтобы производить свет[1]. Таким образом, учитывая описанную ситуацию, у Него есть сила, способная вызвать мое видение. Ему достаточно сказать: «Да будет свет», и вдруг — я вижу. И снова мои глаза открыты, и я не слеп. Все, что мне нужно для того, чтобы видеть, — это свет.

Таким образом, для Ансельма в приведенной выше ситуации возможно, что я вижу. С точки зрения Ансельма я не могу находиться в Темном мире. Мы можем рассматривать обращение к Богу как издержки. Ансельм считает, что у него есть независимая поддержка его теизма, и поэтому для него это просто приведение в действие чего-то хорошо обоснованного.

3.1.2. Аргументы от истории

Вот еще два случая, иллюстрирующие, что некоторая абсолютная возможность не является ансельмовской возможностью. Для Ансельма возможное — это то, что актуальные, существующие,

---

[1] Если исходить из того, что производить свет не было неправильно.

инстанцированные силы делают возможным. То есть любая история, возможная в определенное время, — это некий способ, которым силы конкретных вещей, существующих на тот момент, могут управлять историей. Никакая сила не может изменить прошлое. Таким образом, каждая история, возможная в момент t, включает в себя фактическую историю до t, плюс возможное продолжение. Если так, то никакая история, возможная после 1939 года, не включает в себя победу поляков над немцами в 1939 году. Ансельм утратил возможность альтернативного прошлого. Но альтернативное прошлое абсолютно возможно. Более того, в терминах Ансельма, не может существовать история, полностью отделенная от реальной истории. Но она тоже абсолютно возможна.

Я отвечаю, что идеи Ансельма не обязательно должны иметь такие последствия. Ансельм верит во вневременного, всемогущего Бога. Хотя атемпоральный Бог не находится во временном прошлом чего бы то ни было, Он причинно предшествует всему. Бог пожелал, чтобы мир существовал, каузально предшествуя его существованию, пожелал вам существовать каузально до того существование вас и т. д. Ансельм может сказать, что актуальный каузальный порядок включает в себя Бога, каузально предшествующего любому моменту времени, обладающего способностью начинать темпоральные истории, совершенно не связанные с актуальной временной историей. Сила Бога, таким образом, может сохранять возможность темпоральных историй, которые не пересекаются с актуальными темпоральными историями. Таким образом, они сохраняют возможность альтернативного прошлого. Как следует из 3.1.3 ниже, Бог может сохранять свою силу, чтобы поляки победили, даже если теперь ничто во времени не может этого осуществить. *Нам* уже слишком поздно помогать полякам. Но в жизни вневременного Бога нет такого понятия, как «слишком поздно».

Этот ход подразумевает, что каждый возможный каузальный порядок включает в себя часть актуального каузального порядка плюс некоторое возможное продолжение. То есть подразумевается, что не существует каузальных порядков, полностью отделенных от актуального каузального порядка. Скорее, каждый возможный каузальный порядок начинается с того, что Бог существует и обладает Своей природой. Это первый, абсолютно необходимый сегмент всех из них. Но это просто теизм плюс **Божественная Необходимость**. Я попытался показать, что Ансельм верит в последнее.

Если это метафизика абсолютной модальности, то метафизика Ансельма обязывает Ансельма принять тезис божественной абсолютной необходимости, с «каузальным порядком» или без этого дополнения. Во-первых, без: положим, вместе с Ансельмом, что любая абсолютно возможная история состоит из актуальной темпоральной истории до некоторого момента плюс некоторый способ ее абсолютно возможного продолжения. Во всем актуальном прошлом Бог вневременно существовал. Его атемпоральность не позволяет Ему прекратить существование, независимо от того, как сложится история. Она также не допускает, чтобы когда-либо существовала заложенная сила, способная положить конец Его существованию. Таким образом, если Он всегда существовал вне времени, то Он существует во всех абсолютно возможных продолжениях актуального прошлого. Предположим, что каждый абсолютно возможный мир состоит из некоторого актуального прошлого плюс возможного продолжения. Тогда, если атемпоральный Бог действительно существует, Он всегда атемпорально существует во всех абсолютно возможных мирах. Благодаря Его актуальному существованию и предотвращению, основанному на Его природе, Его существование абсолютно необходимо. Если мы принимаем во внимание актуальный причинно-следственный порядок, то это просто более актуальное «прошлое», Бог присутствует во всем этом, и поэтому мы по-прежнему получаем божественную абсолютную необходимость.

Божественная необходимость дает Ансельму нарратив в отношении арифметики. Платоновские числа предполагаются как абстрактные сущности, отношения между которыми делают арифметические истины истинными. Августин превратил их в божественные идеи[2]. Таким образом, он поместил то, что де-

---

[2] См. Augustine, *83 Different Questions*, q. 46.

лает арифметику истинной, в Бога. Ансельм следует Августину в вопросе о божественных идеях и их роли[3]. Поэтому, хотя он и не обсуждает арифметику, можно с уверенностью сказать, что он сделал бы шаг Августина. С учетом этого хода необходимость Бога приводит к необходимости арифметики. Предположим, что Бог существует необходимо. Тогда, если 2 и 4 — божественные идеи и Бог по своей природе так считает, что 2 + 2 = 4, то вуаля: необходимо, что 2 + 2 = 4. В главе 1 необходимость математики и Бога была выдвинута в качестве возражения против утверждения, что метафизика Ансельма применима к абсолютной модальности. Теперь мы видим, что если она действительно применима к абсолютной модальности, то божественная и математическая необходимость вытекают из нее естественным образом.

Бог может оказать неоценимую помощь концепции Ансельма. Его существование и наличие Его природы обеспечивают действительную и возможную истинность:

— утверждений о том, что Он существует,
— истин, приписывающих Ему существенные свойства, и
— истин, выражающих содержание любой другой природы.

Последнее таково, потому что Ансельм помещает все природы в природу Бога. Ансельм считает, что теология совершенного существа — для Ансельма это способ охарактеризовать *природу Бога*[4] — приводит к выводу, что Бог — это высшая мудрость[5]. Ансельм говорит, что из этого следует, что Он «проговаривает» все природы мысленно[6]. Таким образом, для Ансельма, все природы каким-то образом находятся в уме Бога[7] по самой Его природе. Если это так, природа Бога обеспечивает истинность

---

[3] См., например, *Monologion* 9–10, 32.
[4] С точки зрения Ансельма, для нее здесь нет ничего другого, что можно было характеризовать: см. главу 2, прим. 35.
[5] См. *Monologion* 16.
[6] См. *Monologion* 32.
[7] См. *Monologion* 9–11, 34.

всех истин, выражающих природы. Ансельм мог бы добавить математические и логические истины. Для Ансельма предотвращение обеспечивает необходимость всех этих истин — мы скоро увидим, каким образом. Всемогущество может актуализировать — или создавать силы, способные актуализировать — все остальные абсолютные возможности[8]. Так что существование Бога помещает всю остальную часть абсолютной возможности в диапазон актуальных сил. Если Бог приводит все абсолютные возможности и решает, что они есть все, то Бог определяет все абсолютные необходимости.

Таким образом, метафизика Ансельма может обеспечить полное расширение абсолютной модальности. Основанные на силах теории модальности могут правильно трактовать расширение абсолютной возможности, если они постулируют достаточно сил для этого. Они стоят перед выбором. Либо они теряют возможности, в которые мы интуитивно верим, либо они постулируют достаточно сил, чтобы сохранить эти возможности, и что-то (возможно, во множественном числе), во что их можно поместить[9]. Теперь я отмечу, что расширение возможного накладывает параллельный выбор на другие модальные онтологии.

Предположим, мы утверждаем, что возможные миры действительно существуют. Тогда либо у нас недостаточно сущностей типа «мир» для всех возможностей, и поэтому мы теряем некоторые из них, либо мы постулируем больше сущностей такого рода, чем изначально полагали в нашей онтологии. Сталнакер, например, предполагает, что возможные миры — это атрибуты

---

[8] См. [Leftow 2009b]. Ансельм никогда не определяет всемогущество. Он не предлагает никакого описания его диапазона. Но это описание открыто для него и послужит его целям. Уклонение от создания сил связано с тем, что всемогущее существо не может вызывать действия существ, свободных в либертарианском понимании, но они могут. Таким образом, сила Бога создавать их делает их свободные действия, возможно, возможными. Поскольку Ансельм придерживается S4, возможная возможность дает ему возможность.

[9] В абстракции вместо этого можно позволить силам существовать, не будучи инстанцированными. Но это превращает теорию сил в версию платонизма, а не во что-то отличительное.

[Stalnaker 1976]. Мы изначально не верим в атрибуты, предполагаемые Сталнакером, — свойства, инстанцией которых была бы вселенная, воплощающая всю историю. Поэтому Сталнакер стоит перед выбором как у Ансельма. Он должен либо отказаться от некоторых возможностей — тех, что имеют масштабы мира, — либо ввести больше (и менее интуитивных) атрибутов. Вопрос реальной «цены» при сравнении Ансельма и Сталнакера заключается в том, что лучше — позиционировать больше конкретных объектов, обладающих силами, или больше абстрактных объектов. Я думаю, что есть веские аргументы в пользу стратегии конкретных объектов. Я рассматриваю их в другом месте[10].

3.1.3. Плохие необходимости

Я рассмотрел один вид проблемы расширения метафизики Ансельма — аргументы, утверждающие, что она дает (как бы) слишком мало возможностей. Другой вид утверждает, что метафизика Ансельма создает слишком много необходимости. Предположим, что Бог желает следующее:

Смит. Смит — президент с 2032 до 2036.

Тогда, учитывая Его всемогущество, ничто другое не может помешать истине этого утверждения («Смит»). Ничто другое не обладает заложенной силой, способной помешать этому. Более того, неизменность Его воли может лишить даже Бога заложенной силы помешать этому[11]. Вещи сохраняют внутреннюю силу, чтобы иметь ее в обратном случае, но Бог (похоже) заблокировал даже себе ее использование. Таким образом, с точки зрения Ансельма, это утверждение («Смит») кажется необходимым. Однако оно должно быть контингентным.

---

[10] О некоторых шагах в этом направлении см. мою работу [Leftow 2018b]. Более подробный аргумент представлен в [Leftow 2012].

[11] Это самопредотвращение, так что Ансельм бы это не принял. Ниже я обосновываю, что он прав *в этом случае*.

Ансельм ответил бы, что это так. Бог, по его мнению, сделал контингентной истинность этого утверждения (Смит), сделав ее заранее предотвратимой[12]. На самом деле, сказал бы он, Бог непреодолимо пожелал, чтобы, хотя Смит мог бы избежать такого сценария, это утверждение было бы истинным[13]. Бог гарантировал, что прежние условия не вынудят Смита стать президентом. Таким образом, истину утверждения «Смит» можно было предотвратить заранее. Этого достаточно для того, чтобы она была контингентной. Чтобы объяснить, как совместимы возможность предотвратить истинность этого утверждения и желание Бога, которому невозможно противостоять, Ансельм апеллирует к атемпоральности Бога и использует Его предвидение в качестве аналогии.

В *De Concordia* I, 5 утверждается, что свободные действия, хотя и «неизменны» по отношению к знанию Бога, «могут быть изменены» до того, как мы их совершим. Это говорит нам о том, что здесь Ансельм использует выражение «могут быть изменены», чтобы сказать, что они могут быть или могли бы быть иными. Это также говорит нам о том, что «неизменность» применительно к Божественному знанию означает, что, *если Он знает это*, оно не может быть иным. Будущая свобода и будущая неизменность совместимы, говорит Ансельм, потому что Бог знает, что мы делаем в Его вечном настоящем[14]. По Ансельму, от нас в полной мере зависит то, что Богу дано видеть в отношении нас. Мы избираем Смита. Исход мог бы быть другим. Просто Бог вневременным образом видит, что это не так. Он видит это не раньше, чем мы это делаем. Бог видит это только тогда, когда это происходит, причем «когда» выражает пребывание в одном и том же вечном Настоящем[15]. Божественное видение не налагает предварительной, принуждающей необходимости, потому что оно не предшествует нам во времени. Поэтому, считает Ансельм,

---

[12] Как в *De Concordia* I, 3.
[13] См. *De Concordia* I, 3.
[14] См. *De Concordia* I, 5, [Schmitt 1936, II: 253].
[15] См. *De Concordia* I, 5.

здесь нет проблемы для свободы[16]. Затем Ансельм обращается к предопределяющей воле Бога.

По Ансельму, так же как Он атемпорально знает, что мы делаем, так же Бог атемпорально желает этого[17]. Как и то, что Он знает, пишет Ансельм, то, что Бог предопределяет, «неизменно» в настоящем вечности, но «иногда изменяется в самих людях из-за свободы воли»[18]. Для Ансельма то, что Бог знает, не может быть иным, если, только если и потому, что это происходит в Его настоящем. Вещи не могут быть иными, когда они присутствуют, будь то вечное или временное настоящее. Так же, утверждает Ансельм, вещи, которые Бог желает-предсказывает, не могут быть иными только при условии, что они происходят в Его настоящем. По Ансельму, Бог желает то, что предопределяет, только в том случае, если это происходит в Его настоящем. Как настоящее, они не могут быть иными. Но в других вариантах настоящего, в которых они являются будущими, некоторые из них могут быть иными: другое время, другой модальный статус. То, что *некоторый* модальный статус меняется в зависимости от времени, — это здравый смысл. В некотором смысле «не может», прошлое сейчас не может быть иным[19]. Слишком поздно, чтобы повлиять на него. Ансельм просто применяет идею о смене модальности из-за смены времени к другой паре времен — не будущее/прошлое, а будущее/вечное настоящее[20].

Для Ансельма Бог «пред»-видит, что мы делаем, только в том смысле, что заранее истинно, что Бог видит то, что для нас является будущим. Так и предопределение считается «пред»

---

16 Я обосновываю, что божественная вневременность действительно примиряет свободу и «пред»-видение в [Leftow 1991a].

17 См. *De Concordia* I, 7.

18 См. *De Concordia* I, 5, [Schmitt 1936, II: 254].

19 Как именно понимать это «не может», было предметом споров — см., например, [Freddoso 1983; Craig 1986a].

20 *De Concordia* I, 5 явно проводит параллель между прошедшим и вечным настоящим временем, даже отмечая, что в Священном Писании иногда используется прошедшее время, потому что в обычном языке нет вечного настоящего времени, которое можно было бы использовать вместо него.

только в том смысле, что заранее верно, что Бог желает того, что для нас является будущим. Для Бога предопределение — это причинность в Его настоящем, когда последствия происходят, — точно так же, как «пред»-видение — это знание в Его настоящем, когда вещи происходят. Бог желает, чтобы наши действия совершались только тогда, когда мы их совершаем. Говоря изнутри времени, можно сказать, что Бог не предопределяет наши действия, пока мы их не совершаем, и только от нас зависит, что Он предопределит. Его желание, чтобы они совершились, считается предопределением только потому, что оно атемпорально, а мы находимся во времени[21]. Если действия, которые Бог «пред»-видит, можно было избежать до того, как мы их совершили, то (думает Ансельм) можно избежать и действия, которые Бог «заранее» желает, чтобы мы совершили. Неизбежность дает нам случайность, хотя ничто не может блокировать действенную волю Бога[22].

Отсюда и ход Ансельма. Он работает только в том случае, если одно из следующих умозаключений является плохим:

> Бог желает этого. Значит, заранее было верно, что Бог желает этого.
> Бог желает этого. Значит, заранее это было неизбежно.

Для Ансельма последний шаг плох. По его мнению, там, где мы остаемся свободными, от нас зависит, что пожелает Бог. Это делает то, что мы делаем, заранее предотвратимым. Но даже если последний ход плох, Ансельм еще не вышел из затруднения. Вот еще один аргумент:

> Бог замышляет наши действия в тот момент, когда мы их совершаем. Если Бог пожелал, что P, то неизбежно P. Значит, когда мы действуем, Бог делает то, что мы делаем, неизбежным[23].

---

[21] См. *De Concordia* I, 5.

[22] См. *De Concordia* I, 3.

[23] Оккам дает, по сути, этот аргумент в *Ordinatio* I, d. 38.

Если Ансельм может спасти контингентность, из этого не следует автоматически, что он может спасти свободу. Для этого, кажется, реальная проблема заключается в воле Бога, а не в том, использует ли Он ее заранее.

Я думаю, у Ансельма есть выход. Если Бог запускает «да будет Р», то Р. Но не ясно, что если Бог пускает в полет, то Р имеет место *неизбежно*. Ибо если Р можно было избежать заранее, то Р не является *просто* неизбежным. Возможно, неизбежно Р в t, t — это время, к которому стремится Бог, когда запускает его. Но это не влечет, что Р неизбежно *simpliciter*. Возможно, если в какое-то время можно избежать того, что Р, то и Р можно избежать *simpliciter*. Кроме того, анализ свободы Ансельма является либертарианским[24], и он считает, что у нас действительно есть такая свобода. Таким образом, он, в частности, считает, что от нас зависит, какие свободные поступки мы совершаем. А если так, то от нас зависит, какие свободные поступки допустит Бог. То есть от нас зависит, что Бог делает неизбежным в вечном настоящем. Убежденность Ансельма в том, что свободная воля может «изменить» то, что находится в вечном, т. е. могла бы сделать его вечно противоположным, подразумевает именно это. Для Ансельма, таким образом, получается, что от нас зависит, какие свободные действия предопределит Бог. Ансельм не делает этого вывода в явном виде. Но это может быть потому, что это слишком ясно, что здесь он верен Августину только на словах[25]. Таким образом, у Ансельма есть способ обойти приведенный выше аргумент.

---

[24] Хотя и необычного рода. Эта необычность начинает прослеживаться только при близком прочтении определенного количества текстов; хорошую трактовку можно найти у [Williams, Visser 2009: 171–185].

[25] Ансельмовская концепция предопределения может быть заметным теологическим достижением. Она дает тот подлинный смысл, в котором заранее истинно, что Бог желает наших действий. Тем не менее он оставляет нас полностью свободными и избегает моральных дилемм кальвинистского «двойного предопределения». Ключ к его ходу — вневременность Бога. Для тех, кто ищет приемлемое прочтение библейских текстов, утверждающих предопределение, то, что вневременность делает ход доступным, может быть аргументом в пользу вневременности.

Однако и сейчас Ансельм не свободен. Если апелляция Ансельма к возможности избежать заранее работает, то она работает только для фактов, которым предшествует время. Предположим, что Бог желает, чтобы во все времена $E = mc^2$. Тогда не существует времени перед тем, когда $E = mc^2$. Таким образом, Ансельм, похоже, застрял на том, что это необходимо. Оно должно быть контингентным. Мы могли бы сказать, что, хотя это абсолютно контингентно, в неабсолютной модальности оно необходимо. Но Ансельм не дает никаких явных признаков того, что он различает между абсолютными и неабсолютными видами модальности[26].

Я думаю, что Ансельм должен назвать избегаемым в вечном настоящем то, что $E = mc^2$. Атемпорально Бог сохраняет свою первозданную силу не желать, чтобы $E = mc^2$. Ибо Бог сохраняет присущую ему силу не желать этого. Если Он желает этого, то Он отказывается от возможности не желать этого. Если Он в настоящее время отказывается от этой возможности, то она у Него все еще есть. Эдуард VIII не отрекался от своего трона, пока акт отречения не был завершен. В атемпоральной жизни ничто никогда не заканчивается. Как бы то ни было, завтра никогда не наступает. Если Бог находится в процессе отказа от своей возможности, значит, Он еще не отказался от нее. Значит, у Него еще есть заложенная сила, позволяющая не желать, чтобы $E = mc^2$. В вечном настоящем остается возможность избежать того, что $E = mc^2$. Вечное настоящее каузально предшествует всему времени. Это делает его релевантным, как если бы оно было темпорально первичным[27]. Таким образом, это дает Ансельму то «заранее», в котором можно избежать, что $E = mc^2$. Таким образом, с точки зрения Ансельма, остается возможным, что $E \neq mc^2$.

---

[26] Как я отметил, некоторые настаивают на том, что он делает это, различая первичное от последующего. Но это — интерпретация. Ансельм не утверждает, что делает именно это. Если Ансельм имеет это в виду, утверждая, что его метафизика необходимости применима ко всей необходимости, (*Cur Deus Homo* II,17, [Schmitt 1936, II: 123]), эта интерпретация некорректна.

[27] См. мою работу [Leftow 2004: 58].

3.1.4. Всемогущество

Предположим, что Ансельм отвергает этот шаг. Тогда для Ансельма, желая, чтобы (Смит), Бог теряет Свою заложенную силу обустроить все иначе. Предположим также, *вопреки* Ансельму, что ¬(Смит) остается возможным. Тогда, желая, чтобы (Смит), Бог приводит к тому, что существует контингентное/случайное положение вещей, которое Он не может актуализировать. Таким образом, получается, что, желая, чтобы (Смит), Он лишается Своего всемогущества.

Ансельм мог бы просто отрицать, что ¬(Смит) остается возможным: опять же, нет заложенной силы, — нет возможности. Но это может показаться нам скорее ударом по его метафизике, чем выходом из затруднительного положения. Я предлагаю другой способ решения этой проблемы. Даже если у Бога больше нет силы, способной привести к ¬(Смит), Он сохраняет внутреннюю силу. В другом месте я утверждаю, что всемогущество — это вопрос только внутренней силы[28]. Если это так, то Бог остается всемогущим, даже когда Он желает, чтобы (Смит).

3.1.5. Больше плохих необходимостей

Как мы уже видели, для Ансельма атемпоральность Бога делает Его существование необходимым. Если Бог атемпорален, то атемпоральна и Его воля. Таким образом, если атемпоральность достаточна для необходимости, у Бога нет контингентных волевых актов. Для Ансельма контингентным временное событие делает то, что его можно было бы предотвратить до того, как оно произошло[29]. Но ничто не предшествует во временном аспекте *атемпоральному волеизъявлению*. Наличие чего-то темпорального перед тем, что происходит, влечет за собой темпоральность. Таким образом, для Ансельма кажется, что Бог не может намереваться контингентно. Но если все Его волевые акты необходимы, то необходимо и все остальное.

---

[28] См. мою статью «Всемогущество» [Leftow 2009b].
[29] См. *De Concordia* I, 3.

У Ансельма здесь есть свои ресурсы. Хотя *во временном аспекте* ничто не предшествует атемпоральному волеизъявлению, каузально и в аспекте объяснения ему предшествует существование Бога, — имея в виду наличие у Него природы и причины действовать. Если эти каузально предшествующие факторы не требуют необходимым образом божественного воления, оно могло быть предотвращено раньше в каузальном порядке. Таким образом, оно «было» предотвратимо каузально заранее, хотя и имеет необходимость вечного настоящего, «как только» оно наступило.

3.1.6. Проблема воли

Теперь я формулирую последнюю трудность для общего подхода Ансельма к необходимости. Ансельм говорит, что *всякая* необходимость восходит к воле Бога[30]. Это относится даже к необходимости, которую обеспечивает природа (той или иной вещи). Таким образом, предотвращение по природе сводится к предотвращению по воле Бога. Но трудно понять, как воля Бога *могла бы* сделать содержание природы абсолютно необходимым. Далее, предположим, что природа объекта выражается в тождестве, например, что вода = H_2O. Предположим, что это каким-то образом верно, даже если воды нет. Тогда трудно представить, что может сделать в связи с этим Божья воля. Если мы отбросим все это, то все равно остается вопрос, может ли предотвращение согласно воле дать что-то большее, чем каузальная необходимость.

Я отвечу, что мы уже видели, как можно вывести подлинно абсолютную божественную необходимость из взглядов Ансельма. Самое первое состояние в причинном порядке — это существование Бога и тот факт, что это существование Бога. Для Ансельма это самое первое состояние во всех возможных каузальных последовательностях. Предположим, что в этом первом состоянии Бог желает, чтобы ничто не имело силы привести к тому, что вода ≠ H_2O. Это охватывает все возможные существа во всех возможных продолжениях от этого первого состояния — то есть

---

[30] См. *Cur Deus Homo* II, 17, [Schmitt 1936, II: 122–123].

во всех абсолютно возможных историях, или мирах. Таким образом, это придает природе воды абсолютную необходимость.

Теперь я займусь проблемой тождества утверждений. Если «вода = H$_2$O» — это контингентное тождество, то у воли Бога есть много работы, как и в случае с другими контингентными фактами. Если это не так, то есть роль воды и есть то, что играет ее в возможном мире, который «подключается» (plugged into) к «вода =__» в этом мире. Воля Бога гарантирует, что в каждом мире H$_2$O будет «подключена» (plugged in). Если Ансельм прав, то выражающее природу «=» — это приз, присуждаемый только после того, как воля Бога выполнит свою работу.

Я рассмотрел некоторые проблемы метафизики Ансельма. Моя собственная модальная метафизика пересекается с метафизикой Ансельма — она основана на силах и предотвращении. В другом месте я обсуждаю множество других проблем для такого взгляда[31]. Ансельм мог бы принять многое из того, что я говорю о них.

3.2. Проблемы в связи с Божественной Необходимостью

Я рассмотрю проблемы, относящиеся именно к тому, как Ансельм понимал «Необходимо, Бог...»

3.2.1. Плохие необходимости

Как мы уже говорили, у Ансельма может быть два варианта объяснения выражения «необходимо, Бог...». Если это так, то первый заключается в том, что если Бог необходимо есть F, то эта необходимость состоит в том, что все остальное не может привести к тому, что ¬(Бог есть F)[32]. Все остальное не может привести к тому, что ¬(Бог не существует). Этому препятствует Его природа. Ибо Его природа — существовать самому по себе (*a se*). Это делает Его

---

[31] См. [Leftow 2012].

[32] В соответствии с пунктом 1.5 и далее я бы добавил «навсегда» перед «предотвращено». Считайте это обязательным к прочтению там, где это уместно, на протяжении всего текста.

тем, что невозможно произвести. Выглядит так, что из первого подхода Ансельма следует, что необходимо, чтобы Он не существовал. То же самое мы можем сделать с отрицанием любого из Его существенных атрибутов. Опять же, все остальное препятствует тому, чтобы ¬(Бог создал единорога)[33]. Но Он не создал единорога.

Я отвечаю, что Ансельм полагает, что если необходимо, что Бог есть F, то «сначала» дано, что Бог есть F, чтобы быть дано с необходимостью. Ведь Ансельм различает «предшествующую» и «последующую» необходимость. Предшествующая необходимость в некотором смысле предшествует факту, который необходимо обусловлен, вынуждает его и объясняет его. Она навязывается факту, который обусловливает с необходимостью. Последующая необходимость «следует за» появлением факта. Появление этого факта объясняет его. Затем необходимость налагается на другие вещи[34]. Ансельм говорит, что в случае Бога необходимость всегда налагается на другие вещи. Таким образом, для Ансельма любая божественная необходимость — это «последование». В «последующих» случаях появление приходит первым, независимо от необходимости, и объясняет необходимость. Другими словами, Ансельм считает, что Бог необходимо является F только в том случае, если Бог является «первым» и независимым от этого F. Таким образом, частью истории Ансельма является то, что если необходимо, что Бог есть F, то Бог есть (постоянно) F. Таким образом, для Ансельма, если Бог существует, то это не значит, что Он обязательно не существует.

3.2.2. Проблема Барнса

Джонатан Барнс поднимает смежный вопрос [Barnes 1972: 24–25]. Предположим: необходимо, что Бог существует. Для Ансельма, говорит Барнс, это так, потому что всему остальному препятствуют в осуществлении того, что Он не существует. Последнее не означает, что Бог существует. Это было бы верно не-

---

[33] Как Дин Циммерман (в беседе).
[34] *Cur Deus Homo* II, 17, [Schmitt 1936, II: 125].

зависимо от того, существует Он или нет. Так что, похоже, для Ансельма то, что Бог существует с необходимостью, не означает, что Он существует. Это было бы неловко.

Я только что показал, что для Ансельма из того, что Бог существует с необходимостью, следует, что Он существует. Но я добавляю еще один ответ. То, что все остальное предотвращено от того, чтобы приводить к ¬(Бог не существует), делает необходимым, чтобы Бог существовал, если Он существует. В целом условия, делающие пропозицию необходимой, могут иметь место, даже если пропозиция не истинна и поэтому на самом деле не является необходимой. Пусть «@» называет любой возможный мир актуальным. Тогда предложение о том, что @ не является актуальным, истинно во всех возможных мирах, кроме @. Это сделало бы необходимым, чтобы @ не было актуальным, если бы в @ было верно, что @ не актуально. Ведь если бы и в @ было верно, что @ не актуально, то было бы необходимо, чтобы @ не было актуально. Но в @ это, конечно, не так. По мнению Ансельма, условия, которые делают необходимым существование Бога, имеют место независимо от того, существует Он или нет. Но в этом нет ничего необычного[35].

3.2.3. Внешние необходимости

Предположим вместе с Ансельмом, что то, за счет чего Бог есть F с необходимостью, включает в себя то, что все другие вещи предотвращены от того, чтобы привести к отрицанию этого.

---

[35] Если у Ансельма есть второе объяснение «необходимо, что Бог есть F», то оно заключается в том, что все предотвращается от того, чтобы привести к Его несуществованию. Оно тоже сталкивается с проблемой (моя благодарность Кристоферу Хьюзу). Все предотвращено от того, чтобы привести к тому, что ¬(Бог существует и ¬(Бог существует)). Поскольку что-то приводит к этому, только если оно приводит к тому, что Бог существует или нет. Все предотвращено от того, чтобы привести к тому или иному дизъюнкту. Кроме того, это всего лишь случай исключенного третьего, и кажется, что все предотвращено от того, чтобы привести к законам логики. Таким образом, кажется, что во втором объяснении Ансельма необходимо Бог и существует, и нет. Мои ответы на проблему для первого объяснения работают и здесь.

Тогда божественные необходимости, по-видимому, требуют, чтобы существовали другие вещи, которые должны быть предотвращены. Если это *действительно* требуется, то Бог не обладает внутренним образом никакими атрибутами, включающими необходимость. Предположим, что необходимая правдивость требует, что некоторые факторы нужно удерживать от того, чтобы они заставляли человека лгать. Тогда то, что кто-то обладает этим качеством, не обусловлено только им самим, его частями и самой необходимой правдивостью. Значит, Бог не обладает необходимой истинностью внутренним образом. Согласно Ансельму, у Бога нет ни одного атрибута, хотя бы частично вытекающего из чего-либо другого[36]. То есть Он обладает всеми своими атрибутами внутренним образом. Именно поэтому при рассмотрении первой формулировки кажется, что Бог не может одновременно существовать *a se* (как Ансельм понимает самосущность) и быть необходимо F, для любого F.

Кроме того, как мы уже видели, Ансельм считает, что не существует внешних атрибутов. Если внешних атрибутов не существует, то истинные внешние предикации не выражают никаких сущностей, которыми действительно обладают их субъекты. Я думаю о Магги. Это побуждает меня использовать предикат «Он является объектом моей мысли». Но не существует такого атрибута, как «быть объектом моей мысли». Предположим, что ансельмианские божественные необходимости являются внешними. Тогда, хотя мы и говорим, что Бог необходимо существует, не существует такой вещи, как необходимое существование, подобно тому как не существует того, что можно назвать «быть мыслимым мной». Далее, как можно предположить, там, где нет реального атрибута, нет и реального приращения величия, которым можно было бы обладать. Если не существует *чего-то* наподобие «быть объектом моей мысли», то ни для чего не имеет значения, думаю ли я о нем. Поэтому кажется, что необходимое существование не может сделать вещь больше.

---

[36] См. *Monologion* 1–4, 16.

Я отвечаю следующим образом. Это не тот случай, когда для предотвращения необходимо, чтобы некая существующая вещь предотвратила какое-то действие. Предположим, что использование хорошего замка предотвращает кражу велосипеда любым вором. Тогда это происходит, даже если воров нет. Запирание велосипеда предотвращает кражу благодаря собственной внутренней структуре и прочности замка, если воры существуют и если их нет. Это действие предотвращает независимо от того, есть или нет от кого предотвращать кражу. Запирание велосипеда делает истинным то, что для всех *x*, если бы *x* был вором, *x* не украл бы этот велосипед. Это может быть верно и при отсутствии воров. Таким образом, замок предотвращает кражу по своей природе. Это зависит только от состояния замка и его частей. Точно так же правдивость Бога предотвращает принуждение чем-то Его ко лжи, если есть другие, которые пытаются выудить из Него ложь, и если их нет. Это предотвращение возникает просто из того, как Он есть. Таким образом, она внутренне присуща Ему.

Однако я должен сказать немного больше. По Ансельму, во всех случаях необходимости что-то принуждается или предотвращается. Таким образом, чтобы дать ответ на последний абзац, Ансельм должен допустить, что несуществующее может быть принуждено или предотвращено. Оно может. 1.2 цитирует его утверждение, что несуществующему миру невозможно привести себя в бытие. Для Ансельма утверждение о невозможности «означает», что нечто вынуждено или предотвращено. Это не может быть Бог. Для Ансельма Бог не может быть принужден, и Он *действительно* способен привести мир к бытию. Таким образом, предотвращение должно быть в самом мире или иметь к миру отношение, хотя и несуществующему. Но даже учитывая это, данный шаг делает божественные необходимости внутренне присущими только в том случае, если несуществующие каким-то образом «находятся» в Боге. Прочитанный в свете приверженности Ансельма к несуществующим, *Monologion* 35 может предполагать такую трактовку.

3.2.4. Направление объяснения

Давайте двигаться дальше. Первая формулировка Ансельма может показаться идущей в направлении, противоположном правильному[37]. Бог не может лгать. Ничто другое не может заставить Его лгать. Можно предположить, что одно объясняет другое. Для Ансельма, поскольку другие вещи не могут заставить Бога лгать, Бог не может лгать. Другое направление объяснения может показаться более естественным. То есть может показаться более правдоподобным, что, поскольку Бог не может лгать, другие вещи не могут заставить Его.

Оба нарратива затрагивают природу Бога. По Ансельму, природа Бога состоит в том, чтобы изъявлять волю непреодолимо[38], говорить правду. Это не позволяет всему остальному, актуальному или возможному, заставить Его лгать. Это, в свою очередь, облекает его правдивость в форму необходимости. С другой стороны, природа Бога такова, что он необходимо должен говорить правду. Это не позволяет всему остальному, актуальному или возможному, заставить Его лгать. По другой версии, либо природа Бога обеспечивает то, что требуется для существования необходимостей (скажем, возможные миры), либо то, что требуется для их существования, существует независимо от Бога.

Самосущность Бога может исключить независимую модальную конструкцию. Предположим, что Бог извлекает необходимость своей правдивости из независимого царства возможных миров. Это часть Его природы — быть правдивым *и* быть таковым с необходимостью. Поэтому, если Он получает необходимость Своей истинности из независимой модальной конструкции, Он обязан частью своей природы независимым от Него вещам. Таким образом, Он отчасти обязан им самим своим существованием. Это несовместимо с любой приемлемой концепцией самосущности Бога, тем более такой сильной, как у Ансельма[39]. Да-

---

[37] Как Кристофер Хьюз (в переписке).
[38] См. *De Concordia* I, 3.
[39] Об этом см. *Monologion* 1–4, 16.

вайте обратимся к другой альтернативе. Согласно современному подходу, природа Бога должна включать в себя все или (для Кита Файна и его друзей[40]) все сущности. Я выступаю против обоих вариантов в другом месте [Leftow 2012: 209–247].

3.2.5. Дилемма

Утверждения Ансельма о надлежащей необходимости в Боге создают дилемму[41]. Пусть «$\Box P$» символизирует «надлежащим образом необходимое». Пусть А — это действие, допустить которое было бы для Бога беспричинным злом. Поскольку ничто другое не может заставить Бога что-либо делать или быть чем-либо, Бог ничего не делает по надлежащей необходимости. Таким образом, для Ансельма $\neg \Box P$(Бог делает А). Если $\neg \Box$ влечет $\Diamond \neg$, то из этого следует, что $\Diamond P \neg$(Бог делает А), то есть $\Diamond P$(Бог допускает А). Иными словами, из этого следует, что в собственном смысле (properly) возможно, чтобы Бог совершал беспричинное зло (путем бездействия). Если это так, то это означает, что Бог обладает силой творить беспричинное зло. Многие считают это неприемлемым с богословской точки зрения, и Ансельм это отрицает[42]. Если мы отрицаем, что $\Diamond P \neg$(Бог делает А), то если мы утверждаем что-либо, то мы утверждаем, что $\neg \Diamond P \neg$(Бог делает А). Если $\neg \Diamond \neg$ влечет за собой $\Box$, то из этого следует, что $\Box P$(Бог делает А). Но для Ансельма это неверно. Опять же, Бог не делает ничего по надлежащей необходимости.

Теперь я предлагаю Ансельму путь между частями дилеммы. Я начинаю с небольшого экскурса в теологию. Для Ансельма совершенное существо по своей природе всемогуще[43]. Для Ансельма, кто-то всемогущий ни в коем случае не является бессильным[44]. Но для Ансельма всякая необходимость в собственном

---

[40] Ключевая роль здесь принадлежит работе Кита Файна — см. [Fine 1994].
[41] Кристофер Хьюз поднял этот вопрос в переписке.
[42] См. *Proslogion* 7, *Cur Deus Homo* II, 10.
[43] См. *Proslogion* 7, *Monologion* 25.
[44] См. *Proslogion* 7.

смысле подразумевает навязанное бессилие⁴⁵. То, что кто-то буквально вынужден делать, он теряет заложенную способность не делать. Поэтому для Ансельма природа Бога исключает возможность быть предметом необходимости в собственном смысле⁴⁶. Он не та вещь, которая должна подчиняться ей. Он находится вне этой категории.

Если так, то, с точки зрения Ансельма, «□P(Бог делает A)» — это категориальная ошибка. Категориальные ошибки не являются истинными. Утверждение, что идеи спят, является категориальной ошибкой. Идеи — это не та вещь, которая спит. Они находятся вне этой категории. Если они не относятся к тому типу вещей, которые спят, то неверно, что они спят. Если категориальные ошибки не истинны, то они либо ложны, либо не имеют истинностного значения. Теперь я покажу, что у Ансельма есть путь между обеими опциями в дилемме в любой из альтернатив.

3.2.5.1. Если категориальные ошибки ложны

То, что ошибки категорий ложны, по крайней мере правдоподобно. По-видимому, то, что идеи спят, действительно ложно. В конце концов, они никогда не спят. Предположим тогда, что категориальные ошибки ложны. Тогда их отрицания истинны. Если это так, то если утверждение, что ¬□P(Бог делает A) отрицает категориальную ошибку, то кондиционал:

C. ¬□P(Бог делает A) ◊P¬(Бог делает A), —

имеет истинный антецедент. Согласно Ансельму и многим другим, оно имеет ложный консеквент. Если (C) имеет истинный антецедент и ложный консеквент, то оно ложно. Более того, любой аргумент, опирающийся на умозаключение (C), недействителен, поскольку это умозаключение ведет нас от истины к лож-

---

⁴⁵ См. *De Casu Diaboli* 5.

⁴⁶ Это создает трудности для Ансельма. Как он видит, создания вызывают некоторые последующие необходимости. Последующие необходимости основываются на навязывании вещами необходимостей в собственном смысле всему остальному. Если создания навязывают их всему остальному, они навязывают их Богу.

ности. Из антецедента (C) не следует его консеквент. ¬□ подразумевает ◊¬ только в том случае, если первое отрицание является обычным, а не категорическим. Таким образом, при таком варианте Ансельм может утверждать, что аргумент дилеммы не валиден. Это также не является *ad hoc*. Это следует из совершенно общей теории категориальных ошибок.

3.2.5.2. Если категориальные ошибки лишены истинностных значений

Если категориальные ошибки не ложны, то они не имеют истинностного значения[47]. Если они его лишены, то их лишены и их отрицания[48]. Поэтому для Ансельма если категориальные ошибки не имеют истинностного значения, то ¬□P(Бог делает A) не имеет истинностного значения. Ансельм отрицает, что ◊P¬(Бог делает A). Таким образом, для Ансельма если категориальные ошибки не имеют истинностного значения, то антецедент (C) не имеет истинностного значения и его консеквент ложен. Как мне кажется, наиболее правдоподобной логикой, позволяющей пропозициям не иметь истинностных значений, является K_3[49]. В K_3 такие кондиционалы не имеют истинностного значения[50]. Далее, при таком подходе к категориальным ошибкам оказывается, что (((C) ∧ ¬□P(Бог делает A)) ⊃ P¬(Бог делает A)) не имеет истинностного значения. То есть не верно, что (C) и ¬□P(Бог делает A) совместно имплицируют, что ◊P¬(Бог делает A). Если это так, то аргумент, опирающийся на это умозаключение, не только не валиден, но и опирается на ошибочные посылки.

Если истинностные значения не работают для категориальных ошибок, то такие условия, как (C), выражающие двойственность □/◊, могут быть неистинными. Таким образом, двойственность

---

[47] Как, например, у [Thomason 1972; Martin 1975].

[48] Если только отрицание не функционирует странно в этом контексте, так что верно, что ¬P, хотя P не имеет истинностного значения. В этом случае все происходит так же, как в последнем разделе.

[49] Об этом см. [Priest 2001: 117–123].

[50] Также в L_3, — об этой системе см. [Priest 2001: 117–123].

□/◊ не является логической истиной. В K_3, по крайней мере, для Ансельма это не проблема. Ведь в K_3 в общем случае не существует логических истин — есть только примеры логической не-лжи.

Теперь я напомню. Ансельм предлагает объяснение того, как «необходимо» применяется истинным образом к утверждениям о Боге. Для него это слово «означает» принуждение или предотвращение. В случае с Богом речь идет о других вещах, возможно, несуществующих. Что-то о Боге предотвращает или принуждает. Он (постоянно) удерживает другие вещи от воплощения отрицания того, что, как утверждается, необходимо. На самом глубоком уровне, что делает истинным то, что Бог есть F с необходимостью, это то, что Бог есть F и предотвращение. Предотвращение порождает недостаток заложенной силы и тем самым отсутствие возможности. Соединение того и/или другого с тем, что Бог есть F, также является фактором истинности для утверждения, что Бог есть F с необходимостью. Я попытался показать, что, хотя это и звучит странно для нашего слуха, концепция Ансельма может делать то, о чем он просит ее. Она может позволить ему сказать, что Бог существует с тем, что мы называем абсолютной необходимостью.

3.3. Аргумент от совершенства

Наконец, Ансельм предлагает модальный аргумент от совершенства. Таким образом, я должен спросить, может ли его взгляд на необходимость Бога лежать в основе такого аргумента[51]. Если нет, то это говорит либо против его модальной метафизики, либо против убедительности его аргумента в его собственных терминах. Я могу ответить на этот вопрос кратко. Я показал, как можно эксплицировать **Божественную Необходимость** и утверждение о возможном существовании Бога в условиях, которые обозначил Ансельм. Я также предположил, что у человека могут быть не порождающие круг в доказательстве доводы утверждать, что, возможно, Бог существует, даже если исходить из подхода Ансельма. Это все, что нужно.

---

[51] Здесь я должен поблагодарить Говарда Робинсона.

Глава 4
Аргумент

В своем «Ответе Гаунило» Ансельм написал:

> Если бы... нечто, больше которого ничего нельзя помыслить... существовало, то ни в действительности, ни в воображении оно не могло бы не существовать. Иначе оно не было бы тем, больше чего невозможно помыслить. Но все, что может мыслиться как существующее и не существует, если бы оно существовало, то было бы способно актуально или в уме не существовать. По этой причине, если оно может быть мыслимо, оно не может не существовать (*Reply* 1, [Schmitt 1936, I: 131]).

Мое обсуждение будет касаться одного аргумента из этого фрагмента.

4.1. Аргумент Ансельма

Посылки Ансельма не кажутся контингентными. Поэтому я принимаю их как необходимые. Я использую «G» для сокращения «вещь, больше которой ничего нельзя помыслить». В соответствии с Введением, я также использую для этого термин «совершенное существо». Один аргумент в процитированном отрывке заключается в том, что:

1. $\Box(x)((Gx \supset (x$ существует $> x$ не может не существовать$))$. (предпосылка)
2. $\Box(x)((x$ существует $> x$ не может не существовать$) \supset \neg(x$ существует $> x$ не может не существовать$))$. (предпосылка)

3. □(x)((можно помыслить, что x существует и x не существует) ⊃ (x существует > x может не-существовать)). (предпосылка)
4. □(x)(¬(x существует > x может не существовать) ⊃ ¬(можно помыслить, что x существует и x не существует)). 3, трансп.
5. □(x)((Gx ⊃ ¬(можно считать, что x существует и x не существует)). 1, 2, 4, HS
6. □(x)((Gx ⊃ (можно считать, что x существует ⊃ x существует). 5, df. «⊃».

Ансельм считает, что начало *Proslogion* 2 и дальнейшие аргументы в *Reply*, каждый из которых дает ему понять, что для некоторой партикулярии — назовем ее *g*:

7. G*g* и можно считать, что *g* существует.

Исходя из этого, очевидно, он может вывести свое заключение. Теперь я обсужу предпосылки этого аргумента.

4.2. Первые три посылки

Я утверждал, что в (1)–(6) «□» и «невозможно» выражают абсолютную модальность. Учитывая это, (1) — это необходимая обусловленность нашего предыдущего тезиса **Необходимости Совершенного Существа**. Далее я принимаю необходимость совершенного бытия как включающее начальное «□». Вскоре мы увидим, что можно сказать за и против этого. Ансельм не утверждает (2), но аргумент требует этого. (2) говорит о всех возможных вещах, что если бы они существовали, то не имели бы противоречивой пары свойств. Таким образом, (2) несомненно.

(3), как я сейчас покажу, истинно в системе модальной логики Брауэра. Любая возможная вещь, если она существует, будет существовать контингентно или необходимо. Пусть Con — это то, что существовало бы случайно. Проиллюстрируем (3) для Con, и, опустив в (3) «□», мы получим:

8. (можно помыслить, что Con существует и Con не существует) ⊃ (Con существует > Con может не существовать).

Если Con существует случайно, то следствие (8) истинно. Любой материальный кондиционал с истинным консеквентом истинен. Поэтому (8) истинно. (8) будет истинным в любом возможном мире, в котором Con существовал бы контингентно. Поэтому с необходимостью все пропозиции, которые являются инстанцией (3) для контингентных вещей, истинны.

Теперь пусть Ness будет чем-то, что обязательно существует. Подставляя (3) для Ness и снова игнорируя «□» в (3), мы получаем:

9. (можно помыслить, что Ness существует и Ness не существует) ⊃ (Ness существует > Ness может не существовать).

Предположим, что Ness действительно существует. Ness необходимо существовал бы, если бы существовал на самом деле. Таким образом, антецедент и послесловие (9) ложны. Если антецедент и консеквент материального кондиционала ложны, то кондиционал истинен. Таким образом, если Ness действительно существует, то (9) истинно. (9) будет истинным в любом возможном мире, в котором Ness существует, и будет существовать обязательно. Далее, если Ness на самом деле существует необходимо, то Ness будет существовать необходимо[1]. Таким образом, все предложения, которые инстанцируют (3) для актуально существующих необходимых существ, истинны.

Предположим, что Ness на самом деле не существует. Как мы увидим позже, учитывая Брауэра, если Ness может существовать, то она существует. Таким образом, по Брауэру, если Несс не существует актуально, то он не может существовать. Таким образом, с учетом Брауэра, сказанного нами до сих пор достаточно, чтобы показать: если мы подставим в условие (3) термин, относящийся к любому возможному существу, то результат будет истинным. Таким образом, (3) истинно. Далее, если Ness не может существо-

---

[1] Если Ness существует необходимо, то Ness существует необходимо в мире, ближайшем к актуальному (поскольку актуальный мир — это мир, самый близкий к самому себе). Если Ness существует необходимо в ближайшем мире, то Ness будет существовать необходимо.

вать, следствие (9) — это контрвозможность, сослагательное наклонение с невозможным антецедентом. Согласно стандартной трактовке таких кондиционалов, все они истинны[2]. Материальный кондиционал с истинным консеквентом истинен. Таким образом, если мы принимаем Брауэра и стандартную трактовку, все подстановочные экземпляры (3) без его «□» истинны — даже те, что порождены подстановкой имен для невозможности, если таковые существуют. Таким образом, при этих допущениях (3) истинно.

4.3. Майнонгианская посылка

Теперь я берусь за посылку (7). «Gg» — это вершина айсберга. Ведь предположим, что предметы имеют атрибуты только в том случае, если они существуют. Тогда обосновать (7) можно было бы только обосновывая независимо, в частности, что g существует. Согласно моему предпочтительному пониманию круга в доказательстве, включение посылки (7), таким образом, заставит аргумент Ансельма прибегать к такому кругу. Единственный способ избежать этого — принять онтологию, в которой предметы могут иметь атрибуты независимо от того, существуют они или нет. Это центральная точка зрения Майнонга[3]. Ансельм, как я полагаю, придерживается ее[4]. Но это, возможно, парадигмальный случай спорного и широко отвергаемого онтологического тезиса. Чтобы получить аргумент с шансом на широкую поддержку, мы должны предложить Ансельму другую предпосылку. Изначально я предлагаю, что:

10. $\lozenge(\exists x)$(Gx и можно помыслить, что x существует).

Если (10) верно, то в некотором возможном мире существует G, которое можно помыслить существующим, — назовем его g.

---

[2] См., к примеру, [Lewis 1973].
[3] Об этом см. [Meinong 1960].
[4] См. мою книгу [Leftow... a: гл. 1–2].

Если для *g* мы инстанцируем (1)–(6), то из этого следует, что *g* существует. Но из этого не следует, что *g* — это G, и не следует, что G существует. Вывод пока только то, что *g* существует и это может быть G. Таким образом, Ансельму нужна еще одна посылка.

4.4. Недостающая посылка

Два его взгляда обязывают его к той посылке, которая ему нужна. Ансельм считает, что:

11. Любое совершенное существо обладает своим атрибутом совершенства внутренне[5].

Он также утверждает, что для любого F, если совершенное существо обладает свойством F внутренне, обладание свойством F не является привходящим[6] и, следовательно, не является контингентным. То есть он считает, что:

12. Любое совершенное существо не обладает никаким контингентным атрибутом внутренним образом.

Из (11) и (12) следует, что:

13. Любое совершенное существо необходимо является совершенным.

Теперь я покажу, что (11) и (12) необходимы, если они истинны. Если это так, то если они истинны, то (13) необходимо. Необходимость (13) — это та предпосылка, которая нужна Ансельму.

Во-первых, (11). Если совершенное существо внутренним образом является совершенным, то это обусловлено (a) тем, в чем суть «быть совершенным», (b) что это значит иметь атрибут

---

[5] См. *Monologion* 1–4, 15.
[6] См. *Monologion* 25.

внутренним образом, и (c) что-либо в совершенном существе, которое объясняет, что оно совершенно, например, как основа, на которой совершенство супервентно. (a) и (b) касаются необходимости. Что касается (c), то если бы совершенное существо имело бы вне себя что-либо, что объясняло бы его совершенство, то его совершенство было бы внешним. То есть, согласно пункту 1.2.1, его бытие совершенным зависело бы от чего-то иного, чем само совершенное существо, его части (если таковые имеются), и атрибута совершенства. Таким образом, если совершенное существо совершенно внутренним образом, то если что-то и объясняет его совершенство, то только его внутреннее состояние. Но тогда, если (12) истинно, это делает только его необходимое состояние. Таким образом, если (12) истинно, то все, что касается совершенного существа и объясняет его совершенство, необходимо. Таким образом, (c) тоже оказывается необходимым. Если все пункты (a)–(в) необходимы, то (11) необходимо истинно. Поскольку Ансельм считает (11) и (12) истинными, он должен назвать (11) необходимым.

Теперь я перехожу к рассмотрению (12). Все, что обладает атрибутом отсутствия контингентного атрибута внутренним образом, обладает им по своей сути. Вот почему: в 1.2.1 было дано первое представление о том, что такое обладание чем-то внутренним образом. Оно заключалось в том, что обязательно для любого x и F, x имеет F внутренне, если и только если x имеет F, и это решается исключительно самим свойством F и тем, каковы x и части x (если таковые имеются). Если это так, то, равным образом, x не имеет F внутренне, если и только если x не имеет F, и это решается исключительно самим свойством F и тем, каковы x и части x (если таковые имеются). Таким образом, если совершенному существу внутренне недостает какого-либо контингентного атрибута, это решается исключительно контингентным атрибутом и тем, каковы совершенное существо и его части (если таковые имеются). Таким образом, если совершенное существо не обладает всеми контингентными атрибутами внутренне, это решается всеми контингентными атрибутами и тем, как совершенное существо и его части (если таковые имеются) являются таковыми. Таким образом, если оно не обладает какими-либо контингентными атрибутами внутренне, то оно внутренне обладает атрибутом отсутствия всех контингентных атрибутов внутренне. Отсутствие их всех означает, что у совершенного существа нет ни одного из них. Поэтому оно имеет внутренне присущий атрибут отсутствия какого-либо контингентного атрибута внутренне. Если оно обладает этим внутренне, то если оно не обладает никаким контингентным атрибутом внутренне, оно обладает этим атрибутом необходимо. То есть (12) необходимо истинно. Поскольку Ансельм считает (12) истинным, он должен назвать его необходимым.

Таким образом, Ансельм утверждает, что (13) необходимо. То есть для Ансельма в любом возможном мире, если вещь совершенна в этом мире, она необходимо совершенна в этом мире:

14. $\Box(x)(Gx \supset \Box Gx)$.

Я считаю, что у нас есть веские аргументы в пользу (14). Я привожу их в другом месте [Leftow 2012: 175–206][7]. Итак, давайте предположим (14). Мы имеем, что g существует и в некотором возможном мире g является G. (14) говорит нам, что g является G в каждом мире, возможном из этого мира. Поскольку этот мир возможен, он возможен и из действительного мира. В главе 5 показано, что аргумент Ансельма нуждается в системе модальной логики Брауэра. Таким образом, мы можем ссылаться на нее здесь, поскольку это лишь обращается к тому, чему он уже привержен. По Брауэру, если этот мир возможен из действительного мира, то действительный мир возможен из этого мира. Таким образом, учитывая (14) и Брауэра, следует, что g актуально является G. Таким образом, (1)–(6), (10), (14) и Брауэр приводят нас к выводу, что G существует актуально. (14), таким образом, является дальнейшей посылкой, необходимой Ансельму. Поскольку я обосновываю (14) в другом месте, я не обсуждаю ее здесь.

---

[7] Некоторые из аргументов там сформулированы в терминах свойств божества. Они легко трансформируются в «G аргументы».

4.5. Посылка возможности

Теперь я рассмотрю (10). Нам не нужно спрашивать, что означает ансельмовское «может быть мыслимо». Ведь Ансельм согласился бы с тем, что:

15. □(x) ('возможно, x существует' эквивалентно 'x может быть помыслено').

Таким образом, он позволил бы нам опустить «можно думать». Сначала я рассмотрю в (15) кондиционал «слева-направо» в том ключе, что если предмет возможно существует, то его можно помыслить.

В *Reply* 5 утверждается, что (x)(возможно, x не существует ⊃ x можно мыслить не существующим) [Schmitt 1936, I: 134–135]. Возможно, любой предмет, который можно мыслить несуществующим, может быть мыслим, что бы ни подразумевал Ансельм под этим последним. Таким образом, *Reply* 5 обязывает Ансельма принять утверждение, что любой предмет, который может существовать контингентно, может быть мыслим. Любой возможный предмет, который не будет существовать контингентно, будет существовать необходимо. Для Ансельма только Бог может существовать необходимо. Ансельм никогда даже не намекает на то, что таким образом может существовать что-то еще. *Proslogion* 2 и *Reply* являются достаточным свидетельством того, что для Ансельма Бог может быть каким-то образом мыслим, что бы он под этим ни понимал. Но тогда для Ансельма все, что было бы контингентным, и все необходимые предметы могут быть мыслимы — все возможные предметы могут быть мыслимы. Для меня, по крайней мере, «выглядит» так, что Ансельм не считает это просто контингентным. Поэтому я предполагаю, что для Ансельма необходимо, что, если предмет возможен, он «может быть мыслим».

Теперь я рассмотрю кондиционал «справа налево»: если предмет можно помыслить, то он, возможно, существует. В другом месте я предположил, что для Ансельма соответствующий вид мышления устанавливает когнитивный контакт с предметами, если они существуют [Leftow... a]. Такова его природа. Это именно тот вид мышления, которым оно является. Таким образом, это (для Ансельма) необходимо так. Далее, для Ансельма существуют только возможные объекты. Это видно из того, что аргумент *Proslogion* 2 не работает, если есть еще и *impossibilia*. Этот аргумент утверждает, что совершенное существо, если бы оно не существовало, обладало бы противоречивыми атрибутами. Если существуют невозможные объекты, Ансельм не может сделать из этого вывод о существовании совершенного существа. Для данных невозможных объектов *Proslogion* 2 может просто показать, что среди них есть несуществующее совершенное существо[8]. Ансельм ничего не говорит, что исключало бы эту возможность. Таким образом, если существуют невозможности, аргумент Ансельма не работает. Если существуют только возможные предметы, то существуют только возможные предметы, с которыми можно установить когнитивный контакт. Поэтому соответствующий вид «мышления» может быть только о том, что возможно. То, что существуют только возможные предметы, вряд ли может быть контингентным фактом. Поэтому я предполагаю, что в терминах Ансельма необходимо, что если предмет «может быть мыслим», то он возможен.

Таким образом, Ансельм принял бы (15). Учитывая (15), в (10) «может быть помыслено» является излишним, и мы можем свести посылку к простому утверждению о возможности — очевидно, что Ансельм принял бы это утверждение. А раз так, то он принял бы и пересмотренный аргумент, основанный на нем. По указанным причинам, этот пересмотренный аргумент — самый сильный из тех, которые Ансельм мог бы предложить, и в целом соответствует (1)–(7). Пересмотренный аргумент будет параллелен (1)–(7) и будет иметь в качестве предпосылок те предпосылки, что:

$\Box(x)((Gx \supset (x$ существует $> x$ не может не существовать$)),$
$\Box(x)((x$ существует $> x$ не может не существовать$) \supset \neg(x$ существует $> x$ может не существовать$)),$

---

[8] Этому моменту я обязан Роберту М. Адамсу.

□(x)((возможно, x существует и x не существует) ⊃ (x существует > x может не существовать)),
□(x)(Gx ⊃ □Gx), и
◊(∃x)(Gx).

Теперь я перехожу к защите этого аргумента. Его первая посылка — **Необходимость Совершенного Существа**. Большая часть остальной части книги доказывает это. Вторая не требует защиты. Третья посылка изменяет (3), чтобы привести ее в соответствие с новой предпосылкой возможности. Далее я доказываю третью. Как отмечалось ранее, я доказываю четвертую в другом месте. Здесь я не завершаю защиту этого аргумента, поскольку не рассматриваю предпосылку возможности. Я надеюсь сделать это в другом месте.

Глава 5
Брауэр

Одна из посылок модального аргумента 4.5 в пользу совершенного существа выглядит так:

1. $\Box(x)((\text{возможно}, x \text{ существует и } x \text{ не существует}) \supset (x \text{ существует} > x \text{ может не существовать (can not-exist)}))$.

Модальные термины в (1) выражают абсолютные модальности. С этого момента все модальные термины выражают абсолютные модальности, если не указано иное. Теперь я утверждаю, что (1) не просто истинно, а является логической истиной.

5.1. Модальная логика и достижимость

Системы модальной логики определяют, какие умозаключения с использованием модальных терминов являются допустимыми. Таким образом, им необходима семантика для модальных терминов. Во Введении было изложено несколько основных идей о семантике возможных миров для языков с модальными терминами. Теперь я представляю еще одну. Семантика возможных миров включает в себя отношение между возможными мирами — возможность одного мира в другом или из другого, — или доступность. Предположим, я говорю, что если Q, то возможно P. Перефразировать это можно тремя способами:

— Если Q-мир актуален, то P-мир возможен.
— Если Q-мир актуален, то некоторый P-мир возможен в/из него.
— Если Q-мир актуален, то некоторый P мир доступен в/из него.

Системы модальной логики делают различные заявления о достижимости. Одна система включает в себя другую только в том случае, если первая делает утверждения второй.

В модальной логике Т достижимость рефлексивна. То есть для любого мира W, W доступен из W — если бы W был актуальным, W был бы возможным. Таким образом, логика абсолютной модальности включает в себя Т только в том случае, если, несмотря ни на что, ничто не может быть одновременно актуальным и невозможным. Это безусловно верно. Система Брауэра включает Т. Она добавляет, что доступность симметрична. То есть она добавляет, что для всех миров W_1 и W_2, если (W_1 актуально → W_2 возможно), то (W_2 актуально → W_1 возможно). Система S4 включает Т и добавляет, что доступность является транзитивной. То есть она добавляет, что для всех миров W_{1-3}, если (W_1 актуально → W_2 возможно) и (W_2 актуально → W_3 возможно). тогда (W_1 актуально → W_3 возможно). Система S5 включает в себя системы Брауэра и S4.

Теперь я покажу, что:

— (1) истинно тогда и только тогда, когда логика абсолютной модальности включает Брауэра,
— можно вывести (1), просто предположив, что доступность рефлексивна и симметрична, и
— (1) является логической истиной, если мы примем постулаты Брауэра.

Если последнее так и логика абсолютной модальности включает Брауэра, то (1) является логической истиной для абсолютной модальности. В итоге я утверждаю, что эта логика включает в себя Брауэра и поэтому (1) действительно имеет такой статус.

5.2. Если и только если Брауэр

Сначала я покажу, что (1) истинно тогда и только тогда, когда выполняются постулаты Брауэра. Как строгий кондиционал, (1) истинно тогда и только тогда, когда у него не может быть инстанции с истинным антецедентом и ложным консеквентом. Итак, предположим пример антецедента (1): *g* не существует, но возможно. Для простоты предположим, что существует всего два мира. Один — это актуальный мир, Actual. Другой — W, который возможен из Actual:

Actual	W
	G

На рисунке изображен наш случай антецедента (1). Актуально *g* не существует. Но *g* может существовать, т. е. существует в W. Далее я называю эту схему нашей моделью.

Теперь спросим, существовало бы *g* контингентно, если бы оно существовало. Согласно Брауэру, ответ будет «да». Мы можем показать это с помощью нашей модели. Консеквент (1) — это кондиционал, отображающий сослагательное наклонение. Поэтому, чтобы оценить его, мы рассматриваем ближайшие к актуальному миры, в которых *g* существует, и спрашиваем, существует ли в этих мирах *g* контингентно[1]. Как понимать близость миров — долгая история. Для нынешних целей нам нет нужды ее рассказывать. Если существует только два мира, то каждый из них тривиально наиболее близок к другому. Далее, ближайший *g*-мир к Actual — это W, потому что W — единственный *g*-мир.

У Брауэра достижимость симметрична. Так как W возможно из Actual, Actual возможно из W. В Actual *g* не существует. Значит, в мире, возможном из W, *g* не существует. Значит, в W *g* существует контингентно. Таким образом, по Брауэру, если антецедент (1) истинен, то истинен и его консеквент. Размер модели не искажает рассуждения. Пока *g* существует в некоторых возможных мирах, неважно, насколько их много или мало, некоторые из них будут такими, на которые направляет наше внимание утверждение, что *g* существует > *g* может не существовать. Все они будут возможны из Actual. Таким образом, аргумент пройдет. Тогда, учитывая Брауэра, (1) истинно. Далее, учитывая Брауэра, (1) го-

---

[1] Как это делает Дэвид Льюис — см. [Lewis 1973].

ворит нечто истинное во всех моделях — то есть при любой ре-интерпретации не-логических терминов в (1). Это тривиально истинно, поскольку в (1) нет не-логических терминов. Таким образом, по Брауэру, (1) является логической истиной.

С другой стороны, без постулата Брауэра (1) ложно. Если он не выполняется, то достижимость не является симметричной. Какой-то возможный мир возможен из другого, но не наоборот. Ибо, если бы такой пары не существовало, это означало бы, что достижимость симметрична. Но тогда в нашей модели (1) ложно. В этой модели, опять же, антецедент (1) истинен. Консеквент (1) снова направляет нас на рассмотрение W, самого близкого к актуальности мира, в котором существует g. Если достижимость не симметрична, то W возможен из Actual, но Actual невозможен из W. Поскольку Actual невозможен из W, если бы W был актуален, g существовало бы во всех возможных мирах — поскольку только W был бы возможен. Таким образом, если бы W был актуальным, g существовал бы необходимо. Таким образом, без постулата Брауэра g не существует и g может существовать, но g существует > g существует необходимо. Теперь, поскольку g существует в возможном мире, g — это возможный объект. Поэтому g не может обладать противоречивыми свойствами. Поэтому если g существует > g существует необходимо, то g существует > ¬(g существует контингентно). Опять же, размер модели не искажает рассуждения. Добавьте сколько угодно возможных миров, и до тех пор, пока постулат Брауэра не будет верен, будет существовать модель, в которой симметрия нарушается во всех соответствующих g-мирах. Поэтому без Брауэра может случиться так, что антецедент (1) будет истинным, а его консеквент — ложным. Таким образом, без Брауэра (1) ложно.

Учитывая Брауэра, (1) является логической истиной. Таким образом, если логика абсолютной модальности включает в себя Брауэра, то (1) является логической истиной для абсолютной модальности. Теперь я утверждаю, что логика абсолютной модальности включает Брауэра. Чтобы обосновать этот тезис, я предположу обратное и покажу, что из этого следует. Если она не включает Брауэра, то некоторый возможный мир доступен из другого, но не наоборот. Предположим, что в нашей модели W возможен, а в W актуальный мир невозможен. Тогда актуальный мир мог бы быть невозможным. Рассмотрение этого, как я теперь утверждаю, приводит нас к Брауэру.

5.3. Интуиция

Кошка лежит на коврике. Это очевидно. Я это вижу. Теперь спросите, могло ли это быть абсолютно невозможным. Моя собственная реакция такова: «Как это могло быть, учитывая, что все происходит именно так?» В кошках и ковриках нет ничего особенного. Любой другой факт вызывает такую же реакцию. По крайней мере, для меня, интуитивно, актуальность, похоже, исключает возможность не существовать настолько, насколько это возможно. Но это лишь выражается в то, чтобы сказать, что интуитивно $P \to \Box \Diamond P$. Это и есть отличительная аксиома системы Брауэра. Когда я пытаюсь понять, почему я так реагирую, то получаю следующее. Актуальное — это пример возможности, пример, не допускающий каких-либо более ярких представителей. Трудно понять, как самый яркий пример какого-то рода мог бы оказаться вовсе и не примером, если бы стандарты принадлежности к этому роду были одинаковыми. Предположим, что Босси — это выдающийся экземпляр породы герефорд. Тогда, если Босси была такой же, и то, что требовалось для того, чтобы быть герефордом, было таким же, то как она вообще могла не быть герефордом?

Здесь у противников Брауэра есть ответный ход. Стандартом возможного, могут сказать они, является возможность быть возможным из актуального мира. Актуальный мир — самый яркий пример этого, если актуальный мир актуален. Но актуальный мир актуален контингентно, поскольку W возможно, а в W актуальный мир не актуально. Теперь давайте не будем предполагать постулат Брауэра. Тогда в нашей модели, если Actual не актуален, Actual не возможен из актуального мира. Значит, Actual не соответствует стандарту. Вот так самый ясный пример может оказаться вовсе не примером.

Один из ответов здесь приводит в тупик. Противники не объяснили, как самый явный пример какого-то объекта вообще может не быть примером этого объекта. Они просто описали его не в качестве примера этого объекта. Учитывая их рассказ, недоумение, которое я первоначально испытывал по поводу того, что актуальное не является настолько возможным, насколько оно возможно, просто превращается в недоумение по поводу того, как постулат Брауэра может быть несостоятельным, если его несостоятельность имеет такое следствие. Далее я отвечаю, что возможность из актуального не является стандартом для возможности. Возможность — это и есть возможность из актуального. Сказать, что возможность из актуального является стандартом для возможности, все равно что сказать, что быть квадратом — это стандарт для того, чтобы быть квадратом. Стандарт возможности быть F — это не само свойство F, а набор атрибутов, которые совместно делают что-то F. Стандарт возможности быть герефордом включает возможность быть млекопитающим, рогатым и т. д.

5.4. Модальное различие

Теперь я ввожу два условных обозначения. Когда предложение встречается между углами — «<» и «>», — результатом является название пропозиции, которую это предложение обычно выражает. Так, «<2+2=5>» называет предложение, в котором 2 + 2 = 5. Опять же, когда предикат встречается между углами, результат называет атрибут, который этот предикат обычно выражает. Учитывая это, давайте рассмотрим еще один аргумент.

Если бы ситуация <кошка на коврике> была невозможна, она могла бы иметь такой же модальный статус первого порядка, как и <2 + 2 = 5>[2]. Теперь <2+2=5> вызывает неприятие. Это очевидно невозможно. Вещи просто не могли быть такими, и точка.

---

[2] <Кошка лежит на коврике> было бы контингентно невозможным. То, что 2 + 2 = 5, необходимо невозможно. Но это разница в модальном статусе второго порядка, то есть в модальном статусе, относящемся к их невозможности.

Давайте не будем обращать внимание на то, что кошка действительно лежит на коврике. Даже в этом случае <кошка лежит на коврике> не вызывает неприятия. У нас есть ощущение, что это возможно, или, по крайней мере, нет ощущения, что это не так. Поэтому мы «чувствуем» модальное различие между ним и <2 + 2 = 5>. Для того чтобы почувствовать разницу, не требуется позитивная интуиция, что, возможно, кошка лежит на коврике. Можно услышать разницу между двумя звуками, а также между звуком и тишиной.

Мы «чувствуем» модальное различие между <кошка лежит на коврике> и <2+2=5>. Это так — или порождает интуицию, что они различаются по модальному статусу, которая, в свою очередь, обосновывает суждение о том, что это так. Предположим, что в некотором возможном мире мы не чувствуем разницы и поэтому судим, что они имеют одинаковый модальный статус. Интуиция подсказывает мне, что если мы это делаем, то мы ошибаемся. Если мы ошибаемся, остается возможность того, что кошка лежит на коврике. Моя интуиция, что мы будем ошибаться, по сути, является интуицией того, что возможность не меняется вместе со сдвигами в наших интуициях возможности. Это также интуиция того, что то, что актуально возможное, остается таковым в мирах, которые актуально возможны. Она обладает такой общностью, потому что, если я добавлю к истории о смещении интуиций любое другое возможное изменение в том, как обстоят дела, моя интуиция о том, что мы бы ошибались, остается неизменной. Если я добавлю, что у кошек есть крылья и они летают, это не заставит меня чувствовать, что я был бы прав, если бы рассудил, что <кошка на коврике> и <2 + 2 = 5> имеют одну и ту же модальность первого порядка.

Если то, что реально возможно, остается таковым в мирах, которые актуально возможны, то это относится даже к полному описанию актуального мира. Таким образом, в нашей модели это относится к полному описанию актуального мира — далее *Полное описание*. Если оно применимо к полному описанию, то актуальный мир было бы возможен, если бы W было актуальным. Если это так, то постулат Брауэра верен.

5.5. Содержание и Статус

Давайте пойдем дальше. Если Брауэр не утверждает абсолютной модальности, то в нашей модели Полное описание не могло бы быть возможным. Его содержание не гарантирует его возможности. Но интуиция многих философов говорит в пользу утверждения, что содержание гарантирует модальный статус. Теперь:

2. Если пропозиция влечет за собой противоречие, то оно невозможно.

Только диалетеисты когда-либо отрицали (2), и они не обладают большим количеством голосов[3]. Содержание пропозиции определяет, что она влечет за собой. Поэтому те, кто принимает (2), соглашаются с тем, что один вид содержания гарантирует один модальный статус. Опять же, многие считают интуитивно понятным, что:

3. Если пропозиция не влечет за собой противоречия, то она абсолютно возможна.

С некоторыми из них мы познакомимся в ближайшее время. Содержание пропозиции определяет, чего она не влечет. Поэтому те, кому (3) кажется интуитивным, считают интуитивным и то, что содержание гарантирует возможность. Опять же, многие считают интуитивно понятным, что:

4. Если никакая конъюнкция аналитической или необходимой истины с <P> не влечет за собой противоречия, то возможно P.

Те, кто считает (4) интуитивно понятным, считают интуитивно понятным, что содержание гарантирует возможность. Опять же, многие считают интуитивно понятным, что:

---

[3] О диалетеизме см., например, [Priest 2006].

5. Если и только если <P> либо аналитична (как бы это ни было обнаружено), либо не аналитична и не имеет аналитического отрицания, то возможно P.

Их содержание решает, являются ли пропозиции аналитическими. Поэтому те, кто считает (5) интуитивным, считают интуитивным и то, что содержание гарантирует возможность. У многих были и менее определенные идеи, например, о том, что возможность утверждения — функция его содержания. Независимо от того, делает ли его содержание возможным или нет, согласно этой идее, несомненно, как только это содержание установлено, его абсолютный модальный статус также установлен. За последние шестьдесят лет утверждения (3)–(5) подвергались серьезным нападкам. В настоящее время ни одно из них не пользуется популярностью. Для нынешних целей это не имеет значения. Важно лишь то, что у философов были интуиции о содержании и возможности, к которым апеллируют (2)–(5). Многие философы, вероятно, все еще обладают этими интуициями, даже если они больше не могут придерживаться (2)–(5).

Все это, как правило, интуиции, не имеющие осознанной связи с более широким вопросом о том, что такое модальная логика абсолютной модальности. Таким образом, они представляют собой свидетельства, которые могут быть использованы в спорах о последней. Теперь содержание полного описания не может отличаться. Описание, отличающееся в отношении какой-то партикулярии, просто не будет полным описанием. Таким образом, если содержание гарантирует модальный статус, то Полное описание не могло бы быть невозможным. Без постулата Брауэра Полное описание было бы невозможно. Таким образом, без Брауэра не факт, что содержание гарантирует модальный статус. Таким образом, интуиция содержания-гарантии-возможности говорит в пользу Брауэра.

5.6. Модальная эпистемология

Теперь я перехожу к другому вопросу. Рассмотрим конъюнкцию ПО (FD) всех предложений в Полном описании. ПО имеет большее содержание, чем мы можем охватить за жизни. Но предположим, что наши способности расширились и мы смогли бы понять ПО, но мы не знаем, что ПО истинно. Тогда мы могли бы рассудить, что:

FD◇. FD абсолютно возможно.

Мы можем судить об этом потому, что ПО не вызывает у нас неприятие так, как это делает <2 + 2 = 5>, или потому, что у нас была позитивная интуиция, что FD возможно, — кажущаяся возможность. Это априорные доводы[4]. Они кажутся подходящими причинами для того, чтобы придерживаться (FD◇). Но без Брауэра вопрос о том, возможно ли FD, зависит от того, какой мир является актуальным. Априорные соображения не говорят нам, какой мир является актуальным. Поэтому без Брауэра не ясно, что априорные соображения в пользу (FD◇) чувствительны к истинности этого тезиса. Таким образом, без Брауэра сомнительно, что они являются надлежащим обоснованием для (FD◇). Без Брауэра вопрос о том, возможно ли FD, определяется тем, какой мир является актуальным. Это делает истинность (FD◇) столь же зависимой от деталей конкретной актуальности, как и любое предложение в истории, археологии или физике. Таким образом, без Брауэра не кажется, что чисто априорные соображения могут служить подходящим основанием для принятия (FD◇). Отрицание постулата Брауэра, кажется, превращает (FD◇) в апостериори. Таким образом, если было бы правильно придерживаться (FD◇) по априорным соображениям, то это говорит в пользу Брауэра.

---

[4] По поводу того, как объяснить Априори, есть разночтения. Конкурирующие в отношении этого понятия концепции пытаются схватить его содержание как «независимо от того, что выявлено / может быть выявлено через опыт». О некоторых концепциях см. [Moser 1987]. Более недавние концепции можно увидеть у [Williamson, Boghossian 2020].

Итак, я полагаю, что логика абсолютной модальности включает в себя постулат Брауэра. Если это так, то (1) — логическая истина. Это самая сильная посылка, которую может иметь аргумент. Но теперь я также покажу, что, учитывая Брауэра, можно провести модальный аргумент в пользу совершенного бытия без (1). **Необходимость Совершенного Существа**, посылка возможности и постулат Брауэра — этого достаточно. Обратитесь к модели 5.1 еще раз. Модель встраивает в себя предпосылку возможности. Предположим теперь, что g — необходимое существо, согласно **Необходимости Совершенного Существа**. Тогда g существует во всех мирах, возможных из W. Учитывая Брауэра, они включают в себя Актуальный мир. Значит, g действительно существует. Возможно, Ансельм имел в виду что-то вроде этого уменьшенного аргумента. Ибо, возможно, настоящая функция (1) состоит (по сути) в том, чтобы дать нам сигнал рассуждать, применяя постулат Брауэра. В любом случае в оставшейся части этой книги я защищаю **Необходимость Совершенного Существа**, и поэтому как аргумент 4.5, так и этот более тонкий аргумент. Наконец, отметим, что интуиции, изложенные в 5.3, говорят в пользу не только постулата Брауэра, но и S5[5]. Таким образом, я считаю, что я также обосновывал S5.

Теперь я обращаюсь к **Необходимости Совершенного Существа** и начинаю с рассмотрения возражений к этому тезису.

---

[5] Стоит уточнить, что некоторые возражения против S5 как логики абсолютной модальности (попытки трактовать эту систему в таком ключе) не применимы против Брауэра. Эти возражения акцентируют внимание на транзитивности достижимости в S5. См., например, [Salmon N. 1984]. Я выражаю благодарность одному из собеседников в OUP.

Глава 6
Юм

Юм пытался обосновать, что ничто не может существовать необходимо, следующим образом:

> Ничто не доказуемо, если обратное не влечет за собой противоречие. Ничто, что... мыслимо, не подразумевает противоречия. Что бы то ни было, что мы представляем себе как существующее, мы можем представить себе как несуществующее. Поэтому нет такого существа, чье небытие подразумевало бы противоречие. Следовательно, не существует бытия, существование которого было бы демонстративно доказуемо [Hume 1948, IX: 58].

При одном прочтении слово «доказуемый» у Юма означает «выводимый из необходимых предпосылок»[1], так что его сила — «необходимая». При другом прочтении оно означает нечто, что для нас сейчас звучит довольно странно[2]. Но все же, если «ничто не доказуемо, если только противоположное не влечет за собой противоречия», то доказуемыми являются только необходимые

---

[1] Как [Stove 1973: 36].

[2] Для Дэвида Оуэна [Owen 2002: 83–112] очень грубо демонстрация Юма связывает идею А с идеей В посредством ряда интуитивно очевидных сравнений идей. Там, где идеи являются пропозициональными, очевидные сравнения могут сводиться к интуитивно очевидным, основанным на содержании, выводам одной пропозиции из другой. Так что сила первого процитированного предложения Юма примерно такова, что там, где возможна такая цепочка сравнений, отрицание связи А и В «влечет противоречие».

истины. Таким образом, если мы позволим «*p*» быть переменной, значениями которой являются пропозиции, то сила аргумента Юма в следующем:

1. Для всех *p*, если необходимо *p*, то ¬*p* имплицирует противоречие. (предпосылка)
2. Для всех *p*, если мыслимо *p*, то *p* не имплицирует противоречия. (предпосылка)
3. Для всех *p*, если *p* имплицирует противоречие, то ¬(мыслимо *p*). (2, трансп.)
4. Для всех *p*, если необходимо *p*, то ¬(мыслимо ¬*p*). (1, 3, UI, HS, UG)
5. Для всех *p*, если *p* экзистенциально, то мыслимо ¬*p*. (предпосылка)

Поэтому:

6. Для всех *p*, если *p* экзистенциально, то ¬(необходимо *p*). (4, 5, трансп., HS)

В (1) можно было бы поверить, если бы мы считали, что всякая необходимость восходит к необходимости логики. Последнее утверждение имеет определенную привлекательность. Абсолютная необходимость — странное, необычное свойство. Если что-то и обладает им, то логические истины. Впечатление, что это так, очень сильное. Но (как мы могли бы подумать) мы не *понимаем* необходимости даже здесь. Мы просто склоняемся (если склоняемся) перед тем, что очевидно. Там, где необходимость или ее источник менее очевидны, причин склоняться меньше. Так что (можно подумать), учитывая странность абсолютной необходимости, лучше ограничить ее тем, что мы можем проследить в логике. Кроме того, методологическая экономия диктует принятие наименьшего количества основных видов необходимости, которые мы можем принять без последствий. Поэтому заманчиво признать лучшим примером необходимости — логическую и посмотреть, сможем ли мы обойтись только этим. Если мы посмотрим на мотивацию Юма таким образом, (1) становится по меньшей мере завершением, на которое стоит уповать. Тем не менее теперь я утверждаю, что (1) и (5) ложны и поэтому аргумент Юма не работает.

6.1. Тождество

(1) сталкивается с контрпримерами. Я начну с наиболее спорных из них, а затем перейду к более сильным. Возможно, некоторые заявления об идентичности необходимы. Если это так, то их отрицания не являются и не подразумевают противоречий.

Необходимо, 2 = 2. То, что 2 = 2, определенно похоже на тождество, хотя имеет ли «2» референцию и какова она — вопрос спорный. Этот пример не вынуждает нас использовать круговую аргументацию против Юма, принимая, что «2» обладает референцией к необходимо существующему. Если необходимо 2 = 2, то 2 необходимо играет роль 2. Из этого не следует, что во всех возможных мирах эту роль играет один и тот же объект.

Опять же, предположим, что Смит существует контингентно. Тем не менее может оказаться, что необходимо Смит = Смит. Есть по крайней мере три способа, как это может произойти.

i. Возможно, во всех возможных мирах нечто является индивидуальной сущностью Смита. Поэтому, возможно, если Смит не существует, остается верным, что Смит = Смит, потому что «Смит» относится к сущности[3]. Если «Смит» не *относится* к сущности, то, возможно, сущность лежит в основе истины, что Смит = Смит, другим способом.

ii. Возможно, Смит необходимо присутствует в онтологии, по крайней мере, как несуществующий объект. Если необходимо, что Смит является объектом, то Смит = Смит, даже если Смит никогда не существует. Необходимая *объектность* не предполагает никакого круга в аргументе против необходимого *существования*. Далее, предположим, что

---

[3] Как предлагает считать Томас Ягер — см. [Jager 1982].

Смит необходимо является объектом. Тогда, согласно (1), утверждение, что Смит не является объектом, должно означать противоречие. Этого не происходит.
iii. Возможно, верно, что Смит = Смит в мирах без Смита в силу тождества Смита с самим собой в мирах, где Смит существует.

Необходимые утверждения о тождестве являются проблемой для (1), потому что их отрицания, например, что ¬(2 = 2), не имеют правильной/надлежащей формы, чтобы быть противоречием. Также они не очевидно не влекут противоречия. Возможно, некоторые утверждения об идентичности являются контрпримерами к (1). Тем не менее то, что ¬(2 = 2), противоречит той истине логики, что тождество рефлексивно. Поэтому такие примеры не работают против замены (1), утверждения, что:

LT. Для всех p, если необходимо p, то ¬p противоречит логической истине.

Поскольку закон непротиворечия — это логическая истина, (LT) просто обобщает (1) и полностью соответствует его духу.

6.2. Метафизика

Тем не менее метафизика полна контрпримеров как для (1), так и для (LT). Ведь в некоторых метафизических вопросах все конкурирующие ответы, как можно полагать, являются необходимыми, если они истинны. Если *все* конкурирующие ответы обладают этим свойством, значит, один из них необходим, хотя мы не знаем, какой именно. Рассмотрим вопрос о том, что такое метафизика предикации. Стандартные ответы ссылаются на платоновские формы, имманентные универсалии, классы, тропы, языковые формы, понятия и т. д.[4] Какой бы из этих ответов ни был истинным, он, как можно предположить, необходимо истинен. Просто

---

[4] Рекомендую ознакомиться с работой Армстронга — см. [Armstrong 1978].

нет причин, по которым природа атрибутов могла бы варьироваться в разных возможных мирах. Ничто не может объяснить это. Если нет какой-то причины, по которой атрибуты в одном мире были бы одним, а в другом — другим, мы не должны придерживаться такой концепции. Мы просто должны выбрать самую простую точку зрения, которая заключается в том, что какой бы ответ ни был правильным, он необходимо правилен. Теперь, если (1) или (LT) верны, этот ответ уникален среди всех не только тем, что он верен, но и тем, что у него есть противологическое отрицание. Но ни один из ответов не имеет такого отрицания. Все они могут быть разработаны последовательно — то есть без противоречий или каких-либо других нарушений логики. Схожая ситуация складывается в целом ряде метафизических вопросов.

В качестве ответа можно настаивать на том, что все подлинные метафизические истины контингентны, или утверждать вместе с позитивистами, что все метафизические теории имеют какой-то дефект, который не позволяет их предложениям даже выражать пропозиции. Я не вижу ни в том, ни в другом случае надежного выхода. Если ни то, ни другое не подходит, то (1) и (LT) ложны.

6.3. Супервентность

Теперь я рассмотрю пример третьего рода. Рассмотрим то, что большинство философов называют случаем супервентности, согласно которому необходимо, что:

JR. Если действие в точности повторяет одно из убийств Джека Потрошителя во всех неморальных аспектах, то оно является неправильным.

«Неправильно» — это моральный предикат. Аргументы в пользу морального реализма сегодня убеждают многих в том, что такие предикаты выражают подлинные свойства. Если существуют моральные свойства, то, как показывает (JR), существует необходимая связь между моральными и не-моральными свойствами. Эта связь заключается не в том, что моральные свойства имеют не-моральные определения. Если это не так, то из отрицания (JR) невозможно извлечь противоречие или иное противоречащее логике, даже с помощью определений. Таким образом, отрицание (JR) не противоречит логике. Таким образом, (JR) является контрпримером к (1) и (LT). Если существуют случаи супервентности, то (1) и (LT) ложны. А вера в супервентность сегодня приближается к ортодоксальной.

6.4. Исключение цветов

Опять-таки, рассмотрим то утверждение, что:

RG. Ни одна область единого зрительного поля не выглядит одновременно красной и зеленой[5].

Недавний эксперимент показал, что при определенных условиях некоторые наблюдатели сообщают, что видят область своего зрительного поля как красную и зеленую полностью и одновременно [Crane H., Piantandia 1983]. Но они могут неверно описать этот опыт. Один философ, который произвел подобный опыт, сообщил, что «красный и зеленый цвета, похоже, находятся на разной глубине в зрительном поле» [Priest 1999: 442]. Если все так

---

[5] Некоторые утверждают, что RG в лучшем случае контингентна и действительно может быть ложной. Я не согласен. Например, Р. Г. А. Долби описывает способы продуцирования переживаний, которые, по его мнению, являются контрпримерами к (RG) [Dolby 1973]. Я думаю, что это не так. Они, по-видимому, вызваны тем, что мозг не может интегрировать входные данные двух глаз в одно визуальное поле, и, по-видимому, лучше всего описываются как опыт наличия одновременных визуальных полей, по-видимому, представляющих одни и те же области физического пространства. Они не дают нам одного визуального поля, содержащего область, которая является одновременно полностью красной и зеленой. Тем не менее мне на самом деле не нужно оспаривать утверждения Долби или других по этому вопросу. Все их аргументы специфичны для визуального восприятия. Любые сенсорные определяемые с взаимоисключающими определяемыми — например, нечеткие и гладкие — могут служить моим целям. Так же могут служить и несенсорные определяемые с неопределимыми определяемыми. Поэтому мы могли бы использовать (RG) в качестве примера.

и есть, то на самом деле наблюдатели действительно ощущают, что зрительное поле приобретает новое измерение, по которому можно различить «регионы» внутри него. Далее, предположим, что вещи на самом деле выглядят не так — то есть именно философ неправильно описывает ситуацию. Тогда по меньшей мере столь же правдоподобно, что подопытные ощущают новый красновато-зеленый цвет, как и то, что они ощущают область, имеющую два разных цвета одновременно. «Красновато-зеленый» — это то, как ученые, проводившие эксперимент, сообщили о своих результатах. Таким образом, (RG), вероятно, верно, несмотря на эксперимент. Я считаю, что это так. Если это так, то это необходимо так.

(RG) действительно кажется большинству из нас необходимым. Но феноменальные цветовые термины неопределимы. Поэтому если (RG) истинно для феноменальных цветов, то не может быть и речи о том, чтобы ¬(RG) приводило к противоречию или чему-то другому, противоречащему логике, в силу некоторой комбинации определений и логики. Можно определить цвета в физических, а не феноменальных терминах, например, как то, какими вещи, отражающие свет определенной длины волны, кажутся нормальным людям в нормальных обстоятельствах, учитывая наши естественные законы. Но даже в этом случае нет четкого способа получить идущее вразрез с логикой из ¬(RG). Витгенштейн, как известно, отказался от своего взгляда периода «Трактата», что всякая необходимость является логической, из-за неспособности показать, что необходимость (RG) такова. Патнэм пытался показать, что необходимость (RG) вытекает из определений и логики [Putnam 1956], но его определения были двусмысленными и содержали круг [O'Hair 1969]. Некоторые предполагают, что (RG) «истинна по конвенции», в силу нашей решимости использовать слова, обозначающие цвета, именно так, и поэтому аналитична [Remnant 1961; Smart 1959; O'Connor 1955]. Но это само по себе не заставит свойство быть красным и зеленым одновременно подразумевать противоречие. Более того, (RG) фиксирует факт о том, как могут выглядеть вещи. Это не вопрос конвенции, хотя, конечно, конвенционально то, какими словами это фиксируется.

Ричард Суинберн утверждает, что ¬(RG) приводит к противоречию:

> Мы можем видеть, что быть «зеленым» несовместимо с быть «красным», а раз так, то если поверхность одного цвета, то она не может быть другого... Отсюда (¬(RG)) влечет, что «существует поверхность, которая... красная по всей поверхности и не красная по всей поверхности [Swinburne 2016: 23–24].

Вопрос в том, что означает «несовместимость». Если дело не в том, что эти два понятия вместе составляют или подразумевают противоречие, то мы ждем объяснения. Если же это *так*[6], то все, что говорит Суинберн, — это то, что мы «просто видим», что здесь есть противоречие. Этот довод неэффективен, когда вопрос заключается именно в том, есть ли оно.

Чтобы показать, что одновременное существование двух цветов подразумевает противоречие, Суинберн должен показать, что то, что подразумевает красный цвет, противоречит тому, что подразумевает зеленый. Поскольку Суинберн апеллирует к тому, что обычные люди «просто видят», а обычные люди не оперируют физическим определением цвета, он должен иметь в виду цвет в феноменальном аспекте. Но феноменальные цвета не поддаются определению. Поэтому определения не могут помочь ему выявить противоречие. Таким образом, Суинберн апеллирует к несовместимости, которую мы якобы «просто видим». Мы действительно «просто видим», что ¬(RG) невозможно. Но мы не «просто видим», что является источником невозможности. В частности, мы не «просто видим», что у (RG) есть логически ложное отрицание.

У Суинберна есть нестандартное представление о следовании, которое может помочь ему здесь[7]. Оно начинается с «мини-следствий», которые представляют собой (грубо) непосредствен-

---

[6] Это может быть единственной опцией, которую допускает Суинберн. См. [Swinburne 2013: 19–21].

[7] См. [Swinburne 2013: 17–18].

ные умозаключения, отражающие обязательства, налагаемые конвенциями, которые управляют языком. Согласно Суинберну, из того, что это красное, следует (в указанном смысле), что оно обладает цветом, поскольку правила языка обязывают любого, кто говорит, что это красное, считать это имеющим цвет [Swinburne 2013: 18, прим. 13]. По Суинберну, из того, что P, следует, что Q, только если цепочка «мини-следствий» начинается с «P» и достигает «Q»[8]. Так что, возможно, утверждение Суинберна состоит в том, что мы «просто видим» мини-следствия, которые приводят нас от «зеленого по всей поверхности» к «не красному по всей поверхности». Я думаю, что это не так. Начнем с того, что «не красный по всей поверхности» — неоднозначное выражение. Его отрицание может быть внутренним или внешним. Интуитивно понятно, что быть зеленым по всей поверхности означает внутреннее отрицание: если он зеленый по всей поверхности, то он не красный в этом же аспекте. Зеленый — это цвет, который не красный, не синий... Быть красным и не-красным одновременно по всей поверхности не является явно противоречивым, как «это красное по всей поверхности и ¬(это красное по всей поверхности)». Но интуитивно внешнее отрицание, что ¬(_красный по всей поверхности), не является дальнейшей частью содержания свойства быть зеленым по всей поверхности[9].

Суинберн мог бы утверждать, что «оно зеленое по всей поверхности» влечет (в смысле «мини-следствия») «¬(оно красное по всей поверхности)», потому что мы обычно понимаем того, кто утверждает первое, как приверженца второго. Но Суинберн иногда объясняет мини-следствия в терминах смысловых связей

---

[8] См., например, [Swinburne 2013: 18]. Для Суинберна предложения, а не пропозиции, являются тем, что вступает в отношения следования. См., например, [Swinburne 2010].

[9] Подтверждающая мысль: если внешнее отрицание является частью содержания, то, как говорит Суинберн, любой, кто говорит «это красное и зеленое по всей поверхности одновременно», противоречит сам себе. Маловероятно, что очень многие испытуемые в «красновато-зеленом» эксперименте с готовностью противоречат сами себе. Но очень многие с готовностью сообщают о чем-то как о зеленом и красном по всей поверхности одновременно.

[Swinburne 2016: 14]. Он также считает, что отношения обязательств терминов частично конституируют их значения [Swinburne 2013: 18; Swinburne 2016: 2, 22]. Так что, если частью значения — содержания — «быть зеленым по всей поверхности» — не является внешнее отрицание, мини-следствия/правила обязательств не связывают их. Далее, Народ — не логики. Поэтому есть вероятность, что то, что люди обычно понимают под «оно является зеленым по всей поверхности», в аспекте обязательств просто не предполагает различие внешнего и внутреннего отрицания. Если Суинберн хотел сказать, что они должны различать внешнее и внутреннее отрицание, мы ждем обоснования.

Суинберн также предполагает, что «быть красным по всей поверхности» влечет за собой «не быть зеленым повсюду (потому что) «это красное и зеленое по всей поверхности» не имеет смысла[10]. Его мысль заключается в том, что:

7. «Это зеленое и красное по всей поверхности в t» не имеет смысла. Поэтому:
8. Из того, что это красное по всей поверхности в t, следует, что ¬(это зеленое по всей поверхности в t). Поэтому:
9. То, что в t это зеленое и красное по всей поверхности, влечет за собой то, что в t это зеленое по всей поверхности и ¬(это зеленое везде).

Что делать с этим, зависит от того, как понимать следование. Если следование — это строгая импликация, то (8) эквивалентно

10. Невозможно, что в t это является красным и зеленым по всей поверхности.

Из (7) не следует (10). Если предложение не имеет смысла, то и результат приставки «не может быть, чтобы» тоже. Если «габа-габа» не имеет смысла, то и «невозможно, чтобы габа-габа» не имеет смысла. Поэтому из (7) не может следовать (10). Если (7) истинно, ничто, имеющее смысл, не может имплицировать (10). Ибо ничто, имеющее смысл, не подразумевает бессмыслицу.

---

[10] В личной беседе.

Таким образом, если следование — это строгая импликация, то пункты (7)–(9) невалидны.

С точки зрения Суинберна может показаться, что (7) влечет (8). Суть этого хода мысли может быть в том, что, поскольку «это красное и зеленое по всей поверхности в t» не имеет смысла, согласие с тем, что это красное по всей поверхности, обязывает отрицать, что это зеленое по всей поверхности. Однако следование в стиле Суинберна либо «отслеживает» строгую импликацию, либо нет[11]. Если нет, то Суинберн допускает, что для некоторых P и Q P истинно, P влечет за собой Q, а Q ложно. Это просто неприемлемо. Если «отслеживает», то если (7) влечет (8), то оно влечет и (10). Но опять же, это невозможно. Таким образом, подход Суинберна к следованию не дает ему выхода из ситуации.

(10) истинно. Оно истинно только в том случае, если «это красное и зеленое по всей поверхности в t» не является бессмыслицей. Таким образом, (10) — это причина отвергнуть (7). И в противоположность (7) мы можем понять смысл фразы «Это красное и зеленое одновременно по всей поверхности». Мы понимаем, о чем говорится в предложении. Мы можем видеть, что из него следует. Участники эксперимента утверждали, что видят нечто подобное. Что бы они ни видели, они понимали предложение достаточно хорошо, чтобы согласиться с ним в обстоятельствах, рассчитанных на то, чтобы вызвать согласие. Они не были отобраны для экспертизы цвета. Предполагается, что их понимание цветовых предикатов было вполне стандартным. Так что если они понимали эти предикаты достаточно хорошо, чтобы согласиться, то и мы тоже. Даже если (как я предположил) они применили их неточно, требуется значительное понимание, чтобы понять что-то подобное *почти* правильно. *Мы* сейчас не можем представить себе, что они видели. Поэтому мы не можем таким образом придать смысл тому, что значит выглядеть достаточно похожим на красное и зеленое одновременно и по всей поверхности, чтобы склонить нас к согласию. Но теперь они

---

[11] Суинберн может думать, что следование, которое он постулирует, «отслеживает» строгую импликацию: [Swinburne 2015b: 622].

могут вспомнить это и, таким образом, представить себе это. Если бы мы прошли тот же эксперимент, то, предположительно, смогли бы сделать то же самое — причем без изменения нашего понимания цветовых предикатов. Таким образом, если рассматривать с точки зрения стандартных критериев «обычного» смысла, (7) неправдоподобно.

Возможно, в (7) Суинберн имеет в виду свое понятие «иметь предельный смысл». Но как он объясняет это,

> Мы можем произнести предложение... истинная логика выявит все следствия (этих предложений) ...и тот, кто знает эту логику и вывел бы эти следствия (если предложение выражает необходимо ложную пропозицию), пришел бы к явному самопротиворечию... Мы можем описать эту ситуацию, сказав, что (предложение) не имеет предельного смысла [Swinburne 1994: 111].

Взятое в терминах «предельного смысла» Суинберна, (7) утверждает, что тезис, о котором идет речь, влечет за собой противоречие. Поскольку Суинберн пытается прийти к выводу, что это утверждение влечет за собой противоречие, прочтение (7), которое отталкивается от понятия «предельного смысла», заставляет аргумент Суинберна использовать круговое рассуждение. Итак, я полагаю, что (RG) — это абсолютная необходимость, необходимость которой не связана с наличием идущего поперек логики отрицания, и является одним примером из множества.

Учитывая мои примеры, перспективы (1) туманны. Как и у (LT).

6.5. Мыслимость

Теперь я перехожу к (5). Чтобы интерпретировать его, мы должны знать, как Юм понимает слово «мыслимый». Возможно, он имеет в виду «воображаемый»[12]. В таком виде (5) выглядит следующим образом:

---

[12] Об этом прочтении Юма см., например, [Holden 2014; van Woudenberg 2006].

5a. Для всех *p*, если *p* экзистенциально, то можно вообразить, что ¬*p*.

(5a) ложно. То, что пустое множество существует, является экзистенциальным утверждением. Мы не можем мысленно вообразить его отрицание, ибо мы не можем мысленно вообразить пустое множество (у него нет внешнего вида). Мы можем мысленно вообразить несуществование видимых вещей. Я могу мысленно вообразить несуществование пляжного мяча в комнате — при количестве пляжных мячей в комнате равном нулю, я просто мысленно воображаю комнату пустой. Но это происходит потому, что у пляжного мяча есть внешний вид, которым он обладает в реальности. Если у чего-то при его наличии есть внешний вид, можно мысленно вообразить сцену не выглядящей таким образом и тем самым мысленно вообразить отсутствие этого объекта. Если объект, будучи существующим, никак не выглядит, как в случае с пустым множеством, и его небытие не оставляет видимых следов, как обломки разбитой статуи, то не может быть никакой мысленной ментальной визуализации.

Слово «мыслимо» может означать «не может быть *априори* известно, что оно ложно». В таком виде (5) утверждает, что для всех *p* если *p* экзистенциально, то ¬*p* не может быть *априорно* известно как ложное, т. е.[13]:

5b. Ни одна экзистенциальная пропозиция не может быть *априорно* известна как истинная.

Но рассмотрим следующее:

Есть производное утверждение, что P в рамках S5.
Есть формально-семантическая модель, на которой...
Есть простое число, большее 3.

Эти пропозиции экзистенциальны. Третье мы знаем *априори*. Некоторые из нас знают инстанции первых двух *априори*. Тот,

---

[13] Предполагая бивалентность.

кто доказывает теорему S5, например, *априори* знает инстанцию первой. Некоторые направления в мета-онтологии трактуют эти употребления слова «есть» дефляционистски. Они утверждают, что в этих и подобных предложениях «есть» не предполагает онтологических обязательств, или же не является онтологически «тяжеловесным», или квантором над фундаментально реальными объектами и т. п. Для настоящих целей не имеет значения, если бы любое из этих утверждений или все они были истинными. Ведь в (5b) речь идет просто о предложениях определенной логической формы, как бы мы ни интерпретировали в них «есть».

С другой стороны, учитывая такие мета-онтологические ходы, можно обойти мои примеры, подставив в (5b) следующее:

5c. Никакая онтологически обязывающая, онтологически «тяжеловесная» и т. д. экзистенциальная пропозиция не может быть известна *априори*.

(5c) подходит для целей Юма. Утверждение о существовании совершенного существа должно быть онтологически обязывающим и т. д., чтобы аргументы, которые я защищаю, представляли хоть какой-то интерес, не говоря уже о религиозном интересе. Однако из (5c) следует, что множество онтологически обязывающих и т. д. философски интересных экзистенциальных утверждений не могут быть известны вообще. Рассмотрим, например, онтологически обязывающее и т. п. утверждение о том, что существуют возможные миры. Только априорные аргументы могут поколебать веру в это утверждение. Поэтому, если такие аргументы не могут породить знание, такие утверждения не могут быть известны.

Скептическое отношение к метафизике было постоянной темой в философии. Юм — один из ярких примеров. Но доктрины, которые он, Кант, Витгенштейн, верификационисты и т. д. приводили в поддержку этой позиции, были взорваны. Поэтому неясно, какую силу может иметь предпосылка (5c). Я добавляю, что если некий аргумент от совершенства валиден и имеет истинные посылки, то имеющая онтологические обязательства и т. д. экзистенциальная пропозиция может быть известна *априори*. Таким образом, чтобы поддержать (5b) и (5c), нужно утверждать, что все подобные аргументы либо невалидны, либо имеют ложные посылки. Таким образом, в споре об аргументе от совершенства, (5b) или (5c) лишают аргумент Юма диалектической силы. Аргумент, что P с посылкой, которая должна быть подкреплена тем аргументом, что P, сам по себе ничего не может добавить к доводам в пользу того убеждения, что P.

Можно также прочитать «мыслимый» как «последовательно описываемый». Наличие непоследовательного точного описания сделало бы положение дел таким, что о нем *априори* известно, что оно не может иметь место. Итак, я уже сказал все, что нужно сказать об этом.

6.6. Дополнение Суинберна

Суинберн обновил Юма следующим образом. Если существо необходимо, то его несуществование невозможно. Согласно пункту (1), который Суинберн принимает, это подразумевает противоречие. Но

> Самопротиворечивое предложение… утверждает, что… мир обладает противоречивым качеством… либо потому, что какой-то объект в нем обладает им (таким качеством), либо потому, что он одновременно содержит и не содержит объект определенного вида. Поэтому оно будет иметь вид или влечь за собой предложение вида '$(\exists x)(\varphi x) \wedge \neg (\exists x)(\varphi x)$' или вида '$(\exists x)(\varphi x \wedge \neg \varphi x)$'… положительное экзистенциальное предложение. Но, вероятно, простое небытие чего-либо в каком-то виде не может повлечь за собой существование чего-либо [Swinburne 2012: 13].

Даже если мы признаем (1), аргумент Суинберна не работает. Для Суинберна у необходимых истин есть истинностные факторы — конвенции их языков. Эти конвенции являются тщательно обусловленными, но если истины необходимы, то необходимо, что какая-то конвенция делает их таковыми. Пусть «a» обозначает один возможный набор конвенций, «♭» — другой и т. д. Тогда отрицательный экзистенциал утверждает несуществование всех этих истинностных факторов: $\neg\,(\exists x)((x = a) \vee (x = b) \vee \ldots)$. Это влечет за собой невозможность того, чтобы эта необходимая истина не была истинной. Согласно Суинберну, эта невозможность влечет за собой противоречие. А из противоречия следует все, включая существование всего. Опять же, из несуществования наибольшего простого числа следует, что существует бесконечное множество простых чисел. Поскольку речь идет лишь о том, влечет ли любая пропозиция одной формы пропозицию другой формы, то опять же не имеет значения, использовать ли метаонтологию, чтобы преуменьшить значение слова «есть такой, что».

Итак, я утверждаю, что у Юма нет хороших аргументов против утверждения, что совершенное существо должно существовать необходимо, и Суинберну не удается извлечь лучшее из пункта (1) у Юма.

Глава 7
Кант

В «Критике чистого разума» Канта содержится иеремиада против утверждения, что существует абсолютно необходимое существо[1]. Я утверждаю, что Кант не наносит ущерба этому утверждению. Сначала я излагаю общую структуру дискуссии Канта и даю комментарий по некоторым предварительным вопросам. Затем я шаг за шагом комментирую доводы Канта.

7.1. Общий план

Широкий набросок аргумента выглядит так. Кант начинает:

> Вербальное определение понятия... абсолютно необходимого существа (состоит в том), что это нечто такое, небытие чего невозможно. Но это не дает никакого представления о тех условиях, которые делают необходимым рассмотрение несуществования вещи как абсолютно немыслимого. Именно эти условия мы хотим знать, чтобы (определить), ... прибегая к этому понятию, что мы вообще что-нибудь мыслим...
>
> Номинальную дефиницию этого понятия, правда, нетрудно дать, а именно: оно есть нечто такое, небытие чего невозможно; однако этим мы не становимся более сведущими

---

[1] Как будет указано ниже, пропозиция необходима в рассматриваемом Кантом смысле, если и только если его отрицание влечет противоречие. Это говорит нам о том, что Кант имеет дело с абсолютной необходимостью. О моей концепции в отношении того, что означает абсолютность этой необходимости, см. [Leftow 2012: 33–34].

относительно условий, которые заставляют нас признать небытие какой-нибудь вещи просто непостижимым, а между тем как раз эти условия мы и хотим узнать, а именно: мыслим ли мы вообще что-нибудь посредством этого понятия или нет? [Кант 1994b: 448]

Кант, по-видимому, приравнивает «быть невозможным» к «обладать "абсолютно немыслимым" не-существованием». Если это так, то его «условия, которые делают необходимым рассмотрение небытия вещи как абсолютно немыслимого», могли бы быть тем, что значит для необходимого существа быть необходимым, что делает его необходимым, что заставляет нас приписывать ему необходимость, — или какая-то их комбинация. Чем бы ни было то, что, по его мнению, «мы хотели бы знать», Кант утверждает, что мы не можем обладать тем, что в этом случае мы хотим. В силу доводов, которые мы вскоре увидим, Кант далее утверждает, что только аргументы от совершенства могут опровергнуть его доводы о том, что мы не можем обладать таким знанием. И вот, наконец, Кант пытается выбить ноги из-под аргументов от совершенства, сначала с помощью дилеммы, а затем с помощью своего аргумента, что существование не является предикатом (первого порядка).

7.1.1. Реальное vs Номинальное определение

Кант говорит, что проблема понятия необходимого существа, которое схватывается в «прибегаем ли мы... к понятию необходимого существа», состоит в том, «мыслим ли мы вообще что-нибудь». Он приходит к выводу, что мы действительно «не можем составить ни малейшего понятия о»[2] необходимом существе. Этот вывод звучит радикально. Я думаю, что он менее радикален, чем кажется. В своем «Единственном возможном основании» (1763) Кант говорил, что нам не хватает реального, а не просто номи-

---

[2] Оригинал перефразирован: «Действительно, я не могу составить себе ни малейшего понятия о вещи».

нального определения необходимости необходимого существа [Кант 1994a: 405]. Номинальные определения, по Канту, эксплицируют только наши понятия[3]. Поскольку он также называет их «определениями имен»[4], его «чисто вербальное определение» «абсолютно необходимого существа» выше — это номинальное определение. Чтобы сформулировать номинальное определение, мы размышляем над нашими понятиями[5]. Поскольку номинальные определения эксплицируют понятия, а «Критика чистого разума» дает номинальное определение, вывод Канта не состоит в том, что у нас нет понятия необходимого существа, поскольку номинальные определения доступны только там, где у нас есть понятия, которые нужно определить.

Реальные определения, с другой стороны, эксплицируют не понятия, а сущность определяемого вида[6]. Чтобы сформулиро-

---

[3] Кант пишет, «*Nominales definitions*... содержат все, что равно целому понятию, которое мы создаем для себя о вещи» [Kant 1900–, 24; Hanna 2004].

[4] Кант пишет, «простые определения имен или номинальные определения... содержат то значение, которое кто-то имел намерение дать определенному имени» [Kant 1900–, 9; Hanna 2004: 143].

[5] Номинальные определения утверждают то, что Кант называет логическими сущностями. Мы постулируем логическую сущность через анализ понятия [Kant 1900–, 28; Stang 2016: 234]. «Чтобы определить в т. ч. логическую сущность тела... мы... направляем наше размышление на базовое понятие вещи» [Kant 1900–, 9; Hanna 2004: 61].

[6] Кант пишет, что «реальные определения... производны... от сущности вещи... (они) содержат... ее реальную сущность» [Kant 1900–, 9; Hanna 2004: 144]. «Реальная сущность есть первая внутренняя основа всего того, что принадлежит самой вещи... Реальная сущность есть сущность не понятия, а вещи» [Kant 1900–, 28; Stang 2016: 234]. «*Reales definitions*... содержит все, что принадлежит к вещи самой по себе» [Kant 1900–, 24; Hanna 2004: 268]. «Для реальной сущности мы требуем познания тех предикатов, от которых... зависит все, что принадлежит к существованию вещи» [Kant 1900–, 9; Hanna 2004: 61]. «Номинальные определения... содержат значение определенного имени... реальные определения, с другой стороны, достаточны для познания объекта согласно его внутренним детерминациям» [Kant 1900–, 9; Hanna 2004: 143]. Реальное определение не просто заменяет название вещи другими, более понятными словами, но содержит в себе ясное свойство, по которому определяемый *объект* всегда может быть познан. (Это) проясняет не только само понятие, но и его *объективную реальность*.

вать их, мы размышляем о реальных вещах, а не о понятиях. Такие определения говорят нам о том, что делает данный вид вещи таким, какой он есть. Они говорят, в чем состоит суть того, чтобы быть такой вещью. Я думаю, что тезис Канта в «Критике» остается тем же, что и в «Единственном возможном основании», — что нам не хватает реального определения свойства быть необходимым существом. У нас есть четкое понятие необходимого существа, выраженное в номинальном определении, приведенном выше, но у нас нет объяснения того, что на самом деле делает такое существо необходимым. Я думаю, что это то, что, по словам Канта, мы «желаем знать».

7.2. Почему пропозиции?

Кант намерен выяснить, что (если что-либо) может сделать существо необходимым. Для этого он обсуждает пропозицию <Бог существует>. Кант ищет, что делает эту пропозицию необходимой, и через это хочет объяснить необходимость Бога. Причина такого обходного пути глубоко связана с общей системой «Критики чистого разума». Согласно «Критике», мы знаем, что некоторые истины необходимы, но они не получают эту необходимость из мира. Ведь необходимость не является чувственной характеристикой, а только наши органы чувств получают информацию извне. Таким образом, познаваемая необходимость — это свойство, которое мы вводим, представляя реальность. Наши репрезентации обладают ею. Насколько нам известно, у независимой от разума реальности ее нет. Поэтому мы можем рассматривать познаваемую необходимость только в том виде, в каком мы находим ее в наших репрезентациях. Но мы не можем иметь чувственную репрезентацию Бога. Он не выглядит, не звучит и т. д. Остаются только интеллектуальные репрезентации — пропозиции, с которыми можно работать. Таким образом, для Канта критического периода если мы можем знать, что Бог необходим, то эта необходимость должна заключаться в или вытекать из необходимости пропозиции о существовании Бога.

7.2.1. Возможно, Кант все понял с точностью до наоборот

Путь Канта через пропозиции может оказаться неверным поворотом. Когда-то я не существовал. Значит, я могу не существовать. Значит, я существую контингентно. Это факт обо мне. Это факт не о пропозиции <Я существую>. Я пришел к этому выводу, рассуждая о себе, а не о пропозиции. Кажется неправдоподобным, что, несмотря на себя, я действительно рассуждал так: «Предложение <Я не существую> все это время было истинным. Из этого следует, что оно возможно истинно» и т. д. Не похоже также, что моя контингентность вытекает из фактов о пропозициях. Ведь мое временное существование не вытекает из них. А если не вытекает, то, вероятно, не вытекает и та случайность, для которой оно достаточно. Большинство философов сегодня считают, что сами вещи, а не только наши утверждения о них, обладают познаваемыми модальными свойствами. Очень многие также считают, что эти свойства не являются тенями, отбрасываемыми модальными свойствами пропозиций. Если все обстоит именно так, то Кант все переворачивает вверх дном. Известные модальные свойства вещей объясняют свойства пропозиций, а не наоборот. <Я существую> является контингентным, потому что сообщает о чем-то контингентном. Пропозиции — не основная часть представления, а дополнительная.

Только что описанная обратная ситуация применима и к необходимости. Если наличие контингентного существования — это познаваемое состояние самих вещей, не вытекающее из контингентности пропозиций, то и отсутствие такового тоже. Но все, что существует и лишено контингентности, существует необходимо. Таким образом, если Кант понимает контингентность задом наперед, то он делает то же и с необходимостью. Если это так, то если предмет существует необходимо, то утверждение, что он существует, наследует необходимость от этого предмета. Если это так, то метафизическая история о том, почему этот предмет существует, обязательно объясняет необходимость пропозиции. Для примера такой истории предположим, что существуют реальные возможные миры. Скажем, что каждый из них является платоновским свойством, чья инстанция была бы полной историей для всей реальности. Как это делают платоники, назовем эти свойства необходимыми сущностями. То, что заставляет каждое из них существовать необходимо, может заключаться в том, что оно является платоновской абстрактной сущностью. (Это, конечно, нуждается в наполнении. Последнее, может быть, например, смоделировано на основе раздела 3.1.2.) Необходимость каждого мира W может *заключаться в том*, что каждый мир-свойство имеет в своем содержании то, что если он экземплифицирован, то W существует. Учитывая какое-то пояснение такого рода, <W существует> необходимо, потому что W существует обязательно.

Мой метафизический нарратив о W относится к тому типу, о котором говорится в «Критике чистого разума», что мы не можем ее знать, поскольку она делает позитивные утверждения о внутренних свойствах сущностей, которые не даны нам в опыте. Поэтому некоторые могут подумать, что она, будучи доводом против Канта, содержит заключение в посылке. Но:

Первое. В другом месте я показываю, что Бог может занять место возможных миров в модальной метафизике[7]. Многие утверждают, что имели опыт присутствия Бога. Если Бог существует, некоторые, вероятно, испытали. Поэтому, если Бог существует, можно дать модальную метафизическую историю, в целом похожую на приведенную выше, о чем-то, к чему у нас есть эмпирический (хотя и не чувственный) доступ.

Второе. Возможно, Кант — неподходящий кандидат для того, чтобы возразить на это. Согласно некоторым недавним исследованиям, Бог фигурирует в модальном мышлении самого Канта критического периода [Stang 2016]. Для Канта, как кажется, мы можем выдвигать правдоподобные модально-метафизические утверждения о Боге, которого мы не можем почувствовать[8]. Мы просто не можем иметь знания о том, что что мы утверждаем.

---

[7] См. [Leftow 2012].

[8] См., опять же, [Stang 2016].

Третье. Кант утверждает, что мы не можем *знать* такую историю. Я не утверждал, что я ее знаю. Значит, я не сказал того, что Кант хочет отрицать.

Здесь можно было бы забеспокоиться, что, даже если обычно можно изменить порядок объяснения, предлагаемый Кантом, Бог или совершенное существо могут быть исключениями. Ибо, возможно, ограничения нашего знания не позволяют нам дать отчет о реальной необходимости того и другого, даже если мы можем сделать это для других видов вещей. Если это так, то единственная необходимость, о которой мы можем знать, что она есть, должна вытекать из необходимости пропозиций, как и предполагает Кант. Я представляю концепцию божественной необходимости в другом месте [Leftow 2012: 437–443]. Она первого порядка. Речь идет о Боге, а не о пропозиции. Поэтому я не думаю, что наши эпистемические ограничения препятствуют тому, чтобы дать такой отчет. Вполне возможно, что Кант и здесь понимает все наоборот.

7.2.2. Аргумент против Канта

Кант, по сути, предлагает рассуждать, исходя из:

1. $\Box(x)$ (x существует обязательно $\supset$ <x существует> необходимо), и
2. $\Box(x)\neg$(<x существует> необходимо),

и приходит к выводу, что $\Box(x)\neg(x$ существует обязательно). Но жесткие десигнаторы создают проблему для (2). Жесткий десигнатор для x — это термин, который имеет в качестве референта x в любом возможном мире, в котором x существует, и ни к чему другому в любом возможном мире[9].

Казалось бы, при наличии необходимого существа мы можем ввести для него жесткое обозначение «d», и готово! У нас есть

---

[9] Классическое изложение этого понятия дано у Сола Крипке — см. [Kripke 1980].

предложение <*d* существует>, необходимый экзистенциал¹⁰. Таким образом, имея необходимое существо, мы получаем необходимые экзистенциалы. Если это так, то мы должны быть точно так же уверены в ¬(2), как и в том, что может существовать некая необходимая партикулярия. Учитывая это, Кант должен независимо от (2) утверждать, что не может быть никаких необходимых объектов, если он хочет, чтобы мы приняли (2). Но Кант использует (2), чтобы доказать, что не может быть никаких необходимых объектов. Поэтому Кант не может обосновать (2), не аргументируя независимо вывод аргумента (1)–(2). Таким образом, аргумент (1)–(2) в лучшем случае диалектически бессилен. Далее, учитывая потенциал жестких десигнаторов, если Кант не аргументирует вывод (2) независимым образом, то, утверждая (2), он включает заключение в посылку.

Кант мог бы попытаться уклониться от этой проблемы, утверждая, что не существует такого предложения, как <*d* существует>. Если так, то он мог бы выбрать в качестве цели «*d*» или существование. Он, как известно, утверждает, что существование не является предикатом первого порядка¹¹. Но оно не обязательно должно быть таковым в <*d* существует>. Современная логика интерпретирует <*d* существует> как «$(\exists x)(x = d)$». В этом случае квантификатор, а не предикат первого порядка, выражает существование. Поэтому аргумент Канта о существовании ему не поможет. Чтобы уклониться от <*d* существует>, ему придется утверждать, что для необходимого существа не может быть жесткого десигнатора. Если он не сделал бы этого независимо, утверждая, что необходимого существа просто не может быть, ему пришлось бы показать, что ни один термин для обозначения необходимого существа не может быть жестким десигнатором. Но жесткие десигнаторы легко получить, добавив «актуально» к определенной дескрипции. Актуально, Бог посылает дождь. Таким образом, «тот, кто на самом деле посылает дождь» выби-

---

[10] Как предложил Кристофер Хьюз (в переписке). (Экзистенциальная пропозиция, экзистенциальное высказывание. — *Прим. перев.*)

[11] См. 7.8.

рает Бога и ничего другого во всех возможных мирах, независимо от того, кто посылает дождь в других мирах. Ибо во всех возможных мирах именно Бог посылает дождь в *этом* мире. Эта процедура работает независимо от того, существует ли Бог необходимо.

Таким образом, самое большее, что Кант может поддержать без круга в доказательстве или независимых аргументов против необходимых объектов, — это вывод об экзистенциальных предложениях, не включающих жесткие десигнаторы. В его глазах это были бы все экзистенциальные предложения, поскольку у него просто не было понятия жесткого десигнатора. Но предположим, что мы даем Канту все, что он хочет: все эти пропозиции являются контингентными. Вопреки тому, что мог бы утверждать Кант, — это не означает, что не существует необходимых объектов, даже если не принимать во внимание беспокойство по поводу жестких десигнаторов. Контингентная пропозиция может утверждать существование необходимого существа. Даже если Бог существует необходимо и является Богом Авраама, <Бог Авраама существует> является контингентным высказыванием. Оно контингентно, потому что Авраам был контингентным, и поэтому контингентен тот факт, что что-то было Богом Авраама.

Если бы все экзистенциальные предложения были контингентными, мы вынуждены были бы утверждать, что Бог существует необходимо, прибегая только к не-экзистенциальным пропозициям. Мы могли бы сказать, например, что:

Бог существует с необходимостью = df. w_1, w_2 и т. д. — все миры, и w_1 актуально → Бог существует, и w_2 существует → Бог существует, и...

Если бы не существовало необходимых экзистенциальных предложений, мы не смогли бы объяснить божественную необходимость, эксплицируя необходимость экзистенциальной пропозиции. Но мы могли бы объяснить ее таким образом или по модели 3.1.2. Мы могли бы даже оставить ее в качестве грубого факта. Даже если мы так поступим, мы сможем разумно рассуждать об этом и обеспечить надлежащую семантику. Возможно, все это будет на уровне того, что Кант называет номинальным определением. Но Ансельм, Аквинат и другие свидетельствуют, что мы можем заниматься достойной философской теологией без того, что Кант называет «реальным определением».

7.3. Аргумент Канта

Теперь я рассмотрю аргумент Канта о необходимых экзистенциальных предложениях (далее — необходимые экзистенциалы). Кант говорит о том, что:

> (Но) безусловная необходимость суждений не есть абсолютная необходимость вещей. В самом деле, абсолютная необходимость суждения есть лишь обусловленная необходимость вещи или предиката в суждении. Приведенное выше положение не утверждает, что три угла безусловно необходимы, а устанавливает, что если дан треугольник, то также необходимо имеются три угла (в нем)[12].

В этом фрагменте утверждается, что:

3. Каждая абсолютно необходимая пропозиция имеет логическую форму $(x)(Fx \to Gx)$.

Как мы вскоре увидим, Кант продолжает, утверждая, что:

4. С $(x)(Fx \to Gx)$ совместимо то, что ничто не является F[13].

(3) и (4) дают аргумент против необходимых экзистенциалов. Он заключается в следующем: необходимо, если ничто не является F, утверждение, утверждающее существование F, ложно.

---

[12] B622, стр. 449.
[13] B623, стр. 450.

Таким образом, если может быть истинным утверждение P, если ничто не является F, то это P не утверждает существование F. Согласно (4), для любых F и G может быть истинным, что (x) $(Fx \to Gx)$, если ничто не является F. Таким образом, ни один такой кондиционал не является экзистенциальным утверждением. Он имеет неправильную логическую форму, чтобы быть утверждением такого рода. Но тогда, согласно (3), каждая необходимая пропозиция имеет неправильную логическую форму, чтобы быть экзистенциальной. Поскольку необходимые предложения являются кондиционалами, ни одно из них не является экзистенциальными: не существует необходимых экзистенциальных предложений.

Этот аргумент не работает, потому что (3) ложно. (3) имеет множество контрпримеров. Рассмотрим утверждение □◊(существуют голубые обезьяны). Здесь необходим не сам кондиционал, а утверждение, что ◊(есть голубые обезьяны). Я не вижу способа превратить это утверждение в кондиционал. В современной модальной логике, независимо от того, какова логическая форма «P», если «P» является правильно составленной формулой, то и «□P» тоже. Это очень интуитивно понятно. Если мы понимаем «P» и «□», то, несомненно, понимаем и «□P». А раз так, то если «P» выражает пропозицию, то *prima facie* и «□P» тоже. Потребуется нечто большее, чем пример Канта с треугольником, чтобы убедить нас в том, что единственная причина, по которой нам удается понять «□◊(существуют голубые обезьяны)», заключается в том, что мы воспринимаем «◊(существуют голубые обезьян)» как кондиционал, или заменяем его таковым.

Нет никаких дотеоретических причин считать, что все безусловные предложения с префиксом «□» выражают либо отсутствие пропозиций, либо условные пропозиции (кондиционалы). Если они выражают безусловные пропозиции, когда не находятся в сфере действия «□», то они выражают их в его пределах. Просто нет причин, по которым то, что они говорят, могло бы измениться. Когда мы переходим к теории, мы видим простоту, элегантность и мощь системы, которая позволяет «□» приставлять к любой хорошо сформированной формуле, — это причина, чтобы не поддаваться осложнениям, которые принесет (3), если только они не будут хорошо мотивированы. И чтобы мотивировать свое утверждение, Кант приводит нам только один пример. Можно предположить, что пример Канта может быть вершиной айсберга. Под поверхностью может вырисовываться доктрина Канта, что всякая абсолютная необходимость является аналитической, и мысль о том, что аналитические пропозиции все по меньшей мере эквивалентны условным. Но то, что существуют случаи супервентности, — веская причина отвергнуть первое.

(3), таким образом, ложно. Тем не менее, хотя Кант мог бы рассуждать на основе (3) и (4), он не сделал этого. Его аргумент о необходимых экзистенциальных высказываниях заключается в следующем:

> Если в тождественном [аналитическом] (Это уточнение присутствует в английском переводе. — *Прим. перевод.*) суждении (в английском переводе — 'proposition') я отвергаю предикат и сохраняю субъект, то возникает противоречие; поэтому я говорю, что [в тождественном суждении] предикат необходимо присущ субъекту. Но если я отвергаю субъект вместе с предикатом, то противоречия не возникает, так как не остается уже ничего, чему что-то могло бы противоречить. Полагать треугольник и в то же время отрицать [в нем] три угла — противоречиво; но отрицание треугольника вместе с его тремя углами не заключает в себе никакого противоречия. То же самое относится и к понятию абсолютно необходимой сущности. Если вы отвергаете ее существование, то вы отвергаете саму эту вещь вместе со всеми ее предикатами; откуда же здесь может возникнуть противоречие? Вовне нет ничего, чему бы [это] противоречило, так как эта вещь не должна обладать внешней необходимостью; внутренне также ничего нет, [чему бы это противоречило], так как, отвергнув саму вещь, вы вместе с тем отвергли и все внутреннее [в ней]. Суждение *Бог всемогущ* есть суждение необходимости. Полагая божество, т. е. бесконечную сущность, нельзя отрицать всемогущество, понятие которого тождественно с понятием божества. Но если вы говорите, что *Бога нет*, то не дано ни всемогу-

щества, ни какого-нибудь другого из его предикатов, так как все они отвергаются вместе с субъектом, и в этой мысли нет ни малейшего противоречия[14].

В случае с Богом также нет ничего особенного: «[Действительно,] я не могу составить себе ни малейшего понятия о вещи, которая в случае отрицания ее вместе со всеми ее предикатами оставила бы за собой противоречие»[15]. Этот аргумент — причина, по которой Кант считает, что аргумент от совершенства опровергнет его. Если такой аргумент приводит к необходимости Бога, то он дает нам «субъект», который мы не можем «отвергнуть».

Аргументация Канта начинается так:

5. Если <Бог существует> — необходимое высказывание, то это высказывание аналитическое.
6. Если какая-либо пропозиция аналитична, то ее отрицание (не парадоксальным образом[16]) подразумевает противоречие.
7. Если ¬<Бог существует> подразумевает противоречие, то то, чему предикат противоречит, является либо Богом, либо какой-то другой вещью, удовлетворяющей предикату.
8. Если Бог не существует, он не удовлетворяет никаким предикатам. Поэтому:
9. ¬<Бог существует> не противоречит тому, что Бог удовлетворяет предикату.

---

[14] B623, стр. 449. О связи между «тождественными пропозициями («суждениями» в этом переводе. — *Прим. перев.*) и аналитичностью см. A7/B10, стр. 46: Кант на самом деле имеет в виду пропозиции, «понятие субъекта» которых включает «понятие предиката». См. также «Новое освещение первых принципов», проп. 2.

[15] B624, стр. 450.

[16] Один из парадоксов строгой импликации заключается в том, что необходимая ложь влечет все, включая противоречия. Кант не знал об этом, но, несомненно, принял бы эту характеристику. Ибо, как мы увидим позже, Кант считает, что необходимые истины необходимы, потому что их отрицания влекут противоречия. Если <¬P> влечет противоречие только посредством парадокса импликации, это влечет противоречие, потому что <P> необходимо, а не наоборот.

Следующая часть аргументации требует некоторой техники. Кантовское «необходимость... не должна вытекать из чего-либо внешнего» подразумевает состояния дел, которые необходимы потому, что их обусловливает нечто причинно или онтологически предшествующее. Для этого нам нужно специальное понятие. Простого влечения будет недостаточно, потому что не все вещи, которые влекут за собой необходимость, являются каузально или онтологически предшествующими. Так что пусть «NFx, Gy» означает, что существование F для x причинно или онтологически предшествует и необходимо обусловливает существование Y как G. Кант может иметь в виду, что:

N-ПРИНЦИП. $(x)(y)(F)(G)(((NFx, Gy) \land \neg Gy) \to (Fx \to (Fx \land \neg Fx)))$.

Это говорит о том, что если то, что x является F, предшествует необходимости того, что y является G, и на самом деле ¬Gy, то если также Fx, то следует противоречие. Ибо Fx, (NFx, Gy) и ¬Gy влекут за собой ¬Fx. Теперь необходимо, если Бог существует, Он существует и *a se*.

10. $\square(x)(F)(\neg NFx,$ существование Бога).

Если существование Бога не стоит на месте N, (N-ПРИНЦИП) не может создавать проблемы, если Он не существует. Итак:

11. Если ¬<Бог существует>, то (N-ПРИНЦИП) не порождает противоречия того типа, что какая-то другая вещь удовлетворяет предикату.

Кант, кажется, полагает, что:

12. $\square$(Если ¬<Бог существует>, то только (N-ПРИНЦИП) порождает противоречие того типа, что некоторая другая вещь удовлетворяет предикату).

Из этого следует, что:

13. ¬<Бог существует> не противоречит тому, что какая-то другая вещь удовлетворяет предикату. Поэтому:
14. <Бог существует> не является необходимым.

Теперь я рассмотрю предпосылки Канта. В (7) предполагается, что противоречить можно только предикациям. Но это нетрудно исправить. (8) говорит нам о том, что Кант не верит в несуществующие объекты[17]. Что касается (12), то если Бог существует необходимо, то для всех p необходимо, если p, то Бог существует. Значит, $p \rightarrow$ Бог существует. Значит (p и Бог не существует) подразумевает, что p и ¬p. Значит, для любого возможного p несуществование Бога приводит к противоречию, включающему p. Значит, если возможно, чтобы Бог был необходим, (12) ложно. Ибо возможно, что Его несуществование несовместимо с удовлетворением предикатов других вещей без вовлечения (N-ПРИНЦИП).

Таким образом, (12) истинно тогда и только тогда, когда Бог не может существовать необходимо. Для Канта это значит сказать: если и только если <Бог существует>, не может быть необходимым экзистенциалом. Да, (12) не является самоочевидным. Но, учитывая рассуждения, приведенные в последнем абзаце, Кант не мог утверждать (12) без предпосылки или аргументации, что <Бог существует> не может быть необходимым экзистенциалом. А то, что он не может быть, является необходимым условием (14), — вывода Канта. Таким образом, (12) либо делает аргумент Канта круговым, либо делает его диалектически бессильным.

7.4. Концепция аналитичности у Канта

Теперь я займусь (5). Предполагается, что (5) истинно просто как случай:

15. (p) (если необходимо p, то аналитично, что p).

---

[17] Ансельм верит в их существование (см. [Leftow... a: гл. 1]), и это играет роль в *Proslogion* 2. Так что (8) нуждается в поддержке, если рассматривать *этот* аргумент.

Чтобы понять (15), нам нужно взглянуть на взгляд Канта на аналитичность. Сейчас я предлагаю один такой вариант. Затем я покажу, что, по мнению Канта, нужно сделать, чтобы иметь реальное определение понятия «быть необходимым существом».

7.4.1. Необходимые и достаточные условия Канта

Кант пишет:

> Во всех суждениях, в которых мыслится отношение субъекта к предикату (я имею в виду только утвердительные суждения, так как вслед за ними применить сказанное к отрицательным суждениям нетрудно), это отношение может быть двояким. Или предикат B принадлежит субъекту A как нечто содержащееся (в скрытом виде) в этом понятии A, или же B целиком находится вне понятия, хотя и связано с ним. В первом случае я называю суждение *аналитическим*, а во втором — *синтетическим*[18].

Здесь Кант называет необходимое и достаточное условие для того, чтобы предикация была аналитической:

16. Аналитично, что Fa тогда и только тогда, когда понятие a содержит понятие F.

Хочет ли Кант сказать то же самое о предложениях других логических форм, является предметом разногласий среди исследователей Канта. Нам нет нужды вгрызаться в эту тему. Мы будем обсуждать только те предложения, которые Кант назвал бы предикациями[19]. Кант также выводит следствие:

---

[18] B11, стр. 46.

[19] Они включают те суждения, что Бог существует и что совершенное существо существует. В суждениях такого типа «существует» служит примером того, что Кант назвал логическим предикатом (A598/B626).

[Следовательно], аналитические — это те (утвердительные) суждения, в которых связь предиката с субъектом мыслится через тождество[20].

То, что предикат «связан» с субъектом, означает, что он истинен по отношению к субъекту[21]. То, что эта связь «мыслится через тождество», утверждает, что пропозиция истинна, потому что нечто в субъекте-концепте тождественно предикату-концепту. Таким образом, Кант делает вывод о том, что:

17. <F*a*> является аналитическим тогда и только тогда, когда оно истинно благодаря включению понятия (concept-containment).

То, что мы вынесем из (16) и (17), зависит от того, что мы вынесем из разговора Канта о понятийном включении. Если понимать его буквально, то он утверждает концептуальное отношение наподобие включенности в силу определения. Рассмотренное таким образом, понятие *холостяк* содержит понятие *мужчина* в том отношении, в каком определение «холостяк» содержит «мужчина»[22]. Если Кант имеет в виду определения, мы можем понять, почему он считает (как мы увидим ниже), что для всех *p*, если *p* является аналитическим, то ¬*p* означает противоречие. Если что-либо аналитично, то аналитично то, что все холостяки неженаты. Отрицанием этой истины является то, что не все холостяки не женаты. Это означает, что какой-то холостяк женат. Учитывая определение «холостяк», из этого следует, что какой-то неженатый мужчина женат. Из этого следует, что некоторый мужчина и женат, и не женат. Таким образом, через определение, отрицание аналитической истины приводит нас к противоречию.

Кант, возможно, не имел в виду определения. Он считает, что «ни эмпирические понятия, ни понятия, данные *априори*, не

---

[20] B11, стр. 46.
[21] Об этом см. [Proops 2005: 589–590].
[22] Как у Р. Ланье Андерсон — см. [Anderson 2015].

допускают определения»²³. Кант добавляет, что, хотя математические понятия имеют определения²⁴, математические пропозиции (суждения) являются синтетическими²⁵. Итак, если кантовская включенность понятий — это вопрос определений, (16) и эти другие утверждения обязывают Канта считать, что ни одна предикация не является аналитической. Возможно, он так и думает. Из его тезиса следует, что аналитически истинные предикации на самом деле являются скрытыми кондиционалами. Так что, возможно, для Канта не существует аналитических истин, чья логическая форма действительно является предикативной. Либо Кант считает, что понятия в буквальном смысле содержат понятия, но не дефинитивным образом, либо он имеет какой-то особый смысл для «понятия», когда он отказывает понятиям в определениях, либо он считает, что никакие аналитические истины не являются на самом деле предикациями, либо он имеет в виду нечто не-буквальное под «включенностью понятий». В наиболее очевидной не-буквальной трактовке, что понятие «холостяк» содержит понятие «человек», — речь идет о метафоре чего-то в области «можно знать, что быть холостяком влечет за собой быть мужчиной, путем *априорного* размышления о том, что значит быть холостяком».

Честно говоря, я не знаю, в какую сторону двигаться.

7.4.2. Дальнейшие необходимые условия

Кант дает четыре дополнительных необходимых условия для аналитичности:

> [В самом деле,] если суждение аналитическое... истинность его должна быть всегда и в достаточной мере установлена на основании закона противоречия, так как противоположное тому, что в познании объекта заложено и мыслится уже

---

[23] B756/757, стр. 537–538.
[24] B758, стр. 538.
[25] B14, стр. 49.

как понятие, всегда правильно отрицается, а само понятие необходимо утверждается относительно объекта, [потому что противоположное ему противоречило бы объекту][26].

«Если суждение аналитическое... то противоположность понятия противоречит объекту» говорит нам о том, что, согласно взгляду Канта:

18. <F*a*> является аналитическим только в том случае, если <¬F*a*> подразумевает противоречие.

То, что <¬F*a*> подразумевает противоречие, на самом деле следует из утверждения, что понятие *a* содержит понятие F. Ибо последнее действительно состоит в том, что <F*a*> утверждает нечто вроде того, что вещь, обладающая свойствами F, G и H, имеет F. Предположим. что это так. Тогда <¬F*a*> утверждает нечто вроде того, что вещь, обладающая свойствами F, G и H, обладает свойством ¬F.

И снова: «Если суждение аналитическое... то понятие... необходимо утверждается относительно объекта» говорит нам, что для Канта:

19. <F*a*> является аналитическим только в том случае, если необходимо F*a*[27].

Очевидно, что (18) влечет за собой (19). «*Потому что (since)* противоположность понятия противоречила бы объекту» говорит нам, что:

20. <F*a*> является аналитическим только тогда, когда необходимо F*a*, *потому что (because)* <¬F*a*> влечет противоречие.

---

[26] B191, стр. 165.

[27] Кант *мог бы* вместо этого иметь в виду только то, что следует, что понятие должно утверждаться об объекте. Но привязка к противоречию предполагает, что Кант привержен утверждению о необходимости, даже если он не утверждает его в этом конкретном тексте.

«Его истинность всегда может быть адекватно познана в соответствии с принципом противоречия» добавляет, что:

21. <Fa> является аналитическим только в том случае, если мы можем узнать, что Fa, увидев, что <¬Fa> влечет противоречие.

Из (21), очевидно, следует (18). Из (21) также вытекают еще два необходимых условия. Кант не указывает их. Видеть, что из <¬Fa> следует противоречие, — это случай *априорного* знания. Так и для Канта:

22. <Fa> является аналитическим только в том случае, если он может быть известен *априори*.

Опять же, чтобы увидеть, что <¬Fa> влечет противоречие, достаточно увидеть, что необходимо Fa. Так и для Канта:

23. <Fa> является аналитическим только в том случае, если *априорно* очевидно (evident), что необходимо Fa.

7.4.3. Холостое колесо?

Кант также пишет:

> Аналитические суждения (ничего не добавляют) через предикат к понятию субъекта, а лишь (расчленяют) его на (составляющие) понятия... чтобы встретиться с этим предикатом, я должен лишь проанализировать понятие (субъекта)... я должен лишь извлечь из него, в соответствии с принципом противоречия, требуемый предикат[28].

---

[28] B10–12, стр. 46–47. В тексте приведен мой перевод, поскольку тот перевод, на который я ссылаюсь, отличается в выборе терминов. Полный перевод фрагмента, к которому отсылает автор, выглядит так: «Во всех суждениях, в которых мыслится отношение субъекта к предикату (я имею в виду только утвердительные суждения, так как вслед за ними применить сказанное

Мысль, по-видимому, состоит в том, что если <¬F*a*> подразумевает противоречие, то <F*a*> анализирует понятие бытия A, которое «содержит» бытие F. Для Канта, опять же, если понятие «быть A» содержит понятие F, то <¬F*a*> влечет противоречие. Таким образом, для Канта понятие «быть A» содержит понятие F тогда и только тогда, когда <¬F*a*> подразумевает противоречие. Возможно, в таком случае кантовские разговоры о включении понятий являются холостым ходом. Возможно, все, о чем нам действительно нужно думать, — это вопрос о том, влечет ли отрицание предиката противоречие.

7.4.4. Определение Канта

(15)–(23) не складываются в определение аналитичности. Кант не утверждает, что это все необходимые условия, и даже полный набор необходимых и достаточных условий не является опреде-

---

к отрицательным суждениям нетрудно), это отношение может быть двояким. Или предикат B принадлежит субъекту A как нечто содержащееся (в скрытом виде) в этом понятии A, или же B целиком находится вне понятия A, хотя и связано с ним. В первом случае я называю суждение *аналитическим*, а во втором — *синтетическим*. Следовательно, аналитические — это те (утвердительные) суждения, в которых связь предиката с субъектом мыслится через тождество, а те суждения, в которых эта связь мыслится без тождества, должны называться синтетическими. Первые можно было бы назвать *поясняющими*, а вторые — *расширяющими* суждениями, так как первые через свой предикат ничего не добавляют к понятию субъекта, а только делят его путем расчленения на подчиненные ему понятия, которые уже мыслились в нем (хотя и смутно), между тем как синтетические суждения присоединяют к понятию субъекта предикат, который вовсе не мыслился в нем и не мог бы быть извлечен из него никаким расчленением. Например, если я говорю *все тела протяженны*, то это суждение аналитическое. В самом деле, мне незачем выходить за пределы понятия, которое я сочетаю со словом тело, чтобы признать, что протяжение связано с ним, мне нужно только расчленить это понятие, т. е. осознать всегда мыслимое в нем многообразное, чтобы найти в нем этот предикат. Следовательно, это — аналитическое суждение. Если же я говорю *все тела имеют тяжесть*, то этот предикат есть не что иное, чем то, что я мыслю в простом понятии тела вообще. Следовательно, присоединение такого предиката дает синтетическое суждение». — *Прим. перев.*

лением. Но Кант дает то, что может быть определением: "то, что предикаты... не могут быть отвергнуты без противоречия... как раз и составляет их аналитический характер"[29]. Это, как кажется, говорит о том, что аналитичность *заключается в* наличии противоречивого отрицания — что именно это *делает* предикацию аналитической. Если аналитичность состоит в наличии противоречивого отрицания, то из этого тривиально следует, что если истина аналитична, то она имеет противоречивое отрицание. Для Канта только аналитические истины имеют противоречивые отрицания: "то, что предикат... не может быть отвергнут без противоречия... присуще только аналитическому суждению"[30]. Таким образом, для Канта, по-видимому, быть аналитическим значит иметь противоречивое отрицание и таким образом эквивалентно последнему. Если текст "определения" — не просто промах Канта, то включенность понятия — это, по сути, холостой ход.

Я не считаю этот текст промахом. Таким образом, как я вижу, (15) Канта «на самом деле»:

24. (p) (если необходимо p, то $\neg p$ подразумевает противоречие).

Более того, из всех истин, которые Кант называет необходимыми, только аналитические являются подлинными абсолютными необходимостями. Синтетические «необходимости», синте-

---

[29] B626, стр. 451–452. Русский перевод в издании, на которое я опираюсь, существенно отличается: «...Слово реальность, которое в понятии вещи звучит иначе, чем существование в понятии предиката, здесь не помогает. В самом деле, если вы называете всякое полагание (независимо от того, что вы полагаете) реальностью, то вы уже в понятии субъекта полагали вещь со всеми ее предикатами, принимая ее как действительную, и в предикате только повторяете это. Если же вы признаете, как B626 и должен это признавать каждый разумный человек, что все суждения о существовании синтетические, то как же вы тогда утверждаете, что предикат существования нельзя отрицать без противоречия? Ведь это преимущество присуще только аналитическому суждению, отличительный признак которого именно на этом и основывается». — *Прим. перев.*

[30] B626, стр. 451.

тические *априорные* истины, на самом деле являются лишь интересным классом контингентных истин[31]. Они истинны во всех мирах, которые могли бы быть даны в человеческом опыте, но не все возможные миры могли бы или могут быть даны в человеческом опыте. Что делает аналитические истины необходимыми, по мнению Канта, так это наличие контралогических отрицаний. Таким образом, для Канта вся абсолютная необходимость является логической или вытекает из нее.

К несчастью для Канта, (24) — это тезис, с которым мы познакомились в прошлой главе, тезис Юма (1). Как я утверждал там, этот тезис ложен. Существуют необходимые истины в метафизике. Рассмотрим то утверждение, что:

25. Существуют платоновские абстракции.

Учитывая природу, которую должны иметь платоновские абстракции, (25) либо необходимо (истинно), либо необходимо ложно. Если необходимо истинно, то (25) — это страшный необходимый экзистенциал. В зависимости от того, какие абстракции существуют, в этом высказывании может использоваться квантор более высокого порядка. Но даже в этом случае оно экзистенциально. Я не вижу способа непарадоксально вывести противоречие из ¬(25). Так что если оно необходимо истинно, то необходимость (25), предположительно, не основана на том, что ¬(25) влечет противоречие. Если (25) необходимо ложно, то, конечно, не потому, что (25) непарадоксально влечет противоречие. Таким образом, то, что (25) ложно, является необходимой метафизической истиной, необходимость которой не основана на наличии отрицания, влекущего противоречие.

---

[31] Я думаю, что нет третьего класса истин, о которых стоило бы беспокоиться. Поскольку я, как и большинство комментаторов, полагаю, что Кант считает дистинкцию *аналитическое/синтетическое* как исчерпывающую. Последнее было поставлено под сомнение [Proops 2005].

7.5. Оно должно быть аналитическим

Для Канта, если бы совершенное существо существовало с абсолютной необходимостью, необходимость утверждения, что оно существует, была бы аналитической. С одной стороны, «[Действительно,] абсолютная необходимость есть существование, основанное на одних лишь понятиях»[32] (в английском переводе: «absolute necessity is an existence **determined** from mere concepts» — «абсолютная необходимость есть существование, определяемое из одних только понятий»), а значит, она является аналитической. Опять же, по мнению Канта, все пропозиции (суждения, в кантовской терминологии) являются либо аналитическими, либо синтетическими[33]. Кант называет некоторые синтетические истины необходимостями, но все они выражают условия и границы возможного человеческого опыта. Утверждение о существовании совершенного существа не делает этого. Поэтому, по мнению Канта, оно должно быть аналитическим, если оно необходимо.

Кант также считает, что те, кто обращаются к аргументам от совершенства, привержены тезису об аналитичности этого утверждения. Ведь Кант считает аргументы от совершенства чистыми *априорными* аргументами. Таким образом, в его глазах они направлены на то, чтобы вывести чистую *априорную* истину. Кант считает, что все чистые *априорные* истины аналитичны. Поэтому для Канта те, кто пользуются аргументом от совершенства, считают утверждение, что совершенное существо существует, аналитическим. Опять же, для Канта «кроме противоречия я, исходя из одних лишь чистых априорных понятий, не имею никакого иного признака невозможности» (альтернативный перевод: «при отсутствии противоречия у меня, посредством одних только чистых априорных понятий, нет критерия невозможности»[34]), а значит, и необходимости. То есть мы знаем, что

---

[32] B636, стр. 458.

[33] Тем, кто отрицает это, предстоит нелегкая борьба в свете таких текстов, как B10–11, стр. 46.

[34] B624, стр. 450.

чистые *априорные* истины необходимы только потому, что их отрицание приводит к противоречию. Так, основываясь на допущениях Канта, мы заключаем, что утверждение о существовании совершенного существа известно как необходимое с помощью чистого *априорного* аргумента только в том случае, если его отрицание приводит к противоречию. И это последнее свойство, по Канту, делает любое утверждение аналитическим. Таким образом, использующие от совершенства опять-таки привержены тезису об аналитичности этого утверждения.

7.6. Почему аналитичность значима

Вот почему это важно. Кант хочет знать, что могло бы сделать необходимое существо необходимым. На это ему может ответить только то, что разум находит удовлетворительным. Для Канта «разум познает как абсолютно необходимое лишь то, что обладает необходимостью согласно своему понятию»[35]. Другими словами, разум будет удовлетворен только в том случае, если речь идет об аналитической истине. Таким образом, в терминах Канта, только демонстрация аналитичности утверждения о существовании совершенного существа может дать ему то, что он хочет знать. Аналитичность пропозиции, по мнению Канта, проявляется в том, что ее отрицание влечет за собой противоречие. Так, для Канта, чтобы показать аналитичность предложения <совершенное существо существует>, нужно показать противоречие, которое влечет за собой его отрицание. «Условия, которые заставляют нас признать небытие какой-нибудь вещи просто непостижимым»[36] — это как раз то противоречие, которое влечет за собой отрицание, и способ, которым оно влечет за собой это противоречие.

Если мы не можем показать это противоречие, считает Кант, то мы терпим неудачу следующим образом. Мы утверждали, что нечто существует необходимо. Значит, мы обязались признать,

---

[35] B641, стр. 462.
[36] B621, стр. 448.

что его несуществование влечет противоречие. Но мы не смогли сгенерировать противоречие. Значит, мы «на самом деле не мыслили ничего». То есть в нашем утверждении о том, что в этом есть противоречие, не было никакой сути. Мы не можем сказать, в чем состоит необходимость того, чтобы необходимое существо было необходимым. Мы не можем дать реальное определение его необходимости. Для Канта необходимо отображение действительного противоречия, которое необходимо обусловливает существование необходимого существа, чтобы сделать это.

Это раскрывает причину, по которой Кант считает, что для ответа на его вызов потребуется «онтологический» аргумент — то есть аргумент от совершенства. По мнению Канта, можно было бы ответить на него, только показав, что тезис <не существует совершенного существа> влечет противоречие. Для этого нужно было «исходя из одних лишь понятий прийти совершенно *a priori* к существованию»[37] совершенного существа. Для Канта это то, что делает аргумент «онтологическим». Поэтому, с точки зрения Канта, только «онтологический» аргумент может сделать то, что он спрашивает о необходимом существовании.

Вера Канта в то, что необходимость совершенного существа должна быть аналитической, также является одной из причин, по которой он считает, что его утверждение о том, что существование не является (реальным или определяющим или предикатом первого порядка), имеет значение для аргументов от совершенства. Аргументы от совершенства выполняют свою работу, считает Кант, только если они показывают, что <совершенное существо существует> является аналитическим. По мнению Канта, аналитические истины лишь отображают содержание понятий. Понятия предметов состоят из предикатов, которым эти предметы удовлетворяли бы. Поскольку речь идет о понятиях *объектов*, предикаты являются первопорядковыми. Если существование не является предикатом первого порядка, оно не может быть содержанием понятия объекта. Аналитическая истина также не может вывести его из такого понятия. Также мы не можем использовать

---

[37] B619, стр. 447.

его, чтобы показать, что <совершенное существо существует> аналитично. Также существование не может быть источником *априорного* аргумента в пользу того, что совершенное существо существует.

7.6.1. Все, на самом деле, не настолько плохо

Предположим, что Кант прав. Мы находимся в таком плачевном состоянии. Мы не можем показать противоречие, о котором он просит. Я думаю, что это совершенно неважно. Из этого не следует, что не существует необходимых существ или что мы не знаем, что они существуют. Поскольку:

> Во-первых, мы можем знать, что у свойства есть инстанции, и при этом не знать его реальной природы. Мы знали, что есть вода — что у <воды> есть инстанции[38] — задолго до того, как узнали химический состав, который вполне может быть ее настоящей сущностью.
> Во-вторых, мы можем указать на воду, даже если не знаем ее реальной природы. Мы также можем указать на необходимое существо, даже если не знаем его природы, с помощью таких описаний, как «первая причина», «Творец», «совершенное существо» или «Отец Иисуса Христа». «То, больше чего невозможно помыслить» почти кричит о том, что ничего не говорит о природе этой вещи. Оно указывает на эту вещь, но все, что оно говорит нам, — это то, как она не связана с другими вещами.
> В-третьих, у нас могут быть веские основания приписывать <быть водой>, даже если мы не можем дать реальное определение этому свойству — и так же с <необходимым существованием>.
> В-четвертых, даже если мы не знаем истинной природы воды, мы можем знать то, что Аристотель называл ее собственными привходящими свойствами (собственные акциденции). Соб-

---

[38] Вспомним нашу предыдущую конвенцию: предикат внутри углов называет свойство, которое предикат выражает.

ственные привходящие свойства вытекают из природы, но на самом деле отличны от нее. Например, собственная акциденция воды может включать свойство быть жидкой при определенных температурах. Мы можем знать, что необходимое существо удовлетворяет дескрипциям, которые следуют из его сущности, даже если мы не знаем этой сущности. Предположим, что мы не знаем, что такое быть единственным необходимым существом, Богом. Но даже в этом случае мы знаем, что, что бы это ни было, оно делает Его всемогущим. Далее, мы знаем, что к числу собственных акциденций, сопутствующих бытию необходимого существа, принадлежит вечное существование.

Кроме того, Аквинский утверждал, что мы знаем, что <Бог существует> аналитически, хотя мы не видим, какое противоречие влечет его отрицание[39]. Мы можем легко оказаться в параллельном положении по отношению к логическим истинам. Мы можем посмотреть на предложение и интуитивно понять, что оно является логической истиной. Более того, мы можем признать, что это так, на основании авторитета хорошего логика. Таким образом, у нас есть все основания, чтобы считать его логической истиной. Вполне возможно, что его можно доказать путем *reductio ad absurdum* из логических истин. Но мы можем оказаться не в состоянии построить такое доказательство и тем самым вывести противоречие, которое влечет за собой его (предложение) отрицание.

Предположим, что мы находимся в таком положении по отношению ко всем логическим истинам. То есть предположим, что у нас очень хорошая интуиция относительно того, какие предложения являются логическими истинами, но мы очень плохи в доказательствах. Это не поставит под сомнение ни концепцию логической истины, ни наше понимание этой концепции. Это также не отнимет у нас права верить в то, что какая-то истина является логической. Когда мы назвали бы что-то логической истиной, мы сообщали бы о демонстрации того, что, *ex hypothesi*,

---

[39] Напр., Aquinas, *Summa Contra Gentiles* I, 11.

является очень надежной интуитивной способностью. Таким образом, не было бы так, что мы «на самом деле не думали вообще ни о чем», когда считали это логической истиной, вопреки Канту.

Предположим теперь, что логические истины аналитичны, как бы мы это ни трактовали, — и мы в это верим. Тогда в этом примере мы находимся в том положении, в котором, по мнению Аквината, мы находимся в связи с <Бог существует>. У нас есть все основания полагать, что истины аналитичны, даже если мы не можем показать противоречие, которое влечет за собой их отрицание. Предположим, что логические истины не являются аналитическими, или мы не верим, что они аналитичны. Тогда все равно наша позиция в этом примере достаточно похожа на ту, в которой, по словам Аквинского, мы находимся в отношении <Бог существует>, чтобы поддержать возможность последнего. Таким образом, Аквинский стоит на твердой почве. Если это так, то у нас могут быть веские основания думать, что <Бог существует> необходимо, даже в соответствии с кантовской трактовкой необходимости и даже если мы не можем показать противоречие, которого требует Кант.

7.6.2. И теперь к (6)

Теперь я перехожу к (6) — утверждению, что если какая-либо пропозиция является аналитической, то ее отрицание непарадоксальным образом влечет за собой противоречие. Если это просто уточнение, правило использования «аналитического», то у нас нет причин принимать его. Но в отрыве от уточнения оно не выглядит убедительно. Некоторые логики включают в себя контингентные логические истины[40]. Если они есть, то либо не все логические истины являются аналитическими, либо не все аналитические истины имеют противоречивые отрицания. Второе опровергает (6). Первое также будет плохой новостью для Канта. Как и Юм, Кант считает, что вся абсолютная необходи-

---

[40] См. [Zalta 1988].

мость является логической или прослеживается в логике. Он также считает, что всякая необходимость — аналитическая.

Опять же, модальная логика — это логика. Возможно, теоремы истинной логики для абсолютной модальности абсолютно необходимы. (Кандидаты не обладают свойствами, порождающими контингентные логические истины.) Если они не аналитичны, то являются контрпримерами к (15). Но если они аналитичны, то они являются контрпримерами к (6). Любая правдоподобная логика абсолютной модальности будет включать в себя T. Аксиомы T включают в себя то, что $\Box P \supset P$. Отрицание этого не является непарадоксально противоречивым и не влечет непарадоксально противоречие. Можно провести параллель с логикой времени.

7.6.3. Щедрая трактовка

Давайте теперь будем снисходительны. Давайте больше не будем вдаваться в особенности (5)–(15). Вместо этого давайте спросим, есть ли у Канта хорошая основополагающая мысль, для которой его система не дает адекватного выражения. Кант исходит из истины, что если экзистенциальное высказывание необходимо, то оно имеет невозможное отрицание. Кант считает, что только противоречие порождает абсолютную невозможность, и поэтому делает вывод, что у него должно быть противоречивое отрицание. Давайте проигнорируем это и вместо этого дадим ему истинную посылку, что:

26. Любая необходимая экзистенциальная пропозиция имеет невозможное отрицание.

Из-за направления объяснения Кант обременяет себя дальнейшим утверждением, что что-то в самой пропозиции, а не в реальности, которую она представляет, делает отрицание невозможным. Его система вынуждает его к этому. Если мы отступим от системы, мы можем дать ему более общую предпосылку, что:

27. Если отрицаемая экзистенциальная пропозиция невозможна, то что-то делает ее таковой.

(27) по меньшей мере правдоподобно. Оно равносильно утверждению, что эта необходимость не является произвольной и необъяснимой — что для нее есть основания. Если это так, то, предположительно, потому что такие основания существуют в общем случае. Иногда, пытаясь сформулировать эти основания, человек быстро натыкается на камень преткновения. Не так уж много можно сказать о том, что делает <нечто круглое и квадратное одновременно> невозможным. Все, что мы можем сделать, — это рассказать о том, что это будет означать, и указать на несовместимые опции, порожденные природой соответствующих атрибутов. Но если не всегда идеально удовлетворительные, но все же правдоподобные объяснения всегда существуют. На этом можно основывать уверенность в (27).

Теперь мы можем генерализировать остаток аргумента Канта:

28. Ничто внутреннее по отношению к его содержанию не делает невозможным любой отрицаемый экзистенциал.
29. Ничто внешнее по отношению к его содержанию не делает невозможным любой отрицаемый экзистенциал.

Таким образом:

30. Ничто не делает невозможным любой отрицаемый экзистенциал.

Таким образом:

31. Ни одна экзистенциальная пропозиция не является необходимой.

Даже этот обобщенный аргумент не работает. Невозможно, чтобы существовало наибольшее простое число. Это контрпример к (28), если само понятие наибольшего простого числа объясняет эту невозможность. Это контрпример к (29), если (скажем) что-то о природе платоновского ряда чисел объясняет эту невозможность.

Далее, рассмотрим следующую экзистенциальную пропозицию:

32. Существуют предметы, в которых заключаются возможности или которые делают их возможными.

(32) истинно согласно любой актуалистской модальной онтологии[41]. Это верно и для льюисовского поссибилизма[42]. Далее, предположим, что, как и Майнонг, мы считаем, что объект делает возможным то, что сам объект обладает атрибутом возможности — независимо от того, существует он или нет. Тогда, если объект оказывается существующим, он все равно является тем предметом, в чьем обладании этим атрибутом заключается его (объекта) возможность, и он существует. Таким образом, (32) оказывается верным даже для поссибилизма в стиле Майнонга. Далее, Кант должен принять (32). Кант отрицает несуществующие объекты в том самом аргументе, который мы рассматриваем. Таким образом, единственным существующим для него остается только онтология возможности. Опять же, докритический аргумент Канта в пользу существования Бога предполагает актуализм[43]. Кант никогда по-настоящему не отвергает этот аргумент. Он лишь понижает эпистемический статус веры в его заключении. Он не объясняет ясным образом почему. Возможно, это не более чем необходимость вписать аргумент в строгие рамки его более поздней системы[44]. (32) — это просто общее утверждение, которое вытекает из заключения докритического аргумента Канта.

Предположим, что (32) истинно. Тогда это также необходимо, если только онтология модальности не является майнонгианской

---

[41] Актуализм утверждает, что все объекты (items) в онтологии модальности являются частью актуального мира. Поссибилизм это отвергает.

[42] О поссибилизме Льюиса см. [Lewis 1986].

[43] Об этом см. [Stang 2010].

[44] Об этом см. [Fisher, Watkins 1998; Logan 2007].

и возможно, что ничего не существует. Актуализм и не-майнонгианский поссибилизм не были бы контингентными, если бы были истинными. Таким образом, если мы оставим Майнонга в стороне, (32) является контрпримером к (31). Далее, то, что делает (32) истинным и необходимым, это модальная онтология. Таким образом, она истинна и необходима благодаря чему-то в мире, а не содержанию (32). Таким образом, отрицание (32) необходимо ложно в силу чего-то в мире. Таким образом, если (32) истинно, то ¬(32) является контрпримером к (29).

7.6.4. Последний раунд

Тем не менее, даже если (5)–(14) и (26)–(31) не работают, Кант может выразить общее беспокойство. Он мог бы предположить, что мы можем с полным правом утверждать, что Бог существует обязательно, только если мы можем сказать, что делает Его необходимым. Но здесь Ансельм и многие другие припевают: «Не волнуйся, будь счастлив». Они говорят: Природа Бога делает Его необходимым. Чтобы сказать больше, нам пришлось бы раскрыть ее содержание и показать, как оно это объясняет. Мы не можем. Божественная природа скрыта для нас в этой жизни. Однако это не должно останавливать утверждать о Боге то, что мы можем знать о Нем, в том числе и то, что Он существует необходимо. Если бы Кант стал стучать кулаком по столу и настаивать на том, что не природа, а только аналитичность может сделать необходимым, мы могли бы мило улыбнуться и процитировать Куайна: «Значение — это то, чем становится сущность, когда она отделяется от объекта референции и женится со словом» [Quine 1953: 22], и таким же образом, сущность — это то, чем становится значение, когда возвращается к своей первой любви. Если понятия могут содержать понятия, то свойства могут содержать свойства. Если Кант замечает, что было бы диалектически слабым шагом сказать, что свойство содержит свойство, но не отобразить его включенность, то в другом месте я привожу позитивную концепцию необходимости Бога, которая не делает этого слабого хода [Leftow 2012]. И снова Аквинский напоминает нам, что мы можем видеть, что утверждение должно быть аналитическим, не видя на самом деле, какое противоречие повлечет за собой его отрицание[45]. На мой взгляд, у Аквинского хорошие аргументы. Таким образом, мне кажется, что защитник божественной необходимости может справиться с этим общим кантовским беспокойством.

7.6.5. Так существуют ли необходимые экзистенциалы?

Я оспаривал, что необходимые экзистенциалы — это то, о чем мы должны говорить. Я оспаривал аргументы против необходимых экзистенциалов. Я также предложил, как мне кажется, пример одного из них, (32). Есть и другие. Логика — это совокупность необходимых истин. Некоторые экзистенциальные истины об этом корпусе истин являются необходимыми, например, что:

33. Существуют логические истины.

Для этого необходимо:

34. Существуют истины.

Неважно также, применяем ли мы дефляционистский подход к кванторам в (33) и (34) мета-онтологически или воспринимаем носителей истины и наделение истинностью только как удобные фикции. Достаточно того, что (33) и (34) экзистенциальны по форме, даже если они оказываются «тяжеловесными» и не будут действительно обязывать нас к существованию истин. Ведь утверждение Канта касается логической формы пропозиций, а не лежащей в их основе метафизики.

Кванторы в (33) и (34) квантифицируют пропозиции. Понимание таких квантификаций сопряжено с определенными трудностями[46]. Но должен быть какой-то способ справиться

---

[45] В т.ч. Aquinas, *Summa Contra Gentiles* I, 11.
[46] Обсуждение можно увидеть в [Plantinga, Grim 1993].

с ними. (33) и (34) просто слишком очевидны, чтобы от них отказаться[47]. Поэтому, чтобы вернуться, Кант должен был бы объяснить, почему необходимые экзистенциалы более высокого порядка — это нормально, а экзистенциалы первого порядка — нет. Далее, он не мог сказать «потому что абстрактные необходимые объекты, такие как пропозиции, — это нормально, а конкретные необходимые существа — нет». Ибо Кант стремится вести свое объяснение от пропозиции к сущности, а не наоборот.

Опять же, многие ссылаются на необходимые экзистенциалы в математике, например, что существуют простые числа. В зависимости от онтологии числа, это может быть еще одним примером более высокого порядка. Например, числа могут быть свойствами классов. Кант мог бы отрицать, что математические экзистенциалы необходимы. Он основывает математику на условиях человеческой чувственности. То, что мы существуем или чувствуем, как мы чувствуем, или то, что существует мир, который мы можем чувствовать, — это контингентный факт. Поэтому кажется, что для Канта математические истины контингентны[48]. Но мало кто считает это правдоподобным. Если бы он признал необходимость математики, Кант мог бы попытаться привлечь математический структурализм[49].

Для структуралистов математика изучает абстрактные структуры, которые могут реализовывать предметы разного рода, а разговор о числах — это разговор о «местах» в таких структурах. Таким образом, по мнению структуралистов, существование простых чисел не требует существования какой-либо конкретной вещи. Это означает, что все возможные прогрессии определенного рода содержат элементы с определенными отношениями

---

[47] Я могу сказать это отчасти потому, сколь мало влечет их истинность, учитывая то, что было принято в предыдущем абзаце.

[48] Они тем не менее могут быть необходимо не-ложными. Здесь я многим обязан Роберту Ханне — см. [Hanna 2004: 235 и далее], а также дискуссии с Дэниелом Янгом.

[49] Пример структуралистской концепции математики можно найти у [Resnik 1997; Shapiro 2000].

к другим элементам. Это может быть условным фактом: необходимо для всех *x*, если *x* — прогрессия, и т. д. Но даже с учетом структурализма, я думаю, Кант не преуспевает. Структурализм — это не история о логической форме пропозиций. Речь идет о метафизике, которая делает определенные предложения истинными. Если метафизика включает в себя условные факты, это ничего не говорит о логической форме пропозиций, которые эти факты делают истинными.

7.7. Дилемма Канта

Перейдем к следующему этапу аргументации Канта. Кант доказывает, что не существует необходимых сущностей, тем, что всегда можно «убрать» «субъект» предполагаемой необходимой пропозиции. Поэтому он считает, что его аргумент можно обойти, только если аргументы от совершенства сами по себе дают контрпример — «субъект», который нельзя «отрицать»[50]. Теперь Кант обращается к этим аргументам. Он ставит дилемму относительно их заключения:

> Является ли предложение о том, что та или иная вещь... существует, аналитическим или синтетическим предложением? Если она аналитическая, то утверждение о существовании вещи ничего не добавляет к мысли о ней; но в таком случае либо мысль... есть сама вещь, либо мы предположили ее существование как относящееся к сфере возможного и... под этим предлогом вывели ее существование из ее внутренней возможности... Но если (оно) синтетическое, как мы можем... утверждать, что предикат существования не может быть отвергнут без противоречия? Это... встречается только в аналитических суждениях[51].

---

[50] B624, стр. 450.

[51] B626, стр. 504 — в переводе, на который ссылается автор. В некоторых моментах этот перевод отличается от того, на который я ссылаюсь. Тот же фрагмент в этом переводе выглядит так: «Я спрашиваю вас, есть ли суждение *такая-то вещь* (которую я, какова бы она ни была, допускаю вместе с вами

Рассуждение, возможно, таково (с долей щедрой интерпретации). Аргумент от совершенства приводит к выводу, что (скажем) Бог существует. Но:

35. <Бог существует> является либо аналитическим, либо синтетическим.
36. Если оно аналитическое, то понятие Бога содержит существование.
37. Это «реальное» или не «реальное» существование.
38. Если это не «реальное» существование, то аргумент не доказывает, что Бог действительно существует (Он аналитически выводит из понятия Бога только «нереальное» существование, которое оно содержит[52]).
39. Если речь идет о «реальном» существовании, то, утверждая, что возможный объект удовлетворяет понятию Бога, мы утверждаем, что Бог действительно существует.

Таким образом:

как возможную) *существует* аналитическое или синтетическое? Если оно аналитическое, то утверждением о существовании вещи вы ничего не прибавляете к вашей мысли о вещи; но в таком случае или ваша мысль есть сама эта вещь, или же вы предполагаете, что существование принадлежит к возможности вещи, и затем уверяете, будто о [ее] существовании вы заключили из [ее] внутренней возможности, а это есть лишь жалкая тавтология. Слово *реальность*, которое в понятии вещи звучит иначе, чем *существование* в понятии предиката, здесь не помогает. В самом деле, если вы называете всякое полагание (независимо от того, что вы полагаете) реальностью, то вы уже в понятии субъекта полагали вещь со всеми ее предикатами, принимая ее как действительную, и в предикате только повторяете это. Если же вы признаете, как и должен это признавать каждый разумный человек, что все суждения о существовании синтетические, то как же вы тогда утверждаете, что предикат существования нельзя отрицать без противоречия? Ведь это преимущество присуще только аналитическому суждению, отличительный признак которого именно на этом и основывается» (стр. 452). — *Прим. перев.*

[52] «Нереальное» существование — это что бы то ни было, что Кант подразумевает под мыслью, являющейся самой вещью.

40. Утверждение, что возможный объект удовлетворяет понятию Бога, содержит заключение в посылке. (Оно «предполагает существование», ибо если понятие Бога содержит реальное существование, то только существующий удовлетворяет ему.)
41. Если <Бог существует> является синтетическим, то его отрицание не влечет за собой противоречия.
42. Если его отрицание не влечет за собой противоречия, то аргумент от совершенства не валиден, если он приводит к противоречивому предложению.

Далее:

43. Если <Бог существует> является синтетическим, то оно контингентно.

Таким образом:

44. Либо аргумент от совершенства не валиден, либо он приводит к контингентной пропозиции, либо не приводит к «реальному» существованию, либо он содержит заключение в посылке.

Кант не высказывает (42), но это следует из того, что он говорит. При том понимании круга в доказательстве, которое я поддерживаю, (40) ложно. С точки зрения этого подхода посылка в аргументе о том, что P содержит заключение, только если все достойные аргументы в пользу этой посылки включают в *свои* посылки утверждение о том, что P. Существуют достойные аргументы о том, что возможно существование совершенного существа, которые не содержат посылки о том, что совершенное существо существует. Что касается (42), то, поскольку аргументы, которые я защищаю, не пытаются вывести противоречие, ничто из сказанного Кантом не может опровергнуть их истинность, которая в любом случае очевидна. Кроме того, истины, утверждающие супервентность, являются синтетическими, но необходимыми. Таким образом, умозаключение к (43) опирается на ложную посылку. Наконец, учитывая мое обсуждение выше, Ансельм мог бы с радостью допустить, чтобы его аргументы приводили к контингентной пропозиции. Так что здесь нет ничего, что могло бы его обеспокоить.

7.8. Тезис о существовании

И аналитический, и синтетический рога дилеммы Канта предполагают (как сам Кант думает), что существование является «реальным» или «определяющим» или предикатом первого порядка. Самая известная атака Канта на аргументы от совершенства заключается в том, что существование не является таким предикатом, и поэтому такие аргументы терпят неудачу. Однако ничто в аргументах, которые я защищаю, не предполагает, что существование является таким предикатом или предикатом вообще. Существование фигурирует в них только как то, что выражает квантор существования. Поэтому атака Канта не имеет к ним отношения. Она также не противоречит утверждению о том, что существует абсолютно необходимое существо. Кант, как и Юм, оставляет это утверждение нетронутым.

Глава 8
Суинберн

Я уже обсудил один из аргументов Ричарда Суинберна против Божественной Необходимости. Теперь я рассмотрю два других.

8.1. Модальные интуиции

Один из ходов Суинберна апеллирует к модальной интуиции. Для Суинберна предложение S логически возможно тогда и только тогда, когда S абсолютно возможно и может быть известно, что это так, *априори*[1]. Суинберн считает, что следующее «очевидно логически возможно» [Swinburne 2015a: 235]:

- Когда-то не было рациональных существ,
- Никто не является совершенно добрым,
- Единственными субстанциями являются четыре стальных шарика [Swinburne 2015a: 235][2].

---

[1] Например, [Swinburne 2015a: 227]. Слегка иная концепция представлена в [Swinburne 2016: 1–3, 11–12]. Об убеждении Суинберна, что предложения, а не пропозиции являются носителями истины и модального статуса, см., напр., [Swinburne 2015a: 234].

[2] Суинберн также перечисляет утверждение, что никто не знает, что происходит на расстоянии более мили от его/её собственного тела. Но если это возможно, это не означает, что Бог не необходим. Бог мог бы существовать, если бы это было правдой. Если бы существовал только Бог, невоплощенный, не было бы никакого пространства, и никто бы не знал и т. д. В этом отношении, даже если бы Бог создал воплощенных знающих, все равно могло бы быть правдой, что никто не знает, что происходит на расстоянии более мили от его/её собственного тела, пока у Бога нет тела. Суинберн также пе-

Они не являются абсолютно возможными, если Бог необходимо существует. Следовательно, заключает он, Бог не необходимо существует.

Я не нахожу их столь очевидно возможными. Мы понимаем предложения и не сразу видим, что они не могут быть истинными. Поэтому у них есть *prima facie* претензия на возможность. Но знание того, что S возможно, требует большего. S должно пройти дополнительные тесты. Понимание S и неспособность сразу увидеть, что S не может быть истинным, есть «мыслимость» того, что S, в одном из смыслов этого термина. Но быть в этом смысле мыслимым не влечет за собой возможности. Мы можем помыслить в этом смысле и то, что есть необходимо существующие платоновские абстрактные сущности, и то, что их нет. Мы также можем помыслить в этом смысле и то, что гипотеза Гольдбаха истинна, и то, что она не является таковой. Но в каждом случае возможна только одна опция. Рассмотрим далее утверждение, что 2 + 2 = 4. Это кажется по крайней мере таким же «очевидно логически возможным», как и примеры Суинберна. Его *prima facie* претензия на истинность и, следовательно, на возможность очень сильна. Однако, по мнению Суинберна, это не так. Вместо этого это просто полезная фикция [Swinburne 1994: 7–8, 239, прим. 1]. Теперь я утверждаю, что если арифметика неверна, то она также и *возможно неверна*. Затем я вывожу мораль для Суинберна.

Математические и логические истины вызывают самые сильные интуиции необходимости, которые у нас есть. Нам кажется, что если какие-либо истины необходимы, то это именно они. Вот почему они дают стандартные примеры необходимой истины. Фактически многие из нас преподают концепцию необходимой истины, в частности, приводя их и говоря «истины, подобные этим». Таким образом, они являются «парадигмальными примерами» необходимой истины, в понимании этого термина Суин-

---

речисляет утверждение, что никто не знает всего. Но он, кажется, думает, что это правда, даже если Бог существует [Swinburne 2016: 191, 196]. О доводе в пользу того, что это истинно, даже если Бог существует, см. [Grim 1991].

берном. Суинберн говорит, что «под «парадигмальными примерами применения слова... я подразумеваю такие примеры, в отношении которых было бы немыслимо, чтобы это слово не применялось почти ко всем этим примерам» [Swinburne 2015b: 621]. Поэтому я считаю, что если арифметика истинна, то она необходимо истинна. Я также считаю, что Суинберн должен был бы признать этот кондиционал.

Теперь я извлеку мораль для Суинберна. Предположим, что мы принимаем постулат Брауэра и что арифметика истинна в некотором возможном мире W. Если арифметика истинна в W, то она необходимо истинна в W. Поэтому она истинна в каждом мире, возможном из W. Учитывая Брауэра, актуальный мир возможен из W. Поэтому она актуально истинна. Таким образом, учитывая Брауэра, если арифметика на самом деле не истинна, то она не истинна ни в одном возможном мире из реального мира. То есть она не является возможной истиной. Далее, Суинберн должен признать это, поскольку он говорит, что арифметика — это фикция, потому что она использует цифры, которые, как кажется, имеют в качестве референтов числа, но при этом никаких чисел нет [Swinburne 1994: 7–8, 239, прим. 1]. Если бы числа имели место, они бы существовали необходимо. Таким образом, по другому аргументу Брауэра, они обязательно не существуют, и поэтому арифметика — это обязательно фикция. Кроме того, аргументы, которые убеждают Суинберна в том, что чисел не существует, были бы одинаково хороши (или нет) в любом возможном мире[3]. Поэтому Суинберну следовало бы утверждать, что, хотя изначально кажется очевидным, что 2 + 2 = 4, дальнейшее размышление показывает, что в конце концов невозможно, что 2 + 2 = 4. Утверждение должно было пройти дополнительную проверку, и оно ее провалило.

Двигаясь дальше, аксиомы наивной теории множеств[4] имеют *prima facie* претензию на возможность. Мы их понимаем. Они кажутся правдоподобными. Они не сразу обнаруживают себя

---

[3] См. [Swinburne 1994: 239, прим. 1].
[4] Напр., аксиомы Фреге или Пеано.

невозможными. Потребовалось много размышлений, чтобы обнаружить проблемы, которые они скрывают[5]. Мораль в том, что, даже когда S очевидно, *prima facie* возможно, чтобы с полным основанием принять, что S возможно, мы должны убедиться, что мы можем заполнить остальную часть мира вокруг того, что утверждает S, таким образом, чтобы получить подлинную возможность. Не нужно описывать весь возможный мир, чтобы убедиться в этом, но иногда нужно заполнить самые значимые части.

В настоящем контексте заполнения, включающие Бога, крайне значимы. Сейчас я проиллюстрирую это. *Prima facie*:

1. Цифры в таких предложениях, как «2 + 2 = 4», обладают референцией к числам.

Теисты почти со времени восхода платонизма придерживались того мнения, что:

2. Числа существуют только в сознании Бога.

Учитывая (1) и (2), если бы не было Бога, ни одно арифметическое утверждение не было бы истинным. Вопреки (*Pace*) Суинберну, это невозможно. Таким образом, по (1) и (2) нет не включающих Бога абсолютных возможностей. Теперь (1) и (2) являются спорными. Но три «очевидные логические возможности» Суинберна абсолютно возможны, только если эти противоречия имеют конкретное разрешение. Так что, если примеры Суинберна представляют собой возможности, не включающие Бога, они не являются очевидно возможными, поскольку не очевидно, что (1) и (2) ложны. Если примеры Суинберна не включают Бога, нельзя гарантировать, что они являются подлинными возможностями, без довольно большого количества философских аргументов[6].

---

[5] Напр., парадокс Рассела.

[6] Суинберн протестует в переписке, что «мы начинаем терять контроль над концепцией логической возможности, если предполагаем, что без аргументации... ни один из (моих) парадигмальных примеров логической возмож-

Опять же для того, чтобы теист мог заполнить содержание предположительно возможного мира, в котором нет Бога, он должен адекватно осмыслить контингентное несуществование Бога. Я утверждаю позже, что теисты не могут этого сделать. Если это верно, теисты не могут назвать утверждения Суинберна возможными. Для теиста они утверждают очевидные или *prima facie* возможности, исключенные более полным размышлением.

8.2. Юм и Кант — *в сокращенном виде*

Теперь я перейду к другому аргументу Суинберна. Как он его видит,

> Мир без определенной субстанции... кажется всегда последовательным предположением... ни один набор высказываний, описывающих такой мир, не влечет за собой внутреннего противоречия. Предположение о... безбожной вселенной... кажется очевидно последовательным, и поэтому должно считаться таковым при отсутствии позитивного контраргумента. Все онтологические аргументы, которые претендуют на то, чтобы показать логическую необходимость существования Бога, кажутся мне несостоятельными [Swinburne 1994: 144–145].

ности на самом деле не является логически возможным... предполагать, что мы не можем принять как должное, что они логически возможны при отсутствии подробных аргументов... кажется неправдоподобным». Но Суинберн позволяет более полной рефлексии перевесить первоначальную видимость возможности. Дальнейшее заполнение предположения является основным путем более полной рефлексии (как он отмечает в других местах: см. [Swinburne 1994: 111]). Если в конце концов мы потеряем примеры Суинберна, это оставит на том же месте орды парадигмальных случаев «логической возможности». Даже если невозможно, чтобы единственными субстанциями были четыре стальных шара, возможно, что единственными материальными субстанциями были четыре стальных шара. Поэтому опасения, что мы «теряем контроль» над концепцией логической возможности без примеров Суинберна, кажутся мне неуместными.

Аргумент Суинберна состоит в следующем:

3. <Бога не существует> абсолютно возможно тогда и только тогда, когда это не влечет за собой противоречия[7].
4. Кажется, в этом утверждении нет противоречия.

Таким образом:

5. Мы должны считать, что это утверждение не влечет за собой противоречия, если нет веских аргументов, что оно влечет за собой противоречие.
6. Противоречий нет.

Таким образом:

7. Мы должны допустить возможность того, что Бога не существует.

В терминах Суинберна (3) и (4) излагают *prima facie* доводы в пользу того, что несуществование Бога возможно. (5) говорит нам, что *prima facie* доводы становится *ultima facie*, если они не опровергнуты. (6) утверждает, что они не опровергнуты.

(3) может не быть тем же утверждением в устах Суинберна, что и у Юма или Канта, поскольку идея Суинберна о следовании может не совпадать с их идеей. Тем не менее 6.4 утверждает, что исключение цвета является контрпримером к (3) даже в отношении собственной идеи Суинберна о выводе[8]. Супервентность

---

[7] О связке когерентности и возможности см., напр., [Swinburne 2016: 3].

[8] Собеседник в OUP предположил, что (3) — это уточнение для Суинберна: что оно просто определяет абсолютно возможное, как он выбирает использовать его. Однако он также стремится к тому, чтобы его использование схватывало понятие, распространенное в философской практике, — то, которое выражает наиболее слабый вид объективной возможности (напр., [Swinburne 2012: 1]). Таким образом, даже если для него это уточнение, было бы честно указать на то, что это уточнение принуждает его трактовать расширение самого слабого вида возможности неправильно.

также является проблемой для (3) — понятом в духе Суинберна. Суинберн принимает, что моральные атрибуты супервентны на неморальных[9]. Таким образом, он принимает абсолютную необходимость таких истин, как:

JR. Если действие в точности повторяет одно из убийств Джека Потрошителя в не-моральном аспекте, то оно неправильно.

6.3 утверждал, что в стандартной концепции вывода ¬(JR) не влечет за собой противоречия. Я не вижу, как переход к концепции вывода Суинберна может изменить это. Кроме того, (3) подразумевает, что предложение абсолютно невозможно, если и только если оно включает в себя противоречие — тезис, который Суинберн давно поддерживал[10]. Как мы видели, в терминах Суинберна абсолютно невозможно, чтобы арифметика была истинной. Насколько мне известно, он не показал, какое противоречие было бы вовлечено в истинность арифметики. И он не сможет этого сделать, я думаю, поскольку сделать это означало бы продемонстрировать, что арифметика на самом деле противоречива (inconsistent). Таким образом, я думаю, Суинберн не может спасти (3). Теперь я перехожу к (6).

8.3. Нет хороших аргументов?

Суинберн предлагает только утверждение об аргументах от совершенства (опять же, мой термин для аргументов, которые Кант неправильно назвал онтологическими) для поддержки (6)[11].

---

[9] Как, напр., [Swinburne 2015b].

[10] Напр., [Swinburne 2016: 2].

[11] Суинберн не прав в отношении того, что делают эти аргументы. Он утверждает, что они «призваны показать» необходимость Бога. Но они являются попыткой доказать существование Бога, а не Его необходимость. Суинберн предполагает, что они «по сути» доказывают Его необходимость, потому что пытаются вывести существование Бога из необходимых предпосылок, которые влекут за собой только необходимые выводы. Но аргументы Брауэра предполагают в своих посылках необходимость

Даже если он прав относительно них, он не поддержал должным образом (6). Отсутствие такой поддержки связано с наличием аргументов в пользу необходимости совершенного существа, которые не являются аргументами от совершенства. Я предложу некоторые позже. Для Суинберна они должны считаться аргументами о том, что если совершенное существо существует, его несуществование подразумевает противоречие, даже если они не демонстрируют этого противоречия. Теперь я рассматриваю утверждение Суинберна о том, что все аргументы от совершенства несостоятельны.

Суинберн ссылается на традиционную критику таких аргументов[12]. Я утверждаю в другом месте, что эти критические доводы явно терпят неудачу[13]. Он также пытается добавить к ним:

> предпосылки... онтологического аргумента не просто влекут за собой существование Бога, но и предоставляют основание, по которому он существует... Но Бог казался бы не совсем верховным существом, если бы его существование зависело от... общего логически необходимого принципа... утверждение о том, что существует логически достаточное основание, по которому Бог существует, по-видимому, делает Бога в некотором роде менее высшим, чем он был бы в противном случае [Swinburne 1994: 144–145].

Суинберн утверждает, что если аргумент от совершенства включает в себя общий модальный или метафизический принцип, то существование Бога зависит от этого принципа. Если так, то

Бога и поэтому не могут считаться попыткой продемонстрировать ее даже неявно. Что касается необходимых предпосылок, система Брауэра допускает контингентные возможности и необходимости. Таким образом, ни утверждения о возможности, ни утверждения о необходимости в аргументах Брауэра не могут быть приняты без доводов в их пользу как необходимые сами по себе. В этом отношении аргумент *Proslogion* 2 не нуждается в том, чтобы принимать свои предпосылки как необходимые, хотя они могут быть таковыми.

[12] Напр., [Swinburne 2016: 299].
[13] См. [Leftow... a].

все, что делает его истинным, имеет некоторый реальный приоритет по отношению к существованию Бога. Но порядок знания не обязательно должен быть порядком бытия. Мы можем знать, что вещь существует, через ее следствия. В таком случае следствия могут действительно зависеть от своей причины, а не наоборот. Но наше знание того, что причина существует, зависит от нашего знания следствий, а не наоборот.

Опять же, необходимые истины, которые влекут за собой заключение, не обязательно также объясняют его или имеют некоторый реальный приоритет по отношению к нему. Во-первых, (1), (2) и <2 + 2 = 4> влекут за собой существование Бога. Если они истинны, то все эти предпосылки являются необходимыми истинами. Но они не объясняют существование Бога и не имеют некоторый реальный приоритет по отношению к нему. Кроме того, все необходимые истины влекут за собой все другие необходимые истины, по крайней мере, в рамках стандартной концепции вывода, согласно которой последний строится на строгой импликации[14]. Так что, если необходимые истины, которые влекут за собой заключение, должны его объяснять или иметь некоторый реальный приоритет по отношению к нему, все необходимые истины объясняют или действительно предшествуют всем другим необходимым истинам. Это не так. Таким образом, Суинберну нужно привести какое-то обоснование того, чтобы это было справедливо в случае Бога, когда это явно не является истиной в общем случае. Он этого не сделал.

Поддержка Суинберном (6) терпит неудачу — хотя я только дал долговую расписку о провале традиционных ходов, которые он поддерживает. При данной записке Суинберн может поддержать (6), только если он может привести какую-то другую причину считать все аргументы от совершенства несостоятельными. Но чтобы использовать аргумент от совершенства, нужно только утверждение, что Бог, возможно, существует,

---

[14] Суинберн придерживается другой концепции вывода. Но, как обосновывается в 6.4, он должен «отслеживать» строгую импликацию. Так что это здесь ему не помогает.

Божественная Необходимость и логическая система Брауэра. Я повторю это вкратце: предположим, что Бог, возможно, существует. Тогда Бог существует в мире, возможном из действительного мира. Учитывая **Божественную Необходимость**, Бог существует в каждом мире, возможном из мира, который включает Бога. В системе Брауэра, если божественный мир возможен, актуальный мир возможен из него. Так что Бог актуально существует. Этот аргумент, очевидно, валиден. Что касается его предпосылок, теисты вряд ли будут оспаривать возможность Бога. Поскольку Суинберн делает свое заявление о несостоятельности этого аргумента, чтобы оспорить **Божественную Необходимость**, он не может в свою очередь использовать отрицание **Божественной Необходимости**, чтобы оспорить обоснованность этого аргумента. Если Суинберн и утверждает, что аксиома Брауэра неверна для «логической» модальности, то он этого не предложил.

8.4. Модальная метафизика

Модальная метафизика, основанная на совершенном существе, создает дополнительную проблему для (6). Такая метафизика приводит к **Необходимости Совершенного Существа**[15]. Поэтому любой довод в пользу такой метафизики является также доводом того, что не является аргументом от совершенства. Таким образом, Суинберну нужно основание, чтобы отвергнуть модальную метафизику, основанную на совершенном существе. Он пытается дать некоторые такие основания. Он пишет, что если модальные истины

> являются... частью природы (Бога)... то возникает вопрос, почему именно они... а не какие-либо другие... являются частью природы Бога, и если (это) просто... грубый факт, что они таковыми являются, то это делает Бога по сути весьма непростым существом [Swinburne 2015a: 238].

---

[15] См. [Leftow 2012: 437–443].

Таким образом (утверждает Суинберн), это лишило бы его своего рода аргумента в пользу существования Бога[16]. Суинберн также мог бы сказать, что если сформулированный им своеобразный аргумент в пользу существования Бога хорош, то чем проще совершенное существо, тем более вероятно, что оно будет существовать. Если это так, то если базирование модальной истины на совершенном существе усложняет совершенное существо, более вероятно, что есть совершенное существо, которое не является основой модальной истины.

Теперь вместо того, чтобы помещать модальную истину в природу Бога, теист мог бы

> предположить, что Бог... необходимо... производит именно эти необходимые истины. Но... если бы их необходимость зависела от (какого-то) действия... то была бы стадия в творении, до которой они не были бы необходимы (что означает, что они не были бы необходимы в конце концов) — даже если это всего лишь стадия, логически предшествующая действию вневременного Бога [Ibid.].

Суинберну не нужно беспокоиться. В стандартной модальной семантике не необходимо, что P, только если в какой-то момент в каком-то возможном мире, не является истинным, что P. Этапы, к которым он здесь обращается, не являются и не влекут за собой существование моментов или периодов времени, в которых эти истины не являются необходимыми. Разговор об этапах — это просто способ сказать, что предполагает, что в Боге.

Предположим, что Бог «сначала» думает о содержании <P>, а «затем» желает, чтобы оно было необходимым. Тем не менее оба могут иметь место в любое время во всех возможных мирах, причем второе предполагает первое. Если Бог вневременно делает и то и другое, то все времена являются временами, в которые вневременно истинно, что Он делает и то и другое. Если Он темпорален, то это было бы так, если бы Бог хотел этого в то самое

---

[16] Об этом см. [Swinburne 2004].

время, когда Он думает о содержании. Предположим теперь, что ни одновременность, ни вневременность не доступны. Предположим вместо этого, что любое желание относительно <P> должно следовать за мыслью, что P. Тогда все равно ни в какое время ни в каком возможном мире никакая истина, которая должна быть необходимой, не перестает быть истинной. Ибо если Бог временен, то время не имеет первого мгновения. Вечное существо не начинает существовать[17]. Но тогда если необходимо P, то во все времена, в которые Бог думает, что P, Он также желает, чтобы <P> было необходимым, хотя каждое желание зависит от более раннего мышления. То же самое рассуждение применимо, если для любого желания, чтобы P было истинным, P становилось истинным немного позже.

Аргумент Суинберна о божественной природе сводится к следующему: если остальная часть божественной природы не объясняет, что она содержит только эти необходимые истины, то необходимые истины являются грубыми по отношению к остальной части божественной природы. Поэтому божественная природа сложна. Она содержит что-то, что делает истинным, что $1 + 1 = 2$, что-то еще, что делает истинным, что все холостяки

---

[17] По мнению Уильяма Крейга, Бог «начался» атемпоральным, а затем «стал» темпоральным, создав время (см. напр., [Craig 2001]). Эта точка зрения допускает темпоральную часть существования Бога как первое мгновение и, таким образом, допускает первое время, поскольку с этой точки зрения это первое мгновение на самом деле не начинает существование Бога. Поэтому с этой точки зрения, даже если Бог темпорален, время могло бы иметь первое мгновение. Однако что-то меняется, только если для некоторого F это первое F, а затем не F. Не может быть более отношения «раньше-позже» между атемпоральной «фазой» Бога и чем-либо еще; отношения «раньше-позже» могут быть только между темпоральными объектами. Если так, Бог не может измениться от атемпорального к темпоральному. Опять же, не может быть изменений в том, что вневременно имеет место. Если так, то даже если жизнь Бога сейчас темпоральна, если она когда-либо была атемпоральной, все, чем она когда-либо была атемпорально, «все еще» там. Но как Бог может быть «одновременно» атемпоральным и темпоральным? Атемпоральный Бог может быть воплощен во времени (см. мою работу [Leftow 2002]). Но это просто означает, что атемпоральное существо, которое не перестает быть таковым, может образовывать композит с чем-то временным. Это не то, что утверждает Крейг.

неженаты и т. д. Чем сложнее природа Бога, тем сложнее Бог. Теперь я предлагаю считать, что вывод от включения грубых фактов в природу Бога к включению в природу Бога сложности неверен.

Рассмотрим сущность, данную в определении: быть синглтоном[18] означает быть множеством, включающим только один элемент, — одночленным множеством. В любом таком определении видовое отличие (наличие одного элемента) является грубым относительно рода (множества). Ничто в том, чтобы быть множеством, не объясняет наличие одного элемента. Но из этого не следует, что свойство быть синглтоном имеет части или действительно различные аспекты, поскольку род не является грубым относительно видового отличия. Быть одноэлементным влечет за собой быть множеством. Определимые свойства вполне могут быть простыми, в которых мы различаем дифференциацию и род. Возможно, роды на самом деле являются просто дизъюнкциями таких простых свойств. Возможно, то, что делает синглтон множеством, — это простая одноэлементность. Все это кажется мне довольно правдоподобным. Поэтому мне кажется вполне обоснованным, что в содержании атрибута может быть грубость, при этом атрибут не должен быть действительно сложным.

Те, кто основывает модальную истину на божественной природе, обычно видят эту природу как совершенно простой сверхбогатый истинностный фактор для всех модальных истин[19]. Если это так, то наделение истинностью всех необходимых истин не стоит Богу простоты. Я не вижу никаких препятствий для утверждения простого истинностного фактора, как нет их и для утверждения, что атрибуты с сущностями, относящимися к определению, действительно просты. Этот ход оставляет в качестве грубого факта, что божественная сущность делает некоторые

---

[18] Singleton — множество с одним элементом. — *Прим. перев.*

[19] Это происходит потому, что они видят Бога совершенно простым и тождественным Его природе; см., например, Фома Аквинский, ST Ia 3. Суинберн без аргументов предполагает, что божественная природа действительно сложна, если она играет обсуждаемую модальную роль.

истины истинными, а другие — нет. Но есть хорошие и плохие варианты свойства «быть грубым фактом». Хороший вариант не является чем-то, чего стоит избегать.

Предположим просто для иллюстрации, что есть факты. Тогда тот факт, что 2 + 2 = 4, делает истинным то, что 2 + 2 = 4. Почему? Просто так. Такова его природа. Это не делает истинным то, что 1 + 1 = 2. Почему? Просто так. То, что этот факт делает истинным одно, а не другое, является случаем «хорошей» грубости. То есть совершенно очевидно (на одном уровне[20]), что происходит, и больше нечего сказать (на этом уровне) об этом. Такого рода грубость не усложняет онтологию. Тот факт, что 2 + 2 = 4, делает истинным то, что 2 + 2 = 4, просто будучи фактом, что это так. Аналогично, тогда почему божественная природа делает истинным одно, а не другое предложение? Просто так. Такова его природа. Это тот же самый вид грубости, в принципе. Просто, поскольку божественная природа скрыта от нас, в этом случае нам не очевидно, что происходит и почему. В принципе, связь так же ясна, как и в первом случае. Просто мы пока не можем ее увидеть. И как в случае с фактом, это не добавляет сложности, чтобы взять на себя эту роль истинностного фактора, для сколь угодно многих истин. Поэтому я думаю, что беспокойство Суинберна здесь беспочвенно.

Суинберн называет теистические объяснения модальности «ненужным догматом веры, когда есть простое объяснение того, почему существуют необходимые истины, которые существуют, — необходимые истины того рода, который я защищаю»[21]. Но мое объяснение простое. Я говорю, что эти истины существуют, потому что у этих истин есть истинностные факторы. Объяснение Суинберна такое же. Он просто предлагает другие истинностные факторы. Суинберн — конвенционалист в отношении необходимой истины[22]. Он считает, что в итоге необходимые

---

[20] Очевидно, наделение истинностью — это большая тема, на более глубоком уровне анализа.

[21] Личная переписка.

[22] См. [Swinburne 1994: 96–116].

истины истинны просто потому, что мы используем слова так, как мы это делаем. Если так, то объяснение Суинберна может вообще не объяснять, почему эти, а не те. Почему мы так используем слова, что «холостяки неженаты» говорит что-то истинное, а «вода есть H$_3$O» — нет? Для конвенционалиста в конечном счете это просто грубый факт, связанный с тем, как мы используем слова. Больше нечего сказать. Точно так же божественная природа просто грубым образом делает одни высказывания истинными в противовес другим, и к этому больше нечего добавить. Суинберн не может здесь претендовать на преимущество, даже если мы заметим его очень большое утверждение, что конвенционализм может предоставить подлинную необходимость — если, конечно, он не имеет в виду, что предоставление чисто натуралистической теории является преимуществом. Но я не вижу, почему теисты должны так думать[23].

Суинберн не привел веских оснований для отклонения модальных теорий, основанных на совершенном бытии[24]. Так что это еще один удар по (6). Таким образом, попытка Суинберна вдохнуть жизнь в широкий подход Юма и Канта терпит неудачу.

8.5. Модальная эпистемология

Тем не менее мы могли бы попробовать еще одно рассуждение в пользу Суинберна. Мы могли бы обосновывать нашу позицию, исходя из утверждения, что наши модальные интуиции надежны, или желания утверждать, что они таковы, или силы свидетельства (в пользу) мыслимости. Это связано с тем, что — как настаивает

---

[23] Суинберн поднимает еще один момент: если теисты помещают факторы истинности необходимых истин в Бога, они обязаны дать объяснение того, как у нас может быть эпистемический доступ к ним [Swinburne 2015a: 238]. О некоторых предложениях по этому вопросу см. [Leftow 2012: 73–75].

[24] Росс Кэмерон пытается, настаивая на том, что они не могут позволить совершенному существу обладать силой вызывать вещи, которые не существуют ни в каком возможном мире, и что они не проливают свет на модальную эпистемологию [Cameron 2008a: 275–276]. Я не думаю, что нам нужно прибегать к первому. Против второго см. [Leftow 2012: 74–75].

Суинберн — миры без совершенного существа в некотором роде или в некоторой степени мыслимы. В разделе 8.1, по сути, утверждалось, что они могут не оставаться таковыми, когда мы доводим дело до конца. Правильные идеи об арифметике, например, могут подорвать это первое впечатление. Но все же это по крайней мере первое впечатление. Первоначально кажется возможным, что существует мир без совершенного существа. Это модальная интуиция. Если мы придерживаемся **Необходимости Совершенного Существа**, мы должны либо отрицать, что совершенное существо существует, либо считать все такие интуиции и все такие свидетельства (в пользу) мыслимости вводящими в заблуждение. Если последнее снижает надежность того, что их порождает, это снижает поддержку, которую они предоставляют на протяжении всего нашего философского рассуждения. Это эпистемологическая цена. Первое, конечно, неприемлемо для теиста, верящего в совершенное существо.

Я отвечаю, что мы должны платить эпистемологическую цену в любом случае. Ее возникновение здесь не создает проблемы, которой бы у нас не было в противном случае. Метафизика полна тезисов, которые по крайней мере изначально мыслимы, кажутся возможными при первом рассмотрении, необходимы, если истинны, и сталкиваются с конкурирующими гипотезами со всеми этими свойствами. Рассмотрим основные теории атрибутов: платоновский реализм, аристотелевский или имманентный реализм, теории тропов, номинализм классов, номинализм сходства, номинализм предикатов или понятий[25]. Каждая из них обладает всеми только что отмеченными свойствами. Максимум одно из них истинно. Так что метафизика в целом имеет проблему с надежностью модальной интуиции и свидетельств (в пользу) мыслимости. Таким образом, **Необходимость Совершенного Существа** здесь в некотором смысле лишена издержек. Еще один пример проблемы, которая уже широко распространена, на самом деле не делает проблему хуже. Здесь можно было бы ответить, что **Необходимость Совершенного Существа** отличается,

---

[25] Объяснение каждой из этих позиций можно найти у [Armstrong 1978].

потому что у нас есть интуиции, что многие виды мира не включают совершенное существо. Но в контексте дебатов об атрибутах у нас также могут возникнуть интуитивные предположения о том, что многие типы мира не содержат тропов, реалистических универсалий или чего-то еще на ваш выбор.

Далее, насколько велика эпистемическая цена, которую платит метафизика, зависит от того, есть ли в итоге веские основания — основанные в конечном счете и неизбежно на интуиции — для того, чтобы прийти к одному конкретному выводу. Предположим, что в конце концов баланс аргументов благоприятствует (скажем) теории тропов. Тогда метафизика показала бы, что она может сортировать конкурирующие интуитивные утверждения и определять, какие из них вводят в заблуждение. Таким образом, она укрепляет свои эпистемологические полномочия и полномочия того, что генерирует наши интуиции — что бы это ни было. Она показывает, что эти источники наших интуиций предоставляют то, что необходимо для исправления их собственного вывода. Эта способность является основанием доверять им, если не прямо доверять их первоначальным сообщениям. Конечно, присяжные еще не вынесли вердикта по этому вопросу. Но не было бы неразумно ждать в надежде.

8.6. Гамбит космологического аргумента

Вот последний ход в духе Суинберна. Назовем все не-мировые индексированные истины реального мира, которые не касаются совершенного существа или отношении к совершенному существу, Секулярным нарративом[26]. Вероятно, Секулярный нарратив не влечет за собой существование совершенного существа. Ибо если это так, то существует надежный дедуктивный космологический аргумент в пользу существования совершенного существа. Даже теистические философы в основном сомневаются в этом. Предположим, что Секулярный нарратив не влечет за собой существование совершенного существа. Тогда в некотором воз-

---

[26] Индексированная в отношении мира истина имеет форму «P в мире W».

можном мире Секулярный нарратив истинен, и совершенного существа не существует. Поэтому кажется, что совершенное существо должно быть контингентным.

Я отвечаю, что, если совершенное существо необходимо существует, каждая пропозиция строго имплицирует, что оно существует. Так что есть много тривиальных, неубедительных, но валидных и имеющих истинные посылки космологических аргументов в пользу его существования. Так что мы не можем на самом деле решить, имплицирует ли Секулярный нарратив *строго*, что совершенное существо существует, без предварительного решения, существует ли оно и существует ли необходимо. Так что если следование строго имплицирует, то настоящий гамбит не может продвинуть нас дальше в **Необходимости Совершенного Существа**. Предположим, с другой стороны, что следование — это что-то вроде релевантной импликации[27] или, возможно, импликации за счет *априорно* очевидных концептуальных связей. Тогда гораздо проще решить, подразумевает ли Секулярный нарратив, что совершенное существо существует. Но больше нет прямой связи с возможностью отсутствия совершенного существа. Может быть так, что <P> (скажем) не имплицирует релевантным образом, что Q, но строго имплицирует, что Q[28]. То есть может быть так, что <P> не имплицирует релевантным образом, что Q, но невозможно, чтобы P и не Q. Кроме того, учитывая различия между релевантной и строгой импликацией, неясно, что отсутствие релевантной импликации может быть доказательством отсутствия строгой импликации. Таким образом, гамбит космологического аргумента терпит неудачу.

---

[27] О релевантной импликации см. [Dunn, Restall 1983].

[28] Релевантная логика призвана дать этот результат. То, что что угодно строго имплицирует необходимую истину, является парадоксом строгой импликации. Релевантная логика призвана избегать таких парадоксов.

Глава 9
Параллельный аргумент

Сейчас я рассмотрю другой аргумент против **Необходимости Совершенного Существа**:

1. Могло бы не быть ничего физического.
2. Если бы могло не быть ничего физического, могло бы не быть ничего конкретного.
3. Могло бы не быть ничего конкретного.
4. Необходимо, если что-либо является совершенным, оно является конкретным. Таким образом:
5. Могло бы не быть ничего совершенного.
6. Необходимо — что бы ни было совершенным, оно совершенно с необходимостью. Таким образом:
7. Необходимо, если что-то является совершенным в любом возможном мире, оно существует контингентно. Таким образом:
8. Либо никакое совершенное существо не является возможным, либо **Необходимость Совершенного Существа** — ложно.

Я обосновываю (6) в другом месте [Leftow 2012: гл. 7, passim][1]. Можно заменить (5) и (6) предпосылкой, что необходимо все, что конкретно, обязательно конкретно. Назовем (1)–(8) Параллель-

---

[1] Некоторые аргументы в этой главе сформулированы в терминах божественности, а не совершенства. Но большая часть из них легко трансформируется в аргументы о совершенстве.

ным аргументом. И «конкретный», и «физический» требуют объяснения. Я исследую их ниже. Сначала я рассматриваю то, что поддерживает (1). После этого я утверждаю, что аналоги того, что поддерживает (1), не поддерживают (2) и что следствия этого опровергают аргумент.

9.1. Зачем верить в физически пустые миры?

(1) правдоподобно. Чтобы понять почему, нам нужно лишь приблизительное интуитивное понимание «физического». (1) имеет по крайней мере четыре источника поддержки. Первый — самый простой. Тот факт, что что-либо физическое никогда не существовало, — просто кажется некоторой возможностью в отношении того, как все могло бы быть. То есть у некоторых есть модальная интуиция, которая касается этого тезиса напрямую. Для них эта интуиция является доказательством. Сообщения об их интуициях также являются доказательством для остальных из нас, если мы принимаем тех, кто сообщает, за наших эпистемических коллег, в грубом смысле.

9.1.1. Аргумент вопроса

Опять же, некоторые могут принять (1), потому что они считают загадочным, предметом удивления то, что существуют какие-либо физические вещи. Их удивление может быть выражено в вопросе: «Почему есть что-то физическое, а не ничего физического?» Вопрос либо имеет, либо не имеет ответа. Если на него нет ответа, то факт состоит не в том, что необходимо есть что-то физическое. Ибо эта необходимость или то, что ее объясняет, будет ответом на вопрос. Если что-то физическое есть не с необходимостью, (1) верно.

Если на вопрос есть ответ, он может быть только двух видов. Один предполагает, что не-существование чего-либо физического является подлинной возможностью. Затем он объясняет, почему эта возможность не реализуется. Так что при опоре на этот вариант, опять-таки, (1) верно. Другой вид ответа отрицает (1).

Он отвечает на вопрос, утверждая, что с необходимостью есть что-то физическое. Но эта необходимость нуждается в объяснении. Не было бы хорошим ответом останавливаться на этом, потому что изначально не представляется правдоподобным, что это необходимо. «Есть что-то физическое» просто не вызывает того же рода модальных интуиций, что и «2+2=4». В 9.1.4–7 обсуждаются возможные объяснения, которые мне удалось найти. После внимательного рассмотрения они не выглядят хорошо. Так что, если мои аргументы ниже верны, этот последний вариант, вероятно, не может дать на вопрос, связанный с упомянутым выше изумлением по поводу существования физического, удовлетворительного ответа. Если нет, то правильный способ перейти к (1). Если так, это изумление существованию физического поддерживает (1).

9.1.2. Бог

Опять же, некоторые могут принять (1), потому что верят в Бога традиционного типа или, по крайней мере, думают, что Божество, понимаемое таким образом, вполне возможно. Необходимо, если такой Бог существует, Он может сделать так, чтобы не было никаких физических вещей. Ему нужно только не создавать их и не допускать их появления без причины («Да не будет ничего физического!» — этого будет достаточно). Так что если в любом возможном мире есть традиционный Бог, то в мире, возможном из этого мира, нет ничего физического. Учитывая S4, это влечет за собой (1). Я не обосновывал S4 здесь. Но я обосновываю модальную метафизику S5 в другом месте[2], и пункты 5.4–7 обосновывали S5. Кроме того, утверждение о том, что абсолютная модальность имеет логику S5, пользуется широкой поддержкой среди философов, которые рассматривали этот вопрос. S5 включает S4. Поэтому любой, кто считает традиционного Бога по крайней мере возможным, должен принять (1).

---

[2] См. [Leftow 2012: 403–406].

9.1.3. Вычитание

Наконец, некоторые могут принять (1) из-за интуиции, которая поддерживает аргумент вычитания[3]. Мы считаем правдоподобным, что:

9. Необходимо, что каждая субатомная частица, атом, физический объект среднего размера, звезда, галактика и т. д. — могли бы не стать существующими.

Далее, интуитивно:

10. Необходимо, что любая несуществующая субатомная частица, атом и т. д. не должна была бы быть заменена.

Необходимость в (9) и (10) интуитивна, поскольку интуитивно каждый атом и т. д. обладает этими возможностями в силу того, что он является атомом и т. д., и каждый из них необходимо является атомом и т. д.

Учитывая (9) и (10), мы можем увидеть мысленным взором цепочку возможных миров. Первый — это реальный мир. Учитывая (9) и (10), если кто-то (так сказать) вычитает один такой объект из любого возможного мира, не заменяя его или что-либо, что должно уйти с ним, результатом будет другой возможный мир. В каждом последующем мире в цепочке один физический объект из предыдущего исчезает без замены. Последний — это возможный мир без физических вещей. Представляя каждое звено в цепочке, мы мысленно вычитаем физический объект. Нам кажется, что ничто не препятствует последнему вычитанию, тому, которое не оставляет нам ничего физического. Таким образом, мы думаем, что, если бы каждый реальный атом и т. д. мог отсутствовать и не заменяться, все они могли бы отсутствовать и не заменяться. Мысли о вычитании, таким образом, поддерживают (1).

---

[3] В качестве обзорной работы по аргументам вычитания и связанным с ним проблемам можно рассматривать [Coggins 2010].

Предположим, мы выходим из контекста модального аргумента от совершенства. То есть предположим диалектический контекст, в котором допущение того, что Бог, возможно, существует, не влечет за собой то утверждение, что Он действительно существует. В таком контексте мы вполне могли бы признать, что существование традиционного Бога по крайней мере возможно. Предположим, что такой Бог создает мир, точно такой же, как наш. Затем он мог бы постепенно, понемногу, уничтожить его, удаляя каждый атом и т. д. и не заменяя его. Конечно, ничто не удержит всемогущество от уничтожения последнего, каким бы он ни был. Если мы думаем об этом в возможных мирах, а не как о процессе внутри одного, то цепочка миров, упомянутая выше, является цепочкой миров, которые Он мог бы актуализировать. Если Он может актуализировать каждый последующий мир в цепочке, Он может актуализировать и последний. Поскольку традиционный Бог может воздержаться от творения и не допустить, чтобы что-либо появлялось беспричинно. Это все, что нужно. Таким образом, простая возможность традиционного Бога также поддерживает аргумент вычитания для (1).

Все это интуитивно понятно. Но если мы пытаемся сформулировать этот аргумент внимательно, возникают математические проблемы. Возможно, существует столько же реальных атомов и т. д., сколько и целых чисел — $\aleph_0$ из них. Если они есть, то если убрать один, то все равно останется $\aleph_0$. Вычитание одного не приведет нас к нулю. Вычитание из $\aleph_0$ даже не определено в арифметике Кантора. Однако есть по крайней мере три способа обойти проблемы бесконечности.

Простейший избегает их, начиная с чего-то конечного. Например, пусть одна цепочка возможных миров начнется с того, что Бог создаст вселенную, состоящую из трех атомов водорода. Затем пусть Он в каждом возможном мире в цепочке ничего не добавит, а только уменьшит на один атом.

Другой способ допускает «прыгающие» удаления. Если сначала удалить все нечетные целые числа, затем удалить все четные, то не останется ни одного целого числа. То же самое справедливо для удаления каждого миллионного целого числа, затем тех, которые были непосредственно перед миллионными, и т. д. Это не математически четко определенное вычитание. Здесь, взятие $\aleph_0$ из $\aleph_0$ оставляет $\aleph_0$ 999 999 раз, но при миллионной попытке мы получаем ноль. Тем не менее это удаление. Более того, интуитивно, это, по крайней мере, похоже на вычитание. Во-первых, если удалить *concreta* из вселенной по этому алгоритму, в каждом случае те, которые остались после удаления, образуют подкласс класса тех, которые были там раньше. Кроме того, этот процесс согласуется с интуицией об исчерпаемости, которая заставляет нас думать, что мы можем вычитать от конечного числа до нуля.

Наконец, мы могли бы обойти проблемы Кантора, приняв неканторовскую трансфинитную арифметику. В сюрреалистической арифметике Конвея можно вычитать 1 из $\aleph_0$ многократно и дойти до нуля[4]. Поскольку существуют способы справиться с математическими тонкостями, я в дальнейшем буду их игнорировать.

Аргументы вычитания являются своего рода соритами. Тот, что приводит к (1), имеет две посылки:

11. В некотором возможном мире существует совокупность всех атомов этого мира и т. д.
12. Необходимо, для любого x, если x является совокупностью всех атомов мира и т. д., элементы x за вычетом по крайней мере одного из них, без какого-либо физического объекта, заменяющего его (их), образуют совокупность всех атомов мира и т. д.

Учитывая (11) и (12), достаточно вычитаний приводят нас к нулю. Как известно, параллели с (12) ложны. Это не тот случай, когда для любой совокупности камешков в куче, те, что за вычетом одного камешка, являются совокупностью камешков в куче. Однако мы знаем, что параллели ложны, потому что в какой-то момент в серии удалений становится ясно, что мы зашли слишком

---

[4] См. [Conway 1976]. Я выражаю благодарность Дэниелу Рубио за то, что познакомил меня с этой работой.

далеко, чтобы получить (скажем) кучу. Природа элемента, который мы сокращаем (куча), или явное присутствие признака, показывающего, что мы зашли слишком далеко (одиночество последнего камешка), говорят нам, что мы зашли слишком далеко. Я не вижу такой проблемы в вычитании до нуля в случае (11) и (12). Один атом может быть совокупностью всех атомов мира и т. д. Ноль объектов типа F может быть совокупностью объектов типа F. Только так ноль может быть числом всех единорогов мира. Природа элемента, который мы сокращаем, — физическая область возможного мира — не говорит нам, что мы зашли слишком далеко. Есть одна особенность, которая проявится, если мы зайдем слишком далеко, а именно невозможность. Но она никогда не присутствует явно, когда мы вычитаем. Напротив, возможный мир без физических объектов имеет совершенный смысл даже с точки зрения Льюиса. Для Льюиса все возможные миры — это конкретные вселенные, столь же полнокровно существующие, как и наша собственная [Lewis 1986]. Но все, что Льюис требует для возможного мира, — это *concreta* какого-то рода — не обязательно физические — плюс множества. Льюис допускает возможность конкретных нефизических вещей[5]. Учитывая это, его принцип рекомбинации[6] подразумевает возможные миры, состоящие только из нефизических *concreta* и множеств.

Таким образом, единственное, что могло бы сказать нам, что мы зашли слишком далеко в рассмотрении соритов физических объектов, было бы хорошим аргументом, что необходимо существует какой-то конкретный физический объект, или какой-то физический объект или другой. Теперь я спрашиваю, есть ли они вообще.

9.1.4. Физическое необходимое существо?

Один из видов аргумента может ссылаться на метафизику, которая основывает абсолютные возможности только на фактах о силах естественных вещей (далее «теория естественных сил»).

---

[5] В качестве примера — [Lewis 1986: 73].
[6] Об этом см. [Efird, Stoneham 2008].

На первый взгляд такая теория утверждает, что *абсолютно возможно* P, только если в какой-то момент естественные вещи обладают силой, чтобы вызвать P[7]. Для упрощения изложения предположим, что наше пространство-время и его содержимое являются всей естественной реальностью и она началась с сингулярности Большого взрыва. Затем сначала был Взрыв. Возможно, это было «случайное» — недетерминированное — квантовое событие. Если нет, то вскоре после этого подняла голову квантовая теория. Это был первый шанс для случайных сил действовать[8]. Поскольку они были случайными, у них было много способов подтолкнуть историю. Поэтому в тот момент возможные истории ответвляются в разных направлениях — например, к «частица 1 движется влево» или «частица 1 движется вправо».

Каждый возможный результат каждого возможного «выстрела» случайных сил — это ветвь. Каждая ветвь разветвляется на те дальнейшие ветви, где случайные силы имеют шанс действовать, возможно, до бесконечности. Так что по этой теории возможное состоит из ответвляющихся путей, растущих из Большого взрыва. Каждая возможная история начинается со взрыва и следует ответвлению, затем ответвлению от него и так далее. Каждый возможный мир, таким образом, является путем одного полного, никогда не возвращающегося назад путешествия по ветвям. На этой картине реальность имеет в причинном аспекте первое состояние. Все, что существует тогда, является в этом аспекте первым естественным объектом. Она обязательно существует в какое-то время, поскольку каждый возможный мир включает ее. Сингулярность существовала временно. Так что она существовала не необходимо. Скорее, это был контингентный объект, который должен был некоторое время рысцой бежать по

---

[7] На самом деле все намного сложнее, но эти сложности незначимы в свете настоящих целей. В качестве полного обзора см. [Vetter 2015].

[8] Натуралистическая теория сил вынуждена постулировать случайные/вероятностные силы, чтобы генерировать возможности на квантовом уровне. Некоторые защищают тот тезис, что никакой причинности на квантовом уровне не существует (см., например, [Rosenberg 1992; Healey 1992]). Если нет ее, нет и сил на квантовом уровне.

сцене. Но его появление в каждом возможном мире исключает последний шаг в соритах. Это физическая вещь, которую нельзя вычесть.

Теперь я буду обосновывать два момента. Во-первых, нет правдоподобного кандидата на роль естественной невычитаемой сущности. Для натуралиста наука представляет кандидатов на эту роль. Поэтому я показываю это, рассматривая кандидатов, которых представляет современная физическая космология. Во-вторых, у нас есть веские основания отвергать теории естественных сил.

9.1.5. Кандидаты

Самый известный кандидат на первый *в причинном отношении* естественный объект — это сингулярность Большого взрыва. Но если бы он и подходил под условие «быть первым в причинном отношении», то, скорее всего, это было отсутствие объекта, а не объект[9]. Сингулярности принято изображать как точки, отсутствующие в пространстве-времени, «места», которых не могут достичь пространственно-временные пути, потому что нет «места», где их можно достичь[10]. Опять же, их принято определять в терминах пространственно-временных путей, останавливающихся, как если бы они достигли границы[11]. Это фактически определяет их. Это позволяет нам называть пространство-время сингулярным, потому что оно содержит такие пути, не принимая на себя обязательств придерживаться тезиса о существовании сингулярности. Точно так же можно верить в перфорированную бумагу, не принимая на себя онтологически обязательств в отно-

---

[9] Аргумент в пользу этого можно найти в: URL: https://www.pitt.edu/~jdnorton/teaching/HPS_0410/chapters/big_bang_FRW_spacetimes/index.html (дата обращения: 9.03.2021). Я благодарю Дэниела Берндстона за эту ссылку.

[10] Как, например, URL: https://www.pitt.edu/~jdnorton/teaching/HPS_0410/chapters/big_bang_FRW_spacetimes/index.html (дата обращения: 9.03.2021). Я благодарю Дэниела Берндстона за эту ссылку.

[11] Обсуждение обоих моментов можно найти в [Earman 1995].

шении отверстий[12]. Если сингулярность взрыва не является сущностью, то это не сущность, которая появляется в каждом возможном мире.

Более того, даже если бы сингулярность была объектом (а не отсутствием объекта), современная космология без энтузиазма относится к утверждению, что она имела место. Стандартная космология (включая Общую теорию относительности) предполагает ее. Но существует широкий консенсус, что это неприменимо в начальной фазе Вселенной. Вместо этого, как думают физики, некая теория квантовой гравитации охватит это состояние. Сомнительно, что любая такая теория будет подразумевать сингулярность. Многие недавние работы в космологии обходятся без нее.

Инфляционные теории доминируют в современном физическом ландшафте. Некоторые из них постулируют начальную «пену», пространство-время, подверженное квантовым флуктуациям его геометрии [Wheeler 1955]. Таким образом, зона пены по определению является квантово-теоретической. Квантовая теория в ее самой популярной интерпретации постулирует случайность. Теперь, вероятно, пена будет иметь некоторую положительную протяженность. Она будет немного вспениваться. Так что, вероятно, поскольку зона вспенивается, все становится случайным. Насколько мне известно, это не является необходимой чертой инфляционной космологии, чтобы Вселенная имела границу в прошлое. Инфляционная Вселенная вместо этого может быть открыта в прошлое.

Если он открыт в прошлое, каждый ранний слой (slice) может быть разделен на более тонкие слои. Из-за квантовой теории, более ранний устанавливает некоторую вероятность того, что позже будут иные свойства, чем те, которые части зоны на самом деле имели. Поэтому я спрашиваю, могли ли различия быть достаточно большими, чтобы подразумевать, что у зоны были другие части — другие *носители* свойств, — чем на самом деле. Чтобы ответить на это, нам нужно знать основные свойства ку-

---

[12] Как Дэниел Берндстон (в переписке).

сочков пены, чтобы мы знали, когда различие зашло слишком далеко, чтобы это была та же самая часть. Разумные позиции здесь таковы: (a) если у нас есть какие-либо идеи об этом, они настолько расплывчаты и неразвиты, что мы не можем ответить, (b) различия, которые может создать случай, очень незначительны. Поэтому даже без понимания вовлеченных сущностей кажется неправдоподобным, что произведенная часть будет другой, или (c) различия могут быть достаточно большими, чтобы интуитивно это *было правдоподобно*. Я поддерживаю (a). У нас пока даже нет консенсусной теории квантовой гравитации, чтобы кодифицировать то, что происходит в зоне. Кроме того, у нас мало доаналитических убеждений о сущностях для пространств и времен, и было мало, если вообще было, работ по этому вопросу вне контекста общей теории относительности. Поэтому мы не в состоянии принять (b) или (c). (a) исключает возможность дать какой-либо ответ на вопрос о «других частях». Поэтому он исключает возможность ответа на то, что вся пенная зона или любая ее часть необходимо появляется в какой-то момент времени.

Предположим, наконец, что инфляционная космология действительно дает пространству-времени границу прошлого. Тогда ее исходной сущностью будет этот самый ранний слой пространства-времени нулевой толщины. Пространство-время является физическим в одном смысле, который будет обсуждаться ниже. Так что, возможно, наши сориты выглядели правдоподобными только потому, что они упускали из виду физическую вещь. Исходный слой заканчивается. Так что он существует не с необходимостью. Но необходимо появляется в какое-то время, как мы видели.

Я шучу. Первый слой такой же физический, естественный и т. д., как и более поздние слои, которые не обязательно должны существовать. Более того, вполне может быть внутренне неразличимый, более поздний слой в причинном порядке мира. Возможно, вселенная бесконечно циклически проходит через инфляции, Взрывы и Сжатия. Даже если это не так, корректировка ее количества темной материи и энергии может заставить ее это сделать. Согласно натуралистической теории сил в непредсказуемой вселенной, более поздний слой не обязательно должен когда-либо существовать. Это то, чего мы ожидаем, и натуралистическая теория сил не заставляет нас нарушать здесь нашу интуицию. Но тогда, учитывая их внутреннюю неразличимость, должно быть также так, что более ранний слой не обязательно должен был когда-либо существовать. Внутренняя неразличимость должна обеспечивать, что оба когда-либо существуют контингентно или оба когда-либо существуют необходимо. Простой факт более раннего появления не должен порождать модальное различие столь же большое, как между необходимо и не необходимо когда-либо существующими[13].

Учитывая его природу, мы хотим сказать, что самый ранний слой вообще не должен существовать. Не кажется интуитивно приемлемым, что он должен быть там. Таким образом, он не является вероятным кандидатом на роль, которую мы предлагаем. Кроме того, только модальная метафизика навязывает ему этот аномальный модальный статус. Так что, если был первый слой, а натуралистическая теория сил подразумевает, что он должен когда-то существовать, это на самом деле значимым образом засчитывается против метафизики. Кроме того, это засчитывается против нее, даже если не было первого слоя. Поскольку это атрибутировало бы неправильный модальный статус первому слою, если бы он был. Метафизика подразумевает, что, если бы был первый слой, каждый возможный мир содержит некото-

---

[13] Здесь можно сделать более простой вывод: более поздние физические вещи появляются условно, поэтому более ранние должны. Тянь-Чунь Ло отвергает это пародией: «Если каждое четное число больше 2 является составным, то 2... также должно быть составным... (Но нет, потому что) теория чисел говорит нам, почему 2 является исключением. Аналогично, наша теория модальности, апеллирующая к силам, также говорит нам, почему изначальный сегмент является» [Lo 2020: 490]. Но обладание объяснением того, почему это исключение, не помогает, если предмет нашего разговора просто не должен быть исключением. Далее, вывод о контингентности имеет силу, поскольку он опирается на интуицию, что все физические вещи, просто как физические, появляются контингентно. У нас нет параллельной интуиции, что четные числа как таковые являются составными.

рое событие, которое действительно произошло, и некоторую естественную вещь, которая действительно существовала. Интуитивно, однако, даже если бы был первый слой, могла бы существовать вселенная, не имеющая общей истории и населения с нашей.

Наконец, я отмечаю, что сама вселенная не является правдоподобным кандидатом на то, чтобы быть необходимым существом, даже согласно теории естественных сил. Рассмотрите вселенную в 4D. Даже ее первый темпоральный слой является контингентным — поскольку он не может происходить в более поздние моменты времени. Поэтому каждая временная часть вселенной является контингентной. Отсюда мы ожидаем, что целое будет контингентным. Правда, «все собственные части являются F, поэтому целое является F» — это (дедуктивно) невалидный вывод. Каждая собственная часть моего тела является собственной частью моего тела. Но мое тело не является собственной частью моего тела. Тем не менее, когда вывод не удается, мы обычно можем понять почему. Поэтому мы склонны говорить, что вывод работает, за исключением тех случаев, когда мы можем увидеть, почему он не работает. Другими словами, это заключение может быть отменено. Он работает, если возникают — или обнаруживаются — факторы, отменяющие его. Мы не видим для него таких факторов в случае контингентности вселенной.

9.1.6. Против теории естественных сил

Теперь я утверждаю, что мы должны отвергнуть теорию естественных сил. Для начала, такая теория имеет свою цену. Согласно этой модальной метафизике, не могло быть других естественных законов, поскольку естественные законы не могут измениться[14]. Поэтому они постоянны во всех ветвях. Но интуитивно, могли быть и другие законы. Это должно казаться так даже тем,

---

[14] Обсуждение можно увидеть у [Lange 2008]. Я благодарю Дэниела Бернстона за эту отсылку.

кто согласен с Шумейкером, что каузальная или номологическая необходимость является разновидностью метафизической необходимости[15]. Для точки зрения Шумейкера вклад свойств в каузальные силы их носителей помогает сделать их теми свойствами, которыми они являются. Это подразумевает, что законы должны быть такими, какие они есть, *если* соответствующие свойства инстанцированы. Это не влечет того, что свойства необходимо инстанцированы.

Опять же, с этой точки зрения, не могло бы быть другого общего количества массы-энергии. Ведь неизменные законы включают законы сохранения. Так что каким бы ни было количество, оно одинаково вдоль всех ветвей. Оно не могло отличаться. Но, интуитивно, оно могло бы.

Можно ответить, что эти издержки могут и не накапливаться, в зависимости от науки. Предположим, что действительно была начальная сингулярность. Тогда, насколько нам известно, что бы ни происходило, это могло бы породить другие законы или другое количество массы/энергии. Но это, я утверждаю, просто другие издержки для теории. Если мы пойдем с этим «насколько нам известно», то вместо контринтуитивных модальных суждений мы получим контринтуитивный результат, согласно которому для установления модальности этих вещей необходима детальная эмпирическая работа. Конечно, это может не смутить сторонников теории естественных сил. Лозунг «чтобы узнать, что возможно, спроси физика» звучал из их уст. Но здесь, как и везде в философии, можно надеяться убедить тех, кто еще не принял сторону, даже если нельзя надеяться обратить убежденных.

9.1.7. Аргумент уверенности

Далее, теория естественных сил может вполне подразумевать, что ничто в нашей вселенной не происходит случайно. Предположим, что наша вселенная соответствует описаниям, которые предлагают детерминистские теории. Тогда полное описание

---

[15] См. [Shoemaker 1980], а также [Shoemaker 1998].

более раннего состояния вселенной, включая ее законы, повлечет за собой полное описание остальной истории[16]. Только это одно будущее находится в пределах досягаемости ее сил. Силы вселенной в то более раннее время могут произвести только одно будущее. Стоит отметить, о каком «может» идет речь. В обычном физическом детерминизме это «может» будет одной из физических или номологических возможностей. Другие варианты будущего останутся абсолютно возможными. Это будут сценарии, которые могли бы произойти, учитывая законы, потому что начальные условия могли бы так отличаться, что вызвали бы к жизни эти сценарии. Но в теории естественных сил, если только одно будущее находится в пределах досягаемости реальных сил, только этот один вариант будущего *абсолютно* возможен. Если теория естественных сил верна и наша вселенная детерминирована, то реальная история нашей вселенной является ее единственной абсолютно возможной историей. На дереве реальной истории нет ветвей (Это *бревно*). Если бы не было первого в причинном аспекте состояния, это все, что нам нужно сказать, поскольку тогда каждое состояние вселенной является частью единственно возможного будущего некоторого более раннего состояния. Таким образом, для каждого состояния в любое время никакое альтернативное состояние не было бы абсолютно возможным. Если бы существовало первое в причинном аспекте состояние, мы добавляем, что согласно теории естественных сил это было единственно возможное первое состояние. Дело не обстоит таким образом, что реальные силы могли бы вызвать к жизни другие сценарии, потому что начальные условия могли бы отличаться. Согласно теории естественных сил, не могло быть других начальных условий. Первое в причинном аспекте состояние вещей оказывается абсолютно необходимым.

Можно подумать, что могли быть и другие первые состояния, если наша вселенная началась как почка от какой-то другой или вовлечена в цикл Взрыва/Сжатия с «беззаконными» сингулярно-

---

[16] Существует широкое согласие в отношении детерминизма по этому вопросу, см., например, [Lewis 1979a: 460–461; Earman 1986: 13].

стями на обоих концах. Но слово «вселенная» может использоваться по-разному. В рамках моего использования, если наша «вселенная» является почкой, то она на самом деле просто часть вселенной, а если она вовлечена в цикл, то она на самом деле просто фаза вселенной. В любом случае, если наша «вселенная» могла иметь другое первое состояние, это не означает, что реальная вселенная могла бы иметь его. Кроме того, если реальная вселенная соответствует детерминистским описаниям, то все ее фазы и процессы почкования являются такими же. Таким образом, согласно только что проведенному рассуждению, наша вселенная не могла иметь другого первого состояния.

В детерминированной вселенной, согласно теории естественных сил, то, что я съел еще одну тарелку кукурузных хлопьев на завтрак сегодня утром, имеет тот же модальный статус, что и противоречие. Нет никакой случайности — только необходимость. Это модальный спинозизм. Таким образом, теория естественных сил плюс детерминизм влечет за собой модальный спинозизм. Теории естественных сил предполагают, что наш мир чисто естественный. Если бы это было не так, им пришлось бы позволить сверхъестественным силам также генерировать возможности. Учитывая эту гипотезу чисто естественного мира, наша вселенная вполне может быть детерминированной. Мы не знаем, как будет выглядеть окончательная теория, примиряющая общую теорию относительности (ОТО) и квантовую теорию (КТ). Но она вполне может быть детерминистичной, как ОТО, а не индетерминистичной, как в самых популярных прочтениях КТ. Это не в последнюю очередь потому, что доступны менее популярные детерминистские прочтения КТ. То, что наша вселенная вполне может быть детерминированной, учитывая чисто естественный мир, создает проблему для теории естественных сил.

Учитывая ОТО, КТ и чисто естественный мир, детерминизм — это точка зрения, которую философы должны воспринимать серьезно. Но к модальному спинозизму, конечно, это не относится. Обычное модальное мышление и модальная эпистемология в подавляющем большинстве поддерживают утверждение о том, что в нашей вселенной есть контингентность. Большинство обычных моральных практик предполагают это. То, что во вселенной нет случайности, — это утверждение, в котором у нас есть, и согласно нашей обычной модальной эпистемологии, должна быть, очень низкая уверенность[17]. У этого есть следствия. Предположим, что $(P \land Q) \to R$, я обладаю высокой уверенностью, что $\neg R$, и я также обладаю высокой уверенностью, что я должен обладать таким уровнем уверенности в отношении этого тезиса. Тогда я также должен обладать высоким уровнем уверенности, что $\neg(P \land Q)$. Ведь если $(P \land Q) \to R$, то $\neg R \to \neg(P \land Q)$. Таким образом, если $(P \land Q) \to R$, я должен быть по крайней мере так же уверен, что $\neg(P \land Q)$, как и в том, что $\neg R$. Если я обладаю значительной уверенностью, что моя уверенность в том, что $\neg R$ верна, я не должен устранять несоответствие между моей уверенностью в том, что $\neg R$, и тем, в чем я также уверен, становясь гораздо менее уверенным в том, что $\neg R$. Предположим теперь, что у меня есть только умеренная уверенность в том, что $\neg P$. Тогда, учитывая вышесказанное, я должен быть полностью уверен в том, что $\neg Q$. Теперь пусть P = детерминизм, Q = теория естественных сил, а R = модальный спинозизм. Из этого следует, что мы должны с уверенностью отвергнуть теорию естественных сил, если мы уверены в имеющихся у нас уровнях уверенности первого порядка.

Предположим для иллюстрации, что я просто придерживаюсь агностической позиции относительно детерминизма — моя степень уверенности в нем составляет 0,5. Предположим также,

---

[17] Здесь и далее под «уверенностью» я подразумеваю рациональную уверенность — уверенность, основанную на моем обдуманном суждении о силе моих свидетельств и соответствующую ему. Мои свидетельства в пользу того, что P, должны определять мое суждение о вероятности того, что P. Моя рациональная уверенность того, что P, должна быть параллельна этой вероятности. Если достоверно, что P, я должен быть уверен, что P, т. е. иметь уверенность 1. Если есть 50%-ная вероятность того, что P, я должен быть уверен 0,5, что P. И так далее. Основная мысль здесь находится в непосредственной близости от *Главного Принципа Льюиса* (см. [Lewis 1980]). Льюис позднее усовершенствовал этот принцип. Об этом см. [Lewis 1994].

что, учитывая все, во что я верю, прежде чем рассматривать теорию естественных сил, моя степень уверенности в модальном спинозизме составляет 0,05. Предположим, наконец, что у меня довольно высокая уверенность в том, что эта степень уверенности примерно верна. Тогда, поскольку мы имеем дело с рациональной уверенностью, у меня есть (как я вижу) веские причины не корректировать ее существенно. Теория естественных сил плюс детерминизм влекут за собой спинозизм. Я совершенно уверен, что спинозизм ложен. Поэтому я также должен быть совершенно уверен, что эта конъюнкция ложна. Если я думаю, что степень уверенности в истинности спинозизма, равная 0,05, с высокой вероятностью верна в грубом приближении, я должен думать, что степень уверенности в отношении истинности конъюнкции, равная 0,05, с высокой вероятностью верна в грубом приближении. Если бы я обладал большей уверенностью в истинности конъюнкции, я должен был бы обладать большей уверенностью в истинности спинозизма. *Ex hypothesi*, у меня есть веские причины думать, что я не должен быть более уверенным в спинозизме.

Если $(P \land Q) \rightarrow R$, я не должен быть более уверен в том, что $(P \land Q)$, чем в том, что R. Ведь если бы я был более уверен в том, что $(P \land Q)$, я должен был бы быть более уверен в том, что R. Так что если я на 0,05 уверен в том, что R, и у меня высокая уверенность в том, что этот уровень верен, я не должен быть более чем на 0,05 уверен в том, что $P \land Q$. Я на 0,5 уверен в том, что P. $Pr(P \land Q) = Pr(P) \times Pr(Q)$. Так что я не должен быть более чем на 0,1 уверен в том, что Q. Таким образом, если кто-то не сможет убедить нас, что модальный спинозизм гораздо более правдоподобен или детерминизм гораздо менее правдоподобен, чем мы думаем, почти все мы должны отвергнуть теорию естественных сил. Предположим, что очень убежденный либертарианец присваивает детерминизму уверенность всего 0,15. Тем не менее, учитывая уверенность в модальном спинозизме на уровне 0,05, либертарианцу следует присвоить теории естественных сил уверенность не более 0,33. Это обосновывает отказ.

9.1.8. Другие опции

Если бы вселенная была необходимым объектом, это бы блокировало сориты, даже если бы все ее части были контингентными. Ибо это означало бы, что независимо от того, как она была составлена в данном возможном мире, как только мы достигнем точки в соритах, в которой дальнейшие вычитания повлекли бы за собой то, что <наша вселенная существует> не было истинным, мы не смогли бы правильно вычитать дальше. Возможно, другой вид модальной метафизики мог бы получить необходимость вселенной, не рискуя спинозизмом, а также без других издержек теорий естественных сил.

Вот один из способов прийти к необходимости вселенной. Начните с точки зрения Льюиса, что возможные миры — это вселенные. Для Льюиса считается истиной, что объект из нашей вселенной существует в другом возможном мире, если и только если у этого объекта есть аналог в этом мире, объект, более похожий на него, чем любой другой объект в этом мире, и достаточно похожий на него в целом (при некотором уместном взвешивании сходств), чтобы считаться «им»[18]. Добавьте (чего не сделал Льюис), что каждый мир Льюиса является двойником нашей собственной вселенной. Тогда в любое время в каждом мире вселенная существует. Что ж, можно это сказать. Но утверждение о двойниках не является абсолютно очевидным. Интуитивно, могут быть вселенные, радикально отличающиеся от нашей, — те, в которых нет законов природы, или состоящие всего из одного атома водорода, или физически пустые. В таких случаях утверждение о двойниках выглядит как чистая оговорка. Те, кто убежден в контингентности нашей вселенной, могут легко выразить это в метафизике Льюиса. Им нужно просто утверждать или оговаривать, что некоторые миры Льюиса не являются аналогами наших. В любом случае мало кто находит взгляд Льюиса на миры заманчивым. Двигаясь дальше, аксиархисты утверждают, что наша вселенная существует с необходимостью, потому

---

[18] См., например, [Lewis 1979b] и [Lewis 1983].

что она должна[19]. Эта концепция рушится из-за их неспособности объяснить, как чистая этическая обязательность может объяснить существование. Попытка Спинозы показать, что наша вселенная существует с необходимостью, основывается на идиосинкразическом описании причинности и принципе достаточного основания, слишком сильном, чтобы быть правдоподобным[20]. Я не знаю других попыток показать необходимость вселенной.

Я видел только один аргумент, что обязательно должен быть какой-то физический объект или что-то такого рода. Согласно Беде Рандлу, витгенштейновская «концептуальная грамматика» требует, чтобы события происходили с каким-то субъектом или субстанцией, а энергия, сила и т. д. находились в ней [Rundle 2004: 129–130]. Согласно Рандлу, единственный вид субстанции, о котором мы можем осмысленно говорить и думать, — это в широком смысле физическая субстанция [Rundle 2004: 130]. Из этого следует (говорит он), что должна быть какая-то в широком смысле физическая субстанция или что-то вроде. Но, вероятно, не обязательно должны быть события, энергия или сила. Самое большее, чего Рандл имеет право придерживаться, это то, что если есть события, энергия или силы, то есть и субстанции. И утверждение, что разговоры о нематериальных или чисто ментальных субстанциях — это буквально форма бессмыслицы, больше не нуждается в том, чтобы против него приводили доводы, я думаю.

Поэтому я полагаю, что нет ничего, что могло бы вызвать опасения по поводу серии удалений в этом конкретном аргументе вычитания. Если нет, то изначальная правдоподобность (12) должна одержать верх. Интуиция вычитания поддерживает (1). Таким образом, есть много причин принять (1). Теперь я займусь (2).

---

[19] Например, [Leslie 1979].
[20] См. [Newlands 2018].

9.2. Обосновывая параллельное

(2) утверждает, что если существует возможный мир без физических вещей, то существует возможный мир без конкретных вещей. Любой, чей интуитивный ответ на это был бы «какое отношение имеет одно к другому?», не нашел бы (2) правдоподобным. Поэтому, если (2) имеет какую-либо интуитивную привлекательность, оно должно основываться на некотором понимании связи между конкретным и физическим. Есть много кандидатов на эту связь. Чтобы почувствовать это, начните с этих условных предложений:

Если бы что-то было конкретным, что-то было бы физическим.
Если бы что-либо было конкретным, оно было бы физическим.
Если бы что-либо было конкретным, что-то было бы физическим.
Если что-то является конкретным, что-то является физическим.
Если что-либо является конкретным, оно является физическим.
Если что-либо является конкретным, что-то является физическим.

Затем рассмотрите все варианты, которые можно сгенерировать, вставляя «необходимо» и «возможно» в соответствующие точки и итерируя их. Тем не менее я думаю, что большинство сначала сосредоточится на идее, что быть конкретным влечет за собой быть физическим, т. е. что:

СР. Необходимо, что если что-то является конкретным, оно является физическим.

(СР) подразумевает (2). Но (СР) — тезис, который сложно «продать». Сейчас я приведу три причины для этого. Я не буду обсуждать множество других условных выражений, которые могли бы связывать свойства «быть конкретным» и «быть физическим». То, что я говорю о (СР), должно подвергнуть их сомнению просто за счет экстраполяции.

9.2.1. Аргумент заостренности

Мой первый аргумент против (CP) основывается на том, что значит быть конкретным или физическим. До их описания у нас есть только смутное, зачаточное понимание содержания слов «конкретное» и «физическое», плюс парадигмальные случаи конкретных и физических предметов. Наше смутное, зачаточное понимание их содержания не делает очевидным *априори*, что быть конкретным влечет за собой быть физическим. Давайте спросим, что происходит, когда мы заостряем это понимание.

9.2.1.1. Как быть физическим

Сначала я спрашиваю, что значит для объекта быть физическим. В настоящее время существуют три основных типа предложений. Одно начинается с трюизма: физика изучает физическое. Если так, то каким бы ни было физическое, это то, что изучает физика. В соответствии с этим многие определяют физическое свойство как свойство, которое постулирует окончательная, правильная физическая теория[21]. Учитывая это определение, я предлагаю, что:

ФИЗИКА (PHYSICS). Объект является физическим тогда и только тогда, когда его видом является физическое свойство или он полностью разлагается на элементы физических типов.

ФИЗИКА говорит о видах с аристотелианскими акцентами. Для аристотелика, если я спрошу, что такое Фидо, то, хотя Фидо — домашнее животное, коричневое и тяжелое, *правильным*

---

[21] Как, например, Дэвид Чалмерс [Chalmers 1996: 33]. Эндрю Мельник обосновывает определение «физического свойства» в терминах современной, а не «завершенной» физики [Melnyk 1997]. Но есть разница между тем, что физика постулирует на данном этапе и тем, что постулировала бы окончательная физика там, где физика сейчас ошибается. Так что мне нет нужды давать определение в терминах дизъюнкции их обеих. Большее число цитат, как и проблем, связанных с определениями в стиле Чалмерса и Мельника, можно найти у [Montero 2009], а также у [Beckermann et al. 2009].

ответом будет «собака». Вид объекта, в том смысле, который я имею в виду, — это правильный ответ Аристотеля на вопрос «что это такое?». Это свойство в категории Аристотеля «субстанция». Я не предполагаю ничего другого, что постулировал бы Аристотель (или его сторонники), — только то, что существует такая категория свойств.

Другие начинают с парадигмальных случаев: быть физической вещью — значит быть в достаточной степени, как камни и деревья. Но если сказать только это, то «физическое» останется таким же неопределенным, как «в достаточной степени». Это также вызывает сомнения в том, что микрофизическая экзотика или пространство-время считаются физическими. В конце концов, они не очень-то похожи на камни. И поэтому я предлагаю, что:

> ОПИСАНИЕ (ACCOUNT). Объект является физическим тогда и только тогда, когда его вид фигурирует в истинном полном описании внутренней природы парадигмальных (примеров) обычных физических объектов (камней, деревьев и т. д.), или он полностью разлагается на элементы таких видов[22].

Наконец, некоторые считают, что у нас лучше интуиция о том, что делает вещи нефизическими, чем о том, что делает вещи физическими. Они предполагают, что:

> VIA NEG. Объект является физическим тогда и только тогда, когда он не является ни фундаментально сознательным (minded), ни абстрактным[23].

---

[22] Вслед за Дэниелом Столджаром — см. [Stoljar 2001]. Тривиальным образом, обычные физические объекты полностью разложимы на компоненты, фигурирующие в истинном отчете о внутренних составах обычных физических объектов. Более того, правдоподобное существование в качестве камня будет фигурировать в истинном полном отчете о внутренней природе камня. Таким образом, это определение охватывает парадигму обычных физических объектов дважды.

[23] О первом дизъюнкте см. [Wilson 2006; Montero 1999].

9.2.1.2. Как быть конкретным

Теперь я перехожу к нашему другому термину, о котором мы сейчас говорим. Для философов «конкретное» — это технический термин, и поэтому ему можно придавать многие концептуальные очертания. Некоторые текущие предложения:

ПРИЧИНА (CAUSE). Что-либо является конкретным, если и только если оно может быть причиной [Hale 1988: 47–48].

РАСПОЛОЖЕНИЕ (LOCATION). Что-либо является конкретным, если и только если оно расположено в пространстве или имеет части, расположенные в пространстве (времени, пространстве-времени)[24].

ДИЗЪЮНКТ (DISJUNCT). Что-либо является конкретным если и только если оно либо обладает каузальными силами, либо обладает расположением в пространстве/времени/пространстве-времени (или обладает частями, которые обладают таким расположением)[25].

ДУПЛИКАТЫ (DUPLICATES). Что-либо является конкретным, если и только если есть объект, дублирующий его внутренние свойства [Baldwin 1996: 233, Lewis 1986: 83–84].

DUPLICATES не так интуитивно понятен, как первые три. Но рассмотрим парадигмальные неконкретные объекты: платоновскую форму Блага, универсальное свойство благости, класс всех и только хороших вещей. Ни одна из них не может иметь внутреннего дубликата. Это качество кажется встроенным в те виды вещей, которыми они должны быть.

Наконец, назовем F функцией абстракции, если и только если, по природе F, F дает одно и то же значение для A и B, если и только если A и B находятся в некотором отношении эквивалентности. Тогда еще одно предложение заключается в том, что:

---

[24] Как, например, [Katz 1997: 124].
[25] Как Тайрон Голдшмидт — см. [Goldschmidt 2012].

ФУНКЦИЯ (FUNCTION). Все является конкретным тогда и только тогда, когда оно по своей природе не является значением функции абстракции для некоторого возможного объекта [Rosen 2018][26].

ФУНКЦИЯ тоже не вызывает немедленного «аллилуйя, да!». Но мысль находится в области: функция абстракции выявляет абстракции. Вещи, природа которых демонстрируется за счет применения этой функции, являются абстракциями. Только абстракции абстрактны[27]. Так что... У ФУНКЦИИ, однако, есть проблема с душами. По крайней мере, по определению выше, быть душой — это функция абстракции. A и B имеют одну и ту же душу, только если A и B находятся в определенных отношениях эквивалентности, например, тождественности или (если нет реинкарнации) <_имеет то же тело, что и_>. Правдоподобно, что это по природе <_является душой_>. Правдоподобно, что душа Сократа по природе является значением <_является душой_> для Сократа. Но если у Сократа была душа, она была конкретной.

Имея в виду эти предложения, давайте вернемся к (4), предпосылке Параллельного аргумента, что совершенство влечет за собой конкретность. Совершенное существо Ансельма вездесуще в пространстве и, следовательно, конкретно согласно пунктам (РАСПОЛОЖЕНИЕ) и (ДИЗЪЮНКТ)[28]. Оно всемогуще и, следовательно, конкретно согласно пункту (ПРИЧИНА)[29]. Оно конкретно согласно пункту (ФУНКЦИЯ), потому что оно не является значением функции абстракции. Оно не конкретно

---

[26] Это заостряет идеи Боба Хейла и Майкла Даммита.

[27] Разговор об абстракции вошел в философию вместе с Аристотелем. (ФУНКЦИЯ) — это удаленный потомок аристотелевского использования понятия «абстракции». Для него абстрактные вещи были тем, на чем мы фокусируемся за счет абстракции — избирательно уделяя внимание только некоторым аспектам «конкретных» объектов. Хорошее описание и обсуждение аристотелевской теории абстракции можно найти у [Back 2014].

[28] Anselm, *Monologion* 20–23.

[29] Anselm, *Proslogion* 7.

согласно пункту (ДУБЛИКАТЫ), если совершенство является *haecceity*, как я утверждаю в другом месте[30]. Отталкиваясь от Ансельма, кажется правдоподобным, что все совершенное должно быть способно быть причиной — способно оказывать некоторое реальное влияние на мир. Я утверждаю в другом месте, что стандартные примеры абстракций (например, атрибуты) не могут считаться совершенными [Leftow... b]. Поэтому (4) весьма правдоподобно, если мы имеем в виду совершенное существо Ансельма, и в некоторых анализах «конкретного» остается таковым, если мы думаем о совершенстве более общим образом.

9.2.1.3. ФИЗИКА в работе

Я установил уточненные значения для «физического» и «конкретного», чтобы посмотреть, как они работают с (СР). Подстановка (ФИЗИКИ) в (СР) дает:

CP_1. Необходимо, если что-то конкретно, его вид — это физическое свойство, или оно обладает полной разложимостью на элементы физических видов.

Если «физика» в определении «физического свойства» в разделе 9.2.3.1 является физикой реального мира, это влечет, что все возможные конкретные объекты являются или распадаются на объекты видов, которые реальная физика в итоге постулировала бы. Таким образом, это влечет, что все возможные виды микрофизических сущностей на самом деле существуют. *Априори*, нет никаких оснований считать наш мир таким привилегированным. *Априори*, есть много причин, по которым он не должен быть таковым.

Можно было бы избежать этого, опустив «необходимо» или заменив «что-то» на «любой актуальный объект», используя «актуальный» для обозначения *этого* мира. Но это лишило бы нас возможности применять его к только лишь возможным конкретным объектам. Мы хотим иметь возможность сказать,

---

[30] См. [Leftow 2012: гл. 7, passim].

что Пегас был бы конкретным, если бы он существовал. Вместо этого мы могли бы говорить о физике нашего *и* других миров:

CP$_2$. Необходимо, если что-то конкретно, то окончательная правильная физическая теория его вселенной будет постулировать его вид, или оно полностью разлагается на элементы видов, которые постулирует окончательная правильная физическая теория его вселенной.

(CP$_2$) делает конкретность предметов в мирах без физиков зависящей от того, что сказали бы физики в других мирах, что странно. Это также не гарантирует, что что-то конкретное в одном мире будет конкретным в других. Поскольку нет гарантии, как может выглядеть окончательная физика других возможных миров. Правдоподобно, что в каком-то возможном мире физика Аристотеля истинна. В этом мире, согласно (CP$_2$), атомы и молекулы не считаются конкретными. Конечно, они там не существуют. Но согласно (CP$_2$) мыслящие субъекты в аристотелевском мире, рассматривающие только лишь возможные объекты, не должны называть их конкретными, поскольку виды атомов и виды молекул не фигурируют в окончательной правильной физике аристотелевского мира. И ни один существующий аристотелевский объект не имеет полного разложения на несуществующие объекты. Но атомы и молекулы *являются* конкретными. Они таковы из-за того, какими они являются. Если это так из-за того, какими они являются, это необходимо так.

Таким образом, мы могли бы сделать конкретность необходимой, принимая:

CP$_3$. Если что-либо конкретно, то оно необходимо является таковым[31], и окончательная правильная физическая теория его вселенной постулирует его вид, или оно полностью разлагается на элементы видов, которые постулирует окончательная правильная физическая теория его вселенной.

---

[31] Уильямсон добавил бы «если существует».

(CP_3) делает необходимой истиной, что любой мир с concreta имеет окончательную правильную физическую теорию. Это не очевидно *априори*. Вполне мыслимым является тот сценарий, что время никогда не начинается и не заканчивается, и физические законы всегда в итоге меняются без причины. Это может быть так в вечном мире Взрыва/Сжатия, в котором никакие законы не управляют сингулярностями. В таком мире в конечном счете в бесконечном цикле вселенных сингулярность случайно порождает другие законы. Таким образом, можно предположить, что существуют конкретные вещи и физика, но никогда не существует окончательной правильной физики.

Тем не менее с этим можно справиться, просто удалив «окончательная» в (CP_3). Менее разрешимое беспокойство заключается в том, что, как показывает следующий раздел, души будут конкретными. Все предложения о конкретности выше делают их таковыми. Вполне можно помыслить, что единственными *concreta* в мире будут души и подобные призраки. В таком мире не будет физики. Так что вполне вероятно, что *concreta* может быть, но не будет физики. Таким образом, мы могли бы скорректировать (CP_3) до:

CP_4. Необходимо, что если что-либо конкретно, то оно необходимо является таковым, и если его вселенная имеет окончательную правильную физическую теорию, то это постулирует его вид, или оно полностью разложимо на объекты видов, которые постулирует эта физическая теория.

Это допускает не-окончательно-правильную-физику и не-физические миры. Но это не дает критерия конкретности в них. Так что это не сработает, даже если это дает правильные результаты для некоторых миров. Я предполагаю, что (CP_1) села на мель.

9.2.1.4. ОПИСАНИЕ в работе
Вставка (ОПИСАНИЯ) в (CP) дает:

Необходимо, что если что-то конкретно, то тип этого объекта будет фигурировать в истинном полном описании внутренней природы парадигмальных обычных физических объектов или же он будет полностью разложен на объекты такого рода.

Это перекликается с проблемами, параллельными тем, которые мы только что обсудили, и поэтому должно стать:

CP$_5$. Необходимо, если что-то конкретно, то оно обязательно таково, и либо его вид будет фигурировать в полном описании внутренней природы парадигмальных обычных физических объектов его мира, либо оно полностью разлагается на объекты такого рода.

(CP$_5$) избегает проблемы отсутствия конечной физики, потому что истинное полное описание не обязательно должно быть окончательным описанием. Оно избегает проблемы отсутствия физики, потому что полное описание не обязательно должно содержать физику в мире без нее. Но (CP$_5$) делает необходимой истиной то, что любой мир с *concreta* имеет парадигмальные обычные физические объекты. Это не очевидно *априори*, учитывая мыслимость случайных миров. Если что-то может просто существовать, и многое из этого в итоге существует, ничто из этого не может считаться обычным или парадигматическим. Если мы будем использовать «парадигму» для обозначения *наших* парадигм, возникает вопрос шовинизма нашего мира: почему мы должны быть особенными?

Далее, (CP$_5$) имеет проблему с *shyons*, частицами, очень похожими на электроны, за исключением того, что (будучи застенчивыми) они не смешиваются с другими частицами, по своей природе никогда не встречаясь в составе других физических объектов любого мира. Они сами по себе не являются парадигмальными обычными физическими объектами, как и электроны. (Никто не учится, как использовать «физический объект», показывая электроны, например.) Они не распадаются на такие вещи, равно как не фигурируют в составе таких вещей. *Shyons* должны быть конкретными, если электроны являются конкретными. (CP$_5$) оценивает их как неконкретные. Мы могли бы добавить «или достаточно похожи на предметы такого рода». Но это делает (CP$_5$) неопределенным и оставляет абстрактное/конкретное различие неопределенным. Это не согласуется с нашим интуитивным пониманием этого различия. Учитывая парадигмальные случаи абстрактных и конкретных объектов и легкость, с которой мы классифицируем объекты как те или иные, мы не чувствуем склонности верить в неопределенную пограничную зону. Мы могли бы перейти к:

> CP$_6$. Необходимо, если что-то конкретно, то оно обязательно так и есть, и либо его вид будет фигурировать в полном описании внутренней природы парадигмальных обычных физических объектов его мира, либо оно полностью разлагается на такие элементы, либо окончательная истинная физика его вселенной постулирует его вид.

Это вводит *shyons*, но только в мирах с физикой. Так что (CP$_6$) тоже не подойдет.

Далее, (CP$_6$) и любое другое предложение, которое делает физическое существование конкретным, неправильно трактует душу. Это важно. Большинство людей верили в душу. Большинство все еще верит. Философы разработали подробные теории ее природы и деяний. Так что души мыслимы в достаточно нагруженном онтологически понимании этого слова. Хотя мыслимость не влечет за собой возможность, она является законным свидетельством ее существования. Далее, существуют веские аргументы в пользу того, что души существуют. С соответствующими корректировками они дают более веские аргументы в пользу того, что они возможны. Таким образом, есть веские основания полагать, что души возможны. Даже если у нас нет души, это вряд ли влечет за собой, что ее нет ни у кого в любом возможном мире.

Согласно тому, как мы мыслим души, они являются причинами, имеют временное местоположение и могут иметь внутренние дубликаты. Для томистов они также имеют пространственное местоположение[32]. Так что, если (ПРИЧИНА), (РАСПОЛОЖЕ-

---

[32] Для томистов душа — это «субстанциальная форма» человеческого тела (*Summa Theologiae* Ia 76, 1). Субстанциальные формы находятся там, где находятся их субстанции.

НИЕ), (ДИЗЪЮНКТ) или (ДУПЛИКАТЫ) в целом находились бы в правильном месте, души были бы конкретными. Но они являются конкретными в (CP_6), только если <душа> является физическим видом — то есть только если есть миры с «призрачной» физикой. Но даже если в каком-то мире есть «призрачная» физика, души не должны быть неправильно классифицированы как физические, чтобы считаться конкретными. Более того, в нашем мире нет «призрачной» физики. Так что согласно (CP_6), если души действительно существуют, они абстрактны. Это нарушает наши интуиции, а также только что отмеченные предложения о конкретности. Может показаться, что для (CP_6) есть выход, поскольку, возможно, я — парадигма обычного физического объекта. Итак, если у меня есть душа, души фигурируют в полном описании внутренней природы парадигмы обычного физического объекта. Однако все, что имеет душу, не является обычным физическим объектом, не говоря уже о парадигме такового. Это метафизическая амфибия, одной ногой в физическом, а другой в другом месте. Поэтому я предполагаю, что (CP) с подключенным (ОПИСАНИЕМ) села на мель.

9.2.1.5. VIA NEG в работе

(CP) плюс (VIA NEG) влекут, что, с необходимостью, если что-то конкретно, то оно не абстрактно и не наделено сознанием на фундаментальном уровне. Поскольку определение заключается в том, что конкретное не абстрактно, спорный момент заключается в том, что все возможные *concreta* не наделены сознанием на фундаментальном уровне. Включение наших счетов конкретности дает нам следующие выводы (CP) плюс (VIA NEG):

> Необходимо, если что-либо может быть причиной (чего-то), оно не наделено сознанием на фундаментальном уровне.
> Необходимо, если что-либо расположено в пространстве или времени или обладает частями, которые обладают таким расположением, оно не наделено сознанием на фундаментальном уровне.
> Необходимо, что что-либо, о чем верно любое из этих утверждений, не наделено сознанием на фундаментальном уровне.

Необходимо, что, если что-либо может обладать внутренним дупликатом, оно не наделено сознанием на фундаментальном уровне.

Необходимо, что, если что-либо не является по природе значением функции абстракции, оно не наделено сознанием на фундаментальном уровне.

Возможно, Бог не мыслит фундаментально, но потому что Он божественен. Возможно, души наделены сознанием не на фундаментальном уровне, но потому, что они души. Но (VIA NEG) эти утверждения классифицируют Бога, души и т. д. как физические. Поэтому VIA NEG имеет шанс, только если он так рассматривает предикат «наделенный сознанием на фундаментальном уровне», что это относится к душам и подобным им. При таком прочтении фразы ни одно из этих утверждений не является очевидным *априори*. Если бы они были, теизм или субстанциальный дуализм относительно сознания никогда не показались бы живой гипотезой любому разумному человеку. Более того, сильная мыслимость Бога, ангелов, душ и т. д. предполагает, что все это ложно.

9.2.1.6. Завершение аргумента заостренности

Я рассмотрел актуальные в настоящее время заострения — уточнения — понятий «конкретного» и «физического». На них, ограничиваясь априорными ресурсами, (CP) кажется ложным. Поскольку это так, есть три альтернативы:

13. (CP) был бы очевиден *априори* для тех среди рассуждающих, кто умнее.
14. (CP) верно *апостериори*.
15. (CP) ложно.

Мы не можем исключить (13). Но это не имеет большого значения. Сейчас наше лучшее суждение заключается в том, что в концепции души нет (скажем) скрытого противоречия. Если его нет, то более высокий интеллект не найдет его. Поэтому, вполне вероятно, мы должны быть почти так же уверены в том, чтобы отвергнуть (13), как и в том, что нет *априорной* проблемы, возникающей в связи с душами. (14) неправдоподобно. (СР) не соответствует образцу стандартных кандидатов на *апостериорную* необходимость[33]. (15) позволяет нам сказать, что то, что кажется таким *априорным*, на самом деле так и есть — что, конечно, кажется нам правдоподобным. Таким образом, я предполагаю, что (СР) ложно.

9.2.2. Мыслимость

Теперь я перехожу к другому аргументу о (КП). Я могу представить себя невидимым, неслышимым и т. д., но все еще имеющим опыт. Так как я могу представить пустую комнату вокруг себя и не представить вид, звук, проприоцептивное чувство и т. д. любого человеческого тела или части тела. При этом я могу представлять себя нефизическим. Я могу представлять, что мое тело невидимо, неслышимо и т. д. Я могу даже представлять, что я слеп, глух и т. д. только для своего тела[34]. Образ не различает эти три. Но если мы спросим, какой из этих вариантов я представляю, не очевидно с необходимостью, что я представляю один из последних двух. И я не понимаю, как это обосновать. То, что я нефизический, — это то, что мы сказали бы об образе, если бы приняли его за чистую монету и не импортировали предыдущие метафизические предрассудки. Это интуитивно самая простая интерпретация. Так как он не постулирует тело, не данное в образе, а два других делают. Далее, «избирательно слепой и т. д.» добавляет странное чувственное ограничение. Поэтому я думаю, что «нефизическое» прочтение — лучшее; самое простое прочтение — это выбор по умолчанию, и нет ничего, что могло бы оттолкнуть нас от этого. Кроме того, это представление было представлением того, что я нефизический, если это то, что я намеревался представить. Мое намерение как бы называет мою ментальную картину.

---

[33] Об этом см. [Soames 2005].
[34] Как Гонсало Родригес-Перейра (в беседе).

Если любое из наших предложений о том, чтобы быть конкретным, находится на правильном поле, я также воображаю себя конкретным. Я представляю вещи такими, какими они бы казались, если бы я был пространственно расположен. Конечно, души, понимаемые в духе Декарта, испытывали бы все то же самое и все же не были бы пространственно расположены. Но самое простое прочтение образа является лучшим, *ceteris paribus*. Самое простое прочтение здесь заключается в том, что вещи таковы, какими они кажутся: я пространственно расположен. Я, безусловно, представляю себя во времени. Поэтому я воображаю себя конкретным, как это и было бы согласно пункту (РАСПОЛОЖЕНИЕ). Я также могу сделать так, чтобы образ соответствовал условиям в пункте (ПРИЧИНА). Потому что я могу представить, как спрашиваю себя, что я ел вчера на обед, концентрируюсь и придумываю ответ. Это дает мне столько же оснований для того, чтобы считать постановку вопроса причиной моего нахождения ответа, как я это делаю обычно. Частью образа не является то, чтобы он соответствовал пункту (ДУБЛИКАТЫ). Но если мы исключим *haecceities* из уравнения, как мы должны сделать, чтобы получить что-то полезное из (ДУБЛИКАТОВ), то вполне вероятно, что то, что я себе представляю, на самом деле удовлетворяет ему. То, что я себе представляю, удовлетворяет пункту (ФУНКЦИЯ). Я — не абстракция.

Представимость (imaginability) — хорошее свидетельство возможности, согласно нашей обычной модальной эпистемологии. Опять же, первое «Размышление» Декарта помогает нам представить (в другом смысле) скептический сценарий, в котором у нас никогда не было тел. Этот вид мыслимости также является модальным доказательством нашей обычной эпистемологии. Таким образом, свидетельство от мыслимости предполагает, что (CP) ложно.

9.2.3. Другие аспекты

Далее, то же самое касается аргументов в пользу субстанциально-дуалистических описаний человеческого разума. Если аргументы валидны, поддержка их предпосылок является совместным доводом в пользу отрицания (CP). Если на то пошло, то же самое касается и всего, что поддерживает возможную истинность некоторых из их предпосылок, поскольку все, что нам нужно здесь утверждать, это возможность[35]. То же самое относится к *апостериорным* аргументам в пользу существования любого ангела, бога, Бога и т. д. Поэтому я предлагаю третий вид доводов, что (CP) ложно. Тогда я утверждаю, что (CP) ложно и поэтому не может поддерживать (2). Опять же, (CP) — не единственный кондиционал, который могло бы связать свойства «быть конкретным» и «быть физическим» и, таким образом, поддерживать (2). Но я думаю, что проблемы, подобные тем, которые я обсудил, возникнут и у других. Теперь я рассматриваю другую стратегию относительно (2).

9.2.4. Параллель за счет параллели

(2), опять же, утверждает, что если бы не могло быть ничего физического, то не могло бы быть ничего конкретного. То есть он утверждает, что (1) ⊃ (3). Мы увидели сильную поддержку (1). Это поддержало бы (2), если бы не было принципиальной причины относиться к (1) и (3) по-разному[36]. Ибо если нет, то антецедент (2) кажется правдоподобным, и его консеквент должен казаться в равной степени таковым, и поэтому (2) в целом должно казаться правдоподобным. Однако перенос поддержки (1) на (3), а затем на (2) может в некотором роде отменить Параллельный аргумент. Поскольку это равносильно утверждению (3) независимо от (2). Если нужно утверждать (3) независимо, чтобы поддержать (2), то (2) не может добавить к нашей поддержке (3). Вместо этого все, что действительно имеет значение, это то, какую поддержку (3) имеет само по себе — в данном случае, согласно (1). Тем не менее давайте рассмотрим этот ход.

---

[35] Предположим, что аргумент дуалиста имеет, скажем, форму «P, □(P⊃Q), следовательно Q». Тогда поддержка того утверждения, что возможно P, может играть ту роль, которую я описываю.

[36] Как Кристофер Хьюз (в беседе).

Теперь я утверждаю, что поддержка (1) на самом деле не распространяется на (2).

(1) поддерживает прямая модальная интуиция, Бог, аргумент от вычитания и обращение к удивлению. Давайте сначала рассмотрим интуицию. (2) является немодальным кондиционалом. На первый взгляд, это материальная импликация. Если это так, то этот пункт вообще не задействует модальную интуицию. Мы могли бы попытаться задействовать модальную интуицию, рассматривая наши интуиции об антецеденте и консеквенте (2) по отдельности. Но это отбрасывает Параллельный аргумент и просто заставляет нас задаться вопросом, насколько интуитивен (3) сам по себе. (2) может вызвать модальную интуицию, если его импликация строгая, а не материальная — то есть если (2) можно трактовать как $\square((1) \supset (3))$. Но без (CP) и заключения в скобки моей веры в необходимо существующего Бога моя собственная реакция на утверждение, что $\square((1) \supset (3))$ — «кто знает?» Без (CP) или чего-то подобного в руках, существование возможного мира без чего-либо физического, как мне кажется, не исключает или не исключает мир без чего-либо конкретного. Очевидно, тогда (2) не получает поддержки от модальной интуиции.

(1) получает поддержку от Бога. Но Он мыслится как конкретный, но не физический. Мир с Богом, но без физических объектов, содержит что-то конкретное. Бог в одном мире делает возможным, чтобы в другом не было ничего конкретного, только если Он делает возможным, чтобы Он не существовал там. Может ли Он сделать это, если мы допускаем Его существование, это как раз то, о чем мы спорим, когда мы обсуждаем **Божественную Необходимость** и **Необходимость Совершенного Существа**. Поэтому утверждать это было бы кругом в доказательстве. Таким образом, теист, поддерживающий (1), не может поддержать (3), а затем и (2). Далее я рассматриваю параллельную поддержку вычитания для (1).

Аргументы о вычитании относительно конкретного сталкиваются с оппозицией, с которой аргументы о вычитании относительно физических вещей не сталкиваются. Рассмотрим недавний опрос Necessary Concreta Survey[37]. Он спрашивал (a) существует ли конкретное необходимое существо и (b) принимается ли набор предпосылок, которые (как оказалось) приводят к заключению, что такое существо существует. На него было получено 2322 ответа. 49,9 % ответили «да» на (a). Еще 28,3 % были агностиками по поводу (a) и поэтому, по крайней мере, не считали *necessary concreta* невозможным. 94,8 % приняли наборы предпосылок, которые приводят к выводу о существовании конкретного необходимого существа[38]. Конечно, возникают очевидные вопросы о том, в пользу чего свидетельствуют опросы в целом и этот опрос в частности[39]. Также интересно, как реагировали агностики и респонденты, ответившие «нет» на (a), когда они поняли, что

---

[37] В necessarybeing.com.

[38] См. [Pruss, Rasmussen 2018: 6–10]. Аргументы, сгенерированные этими посылками, сильно напоминают те, которые указаны в этой книге.

[39] Говоря о конкретной проблеме — опросы являются тем более лучшим свидетельством, чем вероятнее, что они проводились на действительно рандомной или репрезентативной выборке населения. Опрос был открыт для всех участников. Любой мог наткнуться на него случайно или по слухам. В нашем случае, однако, выборка не была рандомной или репрезентативной. 446 ответов поступили от людей, идентифицирующих себя как философы, 46 — как профессора философии [Pruss, Rasmussen 2018: 8]. Ни одна выборка по процентам не близка к общей популяции. Поэтому можно задаться вопросом, делает ли эта диспропорция опрос более или менее интересным и как она влияет на его ценность как свидетельства, и свидетельства в пользу чего. Кроме того, респондентам разрешалось повторно проходить тест. Поэтому вполне вероятно, что некоторые проходили тест более одного раза — один, например, сказал мне, что он пробовал его несколько раз, чтобы увидеть, как различные комбинации предпосылок дают аргументы в пользу совершенного существа. Это всерьез влияет на ценность опросника как свидетельства. Однако разумно предположить, что большинство людей, принявших участие в опросе, дали ответы (по крайней мере, в первый раз), которые отражали их собственные реальные мнения. В любом случае нет причин подвергать это сомнению, как это бывает с опросами на спорные темы. Еще одно разумное предположение заключается в том, что процент ответов, полученных любопытными философами, повторяющими тест, не очень велик. Если так, то, возможно, цифры, приведенные в тексте, не *очень* далеки от тех, которые мы получили бы, если бы те же респонденты прошли тест только один раз.

приняли все предпосылки аргумента для вывода, который они ранее не поддерживали. Тем не менее результаты наводят на размышления. Они намекают, что даже если:

16. Нет ничего конкретного, —

сразу же кажется многим из нас возможным, у большинства из нас также есть интуиция, которая совместно говорит против возможности (16), а значит, и против вычитания *concreta* до нуля.

Далее, предположим, что нас спросили о каждой конкретной вещи, по одной, может ли она не существовать. Опрос показывает, что большинство из нас либо не будет иметь интуиции «это могло бы» в каждом случае, либо будет иметь эти интуиции в каждом случае, но также будет иметь интуицию, подразумевающую, что та или иная конкретная вещь будет необходима. В любом случае, по-видимому, большинство из нас не будут сильно удивлены, обнаружив конкретную вещь, которая не является контингентной, в то время как большинство из нас *будут* сильно удивлены, обнаружив физическую вещь, которая не является контингентной. Таким образом, аргументы вычитания о конкретных вещах должны быть менее привлекательны, чем аргументы вычитания о физических вещах. Довод в пользу необходимой физической вещи или необходимости того, чтобы были физические вещи, *могли бы* противоречить (1), но интуиции в пользу необходимой конкретной вещи, по-видимому, *действительно* противоречат (3). Эти интуиции являются причинами полагать, что *сориты* вычитания для *concreta* в какой-то момент сойдут с пути. Возможно, в конце концов, мы могли бы поддержать один из них. Но, как я уже сказал, у него есть оппозиция, которую аргументы вычитания о физических вещах не имеют. Таким образом, вычитание в лучшем случае поддержит (3) менее сильно, чем (1). Это оставит (2) сомнительным. В разделе 11.4 ниже утверждается, что аргументы вычитания для миров, в которых нет конкретных объектов, на самом деле являются пустышкой.

Я наконец перехожу к размышлениям. Очевидно, большинство из нас могли бы посчитать «почему нет ничего конкретного?»

законным вопросом. Но, очевидно, большинство из нас либо посчитали бы «потому что есть конкретное необходимое существо» актуальной опцией ответа, либо могли бы по итогу убеждения рассмотреть такой ответ в этом качестве.

Тогда кажется, что параллели с поддержкой (1) в лучшем случае лишь слабо помогают (3). При наличии только параллелей с поддержкой (1) консеквент (2) либо изначально не имеет правдоподобия, либо немедленно сталкивается с отменяющими факторами. Так что тогда должен быть (2), поскольку мы действительно находим его антецедент правдоподобным. Таким образом, (2) нуждается в поддержке из источников, не упомянутых до сих пор. Кроме того, поскольку антецедент (2) кажется правдоподобным, именно консеквент (2) нуждается в поддержке. Его консеквент — это (3). Если нужно независимо утверждать (3), чтобы поддержать (2), то (2) не может поддержать (3). Таким образом, параллельный аргумент терпит неудачу. (2) нуждается в поддержке, которой у него нет. Без нее (1) и (2) не дают никаких оснований для (3).

Однако **Необходимость Совершенного Существа** еще не находится в полной безопасности. Могут быть прямые доказательства для (3), которые мы еще не рассматривали. Давайте обратимся к ним непосредственно.

Глава 10
Воображая Ничто

Я рассматриваю возражения против утверждения, что совершенное существо должно существовать с необходимостью (**Необходимость Совершенного Существа**). С необходимостью, если что-то совершенно, оно конкретно. С необходимостью, если что-то совершенно, оно необходимо является таким[1]. Следовательно, если совершенное существо возможно, **Необходимость Совершенного Существа** ложна, если:

1. Могло бы не существовать ничего конкретного[2].

Я отверг попытку обосновать (1) путем параллели с возможностью того, что нет ничего физического. Теперь я рассматриваю, есть ли доказательства непосредственно для (1).

По крайней мере пять видов вещей могут служить свидетельством в пользу (1):

- Акт воображения того, что нет ничего конкретного.
- Модальная интуиция в пользу 1.
- Сходство с чем-то, что считается возможным. На первом этапе — в следующей главе представлена более осторожная версия — если мы верим, что P или что возможно P, то чем больше сценариев в релевантных аспектах похож на тот, в котором P, тем больше у нас оснований считать сценарий воз-

---

[1] См. [Leftow 2012: гл. 7, passim].
[2] Допуская логику Брауэра. См. раздел 9.1.

можным, *ceteris paribus*³. Это помогает придать аргументам вычитания их привлекательность. Для возможного мира с *n* конкретными вещами и каким-то идентичным, за исключением того, что в нем n−1 вещей — можно сказать, что эти миры в релевантных аспектах подобны⁴.

- Утверждения о необходимости. Необходимость и возможность — дуальные понятия. Любое из них может быть взято как примитивное и использовано для определения другого. Таким образом, некоторые утверждения о необходимости могут подсказать способы подкрепить некоторые утверждения о возможности.

- «Представление» того, что нет ничего конкретного⁵. Представление того, что P — это построение истории, в которой P никогда не перетекает в бессмыслицу, не кажется противоречащей какой-либо *априорной* истине⁶ и достаточно подробна, чтобы не казалось вероятным, что дальнейшее уточнение покажет, что она противоречит истине такого рода (то есть *априорной*)⁷. Если история обладает этими свойствами, то <P> тоже. Поэтому впредь я буду говорить о <P>, а не об истории. Теперь я предлагаю, почему это обеспечивает модальное доказательство.

То, что <P>, как кажется, не противоречит *априорной* истине, является основанием полагать, что <P> на самом деле не противоречит *априорной* истине (то, что вещь кажется таковой,

---

³ Я представил ограниченную версию этого принципа в [Leftow 1988: 170]. Джошуа Расмуссен приводит более общий принцип сходства без каких-либо эпистемических элементов в работе [Rasmussen 2014].

⁴ Я пришел к этому сам, но Александер Прусс и Джошуа Расмуссен утверждают то же самое — см. их работу [Pruss, Rasmussen 2018: 187].

⁵ Акт представления может вызвать модальные интуиции. Предположение здесь состоит в том, что в дополнение к интуициям, которые он вызывает, акт представления сам по себе является свидетельством в пользу возможности.

⁶ Быть *априорной* истиной — значит быть истиной и быть познаваемой *априори*.

⁷ «Представление» обладает более широким применением, охватывающим и то, о чем здесь идет речь, и воображение.

является основанием полагать, что она таковой является, *ceteris paribus*). Если <¬P> является *априорной* истиной, то <P> противоречит *априорной* истине — по крайней мере, <¬P>. Таким образом, основание полагать, что <P> не противоречит *априорной* истине, является основанием полагать, что <¬P> не является *априорной* истиной.

По крайней мере в некоторых случаях, если <¬P> не является *априорной* истиной, то возможно P, поскольку если невозможно P, то обязательно ¬P. Что обязательно ¬P, является *априорной* истиной, если только оно не обладает определенными признаками[8] (например, касается естественных видов). Так что если <¬P> не обладает только что упомянутыми признаками и необходимо ¬P, то <¬P> является *априорной* истиной. <¬P> не обладает этими признаками тогда и только тогда, когда <P> имеет их. Так что, вероятно, если <P> не обладает этими признаками, то если невозможно, что P, <¬P> является *априорной* истиной. Таким образом, если <P> не обладает этими признаками, основание полагать, что <¬P> не является *априорной* истиной, является основанием полагать, что возможно P. Акт представления того, что P, является основанием полагать, что <¬P> не является *априорной* истиной. Так что по крайней мере иногда акт представления того, что P, является основанием полагать, что возможно P.

Теперь я обсуждаю воображение. Глава 11 рассматривает остальное. Я полагаю, что каждое из этих соображений, по крайней мере иногда, дает веские основания полагать, что что-то возможно. Я обосновываю это диалектически. Я собираюсь утверждать, что ни одно из них не поддерживает (1). Если бы я предположил, что ни одно из них никогда не поддерживало утверждения о возможности, часть моего вывода последовала бы тривиально. Сказать, что каждое иногда поддерживает утверждения о возможности, предполагает то, что наименее благоприятно для моего вывода.

---

[8] О некоторых из этих признаков см. [Soames 2005].

10.1. Обыденное чувственное воображение

Сначала я спрашиваю, может ли обычное чувственное воображение (Ordinary Sensory Imagination, далее OSI) поддержать (1). Позже я рассмотрю другой вид воображения. Я начинаю с описания OSI. Затем я обсуждаю свидетельства, которые оно предоставляет для возможности, а затем перехожу к (1).

OSI (грубо говоря) — это наше мысленное представление (mentally presenting to ourselves) того, как объект или ситуация могут выглядеть, звучать и т. д. Таким образом, он имеет содержание, называемое качественным, чувственным (sensory), феноменальным или образным. Эпизоды OSI подобны перцептивному опыту. Но они не являются восприятием чего-либо. Они изобретают, а не сообщают. OSI делает что-то вроде изображения. Когда я представляю себе свою жену, я представляю ее себе, заставляя себя видеть что-то похожее на нее.

Поскольку мы мысленно представляем, как вещи могут выглядеть и т. д., OSI в некотором роде включает в себя субъекта опыта, для которого они выглядят и т. д., таким образом. Опять же, в визуальном OSI мы представляем себе что-то вроде визуального поля. Возможно, слуховое, тактильное и т. д. OSI представляет другие виды сенсорного поля. Но ситуации, которые представляет OSI, не обязательно включают субъектов или сенсорные поля. Хотя они являются частью опыта, они просто способы, которыми OSI представляет тот объект, который в нем дан. Киноэкран не является частью фильма. Это просто часть того, как фильм представлен нам. Точно так же то, что воображение является опытом, не означает, что я не могу представить мир без опыта. Если я не могу этого представить, то это не довод.

Я допустил, что OSI иногда предоставляет доказательства возможности. Теперь я немного об этом скажу.

10.2. OSI и свидетельства в пользу возможности

То, что показывают нам наши чувства, что они отображают, является нашим чувственным содержанием. Некоторые думают, что зрение показывает нам только цвета и формы. Другие говорят, что оно также показывает нам объекты, людей, отсутствие, причинность и многое другое[9]. С любой точки зрения есть некая разделительная линия. С одной стороны, то, что зрение показывает нам или представляет, — что включает его чувственное содержание. С другой стороны, то, во что мы верим только на основе того, что оно нам показывает. OSI моделирует перцептивные эпизоды. Поэтому везде, где разделительная линия проходит по восприятию, она проходит по OSI. Если сурок может заставить меня иметь опыт, который представляет сурка, а не просто коричневое пятно, то и я могу. Разница в причинности не имеет значения. Имеет значение только то, что может быть «в» чувственном содержании. Таким образом, любое положение дел, которое восприятие может представлять, OSI может представлять тоже.

В то, что чувственное содержание не представляет, оно все равно может побудить нас поверить без размышлений. Некоторые из этих убеждений просто фиксируют то, что представлено: «здесь есть что-то черное и белое». Некоторые попадают по другую сторону разделительной линии. Теперь я сосредоточусь на последнем. Максимум, что показывает зрение, — это кошку, которая похожа на Бутс. Мое визуальное чувственное содержание не отличает Бутс от ее идентичного близнеца. Поэтому зрение не показывает мне, что Бутс здесь. Но оно побуждает меня без размышлений верить, что Бутс здесь. Мои визуальные свидетельства в пользу убеждений о том, что представляет зрение, сильнее моих визуальных свидетельств в пользу вызванных перцептивным эпизодом убеждений по другую сторону разделительной линии. То есть если зрение представляет кошек, мои визуальные свидетельства того, что кошка, похожая на Бутс, здесь, сильнее моих визуальных доказательств того, что Бутс здесь. Учитывая мои доказательства, я с большей вероятностью ошибаюсь — здесь легче ошибиться, — что Бутс здесь, чем что кошка, похожая на

---

[9] Таким образом, быть «показанным» — не то же самое, что быть не-интерпретированным «данным» опыта. Наше чувственное содержание может с тем же успехом включать и элемент интерпретации.

нее, здесь. Это, по крайней мере, помогает объяснить разницу в силе свидетельств.

Для OSI также есть разница в силе свидетельств. Она падает там, где разница падает в восприятии. Но причина разницы не та же самая. Предположим, что я представляю, что Бутс здесь, и поэтому прихожу к убеждению, что, возможно, Бутс здесь. Тогда чувственное содержание OSI напоминает то, что побудило бы меня поверить без размышлений, что Бутс здесь. Но это содержание не будет единственным основанием, по которому я прихожу к убеждению, что, возможно, Бутс здесь. Поскольку зрение не представляет Бутс, то и визуальное воображение не представляет ее. Если я формирую убеждение о Бутс в любом случае, я делаю шаг за пределы того, что представляет чувственное содержание. Если я вижу Бутс, этот шаг распознает ее. Если я воображаю ее, нет независимого факта, который нужно распознать. Вместо этого я оговариваю, что я воображаю Бутс.

Поскольку это условие, я не могу ошибаться относительно того, какое животное я воображаю, в то время как я могу ошибаться относительно того, какое из них я вижу. Несмотря на это, мои доказательства того, что, возможно, Бутс здесь, слабее моих свидетельств в пользу того, что, возможно, здесь находится животное, похожее на Бутс. Это связано с тем обстоятельством, условия могут не отслеживать модальную реальность. Я могу оговорить, что я воображаю, что Бутс дышит под водой. Но, возможно, Бутс по своей природе кошка, а кошки совершенно не могут дышать под водой. Если так, то оговоренное мной невозможно. У меня есть более слабые свидетельства возможности того, что Бутс дышит под водой, чем возможности того, что я себе представляю — что дышащее под водой существо похоже на Бутс. Поскольку ошибиться относительно последней возможности сложнее, чем относительно первой, учитывая свидетельства.

Чувственное содержание дает самые веские свидетельства действительности или возможности того, что оно представляет. Оно дает более слабые свидетельства действительности или возможности того, чего оно не представляет, но побуждает нас верить без размышлений. Еще слабее во многих случаях доказательство того, что актуально или возможно P, которое предоставляет чувственное содержание, если оно не без размышлений побуждает к вере в то, что на самом деле или возможно P, а что P вместо этого является более или менее разумной рефлексивной интерпретацией этого. Чем менее разумна интерпретация, тем меньше поддержки дает ей содержание.

10.3. Не воображая никаких конкретных объектов

Теперь я попытаюсь обосновать, что OSI не может поддержать утверждение, что не могло быть ничего конкретного. Я вижу только два способа попытаться представить не-существование чего-либо конкретного. Один из них — представить черную пустоту — лишенную света, безмолвную, неосязаемую незаполненность. Можно подумать, что это отражает то, как бы выглядел или был мир, если бы не было ничего конкретного. Мы бы, конечно, сказали об этом в обычном разговоре: «Там ничего нет!»[10] Видимость видения черного цвета осознанно опознается как отсутствие визуальных стимулов. Так что, возможно, симуляция видения черного цвета и отсутствия другого чувственного опыта (далее — восприятие только черноты) симулирует отсутствие стимулов, которые были бы, если бы не было ничего конкретного.

Испытывая только черноту, мы можем сказать, что чернота — это экран, а не кино — способ, которым наш мозг представляет нам отсутствие стимулов. Однако это не так. То, что перед нами, является нам одновременно с тем, как нам являются области. Образ являет собой *область*, которая не предоставляет таких стимулов, — пустоту[11]. Пустота — это не ничто. Она пространственна. О ней *не вполне* можно сказать, что в ней ничего нет.

---

[10] Как Дин Циммерман (в личной беседе).

[11] Ничто в моем обсуждении OSI не касается того, что на самом деле существуют ментальные образы или изображения. Поклонники адвербиальных концепций ощущения и воображения могут при желании перефразировать сказанное мной.

Кроме того, ниже я утверждаю, что пустота, скорее всего, будет считаться конкретным объектом. Если последнее верно, то, моделируя восприятие только черноты, мы на самом деле не представляем, что нет ничего конкретного. Как бы то ни было, если мы моделируем восприятие только черноты, мы не представляем себе, как выглядел бы мир без конкретных вещей (звука и т. д.[12]). Если бы не было ничего конкретного, то мир не выглядел бы никак, поскольку нечему было бы выглядеть как-либо. Если бы пустота была конкретной, то не было бы даже пустоты. Если бы пустота была абстрактной, то если бы была только пустота, то нечему было бы иметь внешний вид, поскольку абстрактные объекты не обладают каким-либо обликом[13]. Если бы не было пустоты, то *a fortiori* нечему было бы иметь облик в любом случае.

Моделирование переживания только черноты также не симулирует опыт, который мы имели бы, если бы (*per impossibile*) были там, чтобы испытать, что нет ничего конкретного. Если я конкретен, то если я там, то там есть что-то конкретное. Таким образом, это влечет противоречие — с одной стороны, я нахожусь там, с другой — там нет ничего конкретного. В любой логике, кроме той, которую предлагает диалетеизм, противоречие влечет за собой все. Таким образом, — предполагая, что диалетеизм ложен, — если бы я был там, чтобы испытать, что нет ничего конкретного, у меня был бы каждый возможный и невозможный опыт. Моделирование переживания только черноты не представляет, как будет выглядеть такой мир, и не симулирует опыт, который мы имели бы в таком мире.

Мир без *concreta* не может обладать внешним видом. У него нет чувственно воспринимаемых атрибутов. Теперь имитация переживания только черноты может передать, каково это — быть в мире без чувственно воспринимаемых атрибутов. Но это не

---

[12] Считайте это дополнение обязательным к прочтению в оставшейся части этого раздела.

[13] В случае большей части авторов разделение «конкретное/абстрактное» является, как мне кажется, исчерпывающим. Я не думаю, что что-либо не является ни конкретным, ни абстрактным. К числу тех, кто так не считает, относится Тимоти Уильямсон — см. [Williamson 2013: гл. 1, passim].

чувственный опыт, как если бы это был опыт отсутствия у этого мира чувственных атрибутов. Он не дает нам представления, как он выглядел бы, как если бы не имел облика. Такого нет. Скорее, это просто опыт, который мы бы имели, если бы у мира не было таких атрибутов. Он не дает чувственного изображения такого мира. Вместо этого он моделирует отсутствие такого изображения. Он не может представить такой мир. Он мог бы представить в лучшем случае наше пережитое отсутствие опыта такого мира — и он сделал бы это только при условии, что чернота не является конкретной пустотой.

Таким образом (я утверждаю), ничто не может считаться представлением нам того, как будет выглядеть мир без *concreta*. Показать себе, как будет выглядеть такой мир, означало бы вообще не визуализировать. Это не было бы актом представления не-существования конкретного. Это не был бы акт представления.

10.4. История исчезновения

Вот второй способ попытаться представить себе мир без конкретных объектов[14]. Представьте, что есть только две сферы и их собственные части[15]. Чтобы изобразить две сферы как отдельные, мы должны представить их формы и пространственные отношения. Чтобы изобразить их, мы должны представить сферы на визуально контрастном фоне. Чтобы представить, что есть только две сферы, считайте фон киноэкраном, а не частью фильма. Теперь представьте, что одна сфера исчезает. Затем представьте, что другая исчезает, оставляя только фон. Некоторые утверждают, что мы можем видеть отсутствия[16]. Если мы можем, то если бы мы увидели это, мы бы сначала увидели отсутствие одной сферы, затем отсутствие обеих. Если мы можем видеть

---

[14] Это предложил Дин Циммерман (в личной беседе).

[15] Собственные части никак не влияют на мой аргумент, так что я не буду отсылать к ним далее. Рассматривайте это примечание как действующее начиная с этого момента и до конца.

[16] См., например, [Sorenson 2008].

отсутствия, мы также можем их представить. Возможно, последний образ в этой последовательности представляет собой отсутствие всего конкретного. Когда мы представляем себе пустой киноэкран, возможно, мы представляем это отсутствие.

Это не дает нам мир, где никогда нет никаких *concreta* — т. е. (1). Это дает нам мир, в котором сначала были некоторые конкретные объекты, а затем не осталось ни одного. Но мы можем использовать эту воображаемую последовательность для поддержки (1), сосредоточившись на темпоральной части только что описанного мира — части после последнего исчезновения — и размышляя о том, что, вероятно, может быть мир, состоящий только из этой части. Эта поддержка расширяется до своего рода аргумента вычитания. Этот аргумент предполагает, что если мы можем представить себе мир, содержащий всю последовательность, мы можем с таким же успехом представить мир, содержащий немного меньше, затем немного меньше этого, пока мы не доберемся до мира, содержащего только то, что находится после последнего исчезновения.

10.4.1. Что показано и что нет

Давайте рассмотрим, как сферы исчезают. Сначала я различаю то, что показывает изображение, от того, что мы только предполагаем. Я указываю на следующие моменты. Оно не показывает, что сферы прекращают свое существование. Оно не показывает, что нет ничего конкретного. И оно не показывает, что единственными конкретными объектами являются только две сферы. И окончательная визуализация на самом деле не показывает, что нет ничего конкретного. Наконец, я предполагаю, что «визуальный» фон сфер усложняет ситуацию.

Наши чувственные образы показывают, что сферы исчезают. Но они не показывают, что они прекращают свое существование или даже исчезают, поскольку все, что образы показывают, — это то, они могли бы просто стать прозрачными. У нас могли бы быть те жс образы, если бы мы представляли, что они делают именно это. То, что сферы прекращают свое существование, — это всего лишь одна разумная интерпретация образа. Мы уточняем, что она правильная.

Что еще более важно, OSI показывает, что есть только две сферы, только если он показывает, что нет ничего другого конкретного. В противном случае он просто показывает две сферы. OSI не показывает, что нет ничего другого конкретного. Нет способа показать это. OSI не может показать ничего другого. Но это не то же самое, что показать, что нет ничего другого. Ведь что-то не показанное может тем не менее быть там в сцене, показывающей только две сферы. OSI не может показать, что две сферы не сопровождаются частицами, слишком малыми для восприятия, которые не являются частью ни одной из них — или физических полей, или духов. Вместо этого мы просто оговариваем, что они не являются частью. Ниже я предлагаю, что в этом случае то, что мы оговариваем, даже не подпадает под определение разумной интерпретации образа.

Поскольку ментальные образы не показывают, что нет ничего конкретного, OSI двух сфер не показывает, что единственными конкретными объектами являются две сферы. Из этого следует, что OSI, в котором последняя сфера больше не видна, не показывает, что нет ничего конкретного, поскольку способы, которыми последняя сцена истории о сфере изменяет свою первую, не решают проблему визуализации. Первая сцена показывает две сферы, но не то, что нет ничего конкретного. Последняя показывает отсутствие сфер, но не то, что нет ничего конкретного. Это снова то, что мы оговариваем.

Есть еще одна причина, по которой изображение не показывает, что нет ничего конкретного. Визуально контрастирующий фон сфер выглядит как область, окружающая их. Если область выглядит цветной, то выглядеть таковой означает иметь такой вид, как будто в этой области есть что-то конкретное, поскольку мы, кажется, *видим* ее. Мы видим только то, что заставляет нас ее видеть. Все, что является причиной *ipso facto*, является конкретным[17]. Точно так же, если остается только цветной фон, это

---

[17] Это основание отрицать то, что отсутствия являются причинами.

выглядит так, как будто там есть что-то конкретное, а не так, как будто там нет ничего конкретного. Если фон — черный, то видимость того, что мы видим его, — это видимость того, что мы регистрируем отсутствие визуальных стимулов. Если так, то это не опыт чего-то конкретного, заставляющего нас видеть цвет. Но наше изображение, опять же, представляет собой *область*, в которой ничто не дает таких стимулов. Ниже я утверждаю, что если есть такие вещи, как области, то, вероятно, они конкретны. То, что эта кажущаяся пустота — просто киноэкран, не показано. И это не самая естественная или разумная интерпретация образа. Это просто оговаривается.

Я добавляю, что изображение не представляет область вокруг сфер как все существующее пространство. Это все пространство, которое мы визуализируем. Но не визуализировать больше — это не то же самое, что визуализировать, что больше ничего нет. Ведь, тривиальным образом, все, что мы представляем, мы представляем без дополнительного фона «вне» изображения. Каждое изображение содержит только определенное количество (информации) и где-то «останавливается». Так что если OSI визуально конечного фона показывает, что больше нет никакого пространства, то все визуальные OSI показывают, что больше нет никакого пространства. Конечно, это не так.

Представленная область не представлена как все существующее пространство. Более того, визуально конечный фон даже не вызывает нерефлексивного убеждения, что больше нет пространства. Ибо если это так, то все визуальные OSI делают это. Но это не так. Если бы это было так, мы бы обычно либо склонялись к вере в это и сопротивлялись склонности, либо формировали это убеждение, а затем исправляли его (поскольку это не то, что мы хотим визуализировать). Мы этого не делаем.

Наконец, тезис о дальнейшем отсутствии пространства даже не является разумной интерпретацией визуально конечного фона. Ибо если это так, то это разумная интерпретация всего визуального OSI. Опять же, это не так. Мы даже можем склониться к тому, что там больше пространства. Некоторые утверждают, что перцептивное пространство всегда приходит с ощущением того, что есть больше пространства за пределами визуального поля[18]. Если это так, то если воображение в достаточной степени воссоздает обычный пространственный опыт, то наличие дополнительного пространства в некотором роде является частью содержания OSI.

Я пытался защищать ту позицию, что наше чувственное содержание не представляет, что нет ничего конкретного. Так что (1) не получает от истории исчезающей сферы ту степень поддержки, которую утверждения о возможности получают от образов, которые их представляют. Теперь я намерен обосновать, что он не получает и более низких степеней поддержки.

10.4.2. *Подсказывая нерефлективные убеждения*

Если бы мы наблюдали, как вживую разворачивается история сфер, последнее исчезновение могло бы вызвать нерефлексивное убеждение, что сфер больше нет. В этот момент мы могли бы сказать: «Там ничего нет!» Это убеждение немедленно столкнулось с отменяющими факторами. Возможно, сферы просто стали невидимыми. Возможно, есть вещи, которые мы не можем видеть. Нам нужно было бы проверить дальше. Но все же мы спонтанно *сформировали бы* убеждение, даже если ошибкой было бы так делать. Однако вид и степень поддержки, которые опыт дает убеждениям, которые нерефлексивно подсказывает, недоступны, если мы представляем себе историю сферы. Наблюдая за сферами вживую, мы просто получаем в опыте различные переживания и открыты тому, что они предлагают. Воображая, мы не просто представляем себе образы, а затем остаемся открытыми тому, что они предлагают. Когда мы представляем себе историю сфер, есть факты о том, что мы намерены вообразить. Они определяют то, что мы *на самом деле* воображаем. Они делают это, создавая образы и включая уточнение, которое «ставит на них метку» их. Если я намеревался вообразить, что сферы прекращают свое существование, я это сделал. Но это потому, что я сказал, что я сделал это. Уточнение и его эффективность исключают возмож-

---

[18] См. [Richardson 2010; Soteriou 2011].

ность интерпретации образа, которая просто спонтанно и пассивно происходит внутри нас — подсказанное нерефлексивное убеждение — такое уточнение активно навязывает «правильную» интерпретацию. Самое близкое, к чему мы могли бы здесь подойти, — это намерение представить нейтральный образ, а затем отреагировать на образ. Но если мы подразумеваем, что образ должен быть нейтральным, он не представляет собой прекращение существования, исчезновение или любую другую определенную (determinate) вещь. Согласно уже высказанным пунктам, он будет «походить» на все из них в равной степени. Он будет условием не поддерживать какую-либо конкретную интерпретацию больше, чем любую другую.

10.4.3. Также без предпочтения

Также чувственное содержание после исчезновения второй сферы — пустой фон — никоим образом не благоприятствует отсутствию чего-либо конкретного. Оно нейтрально в отношении того, есть ли невоспринимаемые конкретные вещи. Мы просто оговариваем, что все, что не показано, не существует. Кроме того, если визуализация пустого фона благоприятствует отсутствию чего-либо конкретного, то все OSI того, что выглядит как пустой фон, — скажем, полная темнота, — в равной степени благоприятствует утверждению, что нет ничего конкретного. Это не так. Иногда мы хотим представить себе совершенно темную комнату. Когда мы это делаем, мы не обнаруживаем, что боремся против «чтения» образа как отсутствующего чего-либо конкретного. Мы просто оговариваем, что он представляет собой темную комнату, и все. Равным образом, тогда мы иногда просто оговариваем, что наш образ репрезентирует отсутствие чего-либо конкретного.

10.4.4. Даже не иллюстрация

Образы в истории о двух сферах никогда не показывают, что нет ничего конкретного, как и не поддерживают это утверждение. Но некоторые могут подумать, что образы могут, по крайней мере, проиллюстрировать это. Если мы можем проиллюстрировать <P>, это свидетельство в пользу того, что возможно P, поскольку это предполагает, что мир может выглядеть так, как будто P. То, что мир выглядит так, как будто P, — это основание полагать, что P. Точно так же то, что мир может выглядеть так, как будто P, — это основание полагать, что возможно P.

Однако для того, чтобы изображение было своего рода иллюстрацией P, которая предоставляет в пользу P свидетельства, оно должно выглядеть так, как если бы P[19]. В истории о сфере образы не выглядят так, как будто больше ничего нет, или (в итоге) как будто нет никаких конкретных объектов. Они даже не выглядят так, как будто нет ничего (иного) воспринимаемого. Они ничего «не говорят» о том, есть ли воспринимаемые вещи «прямо за экраном». Если бы не было ничего (иного) воспринимаемого, это не выглядело бы как цветная область без сфер. Если наше окончательное изображение, как мы представляем себе историю о сфере, представляет собой отсутствие цвета, все равно нет способа, чтобы оно выглядело так, как будто нет никаких визуальных стимулов, доступных за пределами области, которую мы представляем. Кроме того, образы не выглядят так, как будто нет никакой области, никакой пустоты. И они не выглядят так, будто это вся существующая область. (Как это может быть?) Поэтому, если мы используем образы для иллюстрации любого из этих предложений, мы делаем это только по соглашению. Мы принимаем отсутствие визуализации каких-либо сфер, как если бы это было визуализацией их отсутствия. Мы принимаем отсутствие визуализации чего-либо иного, как если бы это было визуализацией того, что нет ничего иного. Таким образом, образ даже не иллюстрирует то, что нет ничего иного. У нас просто есть соглашение, которое трактует этот образ именно в таком ключе. То же самое относится к его иллюстрации того, что нет ничего конкретного, поскольку то, что нет ничего иного, является частью этого.

---

[19] Имело место и/или было истинным. — *Прим. перев.*

10.4.5. Разумная интерпретация?

Наконец, я спрашиваю, является ли отсутствие чего-либо конкретного разумной интерпретацией окончательного образа, взятого независимо от намерения, побудившего нас его создать. Я говорю нет. Исчезновение сфер, взятое независимо, просто не имеет отношения к тому, было ли когда-либо что-либо конкретное. Если бы история со сферами произошла в реальности, было бы просто совпадением, если бы сферы исчезли, и также не было бы ничего конкретного. Так что то, что не было ничего конкретного, не является разумной интерпретацией образа. Равным образом, если бы сферы исчезли в реальности, было бы просто совпадением, что Лесси тогда сидела. Так что <нет никаких сфер, и Лесси сидит> тоже не является разумной интерпретацией образа. Взятый независимо, образ не является большим свидетельством того, что нет ничего конкретного, чем то, что Лесси сидит.

10.4.6. Эпистемологические следствия

Когда мы представляем себе историю сферы, то является только оговоркой и следствием конвенции то, что образ репрезентирует тот сценарий, в котором никогда не существует ничего конкретного, что не было бы идентично сферам. Поэтому акт представления истории не добавляет свидетельств того, что это может быть так. Ведь если я оговариваю, что черное пятно представляет собой круглый квадрат, а затем рисую черное пятно, я не добавляю к нашим свидетельствам того, что мог бы существовать круглый квадрат. Сценарий того же рода возникает, если я оговариваю, что пятно репрезентирует собой белый треугольник. Оговаривая, что чувственное содержание представляет собой P, нельзя только за счет его самого превратить его в свидетельство того, что возможно P. Скорее, содержание также должно выглядеть достаточно похожим на то, что, согласно нашей оговорке, оно представляет. Имеющийся у меня в сознании мысленный образ моей жены в скафандре выглядит как моя жена или ее близнец в скафандре. Оговорка, что это моя жена, а не ее близнец, правдоподобным образом порождает свидетельство того, что, возможно, она носит скафандр. Но это потому, что оговорка подчеркивает независимый факт, что мир, который выглядел бы таким образом, действительно, независимо от оговорки, выглядел бы так, как если бы моя жена носила скафандр. Это подчеркивает тот факт, что моя жена в скафандре будет выглядеть именно так. Согласно предыдущему аргументу, не существует такого понятия, как иметь такой вид, будто больше нет ничего конкретного, или как будто нет ничего конкретного. Так что оговорка здесь не поможет.

10.4.7. Контраргумент конъюнкции

Тем не менее может показаться, что образы поддерживают (1). Я предлагаю аналогию в два шага. Она начинается так: если я получаю доказательства того, что Фидо попрошайничает, и это не засчитывается против того, что Лесси также сидит, то должно казаться более вероятным, что Фидо попрошайничает, а Лесси сидит. Чтобы увидеть это, давайте вместе с Витгенштейном смоделируем область возможных миров на (конечном) объеме пространства, части и точки которого являются местами, где высказывания истинны. Каждая необходимая истина истинна в каждой части этого пространства. Каждое контингентное высказывание истинно в части пространства и ложно в остальных[20]. Каждый возможный мир, в котором P, Q и т. д., является пересечением части этого пространства, в котором P, части, в которой Q и т. д. Таким образом, каждый возможный мир является уникальным местоположением в этом пространстве — местоположением, в котором истинны только *эти* высказывания. Только один возможный мир является актуальным[21]. Я нахожусь там.

---

[20] Те, кто думают, что высказывания могут не обладать истинностным значением или обладают степенями истинности, могут соответствующим образом усложнить эту историю. Они все равно окажутся там, где я хочу, чтобы они были.

[21] По крайней мере, скажем так, чтобы упростить изложение. Во многих теориях времени истина больше похожа на это. На данный момент история исключила шанс многих миров стать актуальным, поскольку все сложилось

Но где именно это? Все мои доказательства касаются вопроса о том, где я нахожусь в этом пространстве[22]. Поскольку все они касаются вопроса о том, какой мир является актуальным.

До того, как я получил свидетельства того, что Фидо просит милостыню, в некоторой степени было вероятно, что я нахожусь в той части логического пространства, где Фидо просит милостыню, а Лесси сидит. Учитывая новые свидетельства того, что я нахожусь там, где Фидо просит милостыню, мне должно казаться более вероятным, что я нахожусь там, где он просит милостыню. Эта область состоит из частей «Лесси сидит» и «Лесси не сидит». Таким образом, должно казаться более вероятным, что я нахожусь там, где Фидо просит милостыню, а Лесси сидит, и что я нахожусь там, где Фидо просит милостыню, а Лесси не сидит. Я должен быть более уверен в обоих высказываниях.

Мой пример с собакой касался конъюнкции. Теперь рассмотрим утверждение, что, *возможно*, Фидо попрошайничает (begs), а Лесси сидит. Это эквивалентно конъюнкции, что:

Возможно, Фидо попрошайничает, и, возможно, Лесси сидит, и ((возможно, Фидо попрошайничает, а возможно, Лесси сидит) ⊃ (возможно, Фидо попрошайничает, а Лесси сидит)).

По аналогии с первым случаем с собакой можно сказать, если я получу свидетельства того, что, возможно, Фидо попрошайничает, и это не будет учитываться как довод против других конъюнктов, то я должен быть более уверен в том, что, возможно, Фидо попрошайничает, а Лесси сидит.

Второй шаг моей аналогии отмечает, что (1), утверждение о том, что могло бы не быть ничего конкретного, также эквивалентно конъюнкции, что:

иначе, чем в этих мирах. Но многие миры все еще в гонке за тем, чтобы стать актуальным миром, — ведь многие включают ту историю, которая была до сих пор, затем переходя к разнообразию вариантов будущего, ни один из которых не существует.

[22] Я обязан этому общему ходу мысли Дэвиду Льюису.

НИЧТО (NOTHING). Возможно, ни одна из сфер не существует, и, возможно, нет больше ничего конкретного, и ((возможно, ни одна из сфер не существует, и, возможно, нет больше ничего конкретного) ⊃ (возможно, ни одна из сфер не существует, и нет больше ничего конкретного)).

В истории со сферами представление финальной сцены является свидетельством того, что, возможно, ни одна из сфер не существует. Так что по аналогии это должно сделать меня более уверенным в том, что тезис «НИЧТО» верен. Так что это должно сделать меня более уверенным в том, что могло бы не быть ничего конкретного. Так что OSI поддерживает (1).

10.4.8. Ответ

Я отвечаю двумя способами. Сначала я предполагаю, что маневр, основанный на конъюнкции, либо не может дать основание верить (1), либо не может поддержать его вообще. Затем я указываю, что он содержит заключение в посылке и поэтому не может поддержать (1) по более экстремальной причине.

В истории о сфере OSI предоставляет свидетельства для первого конъюнкта НИЧТО, но не для остальных конъюнктов. Учитывая только свидетельства того, что Фидо может просить, мы должны быть агностиками относительно того, может ли Лесси сидеть. То, что Фидо может просить, просто не имеет к этому отношения. В истории о сфере наше единственное свидетельство заключается в том, что может быть две сферы, одна и ни одной. Мы просто оговариваем остальное. Оговорка не может создавать дополнительных свидетельств. Если так, то разумное отношение к тому, может ли быть что-либо другое конкретное, является агностическим. История о сфере не должна повышать уверенность в этом. Образы просто не имеют к этому отношения. Более того, если бы они имели какое-либо отношение, образы, взятые независимо от моего намерения их создать, могли бы подтолкнуть немного в другую сторону. Глядя на пустой фон, я бы не заподозрил присутствия невидимых конкретных объектов. Если я вижу, что сферы перестают быть видимыми, я должен серьезно отнестись к тому варианту, что они все еще там, но невидимы. Так, если я это вижу, моя уверенность в наличии невидимых конкретных объектов должна быть выше, чем если бы я не видел ничего, кроме пустого фона. Моя уверенность в том, что ситуация не включает каких-либо конкретных объектов, должна быть ниже. То, что верно, если я вижу это чувственное содержание, в равной степени верно, если я представляю себе только нейтральные образы.

Предположим, что представление истории о сфере оставляет нас агностиками относительно одного конъюнкта НИЧЕГО. Существует по крайней мере три способа анализа агностицизма. Во-первых, если мы агностики относительно P, мы не верим и не не верим в то, что P, и имеем уверенность, что P составляет 0,5: «Для меня это так же вероятно, как его отрицание». Рассматривая агностицизм таким образом, добавляя свидетельства того, что, возможно, ни одна из сфер не существует, OSI может повысить нашу уверенность в том, что (1), но не может предоставить причину верить в (1). Причина этого в основном математическая.

OSI не может наделить нас полной уверенностью в том, что, возможно, ни одна из сфер не существует. Да, мы можем это представить. Но, возможно, со сферами что-то странное. Образы, взятые нейтрально, согласуются с тем, что сферы все еще существуют, и условие не может добавить свидетельства. Так что скажем, что OSI гарантирует уверенность 0,98 в том, что, возможно, ни одна из сфер не существует[23]. Мы также не должны быть полностью уверены в третьем конъюнкте НИЧТО. Давайте иронично назовем его еще одним 0,98. Тем не менее есть математическая проблема. Конъюнкты НИЧТО вероятностно

---

[23] Некоторые могут сказать, что совершенно точно, что сферы не существуют. Поскольку мы знаем, что мы их выдумали. Но при оценке возможных утверждений через OSI мы выносим это за скобки. Более того, есть скептические сценарии, которые заслуживают небольшой доли уверенности, например, что, когда я задался целью представить себе сферу, мой мозг дал сбой и запустил то, что на самом деле является правдивым воспоминанием о сфере, которая на самом деле все еще существует.

независимы. Когда P и Q таковы, эпистемическая вероятность того, что (P и Q) = эпистемическая вероятность того, что P, умноженная на эпистемическую вероятность того, что Q. Если мы агностики относительно второго конъюнкта НИЧТО, то при текущих предположениях мы присваиваем ему 0,5. Теперь $0,5 \times 0,98 \times 0,98 = 0,48$. При значении 0,5 для агностицизма эта уверенность ниже агностической. Это не обосновывает веру. Это даже не считается склонностью верить. Более того, если я агностик относительно одного соединения НИЧТО, я не верю и не не верю в него. Если это так, то я должен иметь такое же отношение к НИЧТО.

Согласно следующему анализу, агностицизм следует понимать так: отсутствие веры, отсутствие неверия и уверенность в пределах небольшого неопределенно ограниченного интервала с центром в 0,5. Давайте произвольно скажем, что интервал иссякает около 0,48 и 0,52. Если это так, то $0,52 \times 0,98 \times 0,98 = 0,499$. Если мы скажем, что его верхняя граница составляет около 0,54, то $0,54 \times 0,98 \times 0,98 = 0,518$, что все еще находится в пределах агностического интервала. Если мы растянем агностический интервал еще дальше, его верхняя граница все равно даст число в пределах интервала. Таким образом, при нашем втором анализе агностицизма OSI истории сферы должен оставить нас агностиками относительно НИЧТО, если наша вера должна отслеживать нашу уверенность в том, что то, во что мы верим (или не верим), является истинным.

В последнем разборе агностицизм — это: нет веры, нет неверия и нет определенной уверенности, что P. В этом разборе, на основании свидетельств, которые дает история о сфере, у нас не может быть определенной уверенности, что НИЧТО, поскольку, опять-таки, $Pr(P \land Q) = Pr(P) \times Pr(Q)$. Если правая сторона не имеет определенного значения, то и левая тоже. Таким образом, если второй конъюнкт НИЧТО не получает определенной уверенности, НИЧТО не обладает ей. Если история о сфере не должна порождать определенную уверенность в НИЧТО, то по аналогичным причинам ее первый образ не должен давать определенной уверенности, что есть только две сферы. Если у нас нет определенной уверенности как до, так и после удалений, удаления не повышают нашу уверенность. То есть история о сфере не добавляет свидетельств. Она не может изменить это, чтобы уточнить, что в первом случае нет *больше ничего* конкретного, а в последнем — нет *ничего* конкретного. Оговорка, что оно их репрезентирует, не может превратить образы в свидетельства того, что они возможны, поскольку образы не могут выглядеть так, как будто они истинны.

10.4.9. *Другой ответ*

В первых двух трактовках агностицизма история о сфере могла бы повысить уверенность, но не подтолкнуть в направлении веры. Она могла бы добавить свидетельств, но их было бы недостаточно. В последнем случае она не могла бы добавить свидетельств. Теперь я укажу на более простой аспект, в котором не удается ход конъюнкции, что предполагает, что в первых двух трактовках история также не может добавить свидетельства. Мой исходный случай предполагал, что Лесси могла сидеть. Параллельно, в аналогии, мы тихо предполагаем, что не может быть ничего другого конкретного. Для рассмотрения: если я получаю свидетельства того, что, возможно, Фидо попрошайничает, и это не считается доводом против возможности круглого квадрата, из этого не следует, что я должен быть более уверен, что, возможно, Фидо просит милостыню, и есть круглый квадрат. Теперь в настоящем диалектическом контексте мы не имеем права предполагать, что не может быть ничего другого конкретного, поскольку именно это оказывается спорным в истории о сфере. Именно эта часть нуждается в поддержке в данном случае.

Далее, обе истории о собаках предполагали, что сидение Лесси возможно заодно с попрошайничеством Фидо. Подумайте: если я получу свидетельство того, что, возможно, Фидо попрошайничает, и это не служит доводом против возможности того, что он не попрошайничает, из этого не следует, что я должен быть более уверен в том, что, возможно, Фидо попрошайничает и не попрошайничает. Каждое из них возможно, но они невозможны вместе.

То, что нет ничего другого, *возможно вместе с* отсутствием сфер, — то есть с тем, что утверждается в (1). Поэтому, если мы попытаемся принять OSI как поддерживающее (1), рассматривая (1) как это НИЧТО и рассуждая о союзах, мы уклоняемся от вопроса. Таким образом, этот способ размышления об этом не может показать, что OSI поддерживает (1).

10.5. Фон

До сих пор мы в основном рассматривали сферы. Но снова, чтобы визуализировать их двойственность и сферичность, мы должны визуализировать их на фоне. Теперь я спрашиваю, что делать с этим фоном. Три мысли заслуживают рассмотрения:

a) он репрезентирует пустое пространство;
b) он репрезентирует отсутствие чего-либо еще;
c) общая образность представляет только пространственные отношения сфер — не пространство или отсутствие. Кажимость обратного возникает из-за того, что эта репрезентация визуальна.

Я рассмотрю каждый из этих вариантов по очереди.

10.5.1. Если фон репрезентирует пустое пространство

Если мы говорим, что фон представляет собой пустое пространство, это *только* то, что мы говорим себе. Ведь пустое пространство и пространство, заполненное совершенно прозрачным гелем, выглядят одинаково. С ними связаны разные ожидания. Если я говорю, что представляю себе гель, я могу ожидать легкого всасывающего звука, если сферы движутся, или трудностей с тем, чтобы заставить их двигаться. Но мои ожидания — это отношение к тому, что я воображаю, а не часть самого воображаемого содержания. В контексте воображения формирование ожиданий, соответствующих гелю, имеет силу «заметки для себя: представьте всасывающий звук, если вы представляете движущиеся сферы». Ничто чувственное не делает акт моего воображения относящимся к пустому пространству, а не прозрачному гелю. Скорее, я оговариваю это, и это делает его таковым. Мы оговариваем, что нет ничего другого конкретного, и из (а) следует, что пространство вокруг сфер пусто. В любом случае это следует, если наличие этого пространства совместимо с отсутствием чего-либо другого конкретного. Эти два понятия несовместимы, если пространство было бы конкретным. Теперь я думаю, было ли это так.

10.5.2. Быть конкретным и быть физическим

Если что-то является физическим объектом, оно конкретно[24]. Так что субстанциальное пространство (далее просто «пространство») конкретно, если оно является физическим объектом. Теперь, просто потому что оно субстанциально, оно является объектом. Народ не назвал бы пространство физическим. Скорее, они сказали бы, что пустое пространство — это то, что остается, когда все физические объекты исчезают. Народ применяет «физический объект» только к вещам, больше похожим на камни и столы. Но является ли пространство физическим, зависит не от того, что говорит Народ, а от того, что значит быть физическим[25]. Как показал раздел 9.2, согласно правдоподобным предложениям, это качество включает в себя содержание физических теорий. Согласно последним, утверждает, что существует пространство-время, а не пространство. Но мы все еще можем продолжать.

Предположим, что общая теория относительности верна. Тогда, если существует субстанциональное пространство-время, то это общерелятивистское (ОТО) пространство-время. Некоторые

---

[24] По крайней мере, это кажется правдоподобным, если ориентироваться на стандартные примеры физических объектов (камни, столы). Но я могу представить, что Народ, если сказать ему, что пространство — это физический объект, не будет столь уверен в том, стоит ему это принять или нет.

[25] Я не столь уверен, что сказанное Народом не считалось бы доводом против изначального кондиционала.

думают, что мы воспринимаем пространство[26]. Если это так и общая теория относительности верна в стандартной интерпретации, то воспринимаемое нами на самом деле является пространством-временем ОТО. Оно просто выглядит для нас как трехмерное пространство. Поэтому в дальнейшем я буду называть то, что мы воспринимаем, ОТО-пространством. Таким образом, если пространство-время конкретно, то воспринимаемое нами, когда воспринимаем «пространство», является конкретным.

Если мы воспринимаем пространство, мы также можем его вообразить. Когда мы воображаем, мы имитируем переживания. Мы делаем это частично, воспроизводя и переосмысливая контент, который мы восприняли. Мы можем использовать этот контент, чтобы вообразить различные виды пространства. Но предположим, что мы этого не делаем, а просто воображаем обычные пространственные эпизоды. Тогда, если мы воспринимаем ОТО-пространство, это то, что мы воображаем, даже если мы этого не знаем. Точно так же, если мы воспроизводим воспринятое нами содержимое, относящееся к воде, чтобы вообразить обычные эпизоды, связанные с похожей на воду материей, мы воображаем H_2O, даже если мы не знаем, что вода — это H_2O. Таким образом, если есть ОТО-пространство, и мы воображаем пространство, не намереваясь вообразить другой вид пространства, *таким образом* мы воображаем ОТО-пространство.

Предположим теперь, что мы не воспринимаем пространство. Тем не менее мы воспринимаем пространственные отношения, пути движения и т. д. Они соответствуют Общей теории относительности. Поэтому они такие, какими мы воспринимали бы их, если бы воспринимали пространство ОТО. Поэтому воображаемое пространство все равно будет воображаемым пространством ОТО, в том смысле, что содержание пути, содержание пространственного отношения и т. д., которое мы воспроизводим, будет содержанием пути и т. д. согласно ОТО. В этом смысле мы представим его как вложенное в то, что на самом деле является пространственными отношениями, путями и т. д. в ОТО. Чтобы

---

[26] См., например, [Richardson 2010; Soteriou 2011; Cumhaill 2015].

было понятнее — я не говорю, что обычное чувственное содержание различает содержание согласно ОТО и (скажем) ньютоновские пути, отношения и т. д. Смысл, в котором мы представляем себе пространственные отношения и т. д. ОТО, — это *только тот смысл*, в котором — мы можем сказать — древние греки представляли себе H_2O.

Если все это верно, то если бы пространство-время ОТО было бы конкретным, воображаемое пространство было бы воображаемым конкретным объектом. Поскольку я предполагаю, что физические вещи считаются конкретными, я поэтому спрашиваю, будет ли субстанциональное пространство-время ОТО физическим. Для того, что значит быть физическим, я возвращаюсь к 9.2. В этом разделе (ФИЗИКА) или (ОПИСАНИЕ) субстанциональное пространство-время имеет столь же обоснованное притязание быть физическим, как и другие сущности из современных теорий. В 9.2 (ЧЕРЕЗ ОТРИЦАНИЕ, Via Neg), поскольку субстанциональное пространство-время не имеет сознания, оно является физическим, если оно не абстрактно. Точки имеют, с точки зрения некоторых интуиций, притязание на то, чтобы быть абстрактными. Если есть точки пространства-времени, то пространство-время — это все они. Так что, возможно, если есть точки, то пространство-время абстрактно. Но на пути этого вывода стоят три препятствия.

Одно из них заключается в том, что, даже если есть пространство-время, точек пространства-времени может не быть. Возможно, пространство-время состоит только из расширенных областей. Кроме того, неясно, будут ли точки ОТО-пространства-времени считаться абстрактными. Они могут иметь своего рода причинную вовлеченность, которая противоречит этому, как вскоре выяснится. Опять же, даже если есть точки пространства-времени и они абстрактны, пространство-время в целом может не быть таковым. Пространство-время в целом имеет свойства, которых не могут иметь точки. Например, оно искривлено. Его кривые придают ему релевантность в каузальном аспекте, как мы вскоре увидим. Это можст сделать его конкретным. Если мы не уверены, делают ли точки его абстрактным, возможно, на (VIA

NEG) пространство-время получает опцию «нет решения» в отношении того, является ли оно физическим. Таким образом, переход от физического к конкретному работает на двух из трех подходов к тому, чтобы быть физическим, а третий не приводит к тому, что оно не является конкретным.

10.5.3. Условия конкретности

Теперь я перехожу к 9.2, которые рассматривают конкретность. Пространство-время ОТО имеет форму. Материя искажает эту форму. Эта форма, в свою очередь, может объяснить, что происходит с материей. Подойдите слишком близко к черной дыре, и форма пространства-времени убьет вас[27]. Опять же, форма определяет пути движущихся объектов. Все это может включать или не включать своеобразную причинность[28]. Но все, что убивает вас, достаточно похоже на причину, чтобы считаться конкретным. Поэтому я предлагаю, чтобы интуиции, лежащие в основе пункта (ПРИЧИНА, CAUSE), классифицировали пространство-время ОТО как конкретное. Возможно, тогда нам следует сказать не то, что:

ПРИЧИНА. Что-либо является конкретным, если и только если он может быть причиной.
РЕЛЕВАНТНОСТЬ (RELEVANT). Что-либо является конкретным, если только оно может быть релевантным в каузальном аспекте[29].

Даже нерелятивистское пространство было бы каузально релевантным. Если бы оно было таковым, несуществование его части исключило бы пути для движения объектов. Его существо-

---

[27] Как Грэм Нерлих — см. [Nerlich 2013: 42].

[28] О дискуссии по этому вопросу см. [Nerlich 2013: 123–138].

[29] Для настоящих целей я могу, как мне кажется, оставить понятие каузальной релевантности неэксплицированным и интуитивным. Обсуждение этого вопроса можно найти, к примеру, у [Hitchcock 1993; Yablo 2003].

вание сделало бы пути возможными. Это тот же самый вид каузальной релевантности, который имеет пространство-время ОТО. Если так, то на основании пункта (РЕЛЕВАНТНОСТЬ) мне не нужно настаивать на ОТО-природе воображаемого пространства, чтобы сделать вывод о конкретности.

Возвращаясь к (РАСПОЛОЖЕНИЮ), части пространства (-времени[30]) расположены в пределах своих границ или границ областей, которые они ограничивают. Так что пространство находится в тех местах за счет того, что имеет части в тех местах, равно как и я нахожусь там, где находится моя рука, имея часть там. Но, возможно, пространство также расположено само в себе *per se*, а не только через свои части. Опять же, Бог мог бы дублировать пространство. Так что они (части) конкретны согласно пункту (ДУПЛИКАТЫ). Согласно пункту (ФУНКЦИЯ) x является абстрактным тогда и только тогда, когда x по своей природе является значением функции абстракции для некоторого возможного объекта y [Rosen 2018]. Пространство, похоже, не удовлетворяет этому условию. Путь к этому, я думаю, был бы таким:

> По своей природе *быть пространством (чего-то)*, если есть хотя бы одно пространство, пространство x = пространству y тогда и только тогда, когда x имеет некоторое пространственное отношение к y. Так что, если есть пространство, *быть пространством* — это функция абстракции. Для любого возможного физического объекта y некоторое пространство по своей природе является пространством y. Так что пространство будет абстрактным.

Однако, *согласно 9.2*, F является функцией абстракции только в том случае, если отношение R в «Fx = Fy тогда и только тогда, когда Rxy» является отношением эквивалентности. Отношение эквивалентности рефлексивно. То есть все обладает этим отношением к самому себе. «*Имеет некоторое пространственное отношение к*» — не рефлексивно. Некоторые вещи не имеют

---

[30] Воспринимайте это дополнение как обязательное к прочтению.

пространственных отношений к себе. Мысль Бога о треугольности не находится в том же месте, что и она сама, потому что она не расположена где-либо. Кроме того, функции абстракции выдают уникальные выходные данные для своих аргументов. Направления «абстрагируются от» параллельных линий[31], и только одно возможное направление — это направление этих линий. Но, вероятно, те же самые физические объекты могли бы существовать в другом пространстве.

Я не вижу другого способа перейти от пункта (ФУНКЦИЯ) к абстрактности пространства. Поэтому я думаю, что (ФУНКЦИЯ) не исключает абстрактность пространства. Таким образом, если что-то конкретно, тогда и только тогда, когда оно не абстрактно, то, согласно пункту (ФУНКЦИЯ), пространство конкретно. Я не решил, что значит быть конкретным. Только что рассмотрел предложения, которые в настоящее время воспринимаются серьезно. Возможно, это лучшее, что можно здесь сделать. Поскольку это искусственный термин, то способ применения слова «конкретное» может быть отчасти вопросом уточнения. Согласно рассмотренным предложениям, пространство получается конкретным.

10.5.4. Одна мораль

Если пространство конкретно, то в (а), чтобы представить мир без *concreta*, мы должны в конце концов представить, что фон исчезает. Но если мы представим, что это не так, нам не остается ничего, что можно было бы вообразить. Поэтому мы вообще перестаем воображать. Результат — не случай OSI. Он не имеет чувственного содержания. Нет никакой феноменологической разницы между исчезновением фона в воображении и простым «выключением» своего воображения на ночь. Возможно, если кто-то представляет, что фон становится все слабее и слабее, и в конце концов перестает воображать, отсутствие опыта служит обусловленным символом отсутствия фона — но это все.

---

[31] Как, классически, у Фреге — см. [Frege 1980: 74e и далее].

Мы могли бы подумать о том, чтобы в воображении вынести пространственный фон за скобки, но не закрывать наше воображение, прекращая визуализировать, а затем воображая звук. Стоит обратить внимание на то, что многие обычные звуки несут пространственные впечатления[32]. Эхо-звуки являются очевидным примером — летучие мыши основывают подробную пространственную карту мира полностью на информации, полученной от эхо. Но есть и другие. Поэтому, чтобы сделать это, нам пришлось бы вообразить звук, который не кодирует информацию о фоновом пространстве. Но даже если бы мы это сделали, есть более базовая проблема. Звуки конкретны. Они имеют местоположения. (Мы можем уйти от них.) Они могут быть причиной. (Они заставляют нас слышать их.) Их можно дублировать. Поэтому представление только звука не может дать OSI не-конкретного мира. Аналогичный тезис применим к ощущениям, запахам и вкусам, если они являются объектами. Таким образом, этот вариант истории об «исчезновении» не позволяет нам вообразить, что нет ничего конкретного. Итак, по (а), конкретность пространства дает еще одну причину, по которой мы не можем иметь OSI мира без конкретных объектов.

10.5.5. Вторая мораль

Если субстанциальное пространство конкретно, то, чтобы достичь количества конкретных объектов, равного нулю, мы должны отрицать, что фон субстанциален. Но то, что он не субстанциален, не является чем-то, что демонстрируется чувственным содержанием. Его нельзя визуализировать. Это вопрос метафизики. Это не больше чувственное качество или нерефлексивная интерпретация чувственных качеств, чем быть тропом или универсалией. Воображая, мы просто оговариваем, что он не субстанциален. И поэтому по другой причине, только посредством оговорки мы можем использовать образ двух сфер даже для иллюстрации мира, состоящего всего из двух *concreta*.

---

[32] Обсуждение можно найти у [Young 2017].

10.5.6. Фон отсутствия

Теперь я перехожу к предложению (b) выше о фоне, что он представляет собой отсутствие, а не позитивную конкретную вещь. Если мы можем воспринимать отсутствия, то те, которые мы можем воспринимать, относятся только к воспринимаемым вещам. Если бы пустое множество отсутствовало, мы не смогли бы это воспринять. Это потому, что мы не можем воспринимать множество. То, что не может произвести воспринимаемое различие своим присутствием, не может произвести воспринимаемое различие своим отсутствием. Ибо воспринимаемое различие, которое произвело бы его отсутствие, могло бы быть только отсутствием воспринимаемого различия, которое произвело бы его присутствие.

Точно так же мы можем вообразить только отсутствие воспринимаемых вещей. Мы не можем иметь образов ни присутствия, ни отсутствия того, что мы не можем воспринять. Поэтому отсутствие невоспринимаемых конкретных вещей не может быть частью чувственного содержания OSI. Не может им быть и убеждение, которое образы нерефлексивно подсказывают. Визуальное поле не побуждает нас утверждать, что пустое множество есть или что его нет. Отсутствие каких-либо невоспринимаемых конкретных вещей — это даже не разумная интерпретация образа. Образы не имеют к этому отношения. Таким образом, образы не поддерживают это утверждение. Только если то, что они представляют, поддерживает утверждение, что нет никаких невоспринимаемых конкретных вещей, ментальные образы поддерживают (1). Таким образом, по (b), OSI не может поддержать (1). Выбор (c) выше не изменит этого.

10.6. Шарик Шрейдера

Дэвид Шрейдер фактически утверждает, что OSI не нужно поддерживать (1), чтобы свидетельствовать против необходимой конкретности:

> Я могу представить себе возможный мир, в котором есть только один зеленый шарик, [и] поскольку я могу представить себе... возможные миры без зеленых шариков... ни один единичный объект... не существует во... всех... возможных мирах [Schrader 1991: 91–92].

Допустим, что OSI не может поддержать возможность миров без конкретных вещей. Пойдем дальше и примем, что любой мир, который мы можем вообразить, должен содержать конкретные объекты. Все же, предполагает Шрейдер, способ, которым конкретные вещи распределяются через воображаемые миры, служит доводом против необходимых конкретных вещей. Если Шрейдер представляет мир, единственной конкретной вещью которого является зеленый шарик, он представляет мир без необходимой конкретной вещи. Если он может это сделать, то это OSI против **Необходимости Совершенного Существа**. Шрейдер также может выдвинуть свой аргумент против **Необходимости Совершенного Существа** через утверждение, что он может вообразить миры с совершенным существом и миры без него.

Я отвечаю следующим образом. Шрейдер может мысленно представить себе шарик и (по сути) *назвать* изображение «миром, содержащим только шарик». Но, как я утверждал, ничто в изображении не «говорит», что это все конкретные объекты возможного мира. Опять же, образы не могут *отображать* «и ничего больше». Если мы мысленно помещаем изображение в окружающую черноту, мы просто возвращаемся к вопросу о фоне. Если я визуализирую шарик без фона, все, что у меня есть, это изображение шарика, без каких-либо обязательств относительно того, что его сопровождает или не сопровождает. Простое представление шарика без фона не поддерживает утверждение «ничего другого нет». Опять же, если бы это было так, то каждый раз, когда мы воображаем, мы должны поддерживать утверждение, что мы воображаем, что ничего другого нет, поскольку фон нашего воображения сам по себе не имеет фона. Я не могу на самом деле вообразить себе возможный мир без шариков. Самое близкое, что я могу сделать, — это представить область пустого пространства (если это возможно) или полную не-шариков (если это возможно), и обозначить ее как «вся конкретная реальность». То, что больше нет ничего конкретного, не является чем-то, что показывает чувственное содержание. Это то, что предусматривает этикетка.

Далее, визуальный образ, мысленный или нет, не может изобразить существование или несуществование совершенного существа. Визуальное изображение основано на том, как выглядят вещи. Картина изображает Черчилля, потому что она выглядит так, как мог бы выглядеть Черчилль. Можно визуально изобразить несуществование видимых вещей. Я могу нарисовать несуществование пляжного мяча в комнате, количество пляжных мячей в комнате равно нулю, нарисовав комнату пустой. Но это потому, что есть варианты, как пляжный мяч выглядит, когда присутствует. Если есть вариант того, как что-то выглядит, когда присутствует, можно изобразить сцену, которая не выглядит таким образом, и тем самым изобразить отсутствие этого предмета. Если нет варианта внешнего вида для вещи, если она существует, как в случае с пустым множеством, и ее несуществование не оставляет видимого знака, такого как обломки раздавленной статуи, то не может быть никакого изображения в любом случае[33]. Нет какого-либо внешнего вида, который совершенное существо могло бы иметь[34]. Поэтому нет такого образа, отсутствие которого указывало бы на то, что совершенное существо не су-

---

[33] Возможно, экзистенциалистские пьесы пытаются изобразить мир, в котором Бога нет. Но ничто в такой пьесе не «визуализирует» Его несуществование так, как картина обломков визуализирует несуществование статуи. Строго говоря, пьесы изображают только то, как мы могли бы действовать, или то, как мог бы выглядеть мир. Но одно дело, когда мир выглядит так, как будто Бога нет, и другое — когда он демонстрирует Его несуществование. Кто-то отсутствующий (в соответствующем смысле) все еще может существовать. Впечатления о том, что мир бессмыслен или безразличен для нас, являются очевидным отсутствием вещей, которых мы могли бы ожидать, если бы Бог существовал. Они могут быть доказательством против Бога. Из этого не следует, что они являются очевидным отсутствием Бога.

[34] По крайней мере, выглядит типично: выглядит так, когда оно не принимает намеренно вид чего-то еще. Об этом см. текст ниже.

ществует. Итак, несуществование совершенного существа не может быть визуально изображено. Возможно визуально изобразить существование или несуществование совершенного существа не более, чем можно изобразить существование или несуществование пустого множества. Поэтому нельзя вообразить себе существование или несуществование совершенного существа. Так что аргумент Шрейдера не распространяется на **Необходимость Совершенного Существа**, и по новой причине Шрейдер на самом деле не может вообразить мир, содержащий только зеленый шарик. Потому что он не может вообразить, что он не содержит совершенное существо.

Впрочем, здесь стоит отметить трудность. Совершенное существо всемогуще. Поэтому оно может заставить себя выглядеть как тостер, если это осуществимо, — и это так. (Почему бы и нет?) Таким образом, визуализируя тостер, я визуализирую один вариант того, как могло бы выглядеть совершенное существо, если бы существовало. Но если я визуализирую комнату без тостера, это не способ визуализировать несуществующее совершенное существо. Ведь совершенное существо также может выглядеть как комната. Я, конечно, могу сделать оговорку, что комната, которую я представляю, не является совершенным существом, которое выглядит как комната. Но это не то, что образ показывает или изображает[35]. Он нейтрален в этом отношении. Совершенное существо может с равным успехом казаться любым другим образом, какой выберет по своему усмотрению, в любом смысле. Если так, то снова нет такого образа, отсутствие которого в воображении показало бы или визуально изобразило бы, что совершенное существо не существует. Ведь совершенное существо могло бы существовать и выглядеть иначе.

Теперь я отмечаю второе осложнение[36]. Я могу вообразить, что Невидимка находится в комнате, не воображая, как он выглядит, звучит и т. д. Я могу сделать это, воображая его внутрен-

---

[35] И, конечно, образ не изображает, что это на самом деле совершенное существо, выглядящее как комната.

[36] На него обратил мое внимание Венделл Сенатус (в беседе).

нюю жизнь. Я могу вообразить, что у меня есть его опыт: я вижу комнату, затем смотрю вниз и не вижу ног, рук и т. д. Поэтому, если я мысленно представляю себе комнату, но не такую внутреннюю жизнь, происходящую в ней, можно предположить, что я представил себе комнату без Невидимки. Однако тогда мои мысленные образы совместимы с тем, что в комнате есть внутренняя жизнь, наличие которой я не осознаю. Одно дело не представлять, а другое — представлять, что (чего-то) нет. Это всего лишь вариация на тему проблемы невоспринимаемых конкретных объектов. Ментальный образ, который не отображает внутреннюю жизнь, не отображает, что нет невообразимых внутренних жизней. То, что никакие внутренние жизни не наличествуют, — это не то, что образ может отображать. Это просто оговаривается. Это добавляет свидетельства того, что может быть комната без Человека-невидимки не в большей мере, чем утверждение, что в комнате нет пустого множества, добавляет свидетельства того, что может быть комната без пустого множества.

Теперь я спрашиваю, можем ли мы вообразить себе не-существование совершенного существа таким образом. Если бы совершенное существо не имело пространственного местоположения, то если бы мы могли вообразить его внутреннюю жизнь не происходящей где-то, это не помогло бы. Его внутренняя жизнь не происходила бы там, если бы оно существовало. Помогло бы только добавление того уточнения, что вездесущность совершенного существа состояла бы в том, чтобы быть *расположенным везде*. Если бы это было так, то если его там нет, то его не существует. Но принятие весьма абстрактного метафизического убеждения не дает нам внезапно возможности вообразить несуществование совершенного существа. Оно просто позволяет нам сделать вывод из того, что мы воображаем.

Далее, если мы не имеем представления о том, каков объект, мы не можем знать, что может считаться представлением этого объекта в воображении. Мы знаем некоторые вещи о внутренней жизни совершенного существа. Например, вероятно, такое существо было бы всеведущим. Если оно всеведущее, оно рассматривает все пропозиции и верит во все истины. Но мы понятия не имеем, что значит для него «от первого лица» рассматривать или верить тем или иным пропозициям. Мы понятия не имеем, достаточно ли мысли совершенного существа похожи на наши, чтобы моделирование человеческой мысли в (нашем) воображении можно было считать моделированием в нашем воображении его мыслей. Опять же, насколько я знаю, возможно, моя внутренняя жизнь — это просто часть его внутренней жизни. Возможно, оно при помощи «вчувствования» воссоздает для себя все внутренние жизни, отличные от его собственной, как часть своего всеведения. С другой стороны, возможно, лучшее, что мы можем сделать в этом, учитывая то, что *еще* есть в его внутренней жизни, — это то, что мы не могли бы распознать как репрезентацию нашей собственной внутренней жизни. Таким образом, даже учитывая то, что мы знаем о его внутренней жизни, мы, возможно, понятия не имеем, какова внутренняя жизнь совершенного существа. Поэтому мы не можем знать, что можно считать моделированием этой внутренней жизни в акте воображения. Поэтому мы не можем быть в состоянии сказать, что наши акты воображения репрезентируют отсутствие такой внутренней жизни. Нет ничего, что не является актом воображения и может считаться репрезентацией ее отсутствия. Таким образом, у меня нет оснований говорить, что я это вообразил. В конце концов, здесь нет ничего, что могло бы помочь вообразить несуществование совершенного существа.

10.7. Мистическое воображение?

Я пытался обосновать, что обычное чувственное воображение не может отобразить несуществование совершенного существа. Но, возможно, чувственное воображение не обязательно должно быть обычным — то есть не обязательно иметь только визуальное, слуховое и т. д. содержание. Мистики утверждают, что воспринимают Бога без визуального и т. д. содержания. Некоторые сообщают о других видах феноменологии в этих переживаниях. Если кто-то ощущает присутствие Бога не-визуальным, слуховым и т. д. образом, возможно, он может представить себе отсутствие этого, и, таким образом, по крайней мере, представить себе отсутствие Бога. Мы не можем заметить отсутствие Бога, если мы никогда не испытывали контраста, который создает Его присутствие, так же как мы не можем заметить отсутствие слона, если мы понятия не имеем, как выглядит слон. Но мистики могут быть лучше оснащены. Так что, возможно, они, по крайней мере, могут представить себе отсутствие Бога. Если бы Бога не было, Он бы отсутствовал. Так что, возможно, мистики могли бы представить, каким был бы мир, если бы Бога не было. Совершенное существо было бы Богом, или, по крайней мере, так я бы утверждал. Так что, возможно, мистики могут представить, каким был бы мир, если бы совершенного существа не было. Конечно, мистики единодушны в том, что никто, кто не имел мистического опыта, не имеет ни малейшего представления о том, каково это. Так что, даже если бы они могли это сделать, это не помогло бы остальным из нас. Но их отчет был бы свидетельством того, что кто-то может сделать то, что нужно Шрейдеру, даже если мы сами не можем.

Теперь я исследую это. Мистики не могли показать себе несуществование Бога, представив себе, что никто не ощущает Бога. Они могут представить себя не ощущающими Бога. Но это дает им возможность показать, что никто не ощущает Бога, только если они могут показать себе, что «и никто другой тоже», и поэтому мы сталкиваемся с известными проблемами. Они не могли показать себе, что просто нет никого, кто мог бы иметь мистический опыт. Это было бы просто актом воображения отсутствия внутренней жизни и уточнением, что нет никого другого. Кроме того, даже если бы мистики каким-то образом могли обойти все это, дело не обстоит таким образом, что, с необходимостью, если существует совершенное существо, оно производит опыт самого себя. Мир без опыта совершенного существа не обязательно должен быть без совершенного существа[37]. То, что у него нет опыта такого рода, — это то, что вносит «название» ментального образа.

---

[37] Таким образом, если я воображаю себя делающим то, что, по словам мистиков, способствует мистическому опыту, и остающимся ни с чем, то это не способ вообразить, каково было бы отсутствие совершенного существа.

Возможный ответ: мир без опыта совершенного существа *может* не иметь совершенного бытия. Поэтому, воображая такой мир, мы представляем себе, как *могло бы* выглядеть то положение дел, что совершенного существа не существует, — по крайней мере, для мистика. Я отвечаю, что мы должны воздержаться от суждений об этом. Если я замечаю отсутствие пляжных мячей, я получаю визуальный опыт. Если я закрываю глаза, я не считаю, что замечаю их отсутствие. Мы можем сказать, что происходит, потому что есть (обычно) феноменологическая разница между тем, чтобы зрение давало отчет, и тем, чтобы оно его не давало, — между тем, чтобы наши глаза были открыты и работали, и тем, чтобы они были закрыты. Я могу представить отсутствие пляжных мячей, потому что я могу предоставить себе опыт того, что мои глаза открыты и сообщают не о пляжных мячах. По-видимому, невозможно сказать, открыт или закрыт мистический «глаз», если человек на самом деле не получает мистического опыта. Насколько мне известно, никто не сообщал о феноменологической разнице между ними. Мистик, воображающий, что не имеет мистического опыта, воображает, как мог бы выглядеть факт отсутствия совершенного существа, только если мистик показывает себе (*inter alia*), что мистическое око открыто. Никто, включая мистика, не знает, так ли это. Никто не знает, каким мог бы быть такой опыт, или даже *есть ли* что-то похожее на состояние открытости мистического ока, которое при этом не сообщает о присутствии совершенного существа/Бога. Если мистик это оговаривает, это не делает ничего, чтобы убедить нас в том, что именно так будет выглядеть для мистического ока открытость при отсутствии видения Бога. Поэтому нам нужно воздержаться от суждения о том, считается ли воображение мистиком отсутствия у себя мистического опыта моделированием в воображении того, как могло бы выглядеть отсутствие Бога.

10.8. Сенсорные модели

Наконец, акт представления модели в воображении является чувственным и релевантным для утверждений о возможности. Мы принимаем, что могут быть атомы Резерфорда, в частности (*inter alia*), потому что мы можем представить себе в воображении модель атома Резерфорда. Модель моделирует атом, потому что она отображает структуру, которую мог бы иметь атом. Но OSI модели — это не OSI того, что она моделирует. Это OSI модели, сопровождаемое верой в то, что некоторые из ее атрибутов являются общими. *Согласно* предыдущему аргументу, нет способа, которым мир без *concreta* выглядит, звучит и т. д. Поэтому ничто не может выглядеть (и т. д.), как такой мир. Но можно отображать другие общие атрибуты.

В мире без конкретных объектов нет коров. Поэтому, если я рисую сцену без коров, я рисую что-то, что имеет место в мире без конкретных объектов. Это что-то — не вся сцена, а просто отсутствие коров. Я не рисую, как будет выглядеть отсутствие коров в мире без конкретных объектов. Но я показываю отсутствие коров — и всех других видов вещей, которых нет на картине. Это веская причина полагать, что коровы и многие другие виды вещей могут отсутствовать. Я не рисую и не могу рисовать так, как если бы это место — все, что есть в возможном мире. Я просто оговариваю это, если я называю написанное мной картиной, где нет коров и т. д. где бы то ни было. Я также не показываю, что нет коров и нет мест, как и не показываю, что нет коров ни в каких местах. Но предположим, я говорю: «Видите, как обстоят дела с коровами на этой картине? Так обстоит дело с каждой конкретной вещью, а также с местами в мире без конкретных объектов». Тогда, возможно, я сделал отсутствие видимым[38] — хотя в мире без конкретных объектов это было бы не так. Но представление в воображении модели Резерфорда — причина считать такие атомы возможными, потому что она отображает самую важную информацию о таких атомах. Моя «*Сцена без коров*» не отображает важнейшую информацию о мире без конкретности. Она не показывает, что *вообще* нет ничего конкретного. Картина без коров, но со многими другими конкретными вещами, не дает никаких оснований думать, что

---

[38] Я ранее заметил, что, по мнению некоторых, отсутствия увидены, прочувствованы и т. д. Я не выдвигаю никакой позиции по этому поводу.

вообще возможно такое, что нет ничего конкретного. То же самое касается представления в воображении сцены без коров. Возможность представить в воображении часть положения дел дает свидетельство того, что целое возможно только в той степени, в которой мы можем быть уверены, что часть представляет целое *и* не упускает то, что может принципиально отличаться от целого. В случае без коровы/без конкретных объектов у нас есть первое, но не второе.

Некоторые могут предположить, что пустое множество моделирует мир без конкретики. Если это так, то эта модель не принадлежит области воображаемого, потому что мы не можем представить себе пустое множество. Как и обычные символы для моделей пустого множества. Поэтому они не являются сенсорными моделями модели и, таким образом, своего рода косвенной сенсорной моделью. Но если пустое множество является какой-либо другой моделью, то это не та, которая предоставляет доказательства возможности. Поскольку мы можем с одинаковой легкостью назвать ее моделью чего-то возможного (количество коал равно нулю) и чего-то невозможного (количество чисел равно нулю). Таким образом, любое доказательство того, что то, что она моделирует, является возможностью, должно исходить откуда-то еще.

Итак, я принимаю, что никакой вид воображения не может поддержать (1).

Глава 11
Думая о Ничто

Необходимо, что, если что-то совершенно, оно конкретно. Опять же, я обосновываю в другом месте, что все, что бы ни было совершенным, необходимо является таковым [Leftow 2012: гл. 7, passim][1]. Далее, вопреки Уильямсону, все, что конкретно, обязательно конкретно. Так что если:

ВОЗМОЖНО, НИ ОДИН (POSSIBLY NONE). Могло бы не быть ничего конкретного, —

тогда обязательно, если что-то совершенно, оно существует условно. Опять же, если (ВОЗМОЖНО, НИ ОДИН), то если **Необходимость Совершенного Существа** также истинна, никакое совершенное бытие невозможно[2]. Я исследую причины верить в то, что (ВОЗМОЖНО, НИ ОДИН). Я утверждал, что возможность того, что нет ничего физического, не поддерживает (ВОЗМОЖНО, НИ ОДИН), и что никакой вид воображения не поддерживает (ВОЗМОЖНО, НИ ОДИН). Теперь я спрашиваю, есть ли другие доказательства (ВОЗМОЖНО, НИ ОДИН). В главе 10 перечислены источники таких свидетельств. Теперь я обсуждаю их.

---

[1] Некоторые аргументы в этой главе сформулированы в терминах божественности, а не совершенства. Но большая их часть легко трансформируется в аргументы о совершенстве.

[2] Учитывая Брауэра. См. раздел 9.1.

11.1. Путь необходимости

Сначала я спрашиваю, как утверждения о необходимости могут поддерживать (ВОЗМОЖНО, НИ ОДИН).

11.1.1. Путь следования

Один из шагов — посмотреть, влечет ли строго необходимая истина — что-либо истинное во всех возможных мирах — то, что есть что-то конкретное. Предположим, что, по-видимому, ничто необходимое не влечет за собой то, что есть что-то конкретное. Это подлежащее возможной отмене в ходе рассуждения основание считать, что нет необходимости, чтобы было что-то конкретное, и поэтому возможно, что не было ничего конкретного[3]. Но есть очевидные пределы того, насколько сильной может быть это основание. Мы вполне можем упустить релевантные необходимости или упустить их релевантность[4]. Мы не можем сказать, насколько вероятно то или иное. Что еще важнее, чтобы оценить (ВОЗМОЖНО, НИ ОДИН) таким образом, мы должны спросить, должен ли набор необходимостей, возможный за счет пункта (ВОЗМОЖНО, НИ ОДИН), включать в себя то, что:

НЕОБХОДИМО НЕКОТОРЫЕ (NECESSARILY SOME). Необходимо, есть что-то конкретное.

Если это так, (НЕОБХОДИМО НЕКОТОРЫЕ) могут одержать победу или привести к патовой ситуации (stalemate) (ВОЗМОЖНО, НИ ОДИН). Если какая-либо другая необходимость исключает (ВОЗМОЖНО, НИ ОДИН), она делает это, приводя логиче-

---

[3] Об этом общем подходе см. [Hale 2002].

[4] Если необходимо ¬P, каждая необходимая пропозиция строго имплицирует, что ¬P. Большая часть из этих импликаций парадоксальны, поскольку необходимости, к которым мы обращаемся, не релевантны для заключения. То, что сказало бы нам, что <P> невозможно, — это выведение того, что необходимо ¬P из некоторой *релевантной* необходимости.

ски к (НЕОБХОДИМО НИ ОДИН). Таким образом, чтобы поддержать (НЕОБХОДИМО НИ ОДИН) текущим ходом, нужно показать, что (НЕОБХОДИМО НЕКОТОРЫЕ) не в строю, или (если (НЕОБХОДИМО НЕКОТОРЫЕ) кажется в строю), что (НЕОБХОДИМО НЕКОТОРЫЕ) имеет меньшую поддержку, чем (ВОЗМОЖНО НИ ОДИН). Если поддержка (НЕОБХОДИМО НЕКОТОРЫЕ) слабее, то при встрече двух побеждает (ВОЗМОЖНО, НИ ОДИН).

Чтобы показать, что (НЕОБХОДИМО НЕКОТОРЫЕ) не находится в строю, нужно показать, что ¬(НЕОБХОДИМО НЕКОТОРЫЕ). ¬(НЕОБХОДИМО НЕКОТОРЫЕ) и (ВОЗМОЖНО, НИ ОДИН) являются строго эквивалентными. Таким образом, чтобы (НЕОБХОДИМО НЕКОТОРЫЕ) прошло через строй первым способом, нужно привести другой, независимый аргумент в пользу (ВОЗМОЖНО, НИ ОДИН). Ход вывода ничего не добавит к силе последнего аргумента. Поэтому, если мы продолжим, показав, что (НЕКОТОРОЕ) не находится в строю, ход вывода не сможет добавить к нашим основаниям верить в то, что (ВОЗМОЖНО, НИ ОДИН). Теперь предположим, что (НЕОБХОДИМО НЕКОТОРЫЕ) кажется находящимся в строю. Кажется, что так, если и только если его поддержка заставляет (НЕОБХОДИМО НЕКОТОРЫЕ) казаться заслуживающими более 0,5 уверенности[5]. Чтобы добиться (ВОЗМОЖНО, НИ ОДИН) в этом случае, я должен оценить (ВОЗМОЖНО, НИ ОДИН) как более обоснованный и соответственно понизить свою уверенность в (НЕОБХОДИМО НЕКОТОРЫЕ). Я мог бы сделать это, сравнив аргументы для каждого. Если я это сделаю, ход вывода больше не является независимым источником поддержки для (ВОЗМОЖНО, НИ ОДИН). Вместо этого я взвешиваю доводы за (ВОЗМОЖНО, НИ ОДИН) и (НЕОБХОДИМО НЕКОТОРЫЕ) на основе других соображений. Помещение этих соображений в контекст хода вывода ничего не добавляет к ним. Опять же, я мог бы сделать это, сравнив чистую интуитивность (ВОЗМОЖНО НИ, ОДИН) и (ОБЯЗАТЕЛЬНО НЕКОТОРЫХ). Если я это сделаю, я просто

---

[5] О том, как я использую термин «уверенность», — см. раздел 9.2.

апеллирую к модальной интуиции. Опять же, помещение этого в ход вывода ничего не добавляет к его силе. Поэтому ход вывода не может помочь (ВОЗМОЖНО, НИКАКИЕ).

11.1.2. Путь Грубых Необходимостей

Необходимость является грубой, если нет объяснения, откуда взялась ее необходимость, нет объяснения, почему она необходима. Грубые необходимости — это пугало. Многие говорят, что мы должны устранить или свести их к минимуму[6]. (Если вы не знаете, откуда это взялось, не ешьте это, говорит Мать.) Если мы должны это делать, это идет вразрез с (НЕОБХОДИМО НЕКОТОРЫЕ), если необходимость, о которой идет речь, является грубой. Однако либо какое-то конкретное необходимое существо возможно, либо невозможно никакое. Если никакое невозможно, этот факт либо объяснен, либо нет. Теперь я предполагаю, что Путь Грубых Необходимостей терпит неудачу, независимо от того, что мы выберем.

Предположим сначала, что возможно некоторое конкретное необходимое существо. Быть необходимым существом — значит обладать этим свойством: необходимо, если оно существует, оно существует необходимо. Так что, учитывая Брауэра, любое возможное конкретное необходимое существо существует необходимо. Так что возражающий должен признать, что оно существует. Если это так, его необходимость объясняет (НЕОБХОДИМО НЕКОТОРЫЕ). Так что необходимость в (НЕОБХОДИМО НЕКОТОРЫЕ) не является грубой. Тогда мы должны спросить, является ли необходимое существо *грубо необходимым*. В другом месте я предлагаю объяснение необходимости конкретного совершенного существа [Leftow 2012: 437 и далее]. Я утверждаю существование именно такого рода существ. Так что я, по крайней мере, могу утверждать, что избегаю грубости.

---

[6] См., например, [Cameron 2008b; Dorr 2008; Kleinschmidt 2015; McDaniel 2007; Skow 2007].

Предположим далее, что никакое конкретное необходимое существо невозможно и это не имеет объяснения. Тогда, учитывая S5, то, что ничто невозможно, является грубой необходимостью. Без S5 несуществование чего бы то ни было является грубой необходимостью. Любое из них столь же грубо, как (НЕОБХОДИМО НЕКОТОРЫЕ) было бы, если бы оно было грубым. Это ставит в тупик Путь Грубых Необходимостей. Если (НЕОБХОДИМО НЕКОТОРЫЕ) и его отрицание приводят к одинаково грубым необходимостям, грубость не является причиной отвергать (НЕОБХОДИМО НЕКОТОРЫЕ). Некоторые могут сказать, что грубые необходимости возможности каким-то образом лучше, чем грубые необходимости существования. Но для любого, кроме майнонгианцев или промежуточных поссибилистов, грубые необходимости возможности являются или влекут за собой грубые необходимости существования — поскольку, исходя из любой позиции, кроме упомянутых и не пользующихся успехом, факты возможности каким-то образом покоятся на том, что существует. Опять же, некоторые могут сказать, что грубые необходимости несуществования в чем-то лучше, чем грубые необходимости существования[7]. Однако вопрос «почему не может быть конкретного необходимого существа?» кажется таким же законным и насущным, как «почему должно быть что-то?» или «почему должна быть эта конкретная вещь?». Так что патовая ситуация сохраняется.

Наконец, предположим, что никакое конкретное необходимое существо невозможно, и этому есть объяснение. Объяснение конституирует (собой) возражение против возможности конкретного необходимого существа. Я нахожусь в процессе обоснования того, что никакое существующее возражение не является хорошим. Если мои аргументы сработают, это должно быть новое возражение. Пока этого не произойдет, я утверждаю, будет казаться, что Путь Грубых Необходимостей в лучшем случае пустышка.

---

[7] Как Брэдли Саад (в разговоре).

11.1.3. Путь ограничения

Третий шаг — попытаться ограничить расширение необходимости. Ограничение может быть мотивировано беспокойством об источнике необходимости или чувством, что необходимость является чем-то из ряда вон выходящим и поэтому ее лучше избегать везде, где наши интуиции не заставляют нас постулировать ее. Одна из исторических доктрин расширения заключается в том, что необходимо только то, необходимость чего восходит к логике [Wittgenstein 1922: 6.37]. Можно легко расширить это до логики и математики. С любой точки зрения нет необходимости в существовании конкретных объектов — могло бы не быть ничего конкретного.

Эти доктрины расширения кажутся ложными. Чтобы проследить все, что интуитивно необходимо для логики и математики, требуется либеральное использование определений. Выглядит правдоподобным, что определения необходимы. Но вне логики определения не являются истинами логики. Определения имеют форму $\Phi = \psi$, а не форму $\Phi = \Phi$. (<Быть человеком = быть рациональным животным> — это определение. <Быть человеком = быть человеком> — нет.) Так что не все утверждения их логической формы истинны. Но все утверждения с логической формой не-логической истины истинны. Опять же, вне математики определения не являются истинами математики. Супервентность включает в себя необходимости, которые не являются логическими, математическими или дефиниционными. Так что более правдоподобным тезисом расширения может быть то, что необходимо только то, необходимость чего вытекает из логики, математики, определений или супервентности. Последнее, однако, открывает дверь. Возможно, свойство <содержит что-то конкретное> супервентно на свойстве <быть миром>. Это дало бы (ОБЯЗАТЕЛЬНО НЕКОТОРЫЕ). Истины супервентности могут удивлять, мы это обнаруживаем. Возможно, это один из таких случаев.

Я думаю, что метафизический аргумент также раскрывает необходимости, которые не являются логическими, математическими и т. д. Позвольте мне обрисовать один такой случай.

Ограничитель расширения допускает, что логика образует совокупность необходимых истин. Теперь определенные виды истины обладают тем, за счет чего они истинны, — истинностными факторами. Я интерпретирую это утверждение в очень слабом смысле[8]. Все, что я имею в виду, это то, что что-то в реальности объясняет их истинность, каким-то образом и в соответствии с некоторой теорией истины. Кроме того, они включают логические истины. Но истинностные факторы, как бы их ни толковали, дают своего рода объяснение. Их существование объясняет истинность истин. Далее:

> Необходимо, если истина объяснена в мире, что-то *в этом мире* объясняет ее.

Таким образом:

> Необходимым образом существует что-нибудь, что делает логические истины истинными.

Эта истина не является истиной логики, математики, определения или супервентности. Она отчетливо метафизична. Предпосылки, ведущие к ней, требуют защиты, но я готов ее предоставить. Как только мы допускаем отчетливо метафизические экзистенциальные необходимости, нет никаких дополнительных возражений против того, что (НЕОБХОДИМО НЕКОТОРЫЕ) являются другими.

11.2. Комбинации

Это мантра Юма, что нет необходимых связей отдельных существований. Предположим, мы утверждаем это как:

Рекомбинация (Recombination). Если какая-либо конкретность может существовать, то все их комбинации могут быть всеми конкретными объектами возможного мира, —

---

[8] См. [Leftow 2012: 24, 82–83]. Я полагаю, что было бы совершенно нормально утверждать, что, согласно некоторым формам конвенционализма, конвенции являются факторами истинности.

где комбинации 1 и 2 — это 1 и 2, только 1, только 2 и ни то ни другое. Из этого следует, что, возможно, нет никаких конкретных объектов. В пользу рекомбинации говорят ее простота и ее сила — она влечет существование возможностей, которые соответствуют огромным объемам наших модальных интуиций. Так что ее простота и сила свидетельствуют в пользу (ВОЗМОЖНО, НИ ОДИН).

Я отвечаю, что **Рекомбинация** ложна. Рассмотрим кусок глины, Кусок, слепленный в горшок, Горшок. Кусок может существовать, если Горшок никогда не существует. Но Горшок не может существовать, если ни один Кусок никогда не существует. Таким образом, существование объектов влечет за собой существование объектов: Горшок влечет за собой (достаточное количество) Куска. Несуществования объектов также влекут за собой несуществования объектов: нет Куска, нет Горшка. Существование объектов влекут за собой несуществование объектов: то, что Горшок существует, влечет за собой то, что никакая статуя, сделанная из Куска, не существует. Наконец, несуществование объектов влекут существование объектов. Как отмечено в 6.6, несуществование наибольшего простого числа влечет за собой существование бесконечного множества простых чисел.

Более того, **Рекомбинация** может просто содержать заключение в посылке. Проблема, которую я сейчас предлагаю, распространится на любой резервный принцип, который может подразумевать (ВОЗМОЖНО, НИ ОДИН). Так что если проблема действительно существует, то это устраняет необходимость ее поиска. Предположим, мы помещаем **Рекомбинацию** в символическую логику, включая ее идею о том, что такое комбинация. Результат, переданный обратно, будет выглядеть так:

R2. Необходимо, для всех $x, y, z...$ если возможно x существует и конкретен, и возможно y существует и конкретен, и возможно z существует и конкретен, и возможно... то возможно они все существуют и конкретны, и возможно любые все, кроме одного из них, существуют и конкретны, и возможно любые все, кроме двух из них существуют и конкретны... и возможно ни один из них не существует и не конкретен.

Иными словами, частью содержания тезиса **Рекомбинации** является:

R3. Если возможен какой-то конкретный объект, то (ВОЗ-МОЖНО, НИ ОДИН).

Мы обсуждаем (ВОЗМОЖНО, НИ ОДИН). (R3) не постулирует обсуждаемый тезис в смысле утверждения (ВОЗМОЖНО, НИ ОДИН) или утверждения чего-то, что может быть обосновано только за счет допущения (ВОЗМОЖНО, НИ ОДИН). Но (R3) утверждает, что (ВОЗМОЖНО, НИ ОДИН) следует из чего-то, что на самом деле неоспоримо — что некий конкретный объект возможен. Утверждать это без аргументов было бы максимально близко к простому утверждению (ВОЗМОЖНО, НИ ОДИН) без фактического утверждения этого тезиса. Если **Рекомбинация** включает (R3), а (R3) недостаточно обосновано, **Рекомбинация** слишком близка к постулированию заключения в посылке в строгом смысле, чтобы быть приемлемой.

В широком смысле комбинаторный аргумент в пользу (R3) заключается в том, что наша картина логического пространства будет соответствовать более простой схеме с (R3), чем без (R3). Но поскольку **Рекомбинация** ложна, ее простая картина — мираж. Более того, рассмотрим две схемы:

- Необходимо, что если могут существовать какие-либо конкретные объекты, то все их комбинации могут быть всеми конкретными объектами возможного мира.
- Необходимо, что если какие-либо конкретные объекты могут существовать, то все их непустые комбинации обязательно могут быть всеми конкретными объектами возможного мира.

Ни одна из них не кажется в целом проще. Вторая добавляет дополнительный предикат. Первая постулирует дополнительную категорию, пустые миры. Каждая проще в одном отношении и сложнее в другом отношении. Я не вижу способа сказать, какой из этих аспектов «весит больше». Если его нет, они просто несоизмеримы относительно простоты, и аргумент о простоте — пустая трата времени. Если он терпит неудачу, использование рекомбинации действительно слишком близко к заключению в посылке в строгом смысле. Любой принцип замены, включающий (R3), тоже был бы таковым. Любой, не включающий его, не дал бы (ВОЗМОЖНО, НИ ОДИН).

Я добавляю, что (R3) неправдоподобно. Если (R3) истинно, (ВОЗМОЖНО, НИ ОДИН) по крайней мере так же хорошо обосновано, как утверждение, что возможен какой-то конкретный объект. Так что уверенность в (ВОЗМОЖНО, НИ ОДИН) должна быть по крайней мере такой же высокой, как уверенность в этом. Но <процесс мышления имеет место, следовательно, возможен какой-то конкретный объект> является законным выражением *cogito* через кондиционал. Это делает <какой-то конкретный объект возможен> заслуживающим такого же доверия, как <процесс мышления имеет место>. Так что, если (R3) истинно, (ВОЗМОЖНО, НИ ОДИН) заслуживает такого доверия. Конечно, это не так.

Теперь я перехожу к подобию возможному. Я показываю, почему это важно, а затем — как это влияет на (ВОЗМОЖНО, НИ ОДИН).

11.3. Подобие возможному

Достаточное сходство с чем-то, что мы уже считаем абсолютно возможным, гарантирует некоторую уверенность в том, что положение дел абсолютно возможно. То есть:

Сходство (Similarity). Если положение дел S_2 достаточно похоже на положение дел S_1 в релевантных аспектах, то чем больше мы уверены, что S_1 возможно, и чем больше S_2 похоже на S_1 в этих отношениях, тем больше мы должны быть уверены, что S_2 возможно, при прочих равных условиях (*ceteris paribus*)[9].

---

[9] То, что мы имеем дело с абсолютной возможностью, исключает один вид контрпримера, выдвинутого рефери OUP. Предположим, что в момент времени t я выбираю между взаимоисключающими альтернативами A и B.

Положения дел являются соответствующей категорией, потому что мы обсуждаем возможность состояния дел, в котором нет ничего конкретного. «Достаточно похоже... в релевантных аспектах» учитывает тот факт, что слишком отдаленное сходство или неправильный вид сходства вообще не должны повышать уверенность. Я знаю, что существуют крапчатые куры. Существование плазменных драконов очень отличается от существования крапчатых кур. Между ними есть отдаленное сходство. Они предполагают наличие живого существа. Но это не должно повышать мою уверенность в том, что могут существовать плазменные драконы. «Ceteris paribus» допускает, что другие вещи могут компенсировать стремление сходства повышать уверенность. Хотя в **Сходстве** это не упоминается, значимым среди прочего является то, имеет ли S_2 свойство, которое явно вызывает невозможность, например содержит противоречие. С учетом этого основная мысль **Сходства** примерно такова: если различие между состояниями дел явно не вызывает невозможность, то чем меньше различие, тем меньше вероятность того, что оно действительно вызывает невозможность. При прочих равных условиях небольшие различия вряд ли приведут к большим различиям (в данном случае в модальном статусе)[10].

Вот обоснование **Сходства**. Если S_1 возможно и S_2 ничем не отличается от S_1, то S_2 возможно. (Если два вообще не отличаются, то $S_1 = S_2$.) Если S_1 возможно и S_2 нет, то фактор(ы), который(ые) делает(ют) S_2 невозможным, должно быть тем, за счет чего они отличаются. Ибо то, что у них общего, делает S_1 возможным.

Выбор A и выбор B могут быть очень похожи. Однако выбор A делает выбор B затем невозможным. Этот пример не работает, потому что он имеет дело с неабсолютной невозможностью. Из-за выбора A тогда слишком поздно выбирать B потом. Из-за этого выбор B тогда уже более невозможен. Но остается абсолютно возможным, что я выберу B тогда. Впоследствии всегда будет так, что я мог бы это сделать. Этого достаточно.

10 Это допускает такую возможность такого сценария. Одна соломинка может сломать спину верблюда, и удаление одного камешка может превратить кучу в не-кучу. Рассмотрим минимальную кучу с двумя камешками в качестве основания и еще одним, сидящим на них. Теперь удалите верхний камешек.

Предположим, что различия между S_2 и S_1 не включают в себя очевидный фактор невозможности. Тогда S_2 включает в себя скрытый фактор невозможности. Чем больше S_2 и S_1 различаются, тем больше места для скрытия фактора невозможности, ceteris paribus. Итак, предположим, что мы знаем, что S_1 возможно, но не знаем, является ли S_2 возможным. Тогда либо S_2 возможно, либо у него есть скрытый фактор невозможности, который мы пропустили. Чем сложнее будет пропустить что-то, тем менее серьезно мы должны воспринимать последнюю гипотезу. Чем меньше различаются S_1 и S_2, тем сложнее (в одном отношении) пропустить что-то. Потому что есть меньше мест, где оно может спрятаться. Итак, предположим снова, что мы знаем, что S_1 возможно, но не знаем, возможно ли S_2. Тогда чем меньше различаются S_1 и S_2 в соответствующих отношениях и в правильном диапазоне подобия, тем более мы должны быть уверены, что S_2 возможно, ceteris paribus.

Кажется, мы следуем принципу сходства. Предположим, мы видим пятнистую курицу с шестью крапинками. Теперь мы считаем, что существует точно такая же, но с семью крапинками. Мы видим, что эти два положения дел очень похожи. Разница в одну крапинку не является очевидным фактором невозможности. Поэтому, если бы нам сказали, что не может быть курицы с семью крапинками, мы бы были озадачены. Мы бы были озадачены именно потому, что сходство между существованием курицы с шестью крапинками и курицы с семью заставило нас ожидать, что может быть одна с семью крапинками, а дополнительная крапинка не похожа на фактор невозможности, равно как и не кажется правдоподобным, что она имеет какую-либо ясную связь с таковым. Чем больше мы были озадачены, тем больше мы настаивали на объяснении. Если бы ничего не последовало, мы бы пришли к выводу, что в конце концов может быть курица с семью пятнами. Мы думаем именно так. Это кажется правильным. Если это так, то если S_1 возможно, S_2 в значительной степени похоже на S_1, и кажется необъяснимым, что S_2 было бы невозможно, учитывая это, мы должны утверждать, что S_2 возможно.

11.4. Сходство и вычитание

Сходство может фигурировать во многих путях к (ВОЗМОЖНО, НИ ОДИН). «В мире может отсутствовать большинство видов конкретных вещей. Отсутствие всего — в релевантных аспектах — похоже на отсутствие большинства. Так почему же в мире не могут отсутствовать все виды?» «Нет Эйфелевой башни? Возможно. Нет и гробницы Гранта? Возможно. Почему нет никаких других конкретных объектов?» В них мы начинаем с возможного мира и спрашиваем, почему мир без конкретной вещи не был бы достаточно похож на этот мир в релевантных аспектах. Если мы не получаем хорошего объяснения, мы приходим к выводу, что это возможно. Эти (гипотетические) сценарии поднимают вопрос о вычитаниях из мира. Поэтому при более внимательном рассмотрении они расширяются до аргументов о вычитании. Когда мы просим объяснения, это на самом деле просьба о возражениях против последних вычитаний. Поэтому я обсуждаю сходство за счет того, что обсуждаю вычитание.

Вот предпосылки (для) аргумента вычитания для (ВОЗМОЖНО, НИ ОДИН):

1. Существует возможный мир с конечным числом конкретных вещей, каждая из которых не имеет частей[11].
2. Для любого множества всех конкретных объектов мира эти объекты за вычетом по крайней мере одного, без какого-либо конкретного объекта, заменяющего его (их), являются всеми конкретными объектами в некотором возможном мире.

Предположим (1). Учитывая (2), существует мир, точно такой же, как этот, за исключением отсутствия одной конкретной вещи, мира, который «вычитает» из него. Повторно применяя (2), получаем ряд все более пустых миров. В конце концов ряд достигает мира с двумя конкретными объектами, затем мира, в котором

---

[11] Представление этих объектов как не имеющих частей немного смягчает экспозицию. От этой детали не зависит никакой значимый момент.

есть только один из двух. Мир с двумя (конкретными) объектами и мир только с одним (таким) объектом по своей сути очень похожи. Из мира с двумя конкретными объектами можно «вычесть», т. е. он обладает миром с меньшим количеством конкретных объектов. Поэтому можно подумать, что мир с одним (конкретным) объектом тоже должен быть таким. Таким образом, можно подумать, что должен быть мир без конкретных объектов (далее — пустой мир).

Я не уверен в этом. Сила Сходства здесь зависит от того, насколько похожи миры. Разница между 1 и 0 конкретно кажется небольшой. Поэтому, когда мы думаем о 1- и 0-мирах таким образом, мы думаем, что они очень похожи. Разница между пустым и не-пустым кажется большой. «Быть пустым» кажется совсем не похожим на «не быть пустым». Неясно, какое различие должно доминировать, когда мы сравниваем два мира. Поэтому неясно, должно ли Сходство подталкивать нас к пустому миру.

Опять же, миры серии вычитания составляют две серии. Одна из все более пустых миров. Другая из все более пустых конкретных миров. Должно ли рассуждение о вычитании заставить нас ожидать пустой мир, зависит от того, в какой серии мы вычитаем. Если мы моделируем более пустые миры, возможно, так и должно быть. Если мы моделируем более пустые конкретные миры, то не должно. Пустой мир не является конкретным миром. Поэтому он не может принадлежать к серии конкретных миров. Его отсутствие не может быть необъяснимым пробелом в такой серии. Пока мы не достигнем мира с одним конкретным миром, мы вычитаем вниз по обеим сериям. Таким образом, неясно, какое ожидание должно доминировать. Поэтому рассуждение о вычитании для (ВОЗМОЖНО, НИ ОДИН) является пустышкой.

Некоторые могут здесь поспорить. Аргумент вычитания для (ВОЗМОЖНО НЕТ) из более пустых конкретных миров терпит неудачу. Это менее ясно с аргументом, который обращается к *более пустым* мирам. Поэтому можно просто оговорить, что мы используем последний. Но различие «пустой/не-пустой» — это большое релевантное различие даже среди все более пустых миров. Разумно предположить, что это различие превзойти ожидание, которое строит серия более пустых миров, которая строится на малости различий вдоль серии — как только это различие появляется на картине, с одной стороны, мы больше не имеем дело с миром, лишь немного отличающимся от предыдущего мира в серии. Так что снова рассуждение вычитания для (ВОЗМОЖНО, НИ ОДИН) кажется пустышкой.

Опять же, подумайте, что значит вычесть объект из мира. Объект больше не существует. В «результирующем» мире его никогда не было. Кроме того, объект не заменяется. Результирующий мир просто (так сказать) меньше. То, что объект никогда не мог существовать, может быть фактом, касающимся только его самого в некотором смысле. Я человек. Это внутреннее свойство. Возможно, быть человеком достаточно для того, чтобы быть абсолютно контингентно. Если это так, то для меня также является внутренним то, что я мог бы никогда не существовать. Однако, оставив в стороне Бога, то, мог ли конкретный объект не быть замененным, не является фактом, касающимся только его самого. Это также касается его окружения — должно ли оно предоставить замену. Это может быть фактом обо мне, что я мог бы никогда не существовать, но то, должен ли был у моих родителей быть другой ребенок вместо меня, если бы я никогда не существовал, является фактом о них. Это факт о более широкой вселенной, могла ли она не заменить меня, хотя бы фактом о том, требуется ли замена, чтобы я просто появился беспричинно. Так сказать, не от меня зависит, что могло бы не существовать, если бы меня здесь не было. Так что вычитаемость — это внешнее свойство объекта.

Даже объекты, которые внутренне совершенно одинаковы, могут отличаться внешними свойствами, просто из-за их окружения. Внутреннее дублирование не влечет за собой внешнего дублирования. Так что внутреннее сходство не влечет за собой сходство в том, что они вычитаемы. Предположим, что мы дошли до мира из двух конкретных элементов, и эти два являются внутренними дубликатами. Мы вычитаем один. Конечно, мы думаем, что мы можем вычесть и другой. Потому что эти два элемента просто похожи. Но, возможно, вычитание предпоследнего и вычитание последнего отличаются просто потому, что есть отличие между тем, чтобы быть предпоследним элементом и быть последним. Предпоследний элемент — это не вселенная. Это только часть вселенной. Никакие истины о целых вселенных не влияют на возможность его вычитания. Последний элемент — вселенная. Тот факт о нем, что он есть, — тот факт, что он не сопровождается другими конкретными элементами, — является внешним. Так что истины уровня вселенной или, если на то пошло, истины уровня всей конкретной реальности могут влиять на возможность его вычитания. Если есть некоторая необходимость в том, чтобы была *concreta,* это влияет на нее — и в равной степени повлияло бы на другую, если бы она была последней. Как только мы это видим, аргумент вычитания кажется почти ловкостью рук. Он заставляет нас обратить внимание на сторонние факторы — на сами объекты, рассматриваемые по сути. Он заставляет нас игнорировать то, что действительно важно, — что происходит снаружи. Он также ошибочно предполагает, что неправильная вещь должна определять то, что мы думаем о правильной вещи.

Наконец, согласно 11.3, схема рассуждения, основанная на **Сходстве**, исключает только необъяснимые нехватки возможности. Чтобы подобие мотивировало постулирование пустого мира, нехватка пустого мира должна казаться необъяснимой. Наличие конкретного необходимого существа могло бы объяснить эту нехватку. Поэтому чем больше у нас оснований верить в конкретное необходимое существо, тем меньше **Сходство** мотивирует пустой мир. Таким образом, чтобы использовать **Сходство** для поддержки (ВОЗМОЖНО, НИ ОДИН), нам нужен независимый довод против аргументов в пользу конкретного необходимого существа. Мы оцениваем модальный аргумент в таком качестве. В этом контексте предположение, что аргумент вычитания (1)–(2) может привести нас к пустому миру, был бы кругом в доказательстве, поскольку это фактически предполагало бы, что аргумент бесполезен. Учитывая контекст, чтобы использовать (1) и (2) для получения (ВОЗМОЖНО, НИ ОДИН), нам нужен независимый довод, что модальный аргумент не хорош. Я утверждаю, что такого довода нет.

11.5. Мыслимость

Теперь я рассматриваю мыслимость. Я мыслю, что P, в соответствующем смысле, если я заполняю то предположение, что P достаточным образом, используя только *априорные* ресурсы, и тогда кажется, что не исключено, что P[12]. Мы делаем первый шаг к постижению утверждений, что нет никаких конкретных объектов и что:

> **Конкретное Необходимое** (Concrete Necessary). Некоторые конкретные вещи существуют необходимо, —

просто при их постижении. Этот первый шаг не благоприятствует (ВОЗМОЖНО, НИ ОДИН) или **Конкретному Необходимому**. Он «весит» одинаково для обоих (так сказать) и поэтому не склоняет нас к возможности того или другого. Но если мы впишем предположение, что (ВОЗМОЖНО, НИ ОДИН), то, как я утверждаю, все может немного склониться против (ВОЗМОЖНО, НИ ОДИН). Такое включение предположения может включать в себя набросок последствий. Последствия (ВОЗМОЖНО, НИ ОДИН) в модальной метафизике вполне могут заставить нас задуматься.

Интуитивно, если бы не было *concreta*, конкретные вещи все равно были бы возможны. Далее, Брауэр требует, чтобы они были. Согласно Брауэру, доступность симметрична. Предположим, что существует возможный мир — Empty — без *concreta*. Поскольку это возможно, Empty возможен из актуального мира. Следовательно, учитывая Брауэра, актуальный мир возможен из Empty. Актуально, конкретные вещи существуют. Поэтому в Empty конкретные вещи возможны. Теперь я спрашиваю об онтологии их возможности в Empty. В данном случае мы не можем говорить об онтологии *concreta*, существующих в Empty, посколь-

---

[12] Иной вид мыслимости, куда менее освещенный в литературе, также принимает во внимание и апостериорные необходимости. Мыслимость такого рода является более сильным видом модального свидетельства. Но отказ ограничиваться только априори не влияет на мой аргумент.

ку их (в этом мире) нет. Поэтому речь идет либо об онтологии concreta, не существующих в Empty, — *поссибилизм*, либо об онтологии abstracta, существующих в Empty, — *платонизм*[13].

11.6. Поссибилизм

Поссибилизм бывает трех видов, каждый из которых дополняет нашу домашнюю онтологию актуально существующих *concreta*. Дэвид Льюис добавляет существующие недействительные *concreta*. Для него поссибилистские *concreta* существуют. Они так же полнокровно реальны, как и мы. Но они не являются актуальными, то есть не являются частью нашей вселенной [Lewis 1986]. Все остальные поссибилисты добавляют актуальные несуществующие *concreta*, части актуального мира, которые не существуют. Для Майнонга то, что они не существуют, — это все, что нужно сказать. Для других, например Больцано[14] и Генриха Гентского[15], это не так. Для них поссибилистские *concreta* не существуют, но имеют некоторый статус «между» существующим и несуществующим. Очевидно, что это исчерпывающее разделение вариантов. Теперь я покажу, что у каждого есть по крайней мере одна пугающая проблема.

11.6.1. Майнонг

Я начинаю с Майнонга. Для Майнонга sosein (так-бытие) независим от sein (бытие). Вещь может быть-so («быть-так»), т. е. иметь атрибут, даже если она никогда не существует или находится «между» [Meinong 1960: 82]. Большая проблема для Май-

---

[13] Есть еще одна опция для абстрактных объектов, не существующих в Empty. Но это уводит нас из области конкретных существующих вещей в два неоднозначных направления (абстрактное, несуществующее), в то время как другие (объекты) ограничиваются только одним. Поэтому я не понимаю, почему кто-то может предпочесть этот вариант какому-то из остальных.

[14] Тексты и обсуждение можно найти в [Schnieder 2007].

[15] Тексты и обсуждение можно найти в [Cross 2010].

нонга в том, что мы просто не видим, как это может быть. Мы не можем не думать, что что-то без какого-либо бытия просто не существует, чтобы иметь какой-либо атрибут, и поэтому не может этого делать. Поклонники Майнонга склонны выбирать три общих тактики в ответ. Одна из них, по сути, разворачивается так:

Санта не существует. Но о нем думают. Это очевидные претеоретические данные. Быть тем, о ком думают, — это атрибут. Так что у Санты есть атрибут, хотя он и не существует. Если так, то, в принципе, нет никаких препятствий для того, чтобы несуществующие имели другие виды атрибутов, например, нереляционные.

Другое — «то, что вещи могут иметь атрибуты, хотя у них нет никакого вида бытия, многое бы объяснило. То, *что* это может объяснить, оправдывает принятие того, что это может произойти». Третье пытается подорвать взгляды, которые заставляют нас бояться Майнонга, чтобы заставить нас увидеть в этих взглядах предрассудки.

По сути, для Майнонга есть большой вопрос. Мы хотим знать, как то, что он говорит, может быть так. Майнонгианцы не отвечают. Вместо этого две их стратегии утверждают, что вопрос не должен возникать. Но отсутствие достойного ответа на него помогает объяснить широко распространенное сопротивление Майнонгу. Отчасти из-за этого многие просто не хотят признавать, что несуществующее — это действительно то, о чем мы думаем, когда думаем о Санте. (Возможно, вместо этого мы действительно думаем о существующих историях.) Опять же, многие сомневаются, что быть объектом мысли — это реальный атрибут, или что способность иметь такие «обратные интенциональные» атрибуты влечет за собой способность обладать другими видами атрибутов. Они знают, что мы думаем о Санта-Клаусе — претеоретически. Но они ищут более интуитивные объяснения того, что стоит за такими претеоретическими данными. Даже некоторые, кто в целом симпатизирует Майнонгу, делают это. Эдвард Залта превращает несуществующие конкретные объекты Майнонга в существующие абстрактные объекты[16]. Грэм Прист предполагает, что несуществующие объекты имеют атрибуты в других возможных мирах, в которых они существуют [Priest 2005]. Если миры являются актуальными абстракциями, это меняет поссибилизм на платонизм. Если они являются несуществующими конкретными объектами, это не приводит к прогрессу. Тим Крейн предлагает редуктивный подход, в котором все разговоры о несуществующих объектах на самом деле являются разговорами о ментальных состояниях [Crane T. 2013]. Майнонгианцы не ответили на главный вопрос для Майнонга. Пока они этого не сделают, для большинства точка зрения Майнонга будет бесперспективной.

11.6.2. Промежуточный статус

Теперь давайте обратимся к сторонникам промежуточной позиции. Некоторые гипостазируют пространство между существованием и несуществованием, уточняя, что существование — это нечто более узкое, чем оно должно быть. Например, Рассел однажды сделал это, приняв, что существование занимает пространство или время [Russell 1959: 99–100]. Средние века были расцветом таких сторонников промежуточной позиции, которые не жульничали таким образом. Но средневековые сторонники этой точки зрения мало что говорят, чтобы объяснить постулируемый ими промежуточный статус[17]. Генрих Гентский говорит нам только, что его промежуточное, esse essentiae, — это не существование, не чисто ментальное бытие (что бы это ни было), не просто свойство «быть объектом мысли» и оно «присуще» свойству «быть сущностью»[18]. Здесь возникает соблазнительная мысль, что esse essentiae — «бытие сущности» — на самом деле просто существование чего-то абстрактного,

---

[16] См., например, [Zalta 1980].

[17] Как и Больцано. См. [Schnieder 2007].

[18] См. Henry of Ghent, *Quodlibet* 3, ч. 9; см. также q. 2. С другими текстами по этой теме можно ознакомиться в [Wippel 1981].

сущность, ошибочно обозначенная как другой вид существования, потому что это существование другого вида вещи. Дунс Скот называл промежуточный онтологический статус *esse cognitum* — тем, что свойственно акту познания[19]. Ричард Кросс правдоподобно предполагает, что это просто свойство «быть репрезентированным содержанием некоторого познания» [Cross 2010: 129]. Если так, то выглядит правдоподобным, что это вообще не какое-то реальное бытие. Вместо этого это существование чего-то другого, ментального состояния. Я сильно подозреваю, что статус «между» всегда сводится либо к обычному существованию (что приводит нас к Генри), либо к отсутствию (что приводит нас к Скоту). Таким образом, мне неясно, что эта промежуточная позиция действительно предоставляет альтернативу Майнонгу и Льюису[20].

11.6.3. Льюис

Наконец, есть версия поссибилизма Льюиса. У нее есть свои проблемы. Сейчас я разрабатываю три.

Для Льюиса другие возможные миры — это вселенные, столь же реальные, как наша, но в пространственно-временном и причинном отношении оторванные от нее [Lewis 1986]. Таким образом, для Льюиса альтернативные возможности — это то, куда летят ракеты, только попасть туда отсюда нельзя. Для него отношение <__является альтернативой__> — это отношение пространственной, временной и причинной оторванности. Таким образом, для него одной из проблем является то, что это шокирующе далеко от нашего интуитивного представления о том, что

---

[19] Duns Scotus, *Ordinatio* I, d. 35, q. un.

[20] Некоторые говорят, что «существование аналогично», то есть мы должны признавать разные виды «экзистенциальных» кванторов, выражающих разные виды существования (как, например, [McDaniel 2017]). Даже этот взгляд не влечет того, что есть какой-либо статус «между» существованием и несуществованием. «Есть» («Is») может обладать множеством смыслов без того, чтобы какой-либо из них считался «промежуточным» между ними — или между остальными и отсутствием всякого существования.

такое быть альтернативой. Анализ этого отношения, предложенный Льюисом, кажется, просто радикально меняет тему.

Другая проблема для Льюиса заключается в том, что (как я сейчас утверждаю) ни у кого не может быть веских оснований принять его теорию. Вот почему. Вероятно, у нас может быть веское априорное основание принять, что:

3. Возможно, существуют рогатые львы.

Мы можем прийти к этому, вообразив или представив, что есть рогатый лев. Кроме того, если мы отбросим возможность того, что Бог может это открыть, любая веская причина принять теорию Льюиса должна быть априорной. Льюис делает два утверждения. Одно из них концептуальное или аналитическое. Оно заключается в том, что:

4. Другие конкретные существующие вселенные предоставляют редуктивный анализ модальных утверждений.

Другое является экзистенциальным. Его суть в том, что:

5. Для каждого возможного распределения общих атрибутов в пространстве-времени или в релевантном подобии пространства-времени существует по крайней мере одна существующая конкретная вселенная с таким распределением[21].

Только априорный аргумент может поддержать (4). Давайте спросим об эмпирических свидетельствах для (5).

Вселенные Льюиса по определению каузально изолированы [Lewis1986: 2]. Ни одна из них не может повлиять на другую. Поэтому никакая другая вселенная не может каузально произвести свидетельство в пользу (5) в нашей. Некоторые считают, что лучшая теория нашей ранней вселенной поддерживает существо-

---

[21] Ограничение общих атрибутов связано с льюисовской концепцией de re репрезентаций — об этом см. [Lewis 1986: 220 и далее]. В отношении оговорки «по крайней мере» см. [Ibid.: 224].

вание вселенных, пространственно-временно отделенных от нашей. Если это так, доказательство этой теории может быть косвенным свидетельством существования этих вселенных, даже если они не могут повлиять на нашу. Но если бы (скажем) инфляционная космология имела это следствие, это было бы следствием относительно других вещей в *нашем* «мире Льюиса». Это не указывало бы нам на *другой* «мир Льюиса». Поскольку по условию инфляционный характер пространства-времени в одном мире Льюиса не может иметь никакого отношения к тому, что происходит в любом другом.

Некоторые называют «тонкую настройку» нашей вселенной на жизнь — то, как она оказалась устроенной «достаточно точным образом», чтобы произвести нас, — свидетельством существования других вселенных[22]. Мысль в целом заключается в том, что, хотя осуществить это «достаточно точно» с одной «попытки» весьма маловероятно, при достаточном количестве попыток — достаточном количестве вселенных — это необходимо произойдет в итоге. Так что (согласно этой мысли) это подтверждает утверждение о том, что попыток было много. Это может быть просто случаем инверсии ошибки игрока[23]. То есть это может в релевантном аспекте разворачиваться примерно так:

> Я захожу в казино и начинаю играть в кости. Я выкидываю семь семерок подряд, таким образом выигрывая огромную сумму денег. Поэтому я делаю вывод, что в другом месте очень много других игроков играли и проигрывали.

Но предположим, что это не так. Даже в этом случае тонкая настройка нашей вселенной дает нам лишь ограниченное количество информации о содержании других вселенных. Если мы выводим их (из каких-то посылок) для объяснения тонкой настройки, мы относимся к ним как к разнообразным «попыткам» выявить струк-

---

[22] Дискуссию об этом можно найти у [Leslie 1989]. Моя благодарность Браду Сааду за упоминание тонкой настройки и за большое обсуждение, которое за этим последовало.

[23] Об этом см. [Hacking 1987].

туру или содержание вселенной (вселенных) «достаточно точно» в тех отношениях, в которых *наша* вселенная (предположительно) обладает точной настройкой. Поэтому мы делаем вывод, что некоторые вселенные различаются относительно того, что (согласно нашему рабочему предположению) является примером тонкой настройки в нашей. Мы также делаем вывод, что некоторые вселенные имеют фоновые характеристики, которые позволяют считать эти вариации примерами тонкой настройки. Но это все. Это намного, намного меньше, чем то, что постулирует (5), поскольку (5) утверждает или подразумевает, что существует бесконечно много вселенных, которые не имеют этих фоновых характеристик. Эти вселенные не помогают объяснить тонкую настройку. Поэтому тонкая настройка является очень слабым свидетельством в пользу пункта (5), поскольку это свидетельство для (существования) вселенных, которые помогают объяснить ее, но не свидетельство для огромного множества вселенных, которые не имеют такой настройки. Рассмотрим теорию о том, что существуют драконы, грифоны, гиппогрифы, минотавры, буджумы, кентавры, бесконечное множество других «мифических» существ и собаки. Я вижу собаку. Это слабое свидетельство в пользу обсуждаемой теории. Это далеко не достаточное основание, чтобы в нее верить. При наличии свидетельств теория, которая обходится без, например, драконов и грифонов, всегда будет более достойна того, чтобы ее придерживаться.

Предположим, что кто-то свидетельствует мне, что (5)[24]. Если это свидетельство того, что (5), оно сталкивается с немедленным вызовом. Вопрос «откуда вы знаете?» почти разрывает мне горло, пытаясь вырваться наружу. Если нет хорошего ответа, наше апеллирующее к свидетельству рассуждение оказывается подорванным. Предположим, что ответ «это выглядит интуитивно привлекательным» или «(4) выглядит интуитивно привлекательным и требует их». Тогда свидетельство заключается в том, что кто-то нашел априорное соображение одного вида убедительным. Предположим, что и мне пункт (5) кажется интуитивно прием-

---

[24] Я благодарю Брада Саада за эту мысль.

лемым. Тогда, если я принимаю свидетельствующего как того, кто в эпистемическом отношении равен мне или выше меня, это должно повысить мою уверенность в собственных интуициях и, следовательно, в (5). Однако это просто усиливает влияние априорного довода — интуиции. Хотя свидетельство само по себе не является априорным доводом, его влияние на мои доказательства заключается лишь в том, чтобы добавить силы чему-то априорному. Предположим теперь, что я не нахожу (5) интуитивным. Затем, если свидетель — равный или вышестоящий (в эпистемическом отношении) и такое свидетельство усиливает силу проинтуиций, оно уменьшает силу антиинтуиций. Опять же, его доказательное воздействие касается чего-то априорного.

Предположим, что ответ на мой вопрос «откуда вы знаете?» — это другие априорные доводы. Тогда свидетельство становится свидетельством того, что кто-то принимает их, и все происходит так же, как с интуицией. Предположим, что свидетель отвечает, что некая теория мультвселенной предсказывает (5), или что Комитет по метафизике Американской философской ассоциации объявил свое экспертное суждение о том, что (5). В каждом случае свидетельство (testimony) оказывается свидетельством другого рода, и именно это свидетельство (evidence) в итоге подтверждает Льюиса (или нет). Таким образом, в первом случае мы получаем бесконечно малые эмпирические свидетельства. В следующем случае я прихожу на следующее заседание Комитета, кричу «откуда вы знаете?» из зала, и это начинает новый цикл настоящей истории. Итак, как я утверждал выше, любое веское основание принять (4) и (5) оказывается априорным.

У нас есть веские априорные основания принять (3). Предположим, что у нас есть веские априорные основания принять (5). Мы можем понимать априори, что если (5) и (3), то:

6. Рогатые львы где-то существуют.

Столь веское априорная основание принять, что (3) и (5) являются вескими априорными основаниями принять (6). Но такого основания быть не может. (6) — это не тот тип высказываний, которые должны быть априорными. Это тот тип высказываний, которые должны быть обоснованы эмпирически. Таким образом, ни у кого не может быть веских априорных причин принять (3) и (5). Если так, то либо у кого-то может быть веская априорная причина принять (3), либо у кого-то может быть веская априорная причина принять (5), но не оба этих тезиса. Но, как уже отмечалось, у нас есть веские априорные основания принять (3).

Теперь, оставив в стороне откровение, только априорные основания могли бы предоставить сильную поддержку теории возможных миров Льюиса. Поэтому мы можем сделать еще один шаг вперед. Мы можем сделать вывод, что либо у кого-то может быть сильное основание принять теорию Льюиса, либо у кого-то может быть сильное априорное основание для принятия (3), но не то и другое вместе. Но (3) — это совершенно типичное утверждение о возможности. Поэтому, если у кого-то не может быть сильного априорного основания для принятия (3), у него не может быть сильное априорное основание принять любое утверждение о возможности. Если последнее верно, все сильные основания для принятия утверждения о возможности являются апостериорными. И поэтому либо у кого-то могут быть сильные априорные основания принять теорию Льюиса, либо единственные сильные основания принять утверждения о возможности являются апостериорными. Выглядит правдоподобно, что этот второй дизъюнкт ложен. Если он ложный, ни у кого не может быть сильных оснований для принятия теории Льюиса.

Вот еще одна мысль, в целом в том же духе. Предположим, что, если мы принимаем реализм относительно универсалий, мы также должны принять, что в Крабовидной туманности есть говорящие ослы. Мы могли бы разумно рассудить в таком ключе: «Аргументы в пользу универсалий — это не то, что нужно, чтобы составить мое мнение об ослах. Лучше сохранять открытость в этом вопросе. Очко за номинализм». Точно так же аргументы в пользу реализма относительно модальности — это не то, что нужно, чтобы составить наше мнение о говорящих ослах в каузально и пространственно-временных изолированных вселенных. Но для Льюиса они — это *именно* то, что нужно.

Таким образом, все три версии поссибилизма сталкиваются с серьезными проблемами. Я думаю, что поссибилизм был бы неприемлемой ценой за (ВОЗМОЖНО, НИ ОДИН).

11.6.4. Платонизм и мораль

Если поссибилизм неприемлем, то онтологией возможности concreta в Empty должен быть платонизм. Платонизм — это взгляд с существенными издержками. Поэтому проработка и уточнение (ВОЗМОЖНО, НИ ОДИН) априори находит существенные онтологические издержки его принятия. Чем больше издержки, тем больше причин, по которым бритва Оккама склоняет чашу весов против (ВОЗМОЖНО, НИ ОДИН). Никакие столь существенные издержки не сопровождают *отрицание* пункта (ВОЗМОЖНО, НИ ОДИН). Поэтому, как я и предполагал, если мы пойдем дальше в нашем рассуждении о мыслимости, это вполне может склонить нас против (ВОЗМОЖНО, НИ ОДИН).

11.7. Модальная интуиция

Я, наконец, перехожу к модальной интуиции. Многим (ВОЗМОЖНО, НИ ОДИН) просто кажется истинным или, по крайней мере, не кажется ложным (что является более слабым доказательством его возможности). Однако мы должны отнестись к Necessary Concreta Survey 9.2.4 довольно серьезно, даже учитывая ограничения силы свидетельств, которые нам может предоставить опрос. Если мы это сделаем, то, по-видимому, многим тезис **Конкретное Необходимое** либо кажется истинным, либо начинает казаться таковым по размышлении, либо не кажется ложным. Survey предполагает, что если почти у всех есть интуиция в пользу (ВОЗМОЖНО, НИ ОДИН), то почти у всех здесь есть конфликт интуиций.

В столкновении интуиций мы могли бы спросить, откуда они взялись. Возможно, некоторые не должны нас поколебать. Те, чье про-отношение к (ВОЗМОЖНО, НИ ОДИН) проистекает из смутного чувства, что они могут представить, что нет ничего конкретного, должны подумать еще раз: как утверждает глава 10, они не могут. Если она исходит из смутного чувства, что априорное размышление не находит проблем в том, что нет ничего конкретного, подумайте еще раз: в разделах 11.5 и далее мы нашли проблему с помощью априорного рассуждения. Кроме того, есть и другие. Как хорошо известно, стандартная логика первого порядка предполагает, что существуют значения для переменных первого порядка — индивидов. Хотя мы можем переформулировать логику первого порядка, чтобы избежать этого, результаты будут сложными и менее интуитивными[25]. Так что, вполне вероятно, истина стандартной логики первого порядка заключается в том, что *какой-то* индивид существует. Логика не требует, чтобы индивиды были конкретными. Но существует ограниченный набор видов-кандидатов абстрактного индивида, которые не приносят за собой в онтологию конкретные объекты.

В силу оснований, предложенных ранее, выглядит правдоподобным, что субстанциональные расширенные области конкретны. Согласно некоторым параллельным доводам, субстанциональные точки также могут быть таковыми. (Их отсутствие может остановить движущийся объект. Их присутствие позволяет ему двигаться[26].) Но могут быть платоновские индивиды, например числа Фреге или чистые классы. Логические истины первого порядка необходимы. Так что, если есть мир без конкретных объектов — и мы отвергаем поссибилизм, — такие элементы должны быть по крайней мере возможны. Некоторые из них должны существовать по крайней мере в мирах без конкретных объектов. Приверженность их возможности — это дополнительная цена (ВОЗМОЖНО, НИ ОДИН) — не в последнюю очередь потому, что было бы странно, если бы они существовали только при отсутствии конкретных объектов, а не на самом деле. Таким образом, экономия склоняет нас против (ВОЗМОЖНО, НИ ОДИН), если в противном случае можно обойтись без них. Я утверждаю в другом месте, что такой шаг возможен[27].

---

[25] Обсуждение можно найти у [Williamson 1999: 3–8].

[26] Как Дин Зиммерман (в разговоре).

[27] [Leftow 2012], а также [Leftow 2006: 325–56].

Посмотрите на это с другой стороны. Учитывая необходимость логики первого порядка, а также необходимость актуализма, либо с необходимостью есть конкретные объекты, либо, возможно, есть чистые классы или числа Фреге. Неочевидно, что правый дизъюнкт более правдоподобен, чем левый. Если это не так, априорное размышление блокирует принятие (ВОЗМОЖНО, НИ ОДИН). Опять же, интуитивное «почему бы и нет?» навешивает на любое утверждение о возможности, которое на первый взгляд не является спорным, ярлык неоднозначности. Но (ВОЗМОЖНО, НИ ОДИН) не является бесспорным. Это не должно выглядеть очевидным. Это троянский конь, нагруженный гадостями. Есть много доводов, объясняющих, «почему бы и нет».

Теперь давайте рассмотрим источники необходимых конкретных интуиций. В большинстве случаев мы можем исключить религиозную веру. Теист-с-улицы не думает о необходимом существовании и может даже не уловить эту идею. Тест «**Конкретное Необходимое**» показывает, что большое количество предпосылок подразумевает **Конкретное Необходимое**[28]. По-видимому, очень многие, кто проходил тест, находили эти предпосылки интуитивными, если они рассматривались независимо друг от друга. Некоторые, кто видел, к чему они ведут, могли затем усомниться по крайней мере в одной из них. Но все же, учитывая, к чему они ведут, интуиции, благоприятствующие этим предпосылкам, считаются благоприятствующими **Конкретному Необходимому**. Интуиции, благоприятствующие этим предложениям, благоприятствуют ей над (ВОЗМОЖНО, НИ ОДИН).

Две вещи, как может показаться, склоняют баланс модальной интуиции в сторону (ВОЗМОЖНО, НИ ОДИН). Для начала (ВОЗМОЖНО, НИ ОДИН) применяет модальность, возможность, к немодальному предложению, что нет ничего конкретного. Если мы говорим, что, возможно, некоторая конкретная вещь существует с необходимостью, это модализует предложение с модальностью в нем. Некоторые могут подумать, что модальные

---

[28] С деталями можно ознакомиться на necessarybeing.com.

интуиции о предложениях, содержащих модальности, менее надежны, чем интуиции о предложениях, которые их не содержат. Однако это либо не так, либо это так, но другие доводы в итоге склоняют чашу весов в обратную сторону. Рассмотрим какое-нибудь очень сложное немодальное предложение, которое (насколько вам известно) может быть или не быть теоремой теории множеств. Рассмотрим утверждение, что необходимо 2 + 2 = 4. Ваша интуиция о том, что последнее возможно, более надежна, чем любая ваша интуиция о том, что первое возможно.

Опять же, интуиции об итерированных модальных утверждениях (например, что возможно необходимо P) могут быть изначально менее достоверными, чем интуиции об утверждениях, использующих только один модальный оператор. Если это так, то интуиции о том, что возможно необходимо существует некоторая конкретная вещь, могут быть изначально менее достоверными, чем интуиции о том, что (ВОЗМОЖНО, НИ ОДИН). Это может показаться неблагоприятным для тезиса **Конкретное Необходимое**. Но то, что возможно **Конкретное Необходимое**, — это не утверждение о том, что возможно необходимо существует некоторая конкретная вещь. Последнее теряет ключевой момент, связанный с **Конкретным Необходимым**, — ее импликацию, что это одна и та же конкретная вещь в каждом возможном мире. Лучшим представлением **Конкретным Необходимым** было бы то, что, возможно, некоторая конкретная вещь, если бы она существовала, имела бы следующее свойство: необходимо, что, если она существует, она существует необходимо. Это использует много модальных операторов, но не в одной последовательности. Поэтому, если есть проблема с интуициями о последовательности операторов, она здесь не возникает.

Когда интуиции сталкиваются, мы можем выбрать индивидуально наиболее убедительную из них. Я утверждаю, что <возможно **Конкретное Необходимое**> не хуже, чем ничья с (ВОЗМОЖНО, НИ ОДИН) на этом, основываясь частично на результатах **Теста Необходимых Конкретных Объектов**. При ничьей мы спрашиваем, какие интуиции лучше всего согласуются с общей лучшей системой наших самых убедительных интуиций. То, что онтологическая бережливость имеет значение, является одним из них. (ВОЗМОЖНО, НИ ОДИН) имеет скрытые онтологические издержки. **Конкретное Необходимое** стоит только того, что написано на упаковке, — конкретное необходимое существо. Как я показываю в другом месте, конкретное необходимое существо, которое также всемогуще, может обеспечить модальную метафизику [Leftow 2012]. Если мы признаём, что постулируемое нами конкретное необходимое существо всемогуще, и разрабатываем этот аспект, мы получаем огромный выигрыш в онтологической экономии: модальная метафизика без чего-либо абстрактного или несуществующего. Таким образом, экономия выступает против (ВОЗМОЖНО, НИ ОДИН), — хотя если добавление всемогущества к необходимому конкретному является издержками, то, возможно, экономия срабатывает не в полную силу. Если мы воспринимаем бережливость всерьез в других контекстах, мы должны сделать это здесь. Насколько убедительными должны быть интуиции, апеллирующие к экономии, — это большая тема. В этом контексте уместно было бы сказать, что мы находим их убедительными во многих вопросах.

Также важно, какие интуитивно привлекательные предпосылки подразумевают конкурирующие предложения. Когда интуиция касается метафизики, проверка этого — это просто предоставление и оценка метафизических аргументов для конфликтующих предложений. Насколько я могу судить, только аргумент вычитания благоприятствует (ВОЗМОЖНО, НИ ОДИН). Я утверждал, что это не дает никакой реальной поддержки. Предпосылки Теста в целом дают лейбницевские космологические аргументы. Суждения о таких аргументах, несомненно, будут различаться.

В конце концов, мы придерживаемся интуиций, которые вместе наиболее рационально убедительны. Это основа. Больше ничего не нужно делать. Не нужно обобщать, насколько убедительными разные люди считают различные комбинации интуиции. Но я выстраивал ранее аргумент в пользу того, что (ВОЗМОЖНО, НИ ОДИН) стоит особняком, без существенной аргументированной поддержки, и пытался подорвать его чистую интуитивную привлекательность. Если я прав, то в этом случае вопрос «почему бы и нет?» имеет разумные ответы. Чистая интуитивная привлекательность (ВОЗМОЖНО, НИ ОДИН) сталкивается не только с чистой интуитивной привлекательностью необходимых конкретных объектов, но и с интуицией, которая благоприятствует космологическим аргументам и аргументам, основанным на экономии, упомянутым мной ранее. Так что, возможно, ¬(ВОЗМОЖНО, НИ ОДИН) должен победить или победит для большинства. Поэтому я предполагаю, что (ВОЗМОЖНО, НИ ОДИН) слишком хрупкий тростник, чтобы создавать проблемы для **Необходимости Совершенного Существа** или его конъюнкции с утверждением, что, возможно, совершенное существо существует.

Глава 12
Еще пять возражений

Три главы ничего не должны быть рекордом даже для философов. Теперь я перехожу к некоторым последним возражениям против **Необходимости Совершенного Существа**.

12.1. Финдли

Дж. Н. Финдли написал:

> Сторонники религиозного взгляда (хотят), чтобы Божественное Существование имело, с одной стороны, как тот неизбежный характер, который может быть найден только там, где истина отражает произвольную конвенцию, так и, с другой, характер «создания реального различия», который может быть найден только там, где истина не имеет этой чисто лингвистической основы. (Это) влечет за собой необходимое несуществование (Бога) [Findlay 1955: 54–55].

Финдли считал, что условности наших языков делают необходимые истины необходимыми и истинными. Если это так, то если необходимо истинно, что Бог существует, то *конвенции* делают существование Бога истинным. Но существование Бога должно быть неконвенциональным фактом. Из этого следует несуществование Бога, потому что ничто не может быть одновременно конвенциональным и неконвенциональным. Если Финдли прав, то, учитывая **Необходимость Совершенного Существа**, не может быть совершенного существа. Переворачивая это с ног на голову, если может быть совершенное существо, **Необходимость Совершенного Существа** ложна.

Финдли основывает свою позицию на почти универсально отвергнутом виде конвенционализма. Но его мысль обобщает. Поскольку это так, отрицание его конвенционализма недостаточно, чтобы справиться с ним. Сейчас я это покажу.

12.2. Обобщение аргумента Финдли

Финдли считал, что условности, объясняющие необходимость, также объясняют истину. Если только совершенное существо не определяет то, как мы создаем конвенции, наши конвенции в каком-то смысле независимы от него. Ибо они зависят от нас, а не от него. Примем, что теория необходимости является светской, только если она прослеживает необходимость до чего-то независимого от любого совершенного существа. Светские теории включают в себя не только конвенционализм, но и концептуализм и любой платоновский взгляд на возможные миры. Таким образом, наше первое обобщенное утверждение Финдли заключается в том, что:

1. Какая-то секулярная теория необходимости истинна.

Второй вариант обобщенного тезиса Финдли состоит в том, что:

2. Все, что объясняет необходимость, объясняет и истину.

Согласно (1), нечто независимое от совершенного существа делает его существование необходимым. Учитывая это и (2):

3. Совершенное существо черпает свое существование из чего-то независимого от него.

Сторонники совершенного бытия отвергают (3). Во-первых, они обычно думают, что их совершенное существо — это Бог авраамических религий. Бог авраамических религий не обязан своим существованием ничему другому. Опять же, сторонники тезиса о существовании совершенного существа обычно считают, что лучше не быть обязанным своим существованием другому[1]. Для них это означает, что совершенное существо не обязано своим существованием другому, если только это не является несовместимым с каким-то атрибутом, которым, по крайней мере, стоит обладать. Трудно понять, что это может быть[2].

Никакие проблемы с идеей непроизводного существования не очевидны априори. Она кажется совершенно связной. Поэтому многие верят в вещи с непроизводным существованием. Любая платоновская сущность имела бы его. Опять же, во многих формах натурализма некоторые естественные сущности являются непроизводными — изначальная сингулярность, квантовая пена, вселенная. Если непроизводное существование желательно и не исключено априори, сторонники тезиса о существовании совершенного существа попытаются получить его для совершенного существа. В (1) и (2) только контингентное совершенное существо может иметь его. И поэтому возникает угроза противоречия в стиле Финдли:

> Сторонники тезиса о существовании совершенного существа хотят, чтобы их совершенное бытие было конкретным, необходимым и не-производным. Среди конкретных вещей только случайные вещи не-производны. Поэтому не существует совершенного существа.

В ответ я отрицаю (2). Это отрицание правдоподобно во многих светских теориях необходимости. Вот пример светской теории:

Возможные миры — это «большие» платоновские предложения. Для того, чтобы было необходимо, чтобы P, все большие пропозиции должны иметь в качестве логического следствия P.

---

[1] Как и Ансельм — см. *Monologion* 1–4.

[2] Джефф Спикс мог бы сказать, что на эту роль, пожалуй, подходят неизвестные совершенства [Speaks 2018: 95–106]. Я отвечаю на это предложение в [Leftow... b].

Даже если эта теория верна, то, что вода есть H_2O, делает верным то, что вода есть H_2O, а не тот факт, что некоторые предложения имеют такое следствие. Опять же, в более поздних версиях конвенционализма конвенции делают необходимым, чтобы вода была H_2O, но не делают это верным. Согласно этим взглядам, эта истина неконвенциональна. Истина приходит первой, независимо от соглашения. Только потому, что она есть, мы можем сделать ее необходимой[3]. Для более позднего конвенционализма, который кажется более правдоподобным, истина помогает объяснить необходимость, а не наоборот.

12.3. Проблема уникальности

Теперь я рассматриваю еще одну пару аргументов. Если совершенное существо существует необходимо, то это единственное конкретное необходимое существо. Поэтому можно спросить, почему должно быть *только одно* такое существо[4]. Но этого можно было бы ожидать, если (как я бы утверждал) совершенное существо обладает стандартными божественными атрибутами. Бог по своей природе является свободным творцом. Он может существовать один, если Он выбирает, и может так выбирать. Таким образом, Он один в каком-то возможном мире. Поэтому, если Он необходимое существо, то Бог является единственным возможным конкретным необходимым существом. Если бы совершенное существо было Богом, тот (предполагаемый) факт, что оно существует только необходимо, является просто его следом на остальной части области модального.

Это поднимает еще одну проблему. Единственная необходимая конкретная вещь была бы модальной аномалией. Теория о том, что все конкретные объекты являются контингентными, проще. Усложнение онтологии путем разрешения области необходимых конкретных объектов — это издержки. Издержки — это возра-

---

[3] Как у Алана Сиделла — см. [Sidelle 1989; Salmon N. 1981; Sider 2011].
[4] Этот вопрос поднял Ричард Суинберн в переписке.

жение против **Необходимости Совершенного Существа**[5]. Я отвечаю, что издержки могут стоить того, чтобы их платить. Необходимая конкретная вещь может объяснить факты, которые не могут объяснить контингентные конкретные вещи, например, что вообще существуют какие-либо контингентные конкретные объекты. Она также может предоставить привлекательную общую модальную метафизику — ту, которая «платит» за дополнительный вид конкретной вещи, устраняя все абстрактные вещи[6]. Добавьте подкатегорию, исключите категорию самого высокого уровня (абстрактную) и все ее подкатегории: это выгодная покупка.

12.4. Шрейдер: перезагрузка

В разделе 10.6 я разобрал аргумент Шрейдера «представьте шарик в воображении». Однако можно отделить его основную идею от связи с воображением. Независимо от того, воображаемы они или нет, все нижеследующие утверждения правдоподобны:

4. В возможном мире 1 единственными конкретными объектами являются шарик А и его собственные части.
5. В возможном мире 2 единственными конкретными объектами являются шарик В и его собственные части.
6. «А» и «В» — жесткие десигнаторы[7], и А ≠ В.
7. Ничто из того, что является частью А в 1, не является частью В в 2.
8. Конкретные объекты обладают трансмировым тождеством.
9. Истинные высказывания (statements) о тождественности, в которых жесткие обозначения обрамляют «=», необходимо истинны.

---

[5] Как у Александра Прусса и Джошуа Расмуссена [Pruss, Rasmussen 2018: 191].

[6] Как в работе [Leftow 2012].

[7] Жесткий десигнатор для x — это термин, обладающий референцией к x в каждом возможном мире, в котором x существует, и ни к чему-либо еще в любом возможном мире.

Учитывая это, предположим, что существует конкретное необходимое существо C. Тогда в мире 2 C — это B или часть B. Но ни шарики, ни их собственные части не существуют с необходимостью. Далее, если кто-то стиснет зубы и скажет, что (скажем) B существует с необходимостью, то отсюда следует, что либо (4), либо (6) ложны. Из этого также следует, что если Необходимость Совершенного Существа верна, то либо нет совершенного существа, либо (4) и (5) ложны, либо шарик может быть совершенным существом. Далее, если (4) верно, то в мире 1 C — это A или часть A. Если (5) верно, то в мире 2 C — это B или часть B. Учитывая (8) и (9), эти вещи влекут, что что-то в 1 идентично чему-то в 2. (6), (7) и (9) влекут, что ничто в 1 не идентично ничему в 2. Таким образом, учитывая (4)–(9), никакая конкретная вещь не существует с необходимостью. Назовем это гнездо проблем Перезагрузкой.

Давайте проясним, для чего Перезагрузка создает проблемы. (4)–(9) совместимы с Необходимостью Совершенного Существа, или с ней и утверждением, что, возможно, совершенное существо существует, или с ней и утверждением, что логика абсолютной модальности включает постулат Брауэра. Они несовместимы только с конъюнкцией всех этих пунктов. Тем не менее, если конъюнкция (4)–(9) более интуитивна или иным образом лучше подкреплена, чем какая-то одна предпосылка Ансельма, мы можем принять это как основание для отклонения этой конкретной предпосылки. Теперь (6) и (7) являются оговорками, и в них нет ничего странного. Я принимаю (8) и (9). Но я ставлю под сомнение (4) и (5).

Давайте спросим себя, почему мы верим в существование миров, состоящих только из одного шарика.

Главная причина, конечно, в том, что мы думаем, что можем представить его. Но согласно 10.6, мы не можем. Как только мы это осознаем, миры с одним шариком теряют большую часть своей «притягательности». Остальное из-за их описаний, не подразумевающих никакой лжи, которая была бы очевидна априори. Но это иллюзия. Описание мира с A, его собственными частями и конкретным необходимым существом, также не подразумевает никакой лжи, которая была бы очевидна априори. Оба мира мыслимы, и в одинаковой степени. Но возможен максимум один. Кроме того, в любом месте может таиться в настоящее время скрытая, но фактически доступная априорная ложь, согласно 8.1. Таким образом, этот источник обоснования возможных миров с одним шариком загнан в угол. То, что остается для их мотивации, — это аналоги ходов, которые обсуждались в главе 11. Большинство из них явно потерпят неудачу, и во многом теми же способами. Но принципы рекомбинации поднимают вопрос.

Принцип рекомбинации, о котором идет речь, — это указанный в разделе 11.2:

> **Рекомбинация** (**Recombination**). Если какая-либо конкретность может существовать, то все их комбинации могут быть всеми конкретными объектами возможного мира.

Притом что комбинациями A и B являются A и B, A отдельно, B отдельно и ни то ни другое. Принципы рекомбинации утверждают, что устанавливают крупномасштабные закономерности логического пространства — или являются «законами» логического пространства. Принципы рекомбинации, которые избегают миров наподобие «только один шарик» и других дружественных к «перезагрузке» миров, могут быть более сложными, чем те, которые допускают их. Если так, то если мы должны ожидать или, по крайней мере, ценить здесь простоту, добавляя очки за миры «только с одним шариком». Но сравните **Рекомбинацию** с:

> **Перекрытие** (**Overlap**). Если какие-либо конкретные объекты могут существовать, то все их комбинации без перезагрузки могут быть всеми конкретными объектами возможного мира, —

где комбинация без перезагрузки — это комбинация, которая не генерирует аргумент перезагрузки. Перекрытие вставляет дополнительный предикат. Рекомбинация устанавливает дополнительную категорию, миры перезагрузки. Таким образом, эти два понятия кажутся просто несоизмеримыми по простоте. Ни в том, ни в другом случае не начисляется очков. Рекомбинация также не поддерживает миры только с одним шариком.

Далее я рассмотрю аргументы вычитания. Здесь достаточно простого момента. То, что вычитание может нам оставить, зависит от того, с чего оно начинается. Если вычитание дает нам мир с одним шариком, то серия вычитаний не началась с мира, содержащего конкретное необходимое существо. Поэтому, чтобы использовать здесь рассуждение о вычитании для получения чего-то, что мы можем использовать против конкретного необходимого существа, мы должны дать какое-то основание полагать, что мы не начинаем с такого мира, постулирование которого не содержит в посылке заключение против его существования. Если у нас этого нет, аргумент вычитания содержит заключение в посылке. Если он у нас есть, аргумент вычитания ничего не добавляет к своей силе. Поэтому вычитание здесь не может помочь. Вместо этого нужно какое-то другое возражение против конкретных необходимых существ. Я утверждаю, что все те, которые я могу придумать, терпят неудачу.

Аргументы вычитания, как я утверждал, являются примерами более общего вида рассуждений, которые выводят одну возможность из другой, потому что она похожа на другую. Раздел 11.3 предполагает, что такие рассуждения выказывают неодобрение только необъяснимому отсутствию возможности. Поэтому для того, чтобы такие рассуждения мотивировали нас постулировать миры, состоящие только из одного шарика, их отсутствие должно было бы казаться необъяснимым. Существование конкретного необходимого существа могло бы объяснить его. Поэтому чем больше у нас оснований верить в него, тем меньше этот вид рассуждений мотивирует постулировать миры, состоящие только из одного шарика. Таким образом, чтобы использовать этот вид рассуждений для поддержки тезиса о существовании миров, состоящих только из одного шарика, нам (опять же) нужен независимый довод против любого конкретного необходимого существа. Таким образом, этот вид рассуждений сам по себе срабатывает не в пользу миров, состоящих только из одного шарика. Я утверждаю, что дальнейший независимый довод невозможен.

Мы верим в миры, состоящие только из одного шарика. Но насколько я могу судить, у нас нет для этого веских оснований. Кроме того, согласно 8.1, в них таятся метафизические проблемы, а модальные аргументы от совершенства сами по себе являются потенциальными проблемами. Чтобы одержать победу над Ансельмом самостоятельно, интуиции, благоприятствующие им, должны быть по крайней мере столь же сильны после разрешения метафизических проблем и учета моих ответов выше, как и те, которые благоприятствуют одной из его предпосылок. Если они по крайней мере столь же сильны, это заставляет нас приостановить или отвергнуть предпосылку Ансельма. Если они недостаточно сильны, чтобы сделать это самостоятельно, интуиции в пользу мира, состоящего только из одного шарика, должны быть дополнены доводами против предпосылок Ансельма и аналогичными (и пародийными) аргументами.

Интуиции в пользу мира только с одним шариком не заставляют нас приостанавливать или отвергать **Необходимость Совершенного Существа**. Ибо вскоре мы увидим достойные аргументы в пользу **Необходимости Совершенного Существа**. Кроме того, во Введении отмечалось, что как только появилась семантика возможных миров, аналитические философы-теисты решительно обратились к **Необходимости Совершенного Существа**. Семантика спровоцировала это, потому что для многих она успокоила общее беспокойство по поводу абсолютной модальности «в мире». Разобравшись с этим, они были свободны, и **Необходимость Совершенного Существа** действительно начала казаться им обладающей сильной интуитивной привлекательностью. Этот консенсус и его твердость указывают на интуиции, значительно более сильные, чем те, что остались для миров, содержащих только один шарик, если мы строго исключим любой способ, которым воображение могло бы им помочь. Интуиции в пользу **Необходимости Совершенного Существа**, я думаю, в основном заключались в том, что должна быть некая скрытая связь между совершенством и абсолютно необходимым существованием — что первое каким-то образом подразумевает второе. Это была мысль Ансельма. Глава 17 пытается укрепить это, демонстрируя одну такую связь. Если этот шаг удастся, это покажет, в частности, что нельзя подорвать соответствующие интуиции. Поэтому **Необходимость Совершенного Существа**, как мне кажется, побеждает миры с одним-шариком.

Опять же, существует почти единодушное согласие, что логика абсолютной модальности — это S5, которая включает постулат Брауэра. Это говорит о том, что миры с одним шариком тоже проиграют. Их лучший шанс — против предпосылки возможности Ансельма. Но мы не оцениваем это здесь. Поэтому все, что мы можем сказать в настоящее время, — это то, что Перезагрузка сама по себе не заставляет нас отвергать или приостанавливать те предпосылки, которые я защищаю. Мысль о том, что это может по крайней мере помочь, побуждает нас оценить другие возражения против **Необходимости Совершенного Существа**, с надеждой, что (если у миров с одним шариком осталась некоторая интуитивная притягательность) эти другие возражения не должны быть столь же сильными, как соображения «за», чтобы заставить их приостановить действие. Я утверждаю, что другие возражения обладают малой убедительной силой или не обладают ей вообще. Если я прав в этом, а также в том, как мало «притягательности» у миров с одним шариком, когда воображение задействовано, то общий довод, опирающийся на «Перезагрузку-плюс-другие-постулаты», не оправдывает ожиданий.

12.5. Модальность и зло

Зло представляет собой проблему, немного похожую на миры, состоящие из одного шарика. Совершенное существо должно быть достаточно морально хорошим, чтобы реагировать на причины для предотвращения зла, достаточно сильным, чтобы предотвратить все контингентное, и достаточно знающим, чтобы использовать свою силу для предотвращения зла, слишком плохого для того, чтобы оно могло его допустить. Любой менее несовершенный был бы слишком несовершенным, чтобы считаться совершенным, даже если ничего лучшего невозможно. Подведем итог, сказав, что совершенное существо должно быть Предотвращающим. Предотвращающее существо не могло бы существовать в возможном мире, который находится ниже некоторого подходящего морального порога. Если происходит что-то, что Предотвращающее существо предотвратило бы, то нет Предотвращающего существа, которое могло бы это сделать. Учитывая любой отдельный моральный порог, вероятно, некоторые возможные миры находятся ниже него. Если вещь существует с необходимостью, она существует во всех возможных мирах. Поэтому она существует в слишком плохих мирах. В них, следовательно, она не может быть Предотвращающим. Поэтому, если есть слишком плохие возможные миры, либо совершенное существо не обязательно является Предотвращающим, либо совершенное существо невозможно, либо **Необходимость Совершенного Существа** ложна[8].

Я думаю, мы должны отрицать слишком плохие миры. Это попирает интуицию, что они возможны. Я думаю, что это нормально — интуиции, о которых идет речь, кажутся мне подозрительными. Мы, конечно, можем представить себе нацистские лагеря смерти или вспомнить, как ужасно чувствовал себя тот испорченный корневой канал. (Однако мы не можем полностью воспроизвести такую боль в уме. Это большой предел того, сколько зла мы действительно можем вообразить.) Мы можем сказать о любом из них: «как это, но намного, намного хуже и дольше». Это не акт представления в воображении зла слишком плохого мира. Это описание этого зла таким образом, что делает образец частью описания. Но (так я бы сказал) мы не можем представить такие вещи, как бессмысленность, отсутствие морального оправдания или отсутствие достаточного воздаяния в загробной жизни. Поэтому я не думаю, что количество, вид и т. д. зла, которое мы действительно можем вообразить, говорит в пользу существования слишком плохих возможных миров.

---

[8] Это рассуждение производно от того, которое можно найти в работе [Guleserian 1983].

Мы можем помыслить, что такое зло не имеет оправдания, бессмысленно и т. д. Но мы также можем представить, что оно имеет, не в последнюю очередь потому, что скептический теизм сохраняет при применении к возможностям ту силу удара, которую он применил к действительности. Я думаю, что могу продолжать в том же духе подрывать эти интуиции, поскольку (я надеюсь) у меня есть только миры с одним шариком. Но чтобы обсудить это адекватно, мне в этой книге придется выйти за рамки того, что привлекает читателей. Как и в случае с мирами с одним шариком, эти интуиции имеют наилучшие шансы победить предпосылку возможности Ансельма. Поэтому я надеюсь рассмотреть их в книге, посвященной этой предпосылке.

Теперь я рассмотрел все известные мне возражения против **Необходимости Совершенного Существа**[9]. Все они (я утверждаю) либо явно несостоятельны, либо их лучше всего толковать как возражения против других посылок Ансельма. Поэтому те, кто находит **Необходимость Совершенного Существа** интуитивной, могут свободно ее одобрить. У нее нет неотмененных отменяющих факторов. Другой вопрос, есть ли какой-либо хороший аргумент в пользу **Необходимости Совершенного Существа**. Теперь я перехожу к этому вопросу.

---

[9] Можно также предположить, что если необходимо существующее совершенное существо возможно, необходимо существующий Кетцалькоатль тоже должен быть таковым, — но не может быть так, что существуют они оба, если совершенное существо будет свободно, чтобы существовать в одиночестве. Этот момент на самом деле создает препятствие для посылки возможности Ансельма, так что я пока откладываю его в сторону.

Глава 13
Контингентность Совершенного Существа?

Я утверждал, что нет веских возражений против необходимости совершенного бытия. Теперь я перехожу к тому, что говорит в пользу этого. Я начну с демонстрации издержек утверждения, что совершенное существо существует контингентно. Если оно существует контингентно, то в каком-то возможном мире его не существует[1]. Давайте назовем один такой мир Отсутствующим и спросим, возможно ли в Отсутствующем существование совершенного существа. Есть только следующие варианты:

1. В Отсутствующем совершенное существо не может существовать.
2. В Отсутствующем совершенное существо не может ни существовать, ни не существовать.
3. В Отсутствующем совершенное существо может существовать.
   a. Только объекты в отсутствующем обеспечивают такую возможность. То есть, необходимым образом, если Отсутствующий актуален, обеспечивают возможность его существования.
   b. Только объекты не в Отсутствующем обеспечивают такую возможность. То есть, необходимым образом, если Отсутствующий актуален, только не-актуальные

---

[1] То есть необходимо, если этот мир актуален, то оно не существует.

объекты обеспечивают возможность его существования.

c. Объекты в Отсутствующем обеспечивают — или помогают обеспечивать — эту возможность. Как и объекты не в Отсутствующем.

d. Ничто в Отсутствующем или вне его не обеспечивает эту возможность.

(3c) не требует отдельного обсуждения. Пункты (3a) и (3b) касаются этого, *mutatis mutandis*. В пунктах (3a)–(3d) выражение «обеспечивать такую возможность» намеренно расплывчато. Оно охватывает вопрос о том, что делает истину истиной. Оно рассматривает в том числе *фундирование* факта возможности. Оно также охватывает другие вещи, например то, что возможность совершенного существа заключается в том, что существует что-то, или состоит частично в том, что существует что-то. (1)–(3d) являются взаимоисключающими и совместно исчерпывающими. Если совершенное существо существует условно, одно из них истинно. В этой главе и трех следующих утверждается, что ни одно из них не является приемлемым.

13.1. Невозможное

Сначала я обращаюсь к (1). Предположим, что Отсутствующий возможен. Предположим также, что в Отсутствующем совершенное существо невозможно. Тогда, если логика абсолютной модальности включает (постулат) Брауэра, то совершенное существо не существует актуально. Это связано с тем, что если Отсутствующий возможен, то он возможен из актуального мира. Если Отсутствующий возможен из актуального мира, то, учитывая Брауэра, актуальный мир возможен из Отсутствующего. В Отсутствующем, согласно нашему предположению, постулируемое нами совершенное существо невозможно. Поэтому оно не существует ни в каком мире, возможном из Отсутствующего. Из этого следует, учитывая Брауэра, что оно не существует в актуальном мире. Таким образом, следующие утверждения, взятые в совокупности, противоречивы:

4. Необходимо, что если совершенное существо существует, то оно существует контингентно.
5. Если совершенное существо существует условно, то оно невозможно в каком-то возможном мире.
6. Совершенное существо существует актуально.
7. Логика абсолютной модальности включает постулат Брауэра.

(4) и (5) — это допущения, которые мы проверяем. Поэтому эти допущения должны стоить нам (6) или (7). Теисты, придерживающиеся тезиса о существовании совершенного существа, не откажутся от пункта (6). Раздел 5.3 и далее обосновывает пункт (7).

Опять же, я утверждал, что логика абсолютной модальности — это S5. Следствием (5) является то, что в некотором возможном мире совершенное существо с необходимостью не существует. В S5 то, что необходимо в одном мире, необходимо во всех. Таким образом, учитывая S5 и (4)–(6), наше совершенное существо не существует ни в каком возможном мире. Таким образом, чтобы поддержать (4)–(6), нужно отвергнуть S5. Но, вероятно, логика абсолютной модальности включает S5. Тогда, по (1), контингентность совершенного существа стоит нам S5 плюс либо Брауэра, либо совершенного существа. Те, кто думает, что совершенное существо было бы контингентным, не предполагают тем самым, что его контингентность стоит его существования. Я утверждаю, что S5 и Брауэр — слишком высокая цена.

13.2. Опция Прайора

Давайте рассмотрим (2). (2) — это вклад А. Н. Прайора в обсуждение. Как понимал это Прайор, если предложение «Р» содержит единичные термины, то единичная пропозиция <P> существует только в том случае, если все они обладают референцией [Prior 1960][2]. Таким образом, для Прайора некоторые миры

---

[2] Дальнейшие тексты для ознакомления с темой можно найти у [Menzel 1991: 331–374].

обладают единичными пропозициями, которых нет в других. Существующие в мире пропозиции — это как раз те, которые допускаются его партикуляриями³. Предположим, что в определенном мире Линкольн никогда не существует. Тогда ни <возможно Линкольн существует>, ни <Линкольн невозможен> не существуют в этом мире. Так что ни то ни другое не является истинным в нем. Так что Линкольн не является ни возможным, ни невозможным в этом мире.

Если в этом мире нет фактов о Линкольне, то в этом мире даже не является фактом, что Линкольн одновременно не обладает возможностью и не обладает невозможностью. Так что (2) оказывается ложным. Однако для поклонников Прайора это не последнее слово. (1)–(3d) говорят только о возможности *в мире*. Сторонники Прайора добавляют варианты, включающие возможность *в отношении мира*⁴. Например, они сказали бы, что, если Линкольн невозможен ни в каком мире Линкольна, он может быть или не быть возможным в нем. Различие «*внутри мира / в отношении мира*» (in/at) вдохновлено Прайором. Его основная мысль заключается в том, что пропозиция может быть истинной для мира, но не существовать в нем⁵. <Линкольн не существует> не существует в мире без Линкольна. Поэтому она не истинна в нем. Но эта пропозиция существует в нашем мире. В нашем мире она истинна для мира без Линкольна. Лагерь Прайора выражает это, говоря, что в нашем мире она истинна в мире без Линкольна. Для Прайора Линкольн *не* возможен и *не* невозможен в мире без Линкольна. Но в «мирах Линкольна» Линкольн может быть возможен *в отношении* мира без Линкольна⁶.

То, что Линкольн возможен в мире без Линкольна, может быть таковым только в мире Линкольна. В мире без Линкольна неверно

---

³ Как, например, у Прайора — см. [Prior 1977: 84].

⁴ С дискуссией можно ознакомиться, например, в [Adams 1981].

⁵ См. [Adams 1981].

⁶ Сторонника Прайора придерживаются по этому вопросу различных взглядов. Джейсон Тернер отвечает «да» [Turner 2005: 204 и далее]. Отрицательный ответ дает, например, [Adams 1981: 32].

в отношении любого другого мира, что *в* этом мире верно в отношении мира без Линкольна, что Линкольн не существует. Чтобы обладать этой истиной, нужно <Линкольн не существует>. Поэтому для того, чтобы прописать различие in/at, требуется онтология для этих других миров. Таким образом, мои обсуждения теорий миров также неявно затрагивают способы, которыми Прайор мог бы продолжить свою историю здесь. Если теории вызывают возражения, то их версии in/at также будут вызывать возражения.

Мир без Линкольна (мы можем предположить) возможен в нашем мире. Но ни в каком мире Линкольна наш мир невозможен в мире — или в отношении мира — без Линкольна. Поскольку Линкольн не существует в мире без Линкольна, некоторые из пропозиций и положений дел нашего мира отсутствуют в нем. Но все содержимое мира существенно для него. Поэтому наш мир не может существовать в мире без Линкольна. Кроме того, с точки зрения мира без Линкольна наш мир не существует в отношении какого-либо мира. Поэтому он невозможен в нем или в отношении него. Таким образом, для Прайора достижимость не симметрична. Подход Прайора не подтверждает Брауэра. У взглядов Прайора есть и другие неприятные черты[7]. Это веские причины желать альтернативы. Моя собственная альтернатива проста. Я защищал тот тезис, что S5 — это логика абсолютной модальности. В S5 все, что возможно, необходимо возможно. В S5 все, что невозможно, необходимо невозможно. Так что ничто возможное или невозможное в любом мире не является ни возможным, ни невозможным в любом мире. Если так, то далее различие in/at не имеет смысла. Мы можем спокойно его игнорировать.

13.3. Что обеспечивает возможность в Отсутствующем

Теперь я перехожу к (3а). Заполнение (3а) требует отчета о том, что в Отсутствующем обеспечивает возможность совершенное существо. Варианты: конкретные существующие объекты, кон-

---

[7] О них см., например, [Williamson 2013: 70–71; Plantinga 1983; Deutsch 1990; Menzel 1991]. Моя благодарность Даниэлу Рубио за ссылку на Уильямсона.

кретные несуществующие объекты, не конкретные существующие объекты и не конкретные несуществующие объекты. Я начинаю с конкретных существующих. Можно обратиться к:

- Самому совершенному существу (самомУ).
- Конкретным объектам, которые способны быть причиной, составлять или конституировать его или быть метафизическим основанием его существования. Эта опция оказывается включающей модальный комбинаториализм[8].
- Конкретным объектам, которые устанавливают конвенции — конвенционализм.
- Конкретным составителям модального вымысла — модальный фикционализм.
- Конкретные объекты, формирующие понятия — концептуализм[9].
- Чему-либо конкретному[10].
- Конкретному с более низкими степенями атрибутов, максимальными значениями которых обладало бы совершенное существо[11].

Наше совершенное существо не существует в Отсутствующем. Это исключает первое. Теперь я рассматриваю второе. Я начинаю с конкретных объектов, способных быть его причиной. Согласно теориям модальности, в которых последние объясняются через понятие «сил», в простейшем случае положение дел возможно, потому что что-то имеет силу и возможность вызвать его[12]. Существуют и более сложные случаи[13]. Но причина, по которой простейший случай не может быть применен, исключает и их.

---

[8] В качестве источника по этой позиции можно использовать [Armstrong 1989].
[9] См., например, [Rescher 1975; Menzies 1998].
[10] На это указал Дин Циммерман (в беседе).
[11] На это указал Дин Циммерман (в беседе).
[12] Теория «сил» без возможностей (opportunities) представлена в [Vetter 2015].
[13] Их описание можно увидеть в [Leftow 2012: гл. 9 и далее].

Причина в том, что ничто не может вызвать существование совершенного существа. Совершенное существо необходимо существует *a se*[14]. Теперь я попытаюсь это обосновать.

13.4. Необходимая самосущность

Совершенное существо имело бы сущность наивысшей ценности[15]. Это включало бы в себя свойство существовать самому по себе (*a se*), если соблюдаются следующие условия:

8. Необходимая самосущность возможна.
9. Необходимой самосущностью в простейшем отношении лучше обладать, чем не обладать[16].
10. Необходимая самосущность совместима с чем-либо по крайней мере настолько же стоящим обладания.

---

[14] Как Ансельм, см. *Monologion* 1–4 и *Proslogion* 5.

[15] Оно обладает такой сущностью, если только его сущность учитывается в его совершенстве. Предположим, с другой стороны, что только его несущественные атрибуты сделали существо совершенным. Тогда у него также будет сущность, которая позволяет ему иметь их. Если только одна обеспечивает их, это делает его сущностью наивысшей ценности, поскольку, позволяя совершенному существу иметь несущественные атрибуты, которые делают его совершенным, оно вносит наилучший вклад, который сущность может внести в ценность чего-либо. Если многие сущности делают это возможным, то они чем-то отличаются. Тогда существо совершенно, только если различные части его сущности имеют наивысшую ценность. Если это так, то его класс необходимых атрибутов имеет наивысшую ценность. Предположим, наконец, что и сущность совершенного существа, и его несущественные атрибуты вносят вклад. Тогда его сущность все еще позволяет ему иметь несущественные атрибуты, которые вносят вклад. Это будет частью наилучшего вклада, который может сделать сущность. Остальное будет заключаться в ценности, которую сущность вносит помимо этого. Что бы это ни было, это поможет сделать совершенное существо совершенным. Так что это будет другая часть лучшего вклада, который может сделать сущность. Так что эта сущность будет включать в себя набор необходимых атрибутов наивысшей ценности.

[16] См. *Monologion* 15.

Теоретики совершенного бытия в действительности дают атрибуту три теста. Если он проходит все три, они делают вывод, что совершенное существо будет иметь его. (8)–(10) утверждают, что необходимая самосущность проходит все три. Если он не проходит третий, он может в итоге попасть в круг победителей. Но он может сделать это только после дальнейшего исследования. В то же время теология совершенного бытия вернула бы опцию «нет решения».

Существуют более слабые и более сильные трактовки самосущности. По крайней мере, это существование без того, чтобы быть вызванным к существованию или к сохранению извне[17]. То есть, при минимальном понимании самосущности, A существует само по себе в t = df.

11. A существует в момент времени t, и если что-либо в момент времени t является причиной этого, A полностью включает это, и если что-либо до момента t являлось причиной существования A в момент времени t, A полностью включало это, когда действовало[18].

Позже я обсуждаю частичные причины — просто способствующие, но недостаточные. (11) сформулировано так, чтобы позволить любой сущности быть причиной. Что означает полное включение, зависит от того, какими видами сущности являются причина и A. Теперь я обсуждаю субстанции и события просто для иллюстрации. Если причина и A являются обе субстанциями или оба событиями, A полностью включает x тогда и только тогда, когда все части x являются частями A. Если x — это событие,

---

[17] Это позволяет многим вещам существовать *a se*. Это кажется мне полностью когерентным. Платоники, к примеру, с радостью поверили бы в отдельные друг от друга абстрактные объекты, существующие сами по себе. Возможно, если Бог обладает самосущностью, ею не обладает ничто другое. Если это так, то проистекает от чего-то в отношении Бога, а не чего-то в отношении самосущности.

[18] Если A атемпорально, то «A существует в момент t» стоит трактовать как «в момент t, фактом является то, что, атемпорально, A существует».

а А — это субстанция, А полностью включает *x* тогда и только тогда, когда *x* происходит только с частями А. Если *x* — это субстанция, а А — это событие, А полностью включает *x* тогда и только тогда, когда А происходит со всеми *x*. Вероятно, если какая-либо темпоральная вещь сохраняется, она или более ранние части ее истории являются причиной ее существования позже. Если она всегда полностью включает такие причины, когда они действуют, то, пока она существует, и это так, она удовлетворяет (11). Она существует сама по себе. Таким образом, определение допускает темпоральную самосущность.

Теперь я обсуждаю (8)–(10), определяя самосущность как (11). Во-первых, (8). Вот список: Бог Авраама. Брахман. Самая первая конкретная вещь, которая вызывает существование первой конкретной вещи(ей), которую она не включает. Абсолют абсолютного идеализма. Бог Спинозы. Платоновские сущности. Все они мыслимы. Если что-либо из этого списка возможно, то это верно и в отношении самосущности в пункте (11) — поскольку они бы ею обладали. Если ни один из кандидатов из этого списка не был возможен, то, вероятно, некоторая естественная вселенная могла бы быть самосущей согласно (11). Так что, вероятно, самосущность, понимаемая согласно (11), возможна. Теперь я утверждаю, что что-то может иметь ее с необходимостью. Вероятно, все, кроме третьей перечисленной сущности, с необходимостью являются тем, чем они являются. Бог с необходимостью есть Бог, Брахман с необходимостью есть Брахман и т. д. Так что если что-либо из этого возможно, то возможна и необходимая самосущность. Если бы ничто не могло быть с необходимостью само по себе (a se), наличие любого атрибута повлекло бы за собой возможность быть вызванным извне к существованию. Таким образом, быть богом, Богом или абстрактной сущностью означало бы возможность быть вызванным к существованию внешней причиной. Я был бы удивлен, если бы эти следствия имели бы место. Поэтому я предполагаю, что необходимая самосущность возможна: (8) верно.

Теперь я рассматриваю (9). Идея Ансельма о самосущности включала в себя то, что существование никогда не было вызвано извне[19]. Он считал (9) очевидным[20]. К сожалению, он, похоже, считал это настолько очевидным, что ему не нужно было говорить, почему это очевидно. Возможно, он думал, что в случае угрозы самому существованию человека лучше не зависеть от милости других — быть независимым и самодостаточным вместо этого. Это кажется мне правдоподобным. Опять же, кажется, что лучше быть постоянно беспричинной причиной всех вещей, чем не быть. Часть этого — никогда не быть вызванным извне. Добавление того, что вещь является неизбежно, не уменьшает этих ценностей. Если что, последнее добавляет ценность, так как надежная самосущность кажется лучше, чем ненадежная.

13.5. Тезис совместимости

Теперь я перехожу к (10). Чтобы адекватно его обосновать, потребовалась бы книга. Лучшее, что я могу сделать в рамках проекта о других вещах, — это отметить консенсус и показать, что, если он верен, (10) правдоподобно. Подавляющее большинство мыслителей о совершенных существах согласны, что любое совершенное существо обязательно будет обладать стандартными божественными атрибутами — быть обязательно всеведущим, всемогущим, вечным и т. д. Необходимая согласно (11) самосущность, по-видимому, совместима с ними. Она явно не влечет за собой их отрицания. Кроме того, мы достаточно (скажем так) знаем о том, что значит знать, знать больше и знать максимально мыслимое (всезнание), чтобы видеть, что это, скорее всего, не влечет за собой возможность иметь внешнюю причину. Эти моменты, кажется, не имеют к этому никакого отношения. Поэтому было бы удивительно, если бы они приводили к такому следствию. Возможно, какой-то консенсусный выбор имеет грань, которую мы не видим, из-за которой он приводит к возможности обладать внешней причиной. Но, учитывая то, что мы видим, это трудно воспринимать всерьез. Опять же, мы могли бы принять,

---

[19] См. *Monologion* 1–4, 6.
[20] См. *Monologion* 1–4, 25.

что быть (скажем) всеведущим строго имплицирует возможность обладания внешней причиной, если бы мы увидели какой-то хороший аргумент, который бы демонстрировал необходимость того, что, какой бы объект ни существовал, он может обладать внешней причиной. Но мы не видим такого аргумента.

Необходимость отсутствия внешних причин также кажется совместимой с атрибутами, которые постулирует большинство сторонников тезиса о существовании совершенного существа и которые не входят при этом в мейнстримную выборку таких (предполагаемых) атрибутов (Плотин и другие, например, выбирают знание, но не всеведение). Мы не можем полностью постичь ни один из этих атрибутов. Но, вероятно, мы знаем достаточно в каждом случае, чтобы оценить совместимость с другими. Так что (10) правдоподобно, учитывая атрибуты, которые выбирают сторонники тезиса о существовании совершенного существа, и то, что мы понимаем о каждом из них.

13.6. Более сильная самосущность

Теперь я усиливаю нашу концепцию самосущности. Пусть первичные собственные части целого (далее первичные части) будут теми, чье объединение с другими частями объясняет его существование. Тогда я теперь говорю, что A существует сам по себе = df.

12. A выполняет (11) и никогда не имеет первичных частей.

Части, которые не объясняют существование, совместимы с (12)-аксиомой. Но они не могут сделать возможным существование их целого и поэтому не имеют здесь значения[21].

Теперь я утверждаю возможность самосущности, постулируемой в (12). Не иметь ни внешней причины, ни первичных частей (prior parts) *кажется* возможным. Все, что имеет размер точки, не имеет собственных частей. Электроны действительно могут

---

[21] Последним двум предложениям я обязан Дэниелу Берндстону.

быть точечными частицами. Мы можем представить, что некоторые электроны существуют без причины. Опять же, предположительно, была реальная точечная сингулярность Большого взрыва, и у нее не было причины. То, что они мыслимы, является свидетельством того, что они возможны, хотя теисты спорят, может ли что-либо не-божественное действительно не иметь причины.

Опять же, вот список: Бог Авраама. Брахман. Некоторые платоновские сущности. Мы можем добавить Абсолют и Бога Спинозы, если их части не являются первичными частями. Если что-либо из этого возможно, то также возможно отсутствие внешней причины и первичных частей — поскольку они были бы. Если бы было возможно, что ничто не обладает обоими этими атрибутами, то наличие любого атрибута влечет за собой наличие либо внешней причины, либо предшествующих частей. Эти опции включают: «быть богом», «быть Богом», «быть абстрактным» и «быть нематериальным». Опять же, эти следствия были бы удивительными. Если *необходимое* отсутствие обоих невозможно, то существование, бытие богом и наличие любого другого атрибута влекут возможность обладания внешней причиной или возможность быть предварительно разделенным. Это тоже было бы удивительным.

Самосущность, о которой говорится в (12), кажется просто нерелевантной стандартным атрибутам совершенного существа. Так что случай совместимости выглядит так, как указано выше. Я уже утверждал, что лучше быть, чем не быть внешне беспричинным. Теперь нам нужен довод в пользу того, что лучше не иметь первичные части, чем иметь их. Ну, если у вещи их нет, она независима в существовании в одном смысле. Ее существование не зависит от доступности частей. Опять же, предшествующие части ограничивают то, чем вещь может быть и что она может делать. Предположим, что все физические вещи в конечном счете состоят из композиционно базовых частиц. Тогда частицы являются первичными частями всех физических вещей. То, как они могут объединяться и какие виды свойств они совместно могут иметь, ограничивает то, что еще может существовать с точки зрения физики. То, как они объединяются, определяет то, что имеет место на более высоких уровнях. Они также ограничивают то, какую ценность могут реализовать физические вещи более высокого уровня. Например, если они не могут подкрепить агентность, ничто физическое не может сделать морального добра. Таким образом, первичные части вещей ограничивают и определяют их. Вероятно, лучше, чтобы другие вещи не ограничивали и не определяли то, чем кто-то является и может быть. Только так можно претендовать на звание «предельная реальность». Кажется, что это звание достойно обладания. Если это так, то лучше не иметь первичных частей.

Теперь я снова усиливаю самосущность. Я говорю, что быть самосущим удовлетворяет (12) и также условию никогда не иметь вещества, которое бы его конституировало[22]. Затем мы можем запустить параллельные ходы. Первоначальный список теперь включает Бога, Платонические объекты и, возможно, Брахмана. Опять же, электроны не «сделаны» из какого-либо вещества. Остальное идет как прежде. Наконец, мы можем запустить параллельные ходы в отношении других предметов, фундирующих существование совершенного существа — как бы мы ни понимали фундирование. Таким образом, есть демонстрация того, что совершенное существо не может иметь внешнюю причину (существования), быть собрано из частей, конституировано или на чем-то фундировано. Если это невозможно, возможность несуществующего совершенного существа не может быть обусловлена силами или доступностью метафизических оснований, частей или составного вещества.

Теперь я делаю в рассмотрении самосущности шаг вперед. Отказ от частичных причин или метафизических оснований

---

[22] Некоторый резной мрамор образует — конституирует — статую. Некоторая формованная глина образует — конституирует — горшок. Мрамор и глина являются веществами. В смысле «образовывать», который здесь подразумевается, конституция — это отношение 1 : 1 между массой вещества и объектом, который оно конституирует. Для настоящих целей нам не нужен анализ этого отношения. С подходами в отношении последнего можно познакомиться в [Rea 1997].

является естественным продолжением уже обсуждавшейся самосущности, и пример выше в пользу (9) применим и здесь. Существуют также другие способы содействия существованию. Совершенное существо не должно иметь других вещей, помогающих ему существовать такими способами. Ничто не должно иметь возможности сказать: «Я устранил препятствие к существованию совершенного существа». Ничто не должно делать для него возможным существовать, поскольку тогда совершенное существо было бы частично обязано своим существованием тому, кто его обеспечивает. Это ослабило бы его притязание на то, чтобы быть базовым в реальности в соответствующих отношениях(ях), и оставило бы его существование в руках других. Кроме того, «a se» буквально означает «из себя». Вещь, которая является просто a se, существует из себя, точка. Так не скажешь о чем-то, чему помогли существовать. С этого момента я подразумеваю, что самосущность совершенного существа включает в себя все, что я обсуждал, включая отказ от «помощников». Именно так это понимал Ансельм[23].

13.7. Комбинаториализм

Теперь я рассмотрю модальный комбинаториализм. Он трактует неактуализированные возможности как рекомбинации — перестановки — фактических, существующих партикулярий и атрибутов. Эта идея сталкивается с проблемой. По-видимому, могут быть «чуждые» партикулярии, которые на самом деле не существуют и не будут перестановками чего-либо актуального или существующего, его субвенцией, конституированы из актуального или существующего и не будут фундированы на нем. В «Отсутствующем» совершенное существо — такой «чужак». Теодор Сайдер предположил, что комбинаториалисты должны быть сторонниками фикционализма в отношении «чужаков» [Sider 2005: 681]. Ниже я утверждаю, что фикционализм не подойдет для совершенного существа. Д. М. Армстронг, самый

---

[23] См. *Monologion* 6 о тезисе в отношении помощников.

выдающийся комбинториалист, вместо этого апеллирует ко всем фактическим партикуляриям плюс отношению нетождественности. По его мнению, возможность существования чуждой партикулярии — это всего лишь возможность существования партикулярии, не идентичной ни одной из *них* [Armstrong 1997: 166–167]. Фактор истины для этого утверждения о возможности — это просто множественность партикулярий, которые каким-то образом (говорит Армстронг) привносят с собой отношение неидентичности [Ibid.: 167]. Так что фактор истинности — это просто способ расположения актуальных партикулярий, как того желает комбинаториализм. Наделение истинностью, по крайней мере, очень похоже на фундирование и, вероятно, является его разновидностью. Так что в истории Армстронга актуальные партикулярии фундируют возможность дальнейшей партикулярии, которая была бы совершенным существом.

Предположим, мы это допускаем. Тем не менее совершенное существо — это не просто что-то иное, чем эти объекты. Это что-то отличное от них, несущее природу совершенного существа. *Ex hypothesi*, в Отсутствующем ничто не имеет этой природы. Так что в Отсутствующем либо эта природа не существует, либо существует, будучи непроявленной. Если ее не существует, либо ее просто нет, либо она находится в онтологической переписи как несуществующая абстрактная сущность. Если ее нет, то, как утверждается в разделе 13.14 ниже, нет способа получить ее или ее возможность из атрибутов, которые там есть. Так что в этом варианте предложение Армстронга не может обеспечить возможность совершенного существа. Армстронг также не может принять несуществующие абстракции. Он подразумевает, что комбинаториализм постулирует только актуальные, существующие, естественные вещи [Armstrong 1989: 37]. Кроме того, если кто-то собирается постулировать несуществующее, нет необходимости в ходе, который Армстронг применил в отношении истинностных факторов. Было бы проще просто постулировать несуществующее, но возможное совершенное существо. Но это просто означало бы отказ от комбинаториализма как объяснения этой возможности.

Это приводит нас, наконец, к возможности постулировать только один существующий неэкземплифицированный атрибут. Обладание только одним было бы безнадежно *ad hoc* (как и постулирование только одного несуществующего). Кроме того, если <совершенство> существует, не будучи экземплифицированным, этого достаточно, чтобы дать нам возможность совершенного существа. Прибегать к рекомбинации нет необходимости. Как и раньше, нет необходимости в маневре Армстронга в отношении факторов истинности. Я утверждаю, что комбинаториализм, который не трансформируется здесь в поссибилизм или платонизм, не может обеспечить возможность совершенного существа в Отсутствующем. Кроме того, если комбинаториализм должен трансформироваться в одно или другое, чтобы выполнить возлагаемую на него работу, то комбинаториализм *как таковой* вообще не может выполнить эту работу.

Далее я перехожу к конвенционализму. Концептуализм достаточно похож на него, чтобы не нуждаться в отдельном обсуждении.

13.8. Конвенционализм

Конвенционализм относительно абсолютной необходимости существует по крайней мере в трех разновидностях[24]. Его старейшее утверждение гласит, что конвенция делает необходимые истины как необходимыми, так и истинными. Обычно он апеллирует к конвенциям, которые устанавливают значение слов[25]. Алан Сиделл утверждает, что конвенция создает необходимость, но не истину[26]. Теодор Сайдер придерживается следующего мнения: по конвенции мы называем определенные виды истины

---

[24] Здесь я обязан Россу Кэмерону — [Cameron 2021]. Начиная с этого момента, модальные термины выражают абсолютную модальность, если не указано обратное.

[25] Самую недавнюю защиту этого взгляда можно найти у Ричарда Суинберна — см. [Swinburne 2010: 315; Swinburne 1994: 113–114].

[26] Как, например, Алан Сиделл — [Sidelle 1989].

(например, логическую) необходимыми. Это на самом деле утверждает только то, что они истинны и принадлежат к одному из этих видов [Sider 2011: 269, 278]. Конвенция не создает истину *или* реальную необходимость. Она просто выбирает, какие истины *называть* необходимыми [Ibid.: 270]. Таким образом, Сайдер использует конвенцию, чтобы свести необходимость к немодальному атрибуту (быть логической истиной или математической истиной или...). В каждом случае, как для необходимости, так и для возможности. Я называю эти взгляды палеоконвенционализмом, конвенционализмом необходимости и редуктивным конвенционализмом.

Теперь я утверждаю, что ни одна форма конвенционализма не дает приемлемого описания возможности несуществующего совершенного существа. Согласно всем этим взглядам, говорящие в Отсутствующем допускают возможность существования совершенного существа. Они делают это, не делая необходимым, чтобы не существовало совершенного существа. «Могло быть совершенное существо». — «Почему?» — «Потому что я так говорю!» Это кажется слишком большим делом, чтобы уладить его простыми словами. Это слишком большое дело *a fortiori*, если (как я утверждаю) все остальное в модальном аргументе от совершенства выглядит хорошо.

13.8.1. Аргумент вымышленного вида

В Отсутствующем нет совершенного существа. Так что <совершенное существо> — это просто вид, который фигурирует в историях, рассказываемых некоторыми метафизиками и теистами. Он имеет только то содержание, которое дают ему эти истории. Нет, скажем, независимой природы, <совершенного существа>, которая бы существовала, будучи непроявленной, с дополнительным содержанием, — такая природа дала бы нам модальный факт, независимый от конвенции, и мы здесь предполагаем, что конвенционализм верен. Короче говоря, в Отсутствующем <совершенное существо> — это вымышленный вид. Теперь я предполагаю, что, поскольку это так, точка зрения

Крипке о вымышленных видах применима к нему в Отсутствующем, если конвенционализм верен.

Аргумент Крипке о вымышленных видах таков[27]. Предположим, что какой-то древний грек выдумал единорогов из ничего. Автор не имел намерения описать реальных животных. Единороги не имеют исторической связи ни с одним из них. Истории о единорогах также не дают достаточно информации об эволюционной истории и внутренней структуре, чтобы описать только один возможный вид животных. Но подлинные возможные виды животных «заполнены» в этих отношениях. Поэтому никакие возможные животные, похожие на единорогов, не считаются единорогами мифа[28]. Истории не говорят достаточно, чтобы установить определенную семантическую связь с — быть «о» — любым возможным видом животных. Крипке также может думать, что, поскольку существует много одинаково хороших кандидатов, было бы произвольно для любого из них был единорогом. Он мог бы добавить, что истории не предоставляют достаточно информации, чтобы позволить нам установить, какой вид лучше всего подходит[29]. Крипке далее предполагает, что из-за всего этого предложения о единорогах на самом деле не выражают суждений. Они только притворяются. Поскольку эти истории в совокупности не дают достаточно информации, чтобы можно было утверждать, когда предполагаемые утверждения будут верны в какой-либо конкретной, полностью прописанной контрфактической ситуации [Kripke 2011: 67][30].

Если истории о единорогах не о каком-либо полностью определенном возможном виде животных, то они описывают общий вид, «нечто подобное лошади с рогами». Это не полностью

---

[27] См. [Kripke 1980: 156–158; Kripke 2013: 43–53].

[28] См. [Kripke 1980: 156–158].

[29] О трудностях в интерпретации см. [Caplan 2016].

[30] Крипке на самом деле формулирует этот тезис в терминах нашей неспособности установить, когда бы предложение было истинным в отношении такой ситуации. Я пересмотрел его формулировку, поскольку последнее, как мне кажется, не предлагает ясного пути к не-существованию пропозиции.

определенный возможный вид животных. В историях о единорогах единороги являются (сверх?)естественным видом, а не просто общим видом. Любое животное будет принадлежать к естественному виду. Поэтому общий вид не является одним определенным возможным видом животных. В лучшем случае он является общим для многих возможных видов животных. Теперь все это говорит о том, что существуют реальные возможные виды. Это апеллирует, по крайней мере вербально, к неконвенциональной модальной онтологии. Поэтому конвенционалистам придется привести перевод позиции Крипке. Для них этим переводом будет то утверждение, что истории о единорогах не устанавливают возможность какого-либо одного определенного вида животных. Для этого требуется дополнительная информация, учитывая то, какие условия актуально должны выполняться, чтобы имела место принадлежность к актуальному, конкретному виду животных. Кроме того, если все, что мы добавим, это то, что у этого животного есть некоторая внутренняя структура и эволюционная история, мы не достигнем прогресса. Это уже было понятно. В принципе, мы могли бы заполнить этот пробел. Ведь мы знаем, чего именно не хватает. Но, согласно конвенционалистским принципам, нам недостаточно просто иметь возможность заполнить его. Это не дает нам предложения с правильным типом информации, которому можно придать модальный статус. От нас требуется заполнить в истории ее *актуальный* пробел.

Я нахожу позицию Крипке правдоподобной в этом отношении. Если его позиция верна, она имеет последствия для конвенционализма и возможности совершенного существа в Отсутствующем. Ансельм, Аквинский и многие другие теисты считают, что мы не можем в этой жизни постичь сущность совершенного существа. Для них стандартные божественные атрибуты дают нам максимум общий вид. Предположим, что нет совершенного существа и конвенционализм верен. Тогда так же, как больше было нужно для того, чтобы имела место принадлежность к определенному возможному виду единорога, больше необходимо для того, чтобы имела место принадлежность к определенному возможному виду совершенного существа. Те, кто пишут истории о совершенных существах, говорят нам, что нужно больше, так же как это делали имплицитно и писатели историй о единорогах, делая их животными. Кроме того, так же, как «у него есть некоторая внутренняя структура и эволюционная история» было недостаточно, «у него есть некоторая сущность» тоже недостаточно. Теперь я подробнее остановлюсь на этом последнем моменте.

Предположим, что наши соглашения относят <существует сущность совершенного существа> к тому, что возможно. Тогда, согласно конвенционализму, возможно, такая сущность есть. Но если аналогия с единорогами верна, у нас пока нет правильного вида пропозиции для придания модального статуса. Так что эта опция не может сделать совершенное существо возможным. Для аналогии предположим, что Прайор прав. Тогда до того, как я существовал, для меня не было никаких единичных возможностей. Были только общие возможности для вещей, подобных Лефтоу, вещей качественно таких же, какими я оказался [Prior 1960]. Когда я появился, я осознал некоторые из них. Но они не были возможностями *для меня*. Они не были обо мне. Они не были единичными. Теперь предположим параллельно, что конвенция делает возможным существование какого-то нового вида животных, и затем первый буджум появляется без причины. <Буджум> не может считаться видом, который мы сделали возможным. Это какой-то новый вид животных, так же как я был Лефтоу-ской вещью. Но так же, как общая возможность чего-то Лефтоу-ского не была единичной возможностью меня в отдельности, общая возможность какого-то нового вида животных не была возможностью буджумов в отдельности. Она была недостаточно определенной, чтобы «быть о» буджумах, как это предполагается согласно Крипке. Теперь давайте воспользуемся этим. Предположим, что в Отсутствующем условность делает возможным только то, что есть совершенное существо. Это какой-то новый вид совершенного существа, — поскольку в Отсутствующем ничего нет, и если конвенция устанавливает модальные факты, то нет неэкземплифицированных видов совершенных существ, которые могли бы это сделать. Предположим теперь, что появляется совершенное существо. Его актуальный вид, с его полным определенным содержанием, не был бы тем видом, который конвенция сделала возможным, так же как <boojum> с его полным содержанием был тем видом, который мы сделали возможным.

Больше, чем <существует сущность совершенного существа>, необходимо для того, чтобы иметь правильный вид пропозиции для конвенции, чтобы сделать возможным подлинный вид совершенного существа, даже больше, чем требуется в случае единорога. Но согласно авраамическим религиям и теологии совершенного существа, мы не можем в этой жизни предоставить то, что необходимо для заполнения пробела. Мы не можем заполнить историю совершенного существа в достаточной степени и правильным образом, чтобы предоставить подлинный вид совершенного существа. Поэтому в Отсутствующем мы не можем предоставить возможность конкретного несуществующего совершенного существа на конвенционалистской основе.

Для конвенционалистов сделать совершенное существо возможным — значит просто определить модальный статус для пропозиции. Поэтому то, что мы можем сделать возможным, зависит от того, какие предложения для нас доступны. Предположим, что в 10 000 году до н. э. люди просто не имели понятия плазмы или даже достаточных понятий для того, чтобы дать ей определение. У них не было такого слова. Тем более у них не было никаких конвенций, регулирующих разговор о плазме, и никаких, которые бы регулировали ее определение. Поэтому у них не было высказываний о плазме, которым можно было бы придать модальный статус. Так что, вполне вероятно, с точки зрения конвенционалистов, плазма еще не была возможна или была невозможна. С точки зрения конвенционалистов то же самое относится и к нашему совершенному существу. С точки зрения конвенционализма, на нас возложена задача наделять модальным статусом. Поэтому нам нужно правильное содержание, которому можно придать статус.

13.9. Модальная трилемма

Я сейчас начинаю новый аргумент. Предположим, что наше совершенное существо существует. Тогда есть три варианта:

- Совершенное существо было сначала единственным говорящим. Тогда это было возможно.
- Совершенное существо было сначала единственным говорящим. Тогда это было невозможно.
- Совершенное существо изначально не было единственным говорящим.

Теперь я утверждаю, что конвенционализм терпит неудачу во всех трех случаях.

13.9.1. Совершенное существо, единственное и возможное

Предположим, что изначально совершенное существо является единственным говорящим, и тогда это возможно. В конвенционализме конвенция делает это возможным. Это ясно в редуктивной версии. Постулируемый в ней мир немодален [Sider 2011: 266]. С этой точки зрения, если бы у нас не было модальных понятий, мы бы не упустили ни одной черты реальности. Таким образом, возможность является чисто конвенциональным атрибутом. Это просто артефакт нашего языка. Конечно, если совершенное существо существует, это возможно:

13. Для всех P, если P существует, оно возможно.

Но в редуктивном конвенционализме (13) является конвенциональным. Для Сайдера, возможно, P, только если необходимый список истин не включает в себя ¬P. Это конвенция того, что список является списком истин. Именно так работает слово «необходимый». Так что если P, мы не включаем в список ¬P. Так что возможно, что P. Таким образом, (13) является истинным из-за конвенции. Более того, в глазах Сайдера, конвенция называет истины необходимыми вообще, и таким образом может иметь что-либо, что считается возможным — ведь, опять-таки, мир Сайдера немодален [Ibid.]. Таким образом, в редукционистском конвенционализме конвенция делает (13) истинным.

Теперь обратимся к палеоконвенционализму. Поскольку (13) необходимо, для палеоконвенционалистов оно истинно в силу конвенции. Но предположим, что возможность была бы реальным, неконвенциональным атрибутом. Тогда она (как бы) определяла бы свои собственные условия применения. Каждое фактическое положение дел имело бы его, независимо от соглашения. Поэтому (13) было бы истинным независимо от соглашения. Поэтому палеоконвенционализм так же привержен тому тезису, что возможность является просто конвенциональным атрибутом, — как и редуктивный конвенционализм. Если бы он не всегда был явно редуктивным или элиминативным, он должен был бы быть таковым. Итак, снова, в этой версии, соглашение делает совершенное существо возможным — уже дважды.

Для сторонников конвенционализма необходимости последняя предполагает независимую истину, чтобы сделать необходимым. Так что может показаться, что (13) может быть истинным независимо и необходимым по соглашению. Но если то, что возможно, является таковым независимо от конвенции, то в равной степени независимо от нее и то, что необходимо. Предположим, что независимо (от конвенции), что, *возможно F не является G*. Тогда независимо (от конвенции), *не необходимо, что F является G*. Предположим, что независимо (от конвенции), неверно, что *возможно F не является G*. Тогда, независимо (от конвенции), *необходимо, что все F являются G*. Если бы возможность была атрибутом, независимым от конвенции, она не зависела бы от языка для своего распределения по положениям дел. И тогда не зависела бы от языка и необходимость. Так что конвенционализм необходимости также привержен тезису о немодальности мира. С этой точки зрения (13) верно, потому что для каждого истинного P, <¬P> не является истинным и поэтому не является необходимым (в силу этого обстоятельства). То, что необходимость предполагает истину, — это просто следствие того, как работает слово «необходимый». Так что с точки зрения конвенционализма необходимости (13) является следствием соглашений, управляющих «необходимым». Итак, во всех формах конвенционализма именно конвенция делает возможным совершенное существо.

В варианте, которому мы следуем, совершенное существо сначала является единственным говорящим, и это возможно *тогда*. Конвенция делает это возможным. Поэтому мы должны спросить, чьи соглашения выполняют эту работу и как. Варианты таковы:

14. Чужие конвенции, существующие в существующем будущем.
15. Чужие возможные, но несуществующие конвенции.
16. Диспозиции совершенного существа использовать чужие конвенции (например, говорить на других языках).
17. Собственные конвенции совершенного существа.

Теперь я утверждаю, что ни один из них не подойдет. То, что я говорю о (15)–(17), применимо и в том случае, если совершенное существо всегда является единственным говорящим.

13.9.2. Чужие конвенции, существующие в существующем будущем

В (14) совершенное существо возможно благодаря соглашениям других в существующем будущем. Таким образом, если другие являются его созданиями, совершенное существо само себя вводит в возможность, создавая создания, которые делают его возможным. Это в лучшем случае вызывает головокружение. Это странно, потому что совершенное существо само себя вводит в возможность[31]. Это еще более странно, потому что само себя

---

[31] Для меня было бы трудно возражать против этого момента. Согласно моему взгляду, Бог вводит самого себя в возможность (см. [Leftow 2012: 258]). Но другие будут выдвигать возражения, и я думаю, что мой взгляд не настолько экстравагантен, каким оказывается (14) (см. [Ibid.: 135–437, 443]).

вводит в возможность посредством его собственных созданий. Это еще более странно, если вовлеченные существа существуют только позже. Интуитивно, бытие существующего возможно должно быть полностью установлено в то время, когда оно существует. Оно существует тогда. Конечно, этого достаточно, чтобы оно было возможно тогда. Как может потребоваться что-то еще, чтобы это установить?

Утверждение, что «втаскивание» самого себя в возможность является странным, может отражать точку зрения, противоречащую конвенционализму. Мы склонны думать о возможности как о предварительном условии для того, чтобы быть актуальным. Мы думаем, что это должно «быть первым» в каком-то смысле. Конвенционалисты это отрицают. Для них возможность касается того, *как* мы о чем-то говорим. Нет ничего необычного в том, что о чем-то говорят определенным образом только в конце его карьеры. Мы думаем, что возможность должна «быть первым», потому что мы думаем, что невозможность будет препятствием для существования. Мы думаем, что невозможность может объяснить то, что чего-то не происходит. Вероятно, круглых квадратов не существует, потому что их просто не может быть. Но сторонники модального и редуктивного конвенционализма возражают. Для них невозможность не может объяснить несуществование. Вместо этого, поскольку необходимость предполагает истину, невозможность предполагает несуществование. Несуществование — это условие, которому вещь должна соответствовать независимо, чтобы быть невозможной. Это помогает объяснить невозможность объекта. Таким образом, хотя модальный и редуктивный конвенционализм могут отвергать утверждение, что обеспечение объектом своего собственного онтологического или модального статуса странно, я утверждаю, что основание, на котором они это делают, является доказательством того, что они не сохраняют достаточно наших интуитивных идей относительно модальности. Это свидетельство против этих взглядов.

Предположим теперь, что другие, которые делают совершенное существо возможным, не являются его созданиями. Тогда его возможность не обеспечена им самим. Но все равно странно, что возможность приходит из временного потока. Кроме того, есть вещи и похуже. Во-первых, некоторые конкретные объекты не являются совершенным существом или его созданиями. Это противоречит довольно правдоподобной мысли о том, что совершенное существо по своей природе является причиной всех конкретных объектов, кроме себя самого. Кроме того, совершенное существо обязано самой своей возможностью другим, которые не обязаны ему своим существованием. Стоит заметить, что долг плох только в том случае, если возможность разбивает объект о барьер, который в противном случае поставила бы невозможность. Конвенционалисты отрицают это, как я уже отмечал, и, как я уже отмечал, их способ это отрицать — еще один удар по ним.

Давайте продолжим. Мы предполагаем, что совершенное существо является контингентным. Если это так, то, по-видимому, все другие возможные говорящие тоже. Если это так, то вполне вероятно, что совершенное существо могло бы всегда существовать без любого из них. Ибо если возможно P и возможно Q, то возможно P и Q, если только из P не следует, что ¬Q. То, что есть совершенное существо, по-видимому, не влечет за собой, что в итоге будет какой-то другой говорящий. Конечно, совершенное существо никогда не нуждается в том, чтобы их создавать. Таким образом, вполне вероятно, что по (14) будущее не должно было бы содержать чужих соглашений. Так что, очевидно, по (14), совершенное существо могло бы существовать, но никогда не было бы возможным. Могло бы не быть никаких других, которые бы устанавливали соглашения. Так что, по (14), могло бы не быть никаких соглашений. Согласно конвенционализму, никаких соглашений, никаких модальных фактов. Если так, то, по (14), могло бы быть действительное, невозможное совершенное существо. Так что актуальность не подразумевает строго возможность. Но это не может быть правдой.

Один ответ здесь выглядит следующим образом:

Конвенционалисты описывают ситуацию без конвенций при помощи наших текущих конвенций. Они говорят, что в той ситуации совершенное существо и актуально, и возможно,

Неважно, какие конвенции есть (не есть) в *той ситуации*. Мы говорим на своем собственном языке, а не на языке этого альтернативного мира[32].

Я отвечаю, что мы используем наши собственные конвенции, чтобы оценить эту *ситуацию* как возможную. Но мы также должны описать то, что в ней есть: никаких модальных фактов. Так что результат таков, что, возможно, нет модальных фактов. Точно так же, когда мы рассматриваем розовых тигров, мы описываем то, что есть в ситуации, — розовых тигров — используем наши собственные конвенции, чтобы назвать это возможным, и результат таков, что, возможно, есть розовые тигры. Но если, возможно, есть совершенное существо и нет модальных фактов, возможно, что-то является актуальным, но не возможным. Если «актуальное» кажется модальным миром, то вместо этого считайте, что, возможно, что-то существует, но не возможно. Это все еще плохо.

Лучшим ответом может быть то, что если бы будущее не содержало чужих конвенций, то не (14), а одно из (15)–(17) предусматривало бы, что актуальность влечет за собой возможность. Но если мы сделаем этот ход, было бы проще просто пойти с одним из (15)–(17) с самого начала. Если (14) нуждается в дополнении, а одно из других — нет, то нет никаких причин вводить (14) вообще. Поэтому (14) либо ложно, либо бесполезно.

13.9.3. Остальные опции

Теперь я перехожу к (15) — только лишь возможным конвенциям, принятым другими. Здесь есть одна большая проблема: только лишь возможных конвенций не существует. Поэтому (15) должен постулировать что-то, чтобы включить их в картину. Но что? Несуществующие объекты, которые являются конвенциями или говорящими, были бы анафемой для конвенционалистов. Они стремятся к описанию модальности без жуткой мета-

---

[32] См. [Sidelle 2009; Wright 1985: 189–192; Einheuser 2006].

физики. Существующие возможные миры любого рода сделали бы конвенционализм бесполезным. То же касается, к примеру, существующих платоновских свойств, которые, в частности, обосновывают возможность конвенций. Все это законные способы обеспечить только лишь возможные конвенции. Но если таковые необходимы, конвенционализм сам по себе не является адекватной модальной метафизикой. Если кто-то вносит что-то, было бы проще позволить им обеспечить всю вашу модальную метафизику и отказаться от конвенционализма. Поэтому конвенционалисты не могут выбрать (15).

(16) апеллирует к склонностям совершенного существа говорить на других языках. Совершенное существо всегда может говорить на них. Если кто-то может говорить на языке, язык существует. Поэтому языки всегда существуют. Таким образом, их конвенции всегда в силе. Поэтому совершенное существо всегда считается возможным, и то, что обеспечивает это, не находится ниже по течению во времени. Таким образом, (16) явно предпочтительнее, чем (14) и (15). Тем не менее в (16) либо все, либо некоторые, либо ни одна из конвенций языков не соответствуют совершенному существу. Проблемы существуют независимо от того, в какую сторону мы пойдем. У них есть параллели для (17), диспозиции совершенного существа говорить на своем собственном языке (если он у него есть!). Поэтому я обсуждаю их вместе.

13.9.3.1. Опция «Все»

Предположим сначала, что все конвенции зависят от совершенного существа. Тогда от совершенного существа зависит, является ли это абсолютно возможным. Этот вариант не может быть правильным. Он заходит слишком далеко в нарушении наших ожиданий относительно того, как должен вестись разговор об абсолютной возможности.

Если все конвенции зависят от совершенного существа, то и от него зависит, когда оно их устанавливает. Совершенное существо может отложить установление конвенций. В конце концов, даже я могу решить не изобретать новый язык сегодня. Я могу быть уверен, что не сделаю этого, заняв себя другими делами. Предположительно, совершенное существо тоже может. Ему даже не нужно отвлекаться. Если оно постановит, основываясь на своем всемогуществе, что не будет изобретать никаких языков сегодня, этого может быть достаточно. Если бы у совершенного существа был свой собственный язык, предположительно, оно могло бы отложить и это. Если животные могут мыслить без языка, совершенное существо могло бы справиться с этим трюком.

Предположим, что совершенное существо отложило создание любого языка. В рамках конвенционализма несуществующие языки не являются майнонгианскими или платоническими сущностями, висящими в ожидании внимания. Опять же, конвенционалисты не верят в такие вещи. Более того, если есть какие-либо майнонгианские или платонические сущности, то их должно быть множество. Поэтому, если некоторые майнонгианские или платонические объекты существуют, было бы проще просто полностью перейти к майнонгианству или платонизму. Поэтому для конвенционалистов, если не существует языков, нет ничего, что могло бы гарантировать выводы. Поэтому ничто ничего не имплицирует. Так много логических истин не являются истинными. Поэтому, если все конвенции зависят от совершенного существа, это могло бы сделать логические истины неистинными[33]. В частности, это могло бы быть актуальным, но не возможным. Вопреки Декарту, это не подойдет — точка.

13.9.3.2. Другие опции

Предположим далее, что только некоторые конвенции соответствуют совершенному существу. Тогда, возможно, те, которые управляют его собственной возможностью, от него не зависят. Так что, возможно, совершенному существу не важно, возможно ли оно или влечет ли актуальность возможность. Но тогда нам нужна благоприятствующая конвенционалистам история о том,

---

[33] Пожалуй, они могли бы даже быть ложными. Согласно конвенционализму, необходимая не-ложность, как и необходимая истина, зависима от конвенции.

где проходит разделительная линия и почему. У нас нет такой истории. Трудно представить, как такая разделительная линия может выглядеть. Кроме того, любое множество конвенций, которые бы делали совершенное существо возможным, — были бы реальным источником его возможности. Поскольку у нас нет никакого описания этих факторов, мы остаемся с тайной. Так что это кажется бесперспективным.

Предположим наконец, что никакие конвенции не соответствуют совершенному существу. Тогда то, что сделало их такими, какие они есть, является реальным источником его случайности, а в Отсутствующем — реальным источником его возможности. Опять же, у нас нет никаких сведений об этом. Обращение (17) к собственным конвенциям совершенного существа не меняет картину. Ибо снова, все, некоторые или ни одна из них соответствуют совершенному существу. Божественный концептуализм также не меняет вещей — если совершенное существо имеет понятия, к которым концептуализм апеллирует в силу их природы, природа этих понятий является реальным источником модального. Если нет, то позиция не отличается существенно от конвенционализма. Я утверждаю, что ни одно из (14)–(17) не дает конвенционалисту приемлемого объяснения возможности существующего совершенного существа, если совершенное существо было возможно до того, как появились другие говорящие.

13.10. Совершенное существо, единственное и невозможное

Предположим далее, что, когда совершенное существо было единственным говорящим, это не было абсолютно возможно. Тогда это было реально, но не возможно. Если что-то когда-либо было актуально, но не возможно, актуальность не влечет за собой возможность. Но актуальность *влечет* возможность. Конвенционалист может настаивать, что, даже если совершенное существо когда-то было актуально, но не возможно, актуальность влечет возможность. Возможно, пока совершенное существо было единственным говорящим, не было языков. Конвенционалисты говорят, что логический вывод существует только в языке.

До языка не было никаких фактов о выводе. Так что это не тот случай, когда актуальность не влечет за собой возможность. Как только есть язык, это следование имеет место. Это применимо ко времени до языка ретроспективно. Так что никогда не было времени, в которое «быть актуальным» не влекло бы «быть возможным».

Я отвечаю, для начала, что ничто не гарантирует, что, когда совершенное существо было одно, у него не было языков в уме. Возможно, у него был один язык и он был немодальным. Кроме того, если бы языки обладали такой степенью возможности, совершенное существо знало бы их — отсюда следует, что они существовали. Таким образом, их конвенции должны были бы приписывать совершенному существу возможность. То есть сценарий требует, чтобы языки были невозможны. Но если бы они были невозможны, они не могли бы существовать впоследствии. Кроме того, если бы они не были ни возможны, ни невозможны, постулат Брауэра нарушался бы, поскольку в мире с языками мир без языков был бы возможен — но на условиях, которые постулирует конвенционализм, а не наоборот. Кроме того, если будущее нереально, возможность говорить о выводе позже не меняет того, что было *в течение* того времени. С другой стороны, если будущее реально, у нас всегда есть вывод ретроспективно. Но теперь мы предполагаем, что в какое-то время совершенное существо было актуально, но не возможно. Ретроспективно вывод исключает такую опцию. Так что это недопустимо *в этом контексте*.

Я утверждал, что у конвенционалистов нет жизнеспособной истории, если совершенное существо не было возможно, когда оно существовало в одиночку. Я также утверждал, что у них нет жизнеспособной истории, если это было возможно.

13.11. Совершенное существо, никогда не в одиночестве

Возвращаясь к изложенным в разделе 13.9 вариантам, предположим наконец, что совершенное существо никогда не было единственным говорящим. Здесь также все, некоторые или никакие соглашения (не) зависят от совершенного существа и/или других. У нас также есть дополнительная сложность. Ведь ничто не гарантирует, что модальные соглашения совершенного существа согласуются с модальными соглашениями других. Предположим, что собственный язык совершенного существа делает его существование необходимым, но все остальные языки делают его контингентным. Есть всего три возможных результата. Возможно, тогда он и необходим, и контингентен (точка). Возможно, это просто один из них. Или, возможно, модальность его существования является зависимой от языка — он необходим в L, но контингентен в L_2, и все. Первое невозможно. Сказать, что побеждает какая-либо из этих конвенций, было бы произвольным. Не может быть никаких причин, по которым победил тот, кто фактически одержал победу. Некоторые палеоконвенционалисты сделали модальность относительной в зависимости от языка[34]. Но представьте, что вы спрашиваете, существует ли Бог с необходимостью, и получаете ответ: «Вы имеете в виду английский или французский?»

Если существует совершенное существо, то либо сначала были и другие говорящие, либо сначала их не было и это было абсолютно возможно, либо сначала их не было и это было не абсолютно возможно. Я утверждал, что у конвенционалистов нет приемлемой истории ни по одной из этих альтернатив. Теперь я перехожу к подходу, который представляет себя отличным от конвенционализма, но (так я предполагаю) на самом деле не отличается от него.

13.12. Модальный фикционализм

Модальный фикционализм позволяет нам говорить о возможных мирах, но рассматривает их как полезную фикцию. Там, где Льюис сказал бы, что возможно P тогда и только тогда, когда в некотором мире Льюиса P, модальный фикционалист говорит, что возможно P тогда и только тогда, когда в вымысле миров

---

[34] См., например, [Carnap 1947].

Льюиса в некотором таком мире P[35]. Сильный модальный фикционализм предлагает это как серьезный метафизический анализ модальности[36]. Ему не нужно брать какую-то одну историю о возможных мирах как уникально предпочтительную фикцию. Вместо этого он может рассматривать класс вымыслов с точки зрения сверхзначений, как бы последний ни был определен[37]. Но важный момент заключается в следующем. Если содержание соответствующей(их) фикции(й) зависит от нас, модальный вымысел не отличается существенно от конвенционализма. Это конвенционализм посредством написания вымысла, а не установления значений слов, или аналитичности, или содержания списков необходимой истины. Если содержание вымысла не зависит от нас, то факторы, определяющие его, являются истинным источником метафизики модальности, и мы оставляем вымысел позади.

13.13. Наделяя истинностью по небольшой цене

В разделе 13.3 перечислены способы, при помощи которых конкретные сущие могли бы заполнить утверждение, что только что-то в Отсутствующем делает возможным совершенное бытие. Я отверг все, кроме двух. Теперь я рассматриваю один из них. Факторы истинности — это части реальности, существование которых делает истины истинными[38]. Философы, продвигающие концепцию факторов истинности, считают, что последние «необходимо обусловливают» [Armstrong 2004: 6] истины, которые они делают истинными. Они спорят, в чем заключается эта не-

---

[35] Как Гидеон Розен — см. [Rosen 1990].

[36] У модального фикционализма также есть «умеренная» версия (об этой дистинкции см. [Rosen 1990]). Только сильная версия заявляет, что дает нам подлинную метафизику модальности. Так что только сильный фикционализм мог бы дать нам метафизику для возможности совершенного существа. Таким образом, я буду рассматривать только его.

[37] Как Ричард Вудвард — см. [Woodward 2011: 539].

[38] См., например, [Fox 1987].

обходимость. Предположим, что это отношение сводится к строгой импликации и исчерпывает собой наделение истинностью. Для любой конкретной вещи то, что она существует, строго имплицирует каждую необходимую истину. Согласно текущим предположениям, отсюда следует, что:

18. Каждая конкретная вещь делает каждую необходимую истину истинной.

В S5 все истины возможности необходимы. Так что если мы добавим S5 и то, что, возможно, есть совершенное существо, вуаля: каждая конкретная вещь в Отсутствующем обеспечивает возможность совершенного существа.

Вариант аристотелизма приводит нас к тому же месту. В этом случае все конкретное будет иметь такие модальные атрибуты, как быть таким, что с необходимостью $1 + 1 = 2$. Отсутствие некоторых таких атрибутов установит то, что возможно. Было бы возможно, что будут синие летающие тарелки, потому что нет ничего такого, из-за чего с необходимостью их нет. Если у меня есть некоторые такие атрибуты, то, по-видимому, у меня есть один для каждой необходимой истины. Просто нет причин, по которым у меня будут только некоторые. То же самое касается любой другой конкретной вещи. Нет причин, по которым только некоторые будут иметь особое благословение этих атрибутов. Так что в наиболее правдоподобной версии этого подхода (18) верно.

Я могу быть краток по этому вопросу. Философы, которые продвигают концепцию факторов истинности, довольно единодушны в том, что (18) является *reductio* того утверждения, что строгой импликации достаточно для наделения истинностью. Это обусловлено тем, что (18) чрезвычайно неправдоподобно. Я добавляю, что трудно воспринимать атрибуты, которые постулирует аристотелевский вариант, всерьез. Для меня, по крайней мере, то, что я являюсь таким, что с необходимостью $1 + 1 = 2$, сводится к моему существованию и тому, что, по какой-то другой причине, с необходимостью $1 + 1 = 2$.

13.14. Меньшие степени

Остается одна стратегия. Многие атрибуты имеют степени. Возможно, существование более низких степеней может обеспечить возможность более высоких. Предположим, что атрибуты существуют, потому что у них есть примеры, и только у меня есть знание. Тогда <наличие знания> существует исключительно потому, что я знаю некоторые вещи. Возможно, этот атрибут действительно дизъюнктивен: знание — это знание одной истины, или двух, или трех… Если дизъюнктивные свойства существуют, они существуют, потому что что-то имеет некоторый дизъюнкт свойства. Максимальный дизъюнкт в знании-дизъюнкции — всезнание. Таким образом, если только у меня есть знание, возможно, всезнание существует как часть дизъюнктивного свойства, которое существует, потому что у меня есть один из его дизъюнктов. Если его существование влечет за собой его экземплифицируемость, это дает нам экземплифицируемость всезнания. Так что, возможно, мое скромное знание обеспечивает возможность всезнания.

Могут быть и другие способы конкретизировать это. Возможно, <обладание знанием> не является дизъюнктивным свойством, но его содержание не накладывает ограничений на то, насколько много знает один знающий. Это тоже, возможно, может обеспечить возможность всеведения. Опять же, если содержание свойства <имеет некоторое знание> не делает его влекущим за собой свойство <не имеет некоторого знания>, оно не делает необходимым, чтобы то, что знает что-то, не знало чего-то. Так что, возможно, оно делает возможным, чтобы что-то знало все.

Эта линия мысли может привести к возможности совершенного существа. Некоторые совершенства являются максимумами градуированных атрибутов — например, всеведения. Предположим, что быть совершенным — значит быть всеведущим, всемогущим и морально совершенным. У меня есть знание-и-сила-и-благость низкой степени. Если более низкие степени обеспечивают высшую степень, возможно, обладание ими делает всезнание-и-всемогущество-и-моральное-совершенство экземплифицируемым. Если так, то, если я существую в Отсутствующем, я делаю возможным существование в нем совершенного существа.

Я отвечаю, для начала, что если содержание свойства <имеет некоторое знание> не приводит к тому, что оно влечет свойство <не имеет некоторого знания>, то из этой конфигурации не следует, что всеведение возможно. Это связано с тем, что, возможно, что-то еще гарантирует вывод. Если предел не приходит из одного места, предел все равно может прийти из другого. Возможно, это просто неудачный факт о логическом пространстве, что оно заполнено только возможными существами, не обладающими знаниями, и это делает вывод действительным. Кроме того, если обладание некоторым знанием является дизъюнктивным, мое знание того, что я знаю, не делает ничего, чтобы сделать всеведение существующим. Всезнание должно быть там независимо. Только тогда оно может быть частью дизъюнктивного атрибута, включающего другие степени знания. *A fortiori*, мое обладание знанием не может сделать всеведение возможным. Опять же, если атрибуты имеют максимумы, то опция, согласно которой одна вещь может иметь все эти атрибуты в более низких степенях, не влечет, что одна вещь может иметь все их максимумы. Я в некоторой степени обладаю знанием и в некоторой степени не обладаю им. Но никто не может одновременно обладать знанием в максимальной степени и в максимальной же степени им не обладать. *A fortiori*, то, что одна вещь может иметь атрибуты в низших степенях, *не делает истинным то*, что одна вещь может иметь все их максимумы.

13.15. Конкретные несуществующие объекты: поссибилизм

Я утверждал, что конкретные существующие в Отсутствующем не могут обеспечить возможность совершенного существа в этом мире. Майнонгианский или промежуточный поссибилизм апеллировал бы к конкретным несуществующим объектам в Отсутствующем³⁹. В этом отношении возможность несуществующего заключается в том, что оно имеет, будучи несуществующим, атрибут возможного существования. В пунктах 11.6.1–2 я утверждал, что ни один из взглядов такого рода еще даже не объяснил адекватным образом свои основные тезисы. Если это правда, то они (пока) не могут нашим первым выбором при попытке решить поставленную задачу. Если так, то (пока) нет способа объяснить возможное существование несуществующего совершенного существа в Отсутствующем, используя только⁴⁰ concreta в Отсутствующем.

---

[39] См. разделы 11.6.1 и 11.6.2.
[40] Или в основном в комбинаториализме.

Глава 14
Опции в отношении сущности

Я утверждаю, что совершенное существо будет существовать обязательно. Я делаю это, отслеживая последствия утверждения, что совершенное существо будет существовать условно. Если бы оно существовало, оно, возможно, существовало бы, а возможно, и не существовало бы. Были бы возможные «миры отсутствия», в которых его бы не существовало. В таких мирах было бы возможно, что оно существует. В разделах 13.1–2 утверждалось, что издержки отрицания этого слишком высоки. Кроме того, правдоподобно, что S5 — это логика абсолютной модальности. В S5 то, что возможно в одном мире, возможно во всех. Поэтому, учитывая S5, если совершенное существо, возможно, существует, то и в мирах отсутствия оно, возможно, существует. Я спрашиваю, что сделало бы совершенное существо возможным в мирах отсутствия. Моя общая цель — показать, что нет хорошего описания того, что собой представляет эта гипотеза.

Я утверждал, что *concreta* в отсутствующем мире не предоставляют такое описание. Теперь я утверждаю, что не-конкретные объекты в отсутствующем мире также не предоставляют его. Сначала я спрашиваю, может ли сущность совершенного существа справиться с этой задачей. Я предполагаю, что она может существовать, если совершенное существо не существует — поскольку, если бы оно было в отсутствующем мире, не существуя, это было бы поссибилизмом. Я уже обсуждал эту позицию. Поэтому, чтобы использовать сущность так, как я еще не обсуждал, я должен предположить, что она может существовать без инстанции.

14.1. Простая теория

Чтобы сгладить изложение, давайте выберем имя для конкретного совершенного существа — «Зевс». Предположим, что, возможно, Зевс существует и, возможно, не существует. Вот простой взгляд на возможность Зевса в мирах отсутствия:

ПРОСТОЙ ВЗГЛЯД (SIMPLE). Необходимым образом, если Зевс не существует, его сущность (далее Сущность) существует, и его существование в мире делает Зевса возможным в этом мире.

Согласно (ПРОСТОМУ ВЗГЛЯДУ) Сущность существует во всех мирах отсутствия. Соответствующие альтернативы (ПРОСТОМУ ВЗГЛЯДУ) таковы, что:

1. Сущность существует в мире отсутствия, что (that).
2. Сущность существует только в некоторых мирах отсутствия или что.
3. Сущность существует во всех мирах отсутствия, но она не является тем, что делает возможным существование Зевса во всех из них.

Поскольку мы избегаем поссибилизма, пункт (1) не использует Сущность, чтобы достичь возможности Зевса. Пункт (2) сложнее, чем (ПРОСТОЙ ВЗГЛЯД). Либо ему нужна другая история, чтобы объяснить возможность Зевса в остальных мирах отсутствия, либо ему нужна история, чтобы объяснить, почему Зевс должен быть возможен только в некоторых мирах отсутствия. Если Зевс возможен в остальных мирах, он также должен сказать, почему нужны две истории и почему каждая из них является правильной историей в мирах, в которых она является правильной историей. Если Зевс невозможен в остальных, логика абсолютной модальности — не S5. Это предположение требует рассмотрения интуиций, которые благоприятствуют S5. Так что, если нет какой-либо положительной причины для сложности

(2), (ПРОСТОЙ ВЗГЛЯД) является лучшей теорией. Я не вижу такой причины. (3) либо вообще не использует Сущность, чтобы достичь возможности Зевса, либо апеллирует к Сущности в некоторых мирах и к чему-то другому в других. Так что либо это нерелевантно в этом контексте, как (1), либо это более сложно — как (2).

Таким образом, я утверждаю, что (ПРОСТОЙ ВЗГЛЯД) является лучшим кандидатом на роль не-поссибилистской теории, основанной на Сущности. Теперь я утверждаю, что Сущность будет существовать с необходимостью, и показываю, как (ПРОСТОЙ ВЗГЛЯД) помогает поддержать это утверждение. Затем я показываю, как необходимость Сущности влияет на утверждение, что совершенное существо будет существовать условно. Чтобы упростить изложение, где ничто не зависит от него, я рассматриваю Сущность как индивидуальную сущность Зевса. Там, где аргумент отличался бы по своей сути, если бы Сущность была общей — т. е. сущностью, которая могла бы быть у более чем одной вещи, — я рассматриваю его в обоих направлениях.

14.2. Сущность как Необходимое

Теперь я защищаю тот тезис, что:

NEC. Необходимым образом, если Сущность существует, она существует необходимо.

(ПРОСТОЙ ВЗГЛЯД) в совокупности с S5 влечет (NEC) — поскольку в абстрактном Зевс мог бы быть невозможным, контингентным или необходимым.

Если Зевс невозможен, все возможные миры являются мирами отсутствия. Согласно (SIMPLE), если Сущность существует в каком-либо мире, Зевс возможен в этом мире. Эта посылка — в совокупности с S5 — влечет, что Зевс возможен во всех. Это исключает невозможность Зевса. Таким образом, если Зевс невозможен, Сущность не существует ни в одном мире. Так, если Зевс невозможен, антецедент (NEC) невозможен. За счет S5, — это невозможно в каждом мире. Мы приходим к тому, что (NEC) истинно. Если Зевс необходим, Сущность существует необходимо. За счет S5, это истинно в каждом возможном мире. Так что мы имеем (NEC). Наконец, если Зевс контингентен, то Сущность существует во всех возможных мирах, в которых существует Зевс. Посредством (ПРОСТОГО ВЗГЛЯДА), Сущность существует во всех мирах отсутствия. Так что Сущность существует во всех мирах. Опять же, это необходимо через S5, и поэтому мы имеем (NEC). Таким образом, как было отмечено, (ПРОСТОЙ ВЗГЛЯД) и S5 дают (NEC).

Выглядит правдоподобным, что S5 — это логика абсолютной модальности. Кроме того, по крайней мере, в какой-то мере уместно использовать Сущность для обеспечения возможности Зевса, и (ПРОСТОЙ ВЗГЛЯД) — наиболее правдоподобный вариант для обеспечения этой возможности в мирах отсутствия. Таким образом, S5 и (ПРОСТОЙ ВЗГЛЯД) должны сделать (NEC) в какой-то мере правдоподобным. Но теперь я приведу три аргумента в пользу (NEC) независимо от (ПРОСТОГО ВЗГЛЯДА). Сначала я показываю, что отрицание (NEC) либо блокирует (forfeits) правдоподобные утверждения о модальности, либо порождает поссибилизм. Учитывая проблемы разделов 11.6.1–3 с поссибилизмом, я считаю, что обе издержки неприемлемы. Кроме того, переход к поссибилизму демотивирует использование Сущности для (обеспечения) возможности Зевса. Что касается поссибилизма, проще и понятнее сделать Зевса возможным в мире отсутствия, потому что сам Зевс там, несуществующий, несущий атрибут возможности. Таким образом, теории Сущности *в особенности* должны избегать поссибилизма.

14.2.1. Аргумент «издержек»

Предположим, вопреки (NEC), что Сущность существует контингентно в некотором возможном мире. Тогда, в частности, я утверждаю, она существует контингентно в некотором мире отсутствия. Я утверждаю далее, что из этого вытекают неутешительные выводы.

Во-первых, контингентность мира отсутствия. Учитывая S5, это следует из контингентности в любом возможном мире, поскольку в S5 всякий модальный статус необходим. Постулат Брауэра позволил бы Сущности быть контингентной контингентным образом. Поэтому он позволил бы утверждать, что Сущность не контингентна в мирах отсутствия. Но нет никаких причин, по которым она была бы контингентной, только если бы существовал Зевс. Если бы она не была контингентной, только если бы существовал Зевс, она бы существовала контингентно в каком-то мире отсутствия.

Предположим, что Сущность существует контингентно в мире отсутствия, Отсутствующем. Тогда она не существует в каком-то мире W, возможном из Отсутствующего. Поскольку мы изучаем теории Сущности, мы предполагаем, что Сущность — это то, что обеспечивает возможность несуществующего Зевса[1]. Если Сущность обеспечивает это, то если Сущность не находится в W, то либо:

4. Невозможно в W что Зевс существует; или:
5. Зевс возможен в W, поскольку Сущность существует в другом мире, а логика абсолютной модальности включает S5[2].

Ибо если Сущность существует в мире, то Зевс там возможен. Учитывая S5, то, что возможно в одном мире, возможно во всех. Предположим (4). В S5 если возможно P, то обязательно возможно P. Таким образом, в S5 Зевс возможен в каждом мире, если вообще возможен в каком-либо. Мы предполагаем, что Зевс возможен в некоторых мирах отсутствия, поскольку наш вопрос заключается в том, что делает Зевса возможным в них. Таким образом, если Зевс также невозможен в W, логика абсолютной модальности не включает S5. Но она, вероятно, включает S5.

---

[1] Это часть (ПРОСТОГО ВЗГЛЯДА). Но это не все, что составляет этот пункт.
[2] Этот ход также можно сделать, если основываться на S4 и том, что сущность существует в мире, доступном из W.

Опять же, W возможно из Отсутствующего. Отсутствующий возможен или невозможен из W. Предположим, что это не так. Тогда логика абсолютной модальности не включает Брауэра, поскольку у Брауэра, если W возможно из Отсутствующего, Отсутствующий возможен из W. Я защищал тот тезис, что логика абсолютной модальности включает Брауэра.

Предположим теперь, что Отсутствующий возможен из W. Зевс возможен в Отсутствующем. Так что в мире, возможном из Отсутствующего, существует Зевс. Так что в мире, возможном из мира, возможном из W, существует Зевс. То есть в W существование Зевса возможным образом возможно. Но, согласно (4), в W это невозможно. В S4 «быть возможным образом возможным» влечет «быть возможным». Таким образом, по текущим допущениям логика абсолютной модальности не включает S4. S5 включает S4. Так, оказывается, что по текущим допущениям логика абсолютной модальности не включает S5. Но опять же, вполне правдоподобно, что логика абсолютной модальности *включает* S5. Таким образом, (4) требует отвергнуть правдоподобное утверждение, что логика абсолютной модальности включает S5, и один из двух дальнейших правдоподобных тезисов, что он включает S4 или что он включает постулат Брауэра.

Теперь я перехожу к (5). (5) добавляет к картине Сущность, которая не является частью W — даже не несуществующим объектом, который был бы частью W. То есть в W правильный ответ на вопрос «что делает Зевса возможным?» — «Сущность. Она не существует в нашем мире. Она не является частью онтологии нашего мира каким-либо иным образом. Она только лишь возможна. Этого достаточно». Это поссибилизм — либо льюисовский, либо связанный с вещами за пределами нашего мира, которые не существуют даже там. Таким образом, я показал, что если бы Сущность существовала контингентно, то следовал бы либо поссибилизм, либо отрицание правдоподобных утверждений о модальности. По причинам, указанным выше, обе издержки слишком высоки.

(5) сталкивается с другой проблемой. Мы предполагаем, что только Сущность обеспечивает возможность несуществующего

Зевса. Поэтому мы не можем трактовать (5) как «возможные миры существуют, актуально или в W. Они не включают Сущность как какую-либо реальную конституенту. Все, что действительно есть, — это миры. Согласно одному из них, Сущность существует». Поскольку это делает мир, а не Сущность, источником возможности Зевса. Это также (опять же) уменьшает мотивацию использовать Сущность. Это связано с тем, что, если мы апеллируем к другим мирам, проще и прямолинейно апеллировать к присутствию Зевса, а не Сущности в них.

Если мы разберем (5) в терминах миров, содержащих Сущность как конституента, то миры не должны существовать в W, поскольку (5) предполагает, что Сущность не существует в W, а если Сущность является конституентой чего-то существующего в W, то Сущность существует в W. Но миры должны существовать в других мирах, чтобы Сущность сделала Зевса возможным. Так что в этой трактовке, согласно (5), не все миры существуют во всех мирах. Если мир не существует в мире W*, он невозможен в W*. Так что в этой трактовке не все миры возможны во всех мирах. Это может быть так, только если логика абсолютной модальности — не S5. Но (5) утверждает, что эта логика является S5. Так что в этом разборе (5) становится противоречивым.

Другие миры (5) должны либо содержать, либо не содержать Сущность как конституенту. (5) не будет работать в любом случае.

14.2.2. Аргумент произвольности

Я предполагаю, ради аргумента, что существуют миры отсутствия, в которых Зевс возможен. Я спрашиваю, что в этих мирах сделало бы Зевса возможным. Мы исследуем ответ: «Сущность». (5) выше основано на Сущности, но произвольно. Нет причин, по которым Сущность могла бы существовать только в одном мире отсутствия или только в этом отдельном мире. Та же проблема возникает, если Сущность существует только в каком-то большем подклассе миров отсутствия. Обладание Сущностью, существующей в каждом мире отсутствия, устраняет всю такую произвольность. Лучше избегать произвольности в нашей метафизике, если у нас нет положительной причины для ее введения.

Если мы используем Сущность, чтобы обеспечить возможность Зевса в мирах отсутствия, то это наименее произвольно, если Сущность существует во всех из них. Сущность также существует во всех мирах, в которых существует Зевс. Поэтому избежание произвольности диктует, что обладание Сущностью необходимо.

14.2.3. Аргумент иррациональности

Мой последний аргумент в пользу (NEC) выглядит следующим образом. Необходимо, что Сущность существует, если существует Зевс. Таким образом, Сущность существует контингентно, только если есть отсутствующие миры, и она не существует во всех из них. Если она не существует во всех, она существует либо в некоторых, либо ни в одном. Если ни в одном, она не может существовать, не будучи инстанцированной. Так (оставляя за скобками поссибилизм), она не может объяснить возможность Зевса в отсутствующих мирах. Следовательно, чтобы позволить ей объяснить возможность Зевса, но существовать контингентно, мы должны сказать, что она существует только в некоторых. Но если это так, то в мирах, где она существует, мы можем спросить, почему она существует, а не не существует. Опять же, там, где ее не существует, мы можем спросить, почему она является несуществующей, а не существующей. С учетом сказанного, я утверждаю, что на эти вопросы не может быть ответа. Скорее, в таких мирах существование или несуществование Сущности должно быть грубым, необъяснимым, иррациональным. Я утверждаю это, рассматривая способы, которыми ее существование (или несуществование) может быть объяснено: изнутри или извне.

Во-первых, изнутри. Сущности обладают своим содержанием с необходимостью. Свойство «собачности» (caninity) необходимо дает что-то, что нужно, чтобы быть собакой. Сущность, которая придает другие атрибуты тому, что ею обладает, является *ipso facto* другой сущностью. Поэтому содержание сущностей может объяснять только другие необходимые факты о них. Поэтому ничто в содержании Сущности не может объяснить ее условно существующую неиндексированную. И ничто в ней не может объяснить то, что она контингентно существует, не будучи инстанцированной, — поскольку если она не существует, то ее нет, чтобы что-либо объяснять.

Далее я рассматриваю объяснения исходя из Сущности, но не из ее содержания. Сущность, существующая в другом мире, может сделать контингентным то, что она существует, будучи неинстанцированной. Но это сделало бы возможным, что она существует, не будучи инстанцированной, но также сделало бы возможным и обратное. Это не объяснило бы ее актуальное, контингентное существование (или его отсутствие) в любом отдельном мире. Таким образом, некоторые могут обратиться здесь к индексированным по мирам свойствам сущностей. Если элемент существует в мире W, то, согласно Плантинге, среди его существенных свойств есть существование в W [Plantinga 1974: 62 и далее]. Поэтому можно предположить, что сущность Сущности включает существование (или несуществование) только в тех мирах, в которых она существует (или не существует). Поэтому можно предположить, что если Сущность существует в Отсутствующем, но не в W, индексированные в мире свойства Сущности в Отсутствующем объясняют ее несуществование в W. Я отвечаю, что это переворачивает все с ног на голову. Все обстоит не так, что обладание Сущностью существованием в W объясняет ее существование в W. Во-первых, Сущность существует в W. Это то, что дает ей свойство быть индексированным по мирам (миру). Таким образом, невозможно объяснить контингентное существование или несуществование Сущности изнутри (на основании) Сущности.

Предположим теперь, что в каком-то возможном мире что-то «вне» Сущности объясняет ее несуществование. Мы предполагаем, что только существующая Сущность обеспечивает несуществующую возможность Зевса. Таким образом, в этом мире то, что объясняет несуществование Сущности, не дает Зевсу быть возможным. Поэтому оно препятствует существованию Зевса.

Таким образом, может быть нечто, что препятствует Зевсу. Таким образом, во всех мирах Зевс может существовать только при правильных условиях. Чтобы это сделать, Зевсу нужна благоприятная среда — без этой вещи или такая, которая не дает ей помешать Зевсу существовать. Сказанное не должно быть верно для совершенного существа. Таким образом, ни в одном возможном мире что-то «вне» Сущности не объясняет ее несуществование. Таким образом, несуществование Сущности там, где ее не существует, должно было бы быть чем-то иррациональным. Это нельзя объяснить изнутри или извне.

Предположим наконец, что в каком-то возможном мире что-то «вне» Сущности объясняет ее существование без инстанций. В Отсутствии, скажем, Тор делает это. Тогда Зевс обязан своей возможностью, по крайней мере частично, Тору. Сейчас я покажу это. Предположим, что есть всего два возможных мира. В 1, Q, потому что P. В 2, Q, потому что R. Спросите, почему возможно Q. Ответ, по-видимому, таков: потому что возможно (P, и Q, потому что P) и возможно (R, и Q, потому что R). Это сверхдетерминирует то, что возможно Q. Теперь пусть Зевс существует в 2. Пусть 1 будет миром отсутствия. Скажем, в 1 Тор заставляет Сущность существовать. Теперь спросите, почему возможно, что Зевс существует. Ответ, по-видимому, таков: потому что, возможно, Тор заставляет Сущность существовать, а Зевс существует в 2. Если Сущность существует неинстанцированно в 1, Зевс существует в другом мире. Если Зевс существует в 2, потому что Сущность существует в 1, то Тор является единственным источником возможности Зевса.

Если Зевс не существует в 2, потому что Сущность существует в 1, то Тор и Зевс сверхдетерминируют то, что Зевс возможен. Зевс возможен, потому что Зевс существует в 2, а Тор заставляет Сущность существовать в 1. Так что Зевс возможен, в частности (*inter alia*), потому что Тор возможен. Зевс обязан своей возможностью, в частности (*inter alia*), Тору. Как более подробно будет показано в пункте 14.15, все сверхдетерминанты вместе объясняют что-то сверхдетерминированное. Можно сказать, что есть онтология для возможности Тора. Может быть, это Тор как несуществующий объект, или сущность Тора, или возможный мир, содержание которого включает Тора. Что бы это ни было, согласно нынешним допущениям, Зевс обязан своей возможностью, в частности, этому. Что бы это ни было, это помогает устранить препятствие невозможности. Это дает Зевсу опору для существования. Это отрицает самосущность Зевса в разделе 13.6 — самосущность «без помощников». Согласно 13.6, совершенное существо должно иметь это качество. Я показываю в другом месте, что это возможно [Leftow 2012: гл. 17]. Поэтому этот вариант неприемлем.

Ничто «внутри» или вне Сущности не могло бы объяснить ее контингентное существование или несуществование без инстанции. Таким образом, и то и другое было бы необъяснимым — мы получаем иррациональность. Там, где избегание иррациональности стоит немного, это хорошая идея. Единственная цена за то, чтобы Сущность существовала необходимо, — это добавление Сущности к некоторым возможным мирам. Поэтому мы должны считать, что это необходимо, если Сущность существует, она существует с необходимостью.

Я защищал тот тезис, что Сущность должна существовать с необходимостью. Теперь я применяю этот вывод.

14.3. Две асимметрии

Если Сущность необходима, а Зевс — контингентен, Сущность могла бы существовать без Зевса. Более того, если бы Зевс не существовал, Сущность *существовала бы* без него. Но Зевс не мог бы существовать без Сущности. Ничто не может существовать без своей сущности. Теперь я постулирую еще одну асимметрию. Я утверждаю, что в рамках нынешних допущений Сущность помогает объяснить существование Зевса, но не наоборот. Существование сущности является необходимым условием существования ее инстанции. Но оно также играет более значимую роль. Оно «делает» свой экземпляр тем, чем он необходимо является. Как это эксплицировать, зависит от того, как сущности соотносятся с вещами, которые их имеют. Теперь я излагаю общие варианты по этому вопросу. Для Платона сущности не были «внутри» своих носителей. Они были каким-то образом внешними. Для Аристотеля они были «внутри» своих носителей. Аристотель пошел дальше, чтобы рассматривать их как составляющие — конституэнты (в широком смысле слова «составляющие»[3]) — их носителей[4]. Так что для Аристотеля отношение сущности-носителя было чем-то вроде часть-целое. Таким образом, наши варианты таковы: сущности как конституэнты вещей, сущности внутри них, но не в роли конституэнт, сущности вне вещей. Теперь я покажу, как сущность способствует существованию своего носителя в каждом варианте.

14.4. Сущности как конституэнты

Сущность могла бы быть конституэнтой Зевса, даже если она может существовать без Зевса[5], поскольку составная часть — в широком смысле — подобна части. Многие части могут существовать без объектов, которые являются для них целым. Туз пик является частью колоды карт. Туз может существовать без колоды. Если сущности являются составными частями в широком смысле, то, как я сейчас попытаюсь обосновать, вероятно, они вносят вклад в существование своих носителей — поскольку, вероятно, части вносят вклад в то, что является для них целым. Если так, то и составные части — конституэнты — в широком смысле тоже вносят свой вклад.

Рассмотрим следующие утверждения о части и целом:

6. Части, из которых возникает целое, не продолжают существовать внутри целого[6].
7. Части продолжают существовать. Целое — это всего лишь его части.

---

[3] Считайте это уточнение действующим на протяжении всей книги.

[4] О подходе, опирающемся на конституэнты, см. [Wolterstorff 1991; van Inwagen 2011]. Об Аристотеле как о стороннике онтологии конституэнт см. [Loux 2006].

[5] См., например, [Gould 2013].

[6] Томисты говорят это о субстанциях. См., например, [Bobik 1998].

8. Части продолжают существовать. Целое — это просто его части, надлежащим образом структурированные.
9. Части продолжают существовать. Целое отличается от своих частей и его частей, структурированных соответствующим образом. Одна или обе из последних каким-то образом объясняют существование целого.
10. Части существуют. Целое отличается от своих частей и его частей, структурированных соответствующим образом. Целое в некотором роде объясняет существование (и/или структуру) частей.
11. Части существуют. Целое отличается от своих частей и от своих частей, структурированных соответствующим образом. Ни одно из них не объясняет существование другого.

(6)–(11) выглядят исчерпывающими. В (6) части вносят свой вклад в существование целого, составляя то, из чего целое возникает. В (7) и (8) части вносят свой вклад в существование целого, потому что существование каждой части является частью целого. В (9) части способствуют как основание супервентности целого, метафизическое основание (ground) или т. д. В каждом из (6)–(9) части помогают своему целому существовать.

(11) неправдоподобно. Согласно (11), то стол существует не потому, что существуют ножки и крышка и они прибиты вместе правильным образом. Это просто необъяснимый грубый факт, что в момент, когда кто-то прибил ножки и крышку, стол появился. Просто по счастливой случайности, хлоп! Там возник стол — как раз там, где были части. Конечно, эта история ошибочна. Если мы отложим (11) в сторону, части по крайней мере иногда объясняют существование целых, если только все случаи часть-целое не подпадают под (10). Но это ложно. Стол никоим образом не объясняет существование ножек или прибивание их к крышке, хотя желание плотника сделать стол объясняет. Я бы сделал ставку на то, что (10) вообще не имеет возможных примеров. Поэтому я говорю, что части всегда каким-то образом объясняют существование целых. По аналогии, конституэнты в широком смысле тоже. Таким образом, на картине компонентов, правдо-

подобно, сущности помогают сделать своих носителей существующими.

Далее, в составной картине целые не делают для частей то, что части делают для своего целого. В (6) части существуют не для того, чтобы помочь (целому) существовать. В (7) и (8) если части помогают целому существовать, составляя его, целое также не помогает частям существовать, разделяясь на них. Если «составляет» или «делится на» действительно объясняет существование, просто один «приходит первым» и действительно объясняет — либо целое, либо части. В (9) целые также не обосновывают (и т. д.) существование своих частей. И (6)–(9) не позволяют целому каким-либо другим образом объяснять существование частей. Кажется частью этого, что части присутствуют «сначала», чтобы объяснить существование целого[7]. Таким образом, правдоподобно, в картине, которая основывается на конституэнтах, Сущность помогает объяснить существование Зевса, но не наоборот.

14.5. Сущность не конституэнтна

Я теперь утверждаю, что, если сущности не являются составляющими своих носителей, они также помогают своим носителям существовать. Предположим, что сущности не являются составляющими своих носителей. Тогда, находятся ли они «в» своих носителях или нет, есть два анализа обладания сущностью. Есть опция постулировать комок материи или «чистую партикулярию»[8]. Этот анализ говорит, что последняя находится в отношении с сущностью вещи и это отношение является или объясняет существование вещи[9]. Если так, то если Фидо по сути является

---

[7] Согласно (10) и (11), кроме того, целое не делает для частей того, что части делают для целого, поскольку нет ничего того, что части делают для целого, что было бы релевантным в этом контексте.

[8] Locus classicus для этого варианта — [Allaire 1963]. Недавнее обсуждение можно посмотреть у [Sider 2006].

[9] В любом случае вещь имеет собачье свойство через скопление или партикулярию, обладающую этим свойством. Но, возможно, оно также имеет его напрямую, т. е. экземплифицирует его способом, не сводимым к тому, что

собакой, «собачность» (caninity) является конституэнтой положения дел, которое является или объясняет существование Фидо. В любом случае она способствует существованию Фидо. Здесь Фидо также не может способствовать «собачности». Существование Фидо предполагает «собачность». «Собачность» должна была быть там «сначала», чтобы помочь составить существование Фидо или его основу.

Другой анализ обходится без сгустка или чистой партикулярии. Он связывает только Фидо с собачностью. Но все же в нем собачность помогает Фидо существовать. Я подхожу к этому следующим образом. <Живая вещь> — это определяемое. «Собачность» — это определяющее Фидо в отношении определяемого. Определяющее реализует определяемое. Таким образом, быть собакой — это способ Фидо быть живым. Фидо попадает в класс живых вещей, будучи собакой. Мой следующий шаг — это цитата из слогана Аквинского. *Viventibus vivere est esse*, сказал он[10]: для живых существ жить — значит существовать. То есть <существующее> — это своего рода определяемое, и <живая вещь> входит в его определяющее. Быть живым — это способ существования животных. «Быть живым» реализует существование. Если «быть собакой» реализует «быть живым», а «быть живым» реализует существование, «быть собакой» реализует существование. Фидо существует, будучи собакой. Фидо попадает в класс существующих, будучи собакой. Аристотелики добавили бы, что для того, чтобы Фидо начал существовать, нужно было, чтобы определенный комок материи приобрел «собачность». Существование Фидо не дает ему «собачность» тем же способом. Простое существование не определяет, какого рода вещью нечто является. Нахождение в классе существующих не помещает объект в какой-либо конкретный подкласс этого класса. В противоположном направлении нет объяснения такого рода.

это делает скопление или партикулярия. Если это так, то в этой истории могут быть два вида отношений экземплификации. Обсуждение этого вопроса можно увидеть у [Pickavance 2014].

[10] Так, например, см. *In I Sent.*, d.8, q.5, 3 *ad* 3.

14.6. Ван Инваген

Во всех подходах до сих пор сущности вносят вклад в существование своих носителей, и нет никакого вклада того же рода в другом направлении. Последний подход, который я рассматриваю, мог быть почти создан, чтобы избежать вклада сущностей. Для ван Инвагена сущность — это «ненасыщенное утверждаемое», вещь, которая высказана о чем-то или истинна в отношении чего-то [van Inwagen 2006]. На первый взгляд, позиция ван Инвагена выглядит следующим образом: Фидо есть, его части структурированы в виде собаки. Эта структура «выбирает» платонически понятое <является собакой> как истинное для Фидо. Следовательно, для него истинно, что он собака. Он «сначала» существует, его части соответствующим образом структурированы. Только тогда <является собакой> истинно для него. Для стороны слишком поздно помогать объяснять его существование. Кроме того, «истинно для» не является отношением, объясняющим существование. <Является собакой> истинно для Фидо, потому что Фидо в достаточной степени соответствует стандарту, чтобы считаться собакой. Для ван Инвагена свойство <является собакой> живет на платоновских небесах. Но, несмотря на свое причудливое соседство, этот предикат заставляет что-то считаться собакой, как это делает предикабилия «_ is a dog». То есть оно делает это, потому что его условия применения определяют, что считается собакой. Соответствие стандарту — это удовлетворение условий применения. Таким образом, ненасыщенные утверждаемые «ходят» и «крякают», как платонизированные предикабилии. Предикабилии не помогают объяснить существование того, что подпадает под них. Так что и здесь снова, похоже, нет объяснения существования.

Однако давайте взглянем поближе. Для ван Инвагена атрибуты являются платоновскими утверждаемыми. Так что если у Фидо есть модальная сущность — совокупность атрибутов, которыми он необходимо обладает, — она состоит из утверждаемых. Кроме того, сборка частей в виде собаки, к которой применяется модальная сущность, имеет тот же статус, что и комок материи, участвующий в Платоновской Форме. Так же, как комок является собакой, потому что он достаточно соответствует стандарту, установленному Формой, сборка в виде собаки является собакой, потому что она достаточно соответствует стандарту, установленному утверждаемыми. То есть, если Фидо по сути является собакой, <является собакой> помогает «сделать» его тем, кто он есть. Таким образом, это свойство помогает «сделать» его Фидо. Дело не обстоит таким образом, что сначала Фидо есть, а затем он подпадает под <является собакой>. Скорее, сначала есть части. Затем они попадают под него, и таким образом мы имеем Фидо. Это все еще весомый вклад в существование. Фидо, в свою очередь, не делает <является собакой> тем, что он есть, и не объясняет его существование.

Чтобы избежать этого, мы могли бы просто отвергнуть модальные сущности. Это потребовало бы отвергнуть либо то, что у Фидо обязательно есть какой-либо атрибут, либо то, что его необходимые атрибуты образуют совокупность. И то, и другое было бы большой ценой. Если мы сохраним модальные сущности, то все, что есть в Фидо, помогает ему существовать. То же самое верно и в отношении объяснения сущности через определение. То, что значит быть Фидо, помогает объяснить то, что вещь является Фидо, будучи стандартом, которому что-то должно соответствовать, чтобы быть Фидо. Таким образом, Фидо все еще отчасти обязан своим существованием стандарту, но не наоборот.

14.7. Никакого обратного объяснения

Я утверждал, что сущности помогают объяснить существование своих носителей. Я также утверждал, что носители не объясняют существование сущностей тем же способом, показывая, что способы, при помощи которых сущности могут помочь объяснить существование, не допускают обратных объяснений того же рода. Но то, что объяснения этих конкретных видов не могут работать в другом направлении, не влечет за собой, что никакой вид объяснения не может работать в другом направлении. Поэтому теперь я рассматриваю в более общих терминах возможность того, что носители в свою очередь объясняют или помогают объяснять существование сущности.

Вот абстрактная картина того, как это может работать. Согласно некоторым взглядам, носители делают свои сущности существующими. Фидо, говорят они, делает свою «собачность» существующей, реализуя ее в своем живом теле. Если так, то первая собака могла бы объяснить существование не только своей «собачности», но и «собачности» *simpliciter*. Если это так, мы можем предположить, что Зевс заставляет Сущность существовать, как первая собака могла бы заставить «собачность» существовать. Сущность, в свою очередь, помогает Зевсу существовать, делая Зевса тем, что он есть. Ни один из них не появляется первым, временно или каким-либо другим образом. Существует просто вечная взаимозависимость. Тем не менее все еще может быть так, что Сущность могла бы или даже существовала бы, если бы Зевса не было. То, что Зевс дает ей бытие, не означает, что у нее нет других ресурсов. Можно быть миллиардером, вкладывать свои деньги в траст и жить на зарплату.

14.8. Проблема транзитивности

Я думаю, что эта картина имеет проблемы, связанные с транзитивностью. Одна из них может возникнуть, потому что Сущность — это *индивидуальная* сущность[11] Зевса. Связано это с тем, что индивидуальные сущности могут каким-то образом включать рассматриваемого индивида. То есть Сущность может быть или включать тождественность Зевсу. Если индивидуальные сущности включают индивида, Сущность помогает создать самого Зевса, а Зевс помогает создать саму Сущность. Из этого, кажется, следует, что Сущность помогает создать саму Сущность. Если так, Сущность подобна в релевантных аспектах плохо обоснованному множеству[12]. Такое множество является членом самого себя. Плохо обоснованное множество с одним элементом, например, —

---

[11] Разговоры с Дэниелом Бернстоном привели меня к этому моменту.
[12] Об этом см., например, [Aczel 1988].

это множество S, для которого S = {S}. О таких множествах и вещах, подобных им в релевантных аспектах, нельзя сказать без тени сомнения, что они возможны.

Эта проблема не возникает, если индивидуальные сущности не содержат чего-то вроде тождества с Зевсом, а вместо этого являются чисто качественными. Сущность тогда является качеством, «Зевсовостью». Наличие «Зевсовости» делает вещь Зевсом. Но она не является и не содержит тождества с Зевсом. Такие качественные сущности в лучшем случае загадочны. Обе проблемы исчезают, если Сущность является общей сущностью. Но я подробно обосновываю в другом месте, что совершенство является индивидуальной сущностью совершенного существа [Leftow 2012: гл. 7, passim]. Если я прав, то, если Зевс совершенен, он имеет индивидуальную сущность. Поэтому, даже если у Зевса также есть общая сущность, возникает по крайней мере одна описанная проблема.

14.9. Вторая проблема транзитивности

Вот еще одна проблема, связанная с транзитивностью. Мы рассматриваем ту точку зрения, что Сущность помогает Зевсу существовать одним способом, а Зевс помогает Сущности существовать другим. Даже с этой точки зрения существование Сущности в момент времени t имеет к существованию Зевса в момент времени t отношение <каким-то образом помогает не-вероятностно синхронно объяснить>, и наоборот. Так что если отношение транзитивно, существование Сущности в момент времени t каким-то образом помогает не-вероятностно объяснить существование Сущности в момент времени t. Это не может быть правильным. Но это отношение, насколько можно судить, транзитивно. <Каким-то образом помогает объяснить> выглядит так, как будто оно должно быть транзитивным. Добавленные квалификаторы делают более правдоподобным, что <Каким-то образом помогает не-вероятностно синхронно объяснить> фактически верно, поскольку они исключают целые классы потенциальных контрпримеров. Опять же, <Каким-то образом не-вероятностно синхронно объясняет> является, насколько можно судить, транзитивным. Я не вижу, как вставка «помогает» может это изменить. Если что, она скорее толкает в другую сторону. Существует так много способов помочь. Чем их больше, тем больше вероятность, что всегда можно найти способ спасти пример, угрожающий не быть транзитивным. Таким образом, отношение «в некотором роде помогает» может быть транзитивным, даже если некоторые отдельные синхронные отношения объяснения не являются таковыми. Например, предположим, что объяснительное отношение R не является транзитивным. Оно все равно может быть таким, что где aRb и bRc, необходимо bR*c. Если так, то отношение RvR* является транзитивным. Если бы было всего два способа объяснения, отношение «в некотором роде помогает» было бы строго эквивалентно отношению RvR*. Таким образом, даже если <в некотором роде не-вероятностно синхронно объясняет> не является транзитивным, <в некотором роде *помогает* не-вероятностно синхронно объяснить>, правдоподобным образом, является[13].

---

[13] Далее, некоторые конкретные случаи правдоподобно транзитивны. Супервентность — это синхронное не-вероятностное объяснительное (explanatory) отношение. Оно явно транзитивно. Делать истинным в настоящий момент — это синхронное и т. д. отношение. Предположим, что мое существование в настоящем делает <Я существую> истинным, а истинность <Я существую> в настоящем делает <истинно, что я существую> истинным. Теперь рассмотрим, делает ли мое существование в настоящем <истинно, что я существую> истинным. В этом нет какой-либо абсолютной очевидности, — но к этому склоняется моя интуиция. Чем менее субстантивным кто-то полагает свойство истинности, тем более правдоподобным, как я полагаю, это будет казаться.

Гонсало Родригес-Перейра и Аарон Гриффит предлагают такого рода контрпример к транзитивности:

 A. Тот факт, что Фидо существует в настоящем, делает <Фидо существует> истинным.
 B. <Фидо существует> в настоящем делает <существуют пропозиции> истинным. Но:
 C. Тот факт, что Фидо существует, не делает <существуют пропозиции> истинным [Rodriguez-Pereyra 2015: 523; Griffith 2014: 205].

Но кажется правдоподобным, что наделение истинностью — это вид фундирования (см. [Rodriguez-Pereyra 2015: 518–519]). Правдоподобно, что наделение истинностью в настоящем — это создание в настоящем того положения дел, что _ истинно. Итак, (A) правдоподобно утверждает, что тот факт, что Фидо существует, делает то положение дел, что <Фидо существует>, истинным. (B) правдоподобно утверждает, что <Фидо существует> делает то положение дел, что <существуют пропозиции>, истинным. «<Фидо существует> истинно» и ««<Фидо существует>» не тождественны. Таким образом, пример должен нарушить транзитивность, даже если наделение истинностью транзитивно. Он не имеет силы как контрпример.

Туомас Тахко предлагает другой предполагаемый контрпример. Он пишет, что пивная бутылка b существует, это правда. Тахко, похоже, думает, что непосредственным фактором истинности для этого является тот факт, что b существует [Tahko 2013: 336]. Он не утверждает этого эксплицитно, но его аргумент, кажется, это предполагает. Затем он отмечает, что тот факт, что b существует, частично фундирован тем фактом, что b имеет стабильную микроструктуру, которая, в свою очередь, частично обоснована Принципом Исключения Паули (Pauli Exclusion Principle). Но Принцип Паули, утверждает он, не является фактором истинности для <b существует>, потому что он не релевантен в правильном отношении только к существующему b [Ibid.: 336–337]. Одна проблема здесь состоит в том, что частичное фундирование не является наделением истинностью. Так что пример не может показать, что наделение истинности не является транзитивным (как у [Rodriguez-Pereyra 2015: 524]). Фундирование — это отношение синхронического метафизического объяснения du jour. То, что оно транзитивно, — правдоподобно (с этим согласны: Кит Файн [Fine 2010]; Фабриче Корейя [Correia 2010]; М. Рейвен [Raven 2013]). Джонатан Шаффер предлагает три контрпримера к транзитивности фундирования. Один выглядит следующим образом. Пусть множество S = { a, b, c}. Тогда:

D. То, что S содержит c, фундирует тот факт, что S содержит три элемента.
E. То, что S содержит три элемента, фундирует тот факт, что S содержит конечное число элементов. Но:
F. То, что S содержит c, не фундирует тот факт, что S содержит конечное число элементов [Schaffer 2012: 127–128].

Указанный переход терпит неудачу, поскольку опирается более чем на одно отношение фундирования. В (D) то, что S включает c, частично фундирует. В (E) S имеет три полных метафизических основания (grounds). Поскольку ни одно из отношений не фигурирует дважды в посылках, пункты (D)-(F) не являются контраргументами к любому из них. Второй пример Шаффера имеет ту же структуру, так что я рассматриваю его точно так же. Третий аргумент Шаффера — мяуканье Кадма (Cadmus' meow) [Ibid.: 128–129]. Согласно Шафферу:

14.10. Ответ

Можно ответить, что здесь существование Сущности в t способствует себе только посредством Зевса, и в том, как это осуществляется, нет проблем. Но вспомните фильм «Предопределение», в котором с помощью путешествия во времени и тщательной — на научно-фантастическом уровне — операции по смене пола мужчина оказывается своим собственным отцом и матерью. Его взрослое мужское «я» помогает вызвать существование его младенческого «я». Его младенческое «я» помогает вызвать существование его взрослого мужского «я». Его младенческое «я» справляется с этим только посредством его более позднего женского «я». Но это не делает историю приемлемой. Опять же, рассмотрим сжатую историю о путешествии во времени. Я стою у машины времени в момент t, нажимая кнопку «идти». Через долю секунды машина действует. Она возвращает меня к машине в момент t. Я приземляюсь там, нажимая кнопку «идти». Таким образом, мое пребывание там в момент t помогает вызвать мое пребывание там в t. Я делаю это только посредством машины. Это не делает историю приемлемой.

G. Тот факт, что встреча этого сперматозоида и этой яйцеклетки произвела этого кота, фундирует тот факт, что Кадм мяукает.
H. То, что Кадм мяукает, фундирует тот факт, что что-то мяукает, но:
I. Факт встречи сперматозоида и яйцеклетки не фундирует тот факт, что что-то мяукает.

На первый взгляд, (G) ложно. То, что фундирует, необходимо обусловливает. Но то, что сперма и яйцеклетка, вместе взятые, не обусловливают необходимо, что Кадм мяукает. Первое не обусловливает с необходимостью второе, даже если мир физически детерминирован, и обычная физическая причинность является правильным видом необходимости, поскольку другие, каузально независимые события также должны были способствовать мяуканью. Я думаю тогда, что мы можем принять транзитивность фундирования. Последнее отношение, которое следует рассмотреть, — это причинность. Ведутся оживленные дебаты о том, является ли причинность транзитивной. Но также в лучшем случае спорно, что причинность действует синхронно. Поэтому я не буду продолжать это.

14.11. Второй ответ

Эта проблема транзитивности исчезает в одном из приведенных выше описаний отношения сущности-носителя. Предположим, что есть божественная чистая партикулярия. Тогда она несет Сущность и, таким образом, объясняет существование Сущности. То, что она является носителем Сущности, объясняет существование Зевса. Существование Зевса, в свою очередь, не объясняет то, что партикулярия является носителем Сущности, или существование Сущности. Этот ход устраняет беспокойство о транзитивности. Но он имеет свою цену. То, чем может быть божественная чистая партикулярия, неясно. Таковы чистые партикулярии в целом. Кроме того, это делает существование чистой партикулярии и наличие у нее Сущности более фундаментальными в реальности, чем существование Зевса.

Некоторые концепции самосущности это допускают. Если Сущность существует только «в» Зевсе, это не делает Зевса зависимым от чего-либо внешнего. И это не делает Зевса составным или имеющим причину. Концепция самосущности, которая исключает только эти три вещи, таким образом, совместима с историей, которая завязана на чистую партикулярию. Но такая история действительно рассматривает Зевса как конституированный объект, — хотя конституирующей его оказывается и не материя. Поэтому она несовместима с концепциями самосущности, которые это исключают. Я утверждал, что самосущность совершенного существа должна делать это. Более того, быть конституированным (так сказать) так же плохо, как иметь части или зависеть от чего-то внешнего. В любом случае Зевс происходит от чего-то другого, что имеет (имеет) притязания на то, чтобы быть более базовым в реальности. Сохранение самосущности отсутствия частей, например, кажется слабым утешением для отказа от того, что придает этому атрибуту его ценность. Интуитивно, совершенное существо должно быть чем-то фундаментальным. Ничто не должно быть более базовым в реальности, чем совершенное существо, — поскольку, *prima facie*, совершенное существо должно быть предельной реальностью. Кроме того, предельность проходит через процесс «фильтрации» теологии совершенного бытия, чтобы появиться как атрибут *ultima facie*. Этот момент связан с тем, что она не конфликтует с другими правдоподобными атрибутами вероятных кандидатов. В модели экземплификации, которую мы обсуждаем, чистая партикулярия — это одно, а Зевс — другое. Зевс — это результат того, что чистая партикулярия является носителем атрибутов. Это не сама партикулярия в новом облике. Так что если божественная чистая партикулярия есть, то она, а не Зевс, является фундаментальной.

Здесь можно было бы возразить. Предположим, что это так. Зевс темпорален, не имел начала и не будет иметь конца. В любой момент времени t Зевс заставляет чистую партикулярию существовать и обладать Сущностью сразу после этого — то есть для всех моментов времени, кроме t в какой-то короткий период, начинающийся с t. Это обеспечивает существование Зевса сразу после этого. Затем Зевс сразу после этого заставляет чистую партикулярию существовать и т. д., и так до бесконечности. Согласно этой картине, Зевс может показаться базовым. Я отвечаю, что это также может быть не так. Согласно этой картине, есть по крайней мере столько же оснований для того, чтобы рассматривать чистую партикулярию и Сущность как базовые объекты и обеспечивать их непрерывность через Зевса. Здесь базовость в лучшем случае является тонким защитным покровом. Он может блокировать обвинение в том, что чистая партикулярия и Сущность являются базовыми, поскольку он получает вердикт «нет решения» по этому поводу. Но этот вердикт приводит к опции «нет решения» по поводу того, является ли Зевс базовым. Поэтому это не сохраняет фундаментальность Зевса.

14.12. Другой ответ

Давайте поэтому попробуем еще раз. Добавьте к картине раздела 14.7 (без чистых партикулярий), что Зевс темпорален. Тогда мы можем сказать следующее. Сущность дает Зевсу силу сохранять свое существование, если Зевс этого пожелает. Зевс желает этого. Поэтому Зевс сохраняет свое существование. Зевс продолжает обладать Сущностью и заставляет Сущность существовать. Сущность, существуя, дает Зевсу силу сохранять свое существование. Зевс желает этого. И так до бесконечности. Время, в которое Зевс заставляет Сущность существовать, — это t. Сущность в t дает Зевсу в t способность сохранять свое существование. Но времена, до которых Сущность помогает Зевсу сохранять свое существование и, таким образом, существовать, наступают после t. Так что (можно предположить) транзитивность не вызывает беспокойства.

Я говорю, что транзитивность все еще является проблемой. Наличие человечества в t помогает мне существовать в t. Аналогичным образом, Сущность в t помогает Зевсу существовать в t. Если сохранение существования в более позднее время не создает проблемы транзитивности, это не влечет, что существование в определенное время не создает эту проблему. Пока что последняя остается.

14.13. Проблема зависимости

Раздел 14.7 также поднимает вопросы о зависимости Сущности. В нем утверждается, что, хотя Сущность может существовать, не будучи инстанцированной, ее существование зависит от Зевса. Давайте рассмотрим, насколько сильна эта (предполагаемая) зависимость. Предположим, что, поскольку Зевс заставляет Сущность существовать, если бы Зевса не было, Сущности *не существовало бы*. Зевс существует контингентно. В ближайшем мире из тех, в которых нет Зевса, Сущности нет. В более отдаленном мире она существует, не будучи инстанцированной.

Это меня озадачивает. Если Сущность может существовать, не будучи инстанцированной, она не должна нуждаться в поддержке. Не должно быть так, что без Зевса ее бы не было. Далее, в этой истории Сущности нужна поддержка в одном мире, но не в другом. Сущность может быть зависимой и может быть независимой. Некое различие в Сущности должно объяснять ее зависимость там, где она есть, и независимость там, где она есть. Я не вижу, что это могло бы быть. Можно было бы ответить, что, хотя

Сущность в некоторых мирах получает поддержку, ни в одном мире она ей не нужна (вспомните мою аналогию с миллиардером). Разница не в Сущности, а в отношении Зевса к Сущности. Но если Сущность не нуждается в поддержке, то должно быть так, что без поддержки она бы существовала.

Предположим, что на самом деле отсутствие волос является универсалией, но в другом возможном мире это не так. Там у каждого лысого есть только свои собственные индивидуальные тропы (случаи) отсутствия волос. Теперь, конечно, не может случиться так, что в одном и том же мире у меня есть только универсалия отсутствия волос, а у вас есть только соответствующий троп. Но если это не может случиться в одном и том же мире, трудно понять, почему это должно происходить в разных мирах. Нам нужна веская причина для того, чтобы сказать, что онтология отсутствия волос различается между мирами. Я не вижу, что это могло бы быть. Более того, если бы мы позволили варьированию между мирами быть уместным вариантом, это подорвало бы виды аргументов, которые мы используем при создании онтологии. У нас были бы одинаково веские причины верить в (скажем) универсалии в любом возможном мире. Поэтому чем серьезнее вариант, что отсутствие волос не является одним и тем же видом объектов во всех мирах, тем меньше эти аргументы поддерживают какую-либо конкретную онтологию отсутствия волос в любом мире. Позволить Сущности варьироваться между зависимостью и независимостью — это примерно то же самое, что позволить отсутствию волос варьироваться между универсалией и тропами. Какова бы ни была истинная история о природе абстрактных сущностей, она не должна варьироваться между мирами.

14.14. Варьирование общей сущности

Раздел 14.13 предполагает, что Сущность является индивидуальной сущностью. Если бы она была общей, ситуация могла бы быть такой. В ближайшем мире среди тех миров, в которых нет Зевса, нет другого совершенного существа, и Сущности там нет.

В более отдаленном мире среди тех миров, в которых нет Зевса, какая-то другая вещь имеет Сущность. Сущность с необходимостью нуждается в поддержке и получает ее. Но ей не нужно получать ее от Зевса. Поскольку Сущность является общей, другие могут иметь ее. Нет никаких различий между мирами в том, что требуется для существования Сущности. Теперь я отмечу четыре момента, связанные с этим.

Во-первых (как отмечено в 14.8), я утверждаю в другом месте, что совершенное существо имеет индивидуальную сущность. Если это верно, то даже если есть также общая совершенная сущность существа, проблема раздела 14.13 остается. Кроме того, в истории об общей сущности есть странности. Предположим, что в W Зевс существует один. В истории об общей сущности ближайший мир среди тех, в которых нет Зевса, — это W_2, в котором Сущности не существует. Не имея Зевса и Сущности, W_2 отличается от W во многих других отношениях. В W_3 Вотан имеет Сущность, а Зевса не существует. W_3 неотличим от W, за исключением того, что Вотан, а не Зевс, играет роль совершенного существа. В истории общей сущности W_2 ближе к W, чем W_3. Это неправдоподобно.

Опять же, W_4 неотличим от W, за исключением того, что в дополнение ко всему, что происходит в W, Вотан существует, совершенно не вовлеченный: просто блаженно спящий. В W_4 дело не обстоит таким образом, что, если бы Зевса не было, Сущности бы не было. Вотан все равно бы существовал. Так что Сущность тоже существовала бы. В истории об общей сущности W_2 ближе к W, чем W_4. Это в лучшем случае спорно.

Наконец, если в мире без Зевса у Вотана есть Сущность, то, *согласно* 14.2.3, Вотан сверхдетерминирует возможность Зевса. Мы видели, что такой вариант не срабатывает.

14.15. Обратно к индивидуальным сущностям

Давайте снова рассмотрим Сущность как индивидуальную сущность. Давайте теперь скажем, что, хотя Зевс заставляет Сущность существовать, Сущность не только могла бы, но и существовала бы, если бы Зевс этого не делал. Это есть или нет, потому что Сущность также вносит вклад в существование Сущности. Если Сущность вносит вклад, либо:

12. Зевс и Сущность, каждый частично, причинно обусловливают или объясняют существование Сущности и вместе полностью причинно обусловливают или объясняют его без сверхдетерминации; или:
13. Они сверхдетерминируют его.

Если сущность не вносит свой вклад, то:

14. Только Зевс вносит свой вклад, но Сущность является «отказоустойчивой» опорой для своего собственного существования. Она бы взяла на себя роль Зевса, если бы Зевса не было; или:
15. Только Зевс вносит свой вклад. Сущность не является «отказоустойчивой». Поскольку Сущность — это индивидуальная сущность Зевса, ничто не берет на себя роль Зевса, если Зевса нет. Но если бы Зевса не было, Сущность существовала бы.

(12) невозможно. *Согласно* 14.7, если первая собака реализует «собачность», то для существования «собачности» больше ничего не нужно. Точно так же, если у Зевса есть Сущность, этого достаточно для существования Сущности. Но, согласно (12), требуется больше. Кроме того, пункты, которые я вскоре выдвину против (13), применимы и к (12).

Далее я рассматриваю (13). Факторы переопределяют результат только в том случае, если каждый из них действительно вносит в него что-то достаточное для того, чтобы его произвести. Предположим, что для зажигания лампочки требуется один вольт. Мы с вами щелкаем переключателями. Каждый посылает вольт на лампочку. Вольты попадают одновременно. Лампочка загорается. Полная причина, по которой она загорается, такова: ваш щелчок плюс мой. Согласно истории о сверхдетерминации, чего-то в Сущности достаточно для ее существования. То же — и с тем, что Зевс ею обладает. Оба вносят свой вклад. Полная причина, по которой Сущность существует, такова: что-то в Сущности в совокупности с тем, что она есть у Зевса. Я говорю, что Сущность не может вносить свой вклад. Ничто в данный момент времени не может действительно заставить себя существовать в это время, либо напрямую, либо через какого-то посредника. Ничто не может действительно объяснить себя. (Это часть нашего беспокойства из-за сжатой истории о путешествиях во времени 14.10.) Таким образом, Сущность или существование Сущности в момент времени t не может объяснить существование Сущности в момент времени t.

Здесь следует упомянуть один вид кажущегося объяснения[14]. Платоники часто считают, что некоторые абстрактные объекты существуют с необходимостью. Они думают, что их природа делает их необходимыми. Предположим, что это так. Предположим также, что их необходимость также объясняет их существование, или то, что делает их необходимыми, объясняет их существование. Тогда мы можем объяснить существование платоновских сущностей изнутри них самих — их собственной природой. Я отвечаю, что если какая-то черта делает их необходимыми, а то, что делает их необходимыми, объясняет существование, то «она — сущность — имеет эту черту, поэтому она существует» — это хорошее объяснение. Для меня это явно не так. Наличие атрибута предполагает существование. Поэтому первое не может объяснить второе. Необходимость абстрактных необходимых существ должна быть объяснена таким образом, который предполагает их существование. Они существуют; у них есть магическая черта; поэтому они также существуют с необходимостью. Дело не обстоит таким образом, как если бы черта и необходимость появились первыми и вытащили их из области только лишь возможного в существование. Кроме того, я утверждаю в другом месте, что необходимость сама по себе не объясняет существование [Leftow 2012: 51–54].

---

[14] Дин Циммерман навел на эту идею (в беседе).

Единственный смысл, который я могу извлечь из «вклада» Сущности в собственное существование в момент времени t, заключается в том, что если Сущность существует в момент времени t, то ее природа делает так, что ей не нужна помощь для существования. Природа Сущности делает это только в том случае, если Сущность существует. Если бы она не существовала, у нее не было бы природы, чтобы сделать ее не нуждающейся в помощи. Было бы просто верно, что она имела бы такую природу, если бы существовала[15]. Так что, если Зевс действительно дает Сущности ее существование в момент времени t, Сущности нужна эта помощь. Сущность не может заставить себя существовать, и, если бы она не существовала, Сущности не было бы там, чтобы иметь свойство не нуждаться в помощи. Так что у нее не было бы этого свойства. Было бы просто верно, что если бы она существовала, то она имела бы это свойство. Так что снова, если Зевс дает Сущности ее существование в момент времени t, то для того, чтобы иметь свойство не нуждаться в помощи, ей нужна помощь, чтобы ее сделали существующей. Но ничто не может нуждаться в помощи, чтобы существовать в t, чтобы иметь в t свойство не нуждаться в помощи, чтобы существовать в t. Ибо ничто не может одновременно нуждаться и не нуждаться в помощи, чтобы существовать в t. Таким образом, если Сущность не нуждается в помощи, чтобы существовать, Зевс не помогает ей.

Поэтому я думаю, что единственная разумная идея в этом соседстве такова: если Сущность существует, то ничто не может помочь ей существовать. Она должна быть полностью непроизводной. Сущность — это воздушный шар, который парит только благодаря содержащемуся в нем газу. Зевс касается его, но не является той причиной, по которой он парит именно на этой высоте. Зевс просто сидит под ним. Если все это верно, это исключает (14) — поскольку, если Зевс оказывает помощь, Сущность нуждается в ней. Если Сущность нуждается в ней, она не может поддержать себя без нее. Это также противоречит (15), посколь-

---

[15] Майнонгианцы с этим бы поспорили.

ку в (15) Зевс действительно помогает Сущности существовать, если Зевс существует. Однако если Зевс не помогает, мы имеем асимметрию, на которой я настаиваю. Сущность помогает существовать Зевсу, а не наоборот.

14.16. Варьирование общей сущности в общем

Предположим теперь, что Сущность является общей сущностью. Предположим также, что Сущность не только могла бы, но и существовала бы, если бы не было Зевса. Если Сущность является общей, Сущности не нужно вносить вклад в свое собственное существование, чтобы это было так. Есть и другие альтернативы, а именно, что (скажем):

16. Зевс и Вотан оба существуют. Оба обладают Сущностью. Каждый частично причинно обусловливает или объясняет существование Сущности. Вместе они полностью причинно обусловливают или объясняют ее без сверхдетерминации. Если бы Зевс не существовал, Вотан все равно существовал бы и полностью причинно обусловливал или объяснял бы существование Сущности.
17. Зевс и Вотан оба существуют. Оба обладают сущностью. Они сверхдетерминируют существование сущности. Если бы Зевс не существовал, Вотан существовал бы и полностью бы причинно обусловливал и объяснял существование Сущности.
18. Существует только Зевс, но, если бы Зевса не было, Вотан существовал бы и обладал Сущностью.
19. Существует только Зевс. Если бы не было Зевса, не было бы и Вотана. Но Сущность существовала бы.

(16) невозможно. Зевс и Вотан не были бы частично причиной существования Сущности. Они бы переопределили ее, поскольку каждый из них в отдельности достаточен для нее. В (17) и (18) Вотан помог бы объяснить возможность Зевса. В разделе 14.2.3 утверждалось, что этого не будет. В (19) Сущность сама по

себе помогает объяснить возможность Зевса. *Согласно 14.2.3*, это также не сработает.

Я рассмотрел способы осуществления того, что Зевс заставляет Сущность существовать за счет того, что обладает ею, однако Сущность может существовать, если Зевс не существует. Если может, то единственный дальнейший вопрос заключается в том, будет ли она существовать. Таким образом, я рассмотрел все широкие альтернативы. Я утверждаю, что ни одна из них не является приемлемой и не избегает асимметрии, которую я утверждаю. Таким образом, если Сущность может существовать, если Зевс не существует, она помогает существовать Зевсу, а не наоборот.

14.17. В духе Евтифрона

Здесь открывается дополнительная проблема. Рассмотрим дилемму Евтифрона: является ли право правильным, потому что Бог так повелевает, или Бог так повелевает, потому что это правильно? Это дилемма только в том случае, если обе альтернативы отталкивающие. Вторая отталкивающая, потому что она навязывает Богу независимые моральные стандарты. Теперь, если стандарт для подсчета в качестве совершенного существа независим от совершенного существа, то он также просто навязывается совершенному существу. Существо считается совершенным, если соответствует ему. Нужно быть хорошим, чтобы соответствовать ему. Те, кому не нравится второй рог Евтифрона, тоже должны, по моему мнению, чувствовать легкое подташнивание, если они считают Бога совершенным.

Мы получаем лучшее из обоих миров в случае Евтифрона, основывая моральные стандарты на природе Бога. Таким образом, Он не может изменить их, но они не являются независимыми от Него или вне Его. Скорее, Он определяет их содержание, будучи тем, кем и чем Он является[16]. Мы можем попытаться получить лучшее из обоих миров в случае Сущности. Но мы

---

[16] Я благодарен Дину Циммерману за это обсуждение.

должны сделать больше, чем сделать Сущность стандартом, чтобы это провернуть, — поскольку, если Сущность необходима, а Зевс контингентен, Сущность все равно является независимым стандартом, согласно которому судят Зевса. Не похоже, что Зевс определяет содержание стандарта, если бы он имел это содержание, — в том случае, если бы Зевса никогда не существовало. Вместо этого кажется, что стандарт был бы там, как он есть, независимо от этого, и Зевс просто включает его в себя, обладая Сущностью. Чтобы избавиться от проблемной независимости, мы должны отрицать либо то, что Сущность необходима, либо то, что Зевс контингентен. Я пытался защитить тот тезис, что Сущность необходима.

14.18. Объяснительная приоритетность

Далее, во всех рассмотренных мною источниках, за исключением ван Инвагена, Сущность многое бы объяснила о Зевсе. Если Сущность делает Зевса нравственно совершенным, Зевс не может поступать неправильно, потому что Сущность исключает это. Если Сущность делает Зевса всемогущим, Сущность диктует силу Зевса. Но Зевс ничего не объяснил бы о содержании Сущности. Поэтому Сущность была бы первичной в порядке объяснения. Для ван Инвагена, *inter alia*, потому что Зевс не может поступать неправильно, он подпадает под Сущность и тем самым считается совершенным. Сущность не делает Зевса нравственно совершенным. Но *согласно* разделу 14.6, даже для ван Инвагена Сущность помогает объяснить существование Зевса.

Таким образом (я утверждаю), если Зевс контингентен, а Сущность необходима, мы получаем следующее. Если бы Сущность не существовала, Зевса бы не было. Но если бы Зевс не существовал, Сущность была бы. Сущность должна помогать Зевсу существовать. Зевс не может помогать Сущности существовать. Таким образом, существование Зевса предполагает существование Сущности, а не наоборот. Опять же, согласно всем взглядам, кроме взгляда ван Инвагена, Сущность объясняет большую часть того, каков Зевс. Зевс не объясняет ничего из содержания Сущности. Сущность должна иметь свое содержание «сначала», чтобы Зевс был таким, каким Зевс по сути является. Природа Зевса предполагает Сущность, а не наоборот. Таким образом, Сущность является более базовой как в существовании, так и (если только ван Инваген не прав) в объяснении. Сущность, если необходимо, была бы более базовой реальностью, чем контингентный Зевс.

Ничто не должно быть более базовым в реальности, чем совершенное существо. В частности, если бы совершенное существо существовало само по себе, ничто более базовое не должно способствовать его существованию. Поэтому, что бы ни было верно в отношении других сущностей, Сущность не может быть необходимой, если Зевс является контингентным. Но если есть такая вещь, как Сущность, она необходима. Значит, таким является и Зевс. Если мы начнем исследовать варианты Сущности, то в конце концов обнаружим, что нет миров отсутствия, и, следовательно, нет таких, в которых Сущность обеспечивает возможность Зевса.

Глава 15
Другие не-конкретные объекты

Если бы совершенное существо существовало условно, были бы возможные миры, в которых оно не существовало бы, но могло бы существовать. Я утверждаю, что не существует приемлемого объяснения того, что сделало бы совершенное существо возможным в этих мирах. Если такового нет, совершенное существо существовало бы необходимо. В главе 14 я задался вопросом, может ли сущность совершенного существа обеспечить его возможность. Теперь я перехожу к двум другим неконкретным кандидатам: абстрактным возможным мирам, которые существуют вечно и независимо от того, что происходит с конкретными вещами (далее — платоновские миры[1]), и неконкретным индивидам Уильямсона.

15.1. Объяснительная приоритетность и платоновские миры

Предположим, что платоновские возможные миры являются предельным источником возможности. Они независимы от чего-либо конкретного. Некоторые «говорят», что существует условное совершенное существо (Зевс). Поэтому они обеспечивают его

---

[1] Или типы миров (world-types) (как у Прайора — см. [Menzel 1991]. С этого момента воспринимайте эту квалификацию как прочитанную. Существует множество теорий о том, какими были бы платоновские миры. Для настоящих целей все, что имеет значение, это то, что они были бы платоновскими в данном смысле.

возможность и его случайность. Если такие миры и Зевс существуют, миры определяют природу Зевса. Ибо они устанавливают не только то, что является возможным, но и *содержание* всей возможности. Сократ по сути своей человек, потому что миры дают ему только возможные человеческие жизни. Подобное применимо и к Зевсу. Если миры являются предельным источником возможности, Зевс не делает их такими, какие они есть. Если бы он это делал, он, а не они, был бы предельным источником. Опять же, миры независимы от того, что происходит с конкретными вещами. Это включает независимость от всего, что делает Зевс. Таким образом, если существуют и платоновские миры, и Зевс, миры определяют природу Зевса, а не наоборот. Они имеют объяснительную роль и объяснительный приоритет, которые имела его платоновская сущность в главе 14.

Если миры обладают этим приоритетом, если Зевс существует, они обладают им, если Зевса нет. Миры на своем месте. Они устанавливают, как Зевс может и должен существовать. Если Зевс не существует, они не происходят из него. Несуществующие не являются причиной, не фундируют и т. д. ничего существующего. Зевс влияет на них, только если:

ИСТОРИЯ (STORY). Зевс существует в другом мире. Зевс влияет на содержание миров там. Это помогает объяснить содержание, которое они имеют в мирах отсутствия.

Давайте рассмотрим (ИСТОРИЯ). Предположим, что все его первое утверждение означает, что другой мир W существует, и <W является актуальным> влечет за собой <Зевс существует>. Тогда Зевс не играет никакой роли в установлении содержимого миров. Это только тот случай, когда Зевс мог бы играть роль. Сам факт того, что Зевс мог повлиять на содержимое миров, не влечет того, что он на самом деле повлиял на его содержимое. Для того, чтобы Зевс актуально влиял на содержимое миров, существование Зевса в другом мире должно дать Зевсу место в онтологической переписи. Другой мир должен нести с собой свою собственную реальную область партикулярий, и они должны включать

Зевса. Однако в мире отсутствия Зевс не существует. Таким образом, (ИСТОРИЯ) дает Зевсу фактический объяснительный приоритет в мире отсутствия, только если истинна некоторая форма поссибилизма. Опять же, мы отвергли это. Кроме того, для того, чтобы поссибилизм что-то выиграл для нас в этой ситуации, нам пришлось бы добавить, что несуществующее совершенное существо каким-то образом умудряется влиять на содержимое существующих миров. Это кажется совершенно невозможным. Таким образом, если Зевс не существует, то миры тем более имеют тот же объяснительный приоритет, который они имели бы, если бы он существовал.

15.2. Аналогия

Теперь я защищаю объяснительный приоритет миров другим способом. Согласно одному интуитивному подходу к законам природы[2], оказывается верным следующее:

> Законы движения управляют областями пространства, независимо от того, движется ли там что-либо. Они определяют, как объекты там могут двигаться. Если что-то проходит через него, оно движется согласно тому, как законы области ограничивают его движение, потому что они ограничивают его. Если законы детерминистичны, они сводят способы движения в физическом аспекте к одному, учитывая его состояние при входе в область. Законы в совокупности с его состоянием при входе в область определяют и объясняют, как оно движется. Если законы недетерминистичны, они позволяют ему двигаться некоторыми способами и исключают другие. Они ограничивают его фактическую карьеру и объясняют отсутствие других. Способы движения вещей, в свою очередь, не ограничивают и не объясняют законы, поскольку законы управляют. Они как бы навязываются объектам. То, что они являются законами, не состоит в том, что объекты подчиняются им.

---

[2] Или естественным законам — natural laws. — *Прим. перев.*

Объекты подчиняются, потому что законы появляются там «первыми» и требуют подчинения. Управляющие законы имеют объяснительный приоритет по отношению к тому, чем они управляют.

Конечно, существуют концепции естественных законов, которые основаны на концепции «управления», как существуют и способы мышления о природе, которые полностью обходятся без разговоров о законах. Для настоящих целей это не имеет значения. Я не утверждаю, что существуют естественные законы или что законы управляли бы объектами. Я утверждаю только, что сказанное мной имеет некоторую изначальную правдоподобность как способ мышления о законах, и я буду использовать это только как аналогию.

Теперь рассмотрим область модального. Если возможные миры являются платоновскими, то следующее кажется верным:

Существуют возможности для контингентной конкретной вещи, независимо от того, существует она или нет[3], так же как существуют управляющие законы движения, независимо от того, движется ли что-либо. Возможности устанавливают способы возможного существования контингентных конкретных вещей, так же как управляющие законы движения устанавливают способы возможного движения объектов. Если существует (некий) контингентный конкретный объект, его карьера разворачивается как содержание возможных ограничений, потому что возможное ограничивает его. Если для него возможен только один путь, это помогает объяснить его акту-

---

[3] Это верно, даже если (как возражает Прайор) нет никаких единичных возможностей для индивидов до того, как они начнут существовать (см., например, [Prior 1960]). Это связано с тем, что возможности для типов индивидов являются своего рода (sort of) возможностями для индивидов. Возможные жизни для кого-то в точности такого, как я, написаны на небесах. Поскольку я являюсь кем-то в точности таким же, как я, из этого следует, что мои возможные жизни написаны там, хотя они и не уточнены для меня в отдельности.

альную карьеру. Если доступно много карьерных опций, то тот факт, что возможны только они, исключает другие сценарии и, таким образом, помогает объяснить его актуальную карьеру. Контингентная вещь, в свою очередь, не ограничивает и не объясняет то, что для нее возможно[4]. Если она существует, она должна довольствоваться тем, что позволяет ей сфера возможности. Сфера возможности управляет. Платоновские миры имеют объяснительный приоритет по отношению к контингентным конкретным объектам и их карьерным путям, поскольку управляющие законы имели бы объяснительный приоритет по отношению к событиям, которыми они *управляли*. Это происходит потому, что и управляющие законы, и миры являются тем фактором, который устанавливает возможности. Управляющие законы установят, какие карьеры движения возможны в данной области для данного движущегося объекта. Миры установят, какие карьеры *simpliciter* возможны в любой области или ни в какой, для любого объекта, движущегося или нет.

Эта аналогия кажется мне достаточно правдоподобной, чтобы быть самостоятельным аргументом в пользу объяснительного приоритета миров. Но она также может быть частью более широкого аргумента. Теперь я встраиваю ее в этот аргумент.

15.3. Рассмотрим отдельные случаи

У Зевса есть модальные атрибуты. Он (скажем) обязательно всемогущ и, возможно, создатель семнадцати звезд. Эти атрибуты соответствуют содержанию платоновских миров. Все миры «говорят», что Зевс всемогущ, если он существует, а некоторые «говорят», что Зевс создает семнадцать звезд. Давайте спросим, есть ли что-нибудь, что объясняет это соответствие. Варианты таковы:

---

[4] Это верно в отношении предзаданных типов возможности, согласно подходу Прайора.

1. Ничто не объясняет.
2. Что-то объясняет, и это — миры. Миры определяют атрибуты. Возможно, атрибуты даже включают их. То есть можно предположить, что положение дел, в котором «быть Зевсом — это, возможно, F», — это просто существование Зевса и существование возможного мира, в котором Зевс — F.
3. Что-то объясняет, и это — атрибуты. Модальные атрибуты Зевса определяют содержание миров.
4. Что-то объясняет, но ни одна сторона не обладает приоритетом.

Аналогия в разделе 15.2 поддерживает (2). Давайте рассмотрим другие альтернативы.

15.4. Атрибуты указывают

Сначала я рассматриваю (3). Предположим, что не существует совершенного существа. Тогда (3) верно только в том случае, если несуществующий Зевс объясняет содержание платоновских миров, или Зевс существует в другом мире и там объясняет содержание миров. Мы уже отвергли оба. Таким образом, (3) садится на мель в мирах отсутствия.

Давайте теперь предположим, что Зевс существует. В (3) атрибуты Зевса никак не зависят от миров в своем — и их — модальном содержании. Они являются модальными сами по себе. Если мы не придаем этому осмысленную трактовку, (3) терпит неудачу. Но если мы даем такую трактовку, то тем самым находимся на пути к модальной метафизике, в которой нет места мирам. То, что придает атрибутам Зевса их модальный характер, помимо миров, вполне может иметь достаточно силы для целой модальной метафизики. Например, я показываю в другом месте, что если силы являются модальными в примитивном отношении, то сил совершенного существа достаточно [Leftow 2012]. В (3) если Зевс существует, то везде, где есть платоновский модальный факт, что-то в Зевсе объясняет его. Таким образом, Зевс является предельным метафизическим основанием модальной истины.

Он также может брать на себя другие роли, которые выполняют миры. Если так, то платоновские миры бесполезны. Поэтому, согласно бритве Оккама, либо они, либо Зевс не существуют. В (3) существуют оба. Таким образом, (3) ложно.

Я защищаю в другом месте тот тезис, что совершенное существо объясняет всю модальную истину и поэтому объяснило бы содержание области платоновских объектов, если бы последняя существовала [Ibid.]. Из моей теории естественным образом вытекало, что совершенное существо существовало бы с необходимостью [Ibid.: 437–443]. Я думаю, что любой способ проследить модальную истину до совершенного существа также приведет к этому. Требуется необходимость, чтобы играть эту роль. Если это так, то обращение (3) к контингентному Зевсу является еще одной причиной того, что (3) ложно.

15.5. Дальнейшие примеры

Теперь я берусь за (4). Моя лучшая попытка объяснить это такова:

> И модальные атрибуты Зевса, и миры вечны. Ни один из них не появляется первым, чтобы ограничить другой. Но они должны совпадать — это связано с тем, что в S5 модальные факты о Зевсе необходимы. Если это так, то миры, которые им противоречат, не принадлежат к числу возможных. Аналогично, модальные атрибуты Зевса не могут противоречить тому, что «говорят» возможные миры, поскольку то, что они «говорят», — необходимо. Поэтому модальные атрибуты, противоречащие им, не принадлежали бы к числу возможных.

Я вижу здесь две возможных трактовки. Во-первых, это положение дел фактически говорит о том, что два совершенно независимых набора модальных фактов должны совпадать, и этому совпадению не должно быть объяснения. Так что это сводится к следующему: с необходимостью, здесь имеет место замечательное совпадение. Это в лучшем случае оксюморон. Далее, можно объяснить, как то, что должно было произойти, на самом деле сработало. Осмысленное объяснение совпадения предпочтительнее простого «так должно было быть». И пункт (2), и пункт (3) дают объяснения. Так что они предпочтительнее, если их истории осмысленны и действительно объясняют. Этот момент также применим к (1). (1) также подразумевает необходимое замечательное совпадение.

Другой способ понять (4) — это взаимное ограничение и «фильтрация». Это происходит только в том случае, если обе стороны не находятся в предустановленной гармонии: например, если природа Зевса «хочет», чтобы он был необходимо морально совершенным (так сказать), а мир «говорит», что он поступает неправильно, и поэтому оказывается помещен в область невозможного. Если ограничение взаимно, то это не всегда связано с тем, что одна сторона, так сказать, перевешивает другую. (2) и (3) предполагают, что одна сторона всегда побеждает. Так что если (4) — это другая альтернатива, то, согласно (4), не всегда побеждает одна сторона. Но если обе «давят» одинаково, чтобы установить модальный факт, я не вижу, что могло бы рассудить их. Кажется, нет никаких причин, по которым одна, а не другая, побеждает в каком-либо частном случае. Очень странно, по сути, говорить, что модальная реальность определяется подбрасыванием монеты, наугад. Таким образом, это более правдоподобно, чем «фильтрующее» прочтение (4), если одна сторона всегда имеет приоритет и устанавливает параметры для другой. Но опять же, в мире отсутствия нет существующего совершенного существа, которое могло бы конкурировать за почести, и я отверг несуществующие совершенные существа. Тогда кажется, что миры должны иметь приоритет в мирах отсутствия. Но тогда, если одна сторона всегда имеет приоритет, они также имеют его, если Зевс существует.

Теперь я подвожу итог. Модальные атрибуты условного совершенного существа соответствуют тому, что говорят платоновские миры. Что касается соответствия, 15.3 отметил четыре варианта. (3) ложно. Приличное объяснение превосходит (1) и одно прочтение (4). (2) — единственное оставшееся объяснение. Оно может быть экономным, поскольку не только объясняет соответствие, но и предлагает способ свести факты о модальных атрибутах к фактам о мирах. Кроме того, аналогия в разделе 15.2 предполагает (2). Я предполагаю, что (2) превосходит (1) и одно прочтение (4). В (2) миры имеют приоритет. В другом прочтении (4) миры также имеют приоритет. Таким образом, учитывая платоновские миры и контингентное совершенное существо, миры имеют объяснительный приоритет. Они коллективно «утверждают» все возможные жизни Зевса. Поэтому они устанавливают, чем он должен конкретно быть и что делать: например, он должен быть всемогущим, потому что нет таких способов существования вещей, в которых его нет. Они также устанавливают, чем он может быть и что он может делать. Он может вечно сосуществовать с блохой, потому что так говорят миры.

15.6. Наиболее фундаментальный уровень реальности

Для контингентного совершенного существа платоновские возможности ограничивают и объясняют. Само это существо ничего не ограничивает и не объясняет об этих возможностях. Если дело обстоит именно так, то следующая аналогия кажется уместной. Раскраска содержит контуры. Дети раскрашивают их. Представьте себе ребенка, который может раскрашивать изображение только в границах линий. В этом случае, если ребенок что-то раскрашивает, контуры более фундаментальны, чем цветные пятна, которые в итоге их заполняют. Ребенок решает, какие цвета куда применить. Но цветные пятна имеют свои формы и местоположения из-за контуров (и ребенка), а не наоборот. Если существуют платоновские миры, то это контуры, которые заполняют раскраску. Контингентное совершенное существо — это цветное пятно. Пятна менее фундаментальны, чем контуры, потому что они таковы, каковы они есть, отчасти из-за независимо заданных контуров. Конкретные объекты «выбирают», какой мир актуален, будучи тем, что они есть, и делая то, что они делают. Они просто заполняют контуры. Каркас миров — это самый базовый уровень реальности, не выведенный из чего-либо и не объясненный чем-либо другим. Но, как я утверждаю в другом месте, если и существует совершенное существо, то оно должно находиться на самом базовом уровне [Leftow 2012].

Аналогичные вещи справедливы для подкласса миров, которые «говорят», что Зевс существует[5]. Так что это не лучший способ обеспечить возможность Зевса. Есть три других альтернативы для рассмотрения:

i. Единственный мир обеспечивает ее.
ii. Подкласс подкласса (миров) обеспечивает ее.
iii. Каждый индивидуальный мир или подкласс в подклассе (миров) сверхдетерминирует ее.

Все они разделяют проблему базового уровня. (i) и (ii) также терпят неудачу, потому что было бы произвольно, если бы только один мир или подкласс обеспечивал возможность Зевса. Просто нет причин, по которым это зависело бы от этого подкласса, а не от остальных.

15.7. Уильямсон

Теперь я перехожу к одной последней опции, связанной с не-конкретными объектами. Тимоти Уильямсон утверждает, что каждая возможная конкретная вещь необходимо существует [Williamson 2013]. Некоторые из них сейчас нигде не находятся в конкретной реальности. Для Уильямсона из этого следует только то, что они сейчас не являются конкретными объектами. Тем не менее они существуют. Поэтому для Уильямсона не может быть контингентного или несуществующего совершенного существа. Скорее, может быть только контингентно (не)конкретное существо. Для Уильямсона, если Зевс возможен, он должен существовать, но может и не быть конкретным. Таким образом, для Уильямсона, если Зевс возможен, нет миров отсутствия. Есть только миры, в которых отсутствуют конкретные объекты. Поэтому нам нужно только учесть возможную конкретность в этих мирах неконкретного совершенного существа. Уильямсон может

---

[5] Он должен быть подклассом, если Зевс контингентен.

привести простую историю об этом. Если Зевс не конкретен, он мог бы быть. Сам Зевс, как не-конкретный объект, предоставляет эту возможность. В своем не-конкретном состоянии он имеет атрибут быть возможно конкретным. Конец истории.

Та концептуальная рамка, которую Уильямсон постулирует в этом объяснении, должна вызывать удивление. Для него, когда я не был конкретным, я существовал, но нигде в пространстве и, возможно, не во времени [Williamson 2000: 203]. У меня не было причинной силы. В отношении меня было бы куда больше не-модальной истины, чем то, чем я не был, и что я отличался от других объектов [Ibid.: 204]. Короче говоря, я считался абстрактным согласно некоторым подходам к абстрактности. Для Уильямсона мои родители вытащили меня из-за пределов пространства[6] и превратили что-то абстрактно выглядящее в человека. Рядом с этим чудом пресуществление померкло бы. Последнее просто превратило бы конкретный хлеб в конкретную плоть в том же месте. Довод Уильямсона в пользу того, что я должен верить в его чудо, заключается в списке заявленных теоретических преимуществ [Williamson 2013]. Однако даже если они там есть, я остаюсь, отдавая ему легендарный недоверчивый взгляд.

Все же предположим, что мы выносим это за скобки. В терминах Уильямсона условно конкретное совершенное существо не обязательно совершенно. Оно необходимо совершенно — если конкретно, но контингентно совершенно. В другом месте я подробно обосновываю, что божественное существо должно быть необходимо божественным [Leftow 2012: гл. 7]. Некоторые из моих аргументов прямо направлены против возможности быть контингентно совершенным. Остальные легко трансформируются в такие аргументы. Аргументы предполагают, что даже если мы примем предлагаемую Уильямсоном концептуальную рамку, мы не получим приемлемого описания (его версии) случайности Зевса. Таким образом, я предполагаю, что не-конкретное в мире отсутствия не дает приемлемого описания возможности Зевса там.

---

[6] Если до своего зачатия я был будущей личностью (future person), то, пожалуй, я находился во времени.

Глава 16
Заключение о контингентности

Если бы совершенное существо существовало контингентно, были бы миры, в которых оно не существовало бы, — миры отсутствия. В этих мирах оно, возможно, существовало бы. Мы исследовали, за счет чего это могло бы осуществиться. Я утверждал, что конкретные существующие объекты, конкретные несуществующие объекты и не-конкретные существующие объекты в этих мирах не дают вариантов приемлемого объяснения. Не-конкретные несуществующие объекты не предлагают никаких полезных дополнительных ресурсов. Тогда я утверждаю, что никакой объект любого рода в мирах отсутствия не мог бы обеспечить возможность несуществующего совершенного существа там. Теперь я спрашиваю, может ли что-либо, чего нет в мире отсутствия, выполнить эту работу. Затем я рассматриваю идею о том, что совершенное существо возможно в мирах отсутствия, но ничто вообще не делает его возможным там.

16.1. Конкретные существующие объекты

Я начинаю с конкретных существ, не находящихся в мирах отсутствия, — поссибилизм в стиле Льюиса [Lewis 1986][1]. Предположим, что совершенное существо является частью некоторо-

---

[1] Другая трактовка «конкретные объекты, существующие не в мирах отсутствия» была бы фактически: «Другие возможные миры существуют в мирах отсутствия. Согласно некоторым из них, существуют конкретные существующие объекты, которые не существуют в мирах отсутствия». Согласно этой

го мира Льюиса. Это делает совершенное существо возможным в мирах отсутствия, из которых этот мир возможен. Но согласно 11.6.3, если метафизика Льюиса является ценой за это, то мало кто купит. Далее, давайте сравним цену Необходимости Совершенного Существа и цену использования взглядов Льюиса для объяснения случайности совершенного существа. Для этого я ввожу понятие Льюиса о двойнике.

Большинство из тех, кто серьезно относится к возможным мирам, верят в «трансмировое тождество». Они верят, что элементы существуют во многих возможных мирах, — например, что возможность того, что я не печатаю сейчас, означает мое нахождение в другом возможном мире, и в этом мире я не печатаю сейчас. Для Льюиса возможные миры — это существующие конкретные вселенные. Ни один из них не имеет общих конкретных частей [Lewis 1986: 198 и далее]. Таким образом, каждая конкретная вещь существует только в одном возможном мире. Что-то существующее в большем количестве миров было бы общей для них частью. Вместо трансмирового тождества Льюис говорит о двойниках. Для него возможность того, что я не печатаю сейчас, означает существование другой вселенной, в которой что-то вроде меня — мой двойник — не печатает сейчас. То, что мой двойник *не печатает*, представляет для меня возможность, как статуя меня не печатающего [Ibid.: 194–196].

Что делает что-то моим двойником (counterpart), так это то, что оно достаточно похоже на меня в целом и является наиболее похожей на меня вещью в своем мире [Lewis 1983: 28]. Но вещи похожи друг на друга в бесконечном количестве способов и степеней. В бесконечном количестве аспектов я такой же, как мой близнец в бесконечном количестве способов. В бесконечном количестве аспектов я такой же, как яйцо-пашот. Что в целом больше похоже на меня, зависит от того, какие сходства имеют

трактовке, те реальные объекты, о которых идет речь, — это не конкретные существующие вещи, не расположенные в мирах отсутствия. Эти объекты — возможные миры, что бы последние собой ни представляли, существующие в мире отсутствия.

наибольший вес. Для Льюиса это зависит от нас. Мы решаем это на основе наших интересов и контекста [Ibid.: 28–29]. В большинстве контекстов мы придаем большое значение таким сходствам, как принадлежность к человеку. Именно поэтому мы считаем только людей своими двойниками. Но Льюис считает, что при некотором весе сходств, который был бы правильным в некотором контексте — то есть при некотором отношении двойничества, — яйцо-пашот является моим двойником. Таким образом, при некоторой уместной процедуре взвешивания сходств, даже если не при том, к которому мы обычно прибегаем, я мог бы быть яйцом-пашот [Lewis 1986: 243, 254, 262; Lewis 1983: 42–43].

Предположим, что в каком-то мире есть совершенное существо. Для Льюиса из этого следует, что в каком-то мире совершенное существо совершенно и существует в одиночестве[2]. Оно больше похоже на меня, чем на что-либо еще в этом мире. От нас зависит, называть ли его достаточно похожим на меня, чтобы быть моим двойником. Согласно условиям, которые формулирует Льюис, существует законное взвешивание сходств, при котором оно таковым является. Льюис ясно говорит, что «подходящий контекст может предоставить (a) отношение двойничества... в котором что-либо является двойником чего-либо, так что ничто не имеет сущности, достойной упоминания» [Lewis 1983: 42–43]. В этом отношении и многих других совершенное существо достаточно похоже на меня.

Если некоторый возможный мир содержит необходимое совершенное существо, а логика абсолютной модальности содержит постулат Брауэра, совершенное существо существует. Но по мнению Льюиса, если некоторый мир содержит контингентное совершенное существо, то это существо в своем полном величии *в некотором контексте* является моим двойником. Так что в некотором контексте, если не в тех, в которых мы взваливаем человечность на плечи,

---

[2] Согласно его «принципу рекомбинации». Релевантное обсуждение можно найти в [Efird, Stoneham 2008].

СОВЕРШЕНСТВО (PERF). Я мог бы быть совершенным существом.

Спросите, что страннее — (PERF) или существующее совершенное существо, которое не является мной. Я знаю, что я выберу. Многие люди считают правдоподобным, что существует совершенное существо. За исключением нескольких решительных антиэссенциалистов, никто не сочтет (PERF) правдоподобным. Кроме того, по мнению Льюиса, контраст на самом деле именно такой. С одной стороны, совершенное существо *здесь*, которое не является мной и не представляет для меня возможности. С другой стороны, совершенное существо *там*, столь же реальное, которое не является мной и представляет для меня возможность. То, что речь идет об этом мире в противовес другим, не делает одно более странным, чем другое. Представление возможности для меня — делает.

Это приводит ко второму сравнению издержек. Предположим, что совершенное существо возможно. Тогда, учитывая Необходимость Совершенного Существа и постулат Брауэра, оно существует на самом деле и конкретно. Но предположим, что возможно контингентное совершенное существо и мы эксплицируем его контингентность тем способом, который предлагает Льюис. Тогда совершенное существо также существует на самом деле и конкретно. Мы просто не знаем где. Если Совершенное Существо Необходимость истинна, совершенное существо существует во всех возможных мирах. Принимая контингентность и подход Льюиса, — по крайней мере в одной вселенной отсутствует совершенное существо. С Льюисом мы также получаем существование каждой возможной конкретной вещи. Такова в этом случае цена. Кажется неразумным платить ее просто для того, чтобы создать неопределенность в отношении того, что совершенное существо находится именно *здесь*, и гарантировать, что есть по крайней мере одна вселенная без него.

Льюис отрицает, что добавление *concreta* является издержками для онтологии. По его мнению, онтология имеет дело только с типами очень высокого уровня [Lewis 1973: 87]. Экономия токенов (Parsimony of tokens) не имеет значения для ее целей. Я не согласен. Предположим, что Оккам сказал: «Теперь я добавляю к своей онтологии тип <универсалия> (<universal>). Он пуст. Универсалий нет». Мы бы не подумали, что его онтология теперь стала менее экономной. Пустые типы не засчитываются против экономии. Против нее засчитываются инстанцированные типы. Одновременное добавление <universal> и универсалий — вот что уменьшает экономию. Пустые типы не считаются, потому что они не добавляют токенов к нашей картине мира. Экономия — это аспект простоты. Чем более переполнена картина, тем она сложнее, в одном отношении[3]. Даже если ее точки выстраиваются в упорядоченные ряды, чем больше точек, тем сложнее. Инстанцированные типы делают нашу картину мира более переполненной. Толпы усложняют картину мира — в одном отношении. Поэтому экономия токенов важна[4].

Я выдвинул три аргумента против обращения к Льюису. Существуют общие проблемы с взглядами Льюиса, отмеченные ранее (я описываю остальные проблемы в другом месте[5]. Другие авторы также отмечают проблемы этого подхода[6]). Есть (PERF). Есть также аргумент затрат/выгод. Теперь я добавлю еще один. Совершенное существо, контингентное или нет, имело бы некоторые контингентные атрибуты. На самом деле, оно создает одно Творение. Оно могло бы создать другие — или ни одного. Давайте спросим, как Льюис мог бы совладать с контингентными атрибутами совершенного существа.

Льюис дает конкретным объектам контингентные внутренние свойства, давая им двойники в других вселенных. Для Льюиса то

---

[3] Такая «переполненность» может упрощать в другом отношении. Она может допускать простые, элегантные онтологические «законы». В теории множеств более простые принципы выделения требуют существования «большего количества» множеств.

[4] О других аргументах в пользу значимости экономии токенов см. [Nolan 1997; Baker 2003].

[5] См. [Leftow 2012: 541–545].

[6] См., например, [Pruss 2011: 63–123].

положение дел, что я сейчас печатаю, контингентно, потому что у меня есть двойник, который не печатает. Двойники совершенного существа не очень хорошо согласуются с монотеизмом. Мой двойник — это не я. Он достаточно похож на меня, чтобы репрезентировать меня. Точно так же двойники совершенного существа — это другие совершенные существа. Давайте спросим, дает ли это нам много Богов.

Можно согласовать двойников Бога с монотеизмом — в некотором смысле[7]. Двойники представляют своих двойников. Поэтому льюисианец может сказать, что все совершенные двойники существ репрезентируют возможности для нашего собственного совершенного существа. Монотеизм спасен, таким образом, за счет этого отношения двойничества. Но такая форма монотеизма поверхностна. Согласно другому отношению двойничества, во множестве всех возможных миров (в целом), есть два совершенных существа. Некоторые двойники совершенного существа репрезентируют возможности для одного, некоторые — для другого. Это отношение двойников так же «хорошо», как и другое. Ни одно из них не меняет фундаментальных фактов на всем множестве вселенных. Когда мы выбираем одно из этих отношений, мы просто оговариваем, как говорить о фактах. Таким образом, картина двойника совершенного существа может быть сделана на поверхностном уровне политеистической так же легко, как и поверхностно монотеистической. Это просто конвенция — рассматривать ее первым упомянутым способом или же, наоборот, вторым. Теисты едва ли с легкостью это примут. Они хотят, чтобы монотеизм шел вглубь в отношении устройства и фактов в той части логического пространства, которая касается Божества, а не просто вопросом конвенции. Далее, даже если мы позволим конвенции сделать картину монотеистической, она «ходит и крякает» как политеизм, поскольку на этой картине множество конкретных отдельных вещей являются какими-то божествами, каждое из которых правит вселенной. Предположим, что греческие боги разбросаны по многим мирам Льюиса, по

---

[7] С дальнейшей дискуссией можно ознакомиться в [Leftow 2012: 108–112].

одному богу в каждом — Зевс в одном мире, Гера в другом и так далее. Предположим, что мы решили использовать отношение двойничества, в котором все греческие боги в любом мире являются двойниками Зевса. Действительно ли мы превратили греческую религию в монотеистическую?

Цена божественных аналогов, похоже, — это многобожие, независимо от того, прикрыто оно или нет конвенцией. Но, согласно условиям Льюиса, никаких двойников, — значит, никаких контингентных внутренних качеств. Есть два способа, которыми Льюис мог бы наделить совершенное существо контингентными атрибутами без контингентных внутренних качеств.

Льюис однажды задумался о том, чтобы поместить некоторые классы за пределы всех вселенных [Lewis 1979: 126]. Это позволило бы его мирам разделить не-пространственно-временные части. Если бы кто-то сделал это с одним не-пространственно-временным совершенным существом, это было бы, очевидно, монотеизмом. Такое совершенное существо имело бы много отношений со всеми вселенными в равной степени. Оно не было бы пространственно-временной частью ни одной из них. Оно существовало бы с точки зрения любой вселенной. Оно знало бы содержание всего. Но у него не было бы никаких контингентных внутренних свойств[8]. Для Льюиса их репрезентируют только двойники, и этот ход избегает их. Скорее, его контингентные состояния были бы внешними. Его знание того, что во вселенной U, P, будет состоять из его необходимого внутреннего состояния *и* того, что в U делает истинным в этом универсуме, что P. Согласно стандартному не-льюисовскому теизму, знание Богом того, что занимает Им каждое место, делает Его вездесущим[9]. Существо, присутствующее в каждом мире Льюиса, с точки зрения Льюиса существовало бы с необходимостью. Чтобы получить контингентность совершенного существа, нужно требовать больше, чем просто знать о нем для присутствия во вселен-

---

[8] См. [Lewis 1986: 198–209].

[9] В особом смысле, который Аквинат называет «быть повсюду "за счет присутствия"» — см. Aquinas, ST Ia, 8, 3.

ной, и считать, что как грубый факт, «больше» связывает совершенное существо только с некоторыми вселенными. Однако это приводит к неловкости.

Льюис ясно дает понять, что классы вне любого пространства-времени существовали бы с необходимостью. Тот случай, когда они являются частью одного мира Льюиса, имел бы идеальную параллель для любого другого мира Льюиса. Они имеют одинаковые отношения ко всем мирам. Таким образом, если те включают их в один, они включают их во все. Предположим в таком случае, что Льюис поместил и совершенное существо, и классы вне пространства-времени таким образом. Больше отношений — и более сильных среди них — связывают совершенное существо со всеми мирами, чем связывают классы со всеми мирами. Это связано с тем, что совершенное существо не просто существует вне всех миров одинаково. Оно также знает обо всех них. Оно также (предположительно) имеет власть над ними всеми. Так что, если бы Льюис назвал совершенное существо контингентным, он бы сказал, что, хотя больше и более сильных отношений связывают совершенное существо со всеми мирами, чем связывают классы со всеми мирами, классы существуют во всех, а совершенное существо только в некоторых. Кроме того, он бы сказал, что того, что достаточно для того, чтобы класс попал в мир, недостаточно для того, чтобы в него попало совершенное существо. Я не вижу хорошего способа объяснить ни то, ни другое.

Если нет объяснения этому, то если требуется больше отношений, чтобы поместить совершенное существо в мир, требуется больше, чтобы поместить классы в мир. Классы не могут иметь этих дополнительных отношений. Они не могут, например, знать о мирах. Результатом будет то, что классы не являются частью какого-либо мира. Это сделало бы их невозможными. У Льюиса есть категория невозможных индивидов [Lewis 1986: 211]. Но он не относит классы к их числу. Было бы довольно дорого превратить теорию множеств в теорию невозможностей. Кроме того, аналоги всего этого возникают, даже если поместить только совершенное существо вне миров. Потому что тогда все равно требуется больше, чтобы поместить совершенное существо в мир, чем потребовалось бы для помещения в мир классов. Этому нет правдоподобного объяснения.

Теперь я перехожу к другому, в целом льюисовскому способу придать совершенному существу контингентное существование и внешние свойства. Льюис не верит в имманентные универсалии. Но он отмечает, что, если бы он верил в их наличие, он бы позволил им обладать трансмировым тождеством [Ibid.: 2]. Льюис мог бы рассматривать пространственно-временное совершенное существо таким образом[10]. То есть он мог бы позволить ему обладать тем, что выглядит как двойники в других вариантах пространства-времени, но утверждать при этом, что то, что находится в других, является самим совершенным существом. Это явно было бы монотеизмом. Это также предоставило бы контингентные внешние свойства и позволило бы совершенному существу существовать контингентно. Это позволило бы быть грубым фактом, что некоторые миры, но не другие, обладают совершенным существом, в противовес универсалии, которая может быть инстанцирована в некоторых, но не во всех мирах. Но этот ход также привел бы к неловкости. Добавление тождественных сквозь миры конкретных объектов усложнило бы взгляды Льюиса. Должна быть веская причина относиться к совершенному существу иначе, чем к любой другой возможной конкретной вещи. Трудно понять, что это может быть.

Далее, любой из ходов, апеллирующих к контингентно внешним свойствам, имел бы теологические издержки. Во-первых, существо только в некоторых мирах Льюиса не является вездесущим. Оно может присутствовать везде в каждом мире, частью которого оно является. Но его нет нигде в мирах, частью которых оно не является. То есть оно не находится везде *simpliciter*. Представьте, что мы обнаружили, что наша вселенная была всего лишь одной из многих других в мультивселенной, и Бог открыл нам, что Он присутствует только в нашей. Мы могли бы чувствовать себя особенными, но мы не продолжали бы называть Его вездесущим. Он мог бы быть везде *в нашей вселенной*. Но если

---

[10] Как Росс Кэмерон — см. [Cameron 2009: 98–99].

наша является одной из бесконечного множества вселенных Льюиса, это могло бы показаться скорее нахождением везде в ванне.

Опять же, в любом из ходов, апеллирующих к контингентным внешним свойствам, знание совершенного существа о том, что P в U, является составным, состоящим из совершенного существа и того, что делает истинным P в U. Если совершенное существо не существует в U, то это соединение имеет части в разных мирах. Таким образом, оно попадает в категорию невозможных индивидуумов. Другими словами, в рамках этого хода есть части реальности, о которых совершенное существо знать не может. Они есть. Другие знают о них. Оно не может. Так что в этом ходе совершенное существо далеко от всезнания. Кроме того, на этой картине, во всех мирах, есть много таких участков реальности, которые совершенное существо не создает. Возможно, в каждом мире, в котором оно существует, оно создает все другие конкретные объекты. Но оно ничего не создает в мирах, в которых его нет. Так что оно не создает все конкретные вещи. Более того, оно не может создавать эти вещи, поскольку не делает этого ни в одном мире. В лучшем случае оно может создать их двойников. Таким образом, оно не всемогуще. Аналогичные выводы следуют из того факта, что совершенное существо не имеет власти над миром, в котором оно не существует.

Далее, последние два хода признают, что совершенное существо не имеет контингентных внутренних свойств. Классические теисты говорят это о Боге[11]. Но этот взгляд имеет большую цену, как я пытаюсь обосновать в другом месте[12]. Он становится особенно непривлекательным, если мы относимся к совершенному существу как к универсальному. Если мир Льюиса темпорален, его конкретные части существуют во времени. Таким образом, совершенное существо, рассматриваемое как имманентное универсальное, существует во времени. Но оно не может измениться внутренне, поскольку у него есть только необходимые

---

[11] Как, например, Аквинат — см. Aquinas, *Summa Theologiae* Ia 3, 6.
[12] Я отсылаю к своей работе [Leftow 2015].

внутренние свойства. Для тех, кто помещает Бога внутрь времени, одна из главных причин такого шага — позволить Богу измениться внутренне в ответ на мир. Они находят глубоко непривлекательной идею темпорального Бога, замороженного в неизменности, каким-то образом заключенного, неспособного меняться вместе с нами. Совершенство временного существа состоит отчасти в (так сказать) изменении, когда изменение должно произойти, например, в изменении своих убеждений о том, который час, или в том, что оно становится печальнее, когда его создания страдают. «Замороженное» темпоральное существо едва ли кажется идеальным. Короче говоря, хотя последние два льюисовских хода могут дать нам условное существо, они, похоже, не дают нам совершенного существа.

Один льюисовский ход предполагает отказ от «глубокого» монотеизма. Другие вступают в конфликт с метафизикой Льюиса и отказываются от совершенства. Таким образом, взгляды Льюиса не дают приемлемого способа трактовать контингентность совершенного существа.

16.2. Другие опции

Если конкретные существующие объекты в других мирах не подходят для того, чтобы сделать совершенное существо возможным в мире отсутствия, мы могли бы рассмотреть не-конкретные существующие объекты в других мирах или конкретные несуществующие объекты. Теперь, если мы больше не занимаемся Льюисом, нелегко понять, в чем может состоять принадлежность к другим мирам. Это не столько бытие, сколько майнонгианское несуществование в нашем мире. Это не просто существование в соответствии с содержанием некоторого абстрактного возможного мира в нашем мире. Я не вижу, чем еще это может быть. Так что, возможно, здесь действительно нечего больше обсуждать. Однако, если оно есть, мы могли бы постулировать само совершенное существо в другом мире, но такое, которое было бы там несуществующим или (Уильямсон) не-конкретным. Но это не имело бы никаких преимуществ по сравнению с обычными посюсторонними версиями Уильямсона или Майнонга. Так что это не требует дальнейшего обсуждения. Потусторонние платоновские миры сталкиваются с возражениями главы 15, *mutatis mutandis*. Потусторонняя сущность совершенного существа подняла бы некоторые из проблем главы 14. Так что и здесь я не вижу приемлемого варианта.

16.3. Вообще ничего

Наш вопрос в том, что делает возможным существование совершенного существа в мирах отсутствия. Я оценил крайне негативно ответы, которые постулируют что-либо в любом мире. Теперь я перехожу к нашему последнему варианту, что в мирах отсутствия:

НИЧТО (NADA). Возможно, существует совершенное существо, но ничто в каком-либо мире не делает его таковым.

Сначала я интерпретирую это.

Как и в главе 13, «делает его таковым» намеренно неопределенно. Оно может выражать наделение истинностью, фундирование и т. д. Оно может выражать возможность, состоящую из или включающую элементы: майнонгианский объект, экземплифицируемое свойство. Читая «делает его таковым» расширительно, (NADA) утверждает, что возможность бытие совершенного существа не состоит в чем-либо, не включает ничего, не фундировано, не обладает истинностным фактором и т. д. Но предположим, что в мирах отсутствия верно, что, возможно, совершенное существо существует. Тогда, если нет лучшего кандидата, то, что оно возможно, — это и есть истина. (NADA) исключает лучшего кандидата. Но в отсутствие лучшего кандидата истина получает лавры. Так что (NADA) прочитанное расширительно также исключает истину. Так что (NADA), трактуемое столь широко, не верно ни в одном мире, что, возможно, совершенное существо существует. (NADA), интерпретированное так, не сохраняет возможность, которую мы хотим эксплицировать. Поэтому я предлагаю другое прочтение. Давайте возьмем (NADA), чтобы сказать, что либо:

1. Верно, что, возможно, совершенное существо существует, но ничто не делает это истинным; или что:
2. Возможно, истинно, что совершенное существо существует, но ничто другое это не объясняет.

16.4. Негативные экзистенциалы

(1) утверждает, что у истины нет творца истины. Отрицательные экзистенциалы являются наиболее вероятными кандидатами для того, чтобы быть такими истинами, а также кандидатами, которые лучше всего подходят для помощи в этой ситуации[13]. Верно, что Санта не существует, потому что он не существует. Его несуществование не является объектом, наделяющим истинностью. Эта роль достается его отсутствию. Отсутствие не является объектом. Это (так сказать) пробел в реальности, в котором нет никакого объекта. Это раскрывает способ интерпретации (1):

То, что, возможно, существует совершенное существо, эквивалентно отрицательному экзистенциальному утверждению, что не существует ничего, что делает необходимым, что совершенное существо не существует[14]. Это истинно, потому что истинно отрицательное экзистенциальное утверждение. Как и все отрицательные экзистенциальные утверждения, это не обладает фактором(ами) истинности. Оно верно только из-за пробела. Здесь пробел находится в факторах необходимости.

Не каждая модальная метафизика гостеприимна к получению контингентности совершенного существа таким образом. В теории «сил» пробел не является тем, что устанавливает возможность. Скорее, в простейшем случае то, что делает возможным,

---

[13] О других кандидатах см. [Merricks 2007].

[14] Одна из версий этой общей идеи представлена в работе [Rayo 2015].

что P, — это наличие силы и возможности привести к тому, что P (имело место / было истинным). Более сложные случаи также не строятся на пробелах[15]. Далее, в теории «сил» то, что делает необходимым, чтобы P — это то, что P всегда имело место, и никогда не существует силы и возможности либо вызвать ¬P, либо начать цепочку сил и возможностей, которая в итоге приводит к такой силе и возможности[16]. Таким образом, в теории «сил» с необходимостью нет совершенного существа в том простом случае, если его никогда нет, и никогда не существует одновременно и силы, и возможности заставить его существовать или начать цепочку... Как мы видели, не может быть силы или возможности создать совершенное существо. И тогда ничто не могло бы начать правильную цепочку. Таким образом, в теории «сил» необходимо, если совершенное существо никогда не существует, то с необходимостью нет и совершенного существа. Далее, совершенное существо должно быть вечным. Так что, если оно когда-либо не существует, оно никогда не существует. Так что, согласно теории «сил», если оно когда-либо не существует, оно не может существовать. Теория «сил» не может позволить несуществующему совершенному существу существовать возможно.

Предположим, что есть более гостеприимная модальная метафизика. Даже учитывая это, я критикую утверждение, что в негативном экзистенциальном маневре у утверждений о возможности нет фактора истинности, поскольку этот ход апеллирует к пробелу. Пробел — это дыра — или, по крайней мере, нечто подобное ей в релевантном аспекте. У дыр есть носители. Они объясняют их существование. Например, пончик объясняет существование дырки от пончика. Для существования дырки необходимо, чтобы был пончик с внутренними границами, между которыми нет ни одной части пончика. Наличие у пончика его

---

[15] Полное обсуждение таких случаев можно найти в [Leftow 2012: гл. 9 и далее]. Другой подход представлен в [Vetter 2015].

[16] Полное обсуждение можно найти в [Leftow 2012: гл. 9 и далее]. В нем указано, почему это дает абсолютную необходимость, а не более слабый ее вид.

формы устанавливает его границы. Наличие у пончика только тех частей, которые у него есть, устанавливает, что ни одна его часть не является пончиком между его внутренними границами. Таким образом, пончик обусловливает существование дырки от пончика. Таким образом, он делает истинным, что дырка от пончика существует. Таким образом, <дырка от пончика существует> имеет фактор истинности, хотя дырки от пончика — это всего лишь пробелы в пончике[17].

В истории о разрыве, если нет факторов необходимости, *все* возможно. Поскольку отсутствие создателей необходимости является максимальным пробелом в них, и именно поэтому эта история требует факторов необходимости. Факторы необходимости, по крайней мере, помогают сделать так, чтобы в них был пробел, (так сказать) выдавая, где они есть. Возможно, также требуется пропозиция <нет совершенного существа>, чтобы в них была дыра в форме <нет совершенного существа>. Таким образом, факторы необходимости и, возможно, пропозиция здесь являются факторами истины. Если совершенное существо обязано своей возможностью факторами необходимости и, возможно, пропозиции, мы получаем ранее обсуждавшиеся проблемы. Какие именно, зависит от природы создателей необходимости и природы пропозиций.

16.5. Применяя бритву к факторам истинности

Негативный экзистенциальный ход, таким образом, не обходится без факторов истинности. Д. Х. Меллор может высказаться об этом:

> ...поскольку тождественность необходимой пропозиции влечет ее истинность, я не вижу, почему должен существовать какой-либо другой объект, чтобы сделать ее истинной. Таким образом... поскольку любое условное предложение «Р» с необходи-

---

[17] Как: Anon. *Tractatus de Donutibus* (XIV век), Bodleian MS 1039.

мостью, я... не вижу необходимости в факторе истинности для той необходимой истины, что P контингентно и, следовательно, в этом смысле ~P возможно [Mellor 2003: 213].

Если совершенное существо контингентно не существует в мире отсутствия, то <совершенное существо не существует> является контингентным. Таким образом, говорит Меллор, у нас есть все, что нужно для того, чтобы в этом мире было возможно существование совершенного существа. Или это может быть так. То, что <P> является контингентным, заключается в том, что возможно P и возможно ¬P. Поэтому, называя контингентность необходимой, Меллор называет конститутивные возможности необходимыми. Так что, если контингентно, существует ли совершенное существо, с точки зрения условий, которые постулирует Меллор, <возможно, совершенное существо существует> является необходимым. В любом толковании Меллор может предполагать, что необходимые истины не имеют создателей истины. В конце концов, выведение истины не то же самое, что наделение статусом «истинно». Если необходимые истины не имеют факторов истинности, то, по ходу Меллора, <возможно, совершенное существо существует> является истинным без фактора истинности[18]. То же самое справедливо для <в мирах отсутствия, возможно, совершенное существо существует> — поскольку истины, говорящие о содержимом миров, необходимы. Мы получаем те же результаты, если логика абсолютной модальности включает S5, поскольку в S5 все, что возможно, с необходимостью таково. Поэтому (1) верно.

Тогда я спрашиваю, не лишены ли необходимые истины факторов истинности[19]. Интуитивно, истины нуждаются в каких-то основаниях. Предполагается, что они у них есть. Нам нужна причина, чтобы отменить это предположение в данном случае. Того, что постулирует Меллор, недостаточно. Если он хочет

---

[18] Гонсало Родригес-Перейра предложил мне этот ход (в переписке).
[19] Помимо любых доводов в пользу того, что у каких-либо истин нет факторов истинности.

устранить факторы истинности, он думает следующее. «Тождественность необходимого предложения влечет за собой его истинность». То есть истина гарантирована, учитывая только то, что предложение является им самим. Поэтому оно не нуждается в объяснении в духе факторов истинности. Таким образом, бритва Оккама «срезает» факторы истинности. Но гарантированность результата не означает, что он не нуждается в объяснении. Slowpoke гарантированно выигрывает седьмую гонку. Но это делает победу Slowpoke требующей объяснения, и это объяснение заинтересует Гоночную комиссию.

Опять же, то, что множество {1, 2} является самим собой, так же необходимо, как и то, что любая необходимая истина является самой собой. Тождественность множества влечет за собой истинность <1 является элементом {1, 2}>. Но у последнего есть фактор истинности. Это истинно из-за того, что 1 является элементом {1, 2}. Более того, нет причин, по которым <1 является элементом {1, 2}> должно отличаться от любой другой необходимой истины. Если у него есть фактор истинности, то и у любой другой необходимой истины он должен быть.

Опять же, утверждение о выводе говорит нам только о том, что с необходимостью, если необходимое предложение является самим собой, оно также истинно. Это не так с другими классами предложений. Поэтому должна быть история о том, почему необходимые предложения различаются, — о том, почему этот вывод выполняется. Если эта корреляция между мирами является совпадением, то она примечательна. Замечательные совпадения умоляют нас объяснить их. Если это не совпадение, то нам действительно следует рассказать, почему это не так. Это будет состоять в том, чтобы рассказать нам, почему результат гарантирован. Это может потребовать объяснения, даже если сам результат не требует. Но правдоподобное объяснение гарантии этого результата, среди прочего, предоставит факторы истинности. Это связано с тем, что либо необходимость предполагает, что истина необходимо обусловливает (necessitate), либо она (необходимость) создает истину, либо то, что создает необходимость, создает истину. Если любое из последнего верно, объяснение необходимости — гарантия — обеспечивает то, что делает истинным. Если необходимость предполагает истину, мы не полностью объясним гарантию результата, пока не объясним, почему результат должен необходимо обусловливать (necessitate). Это, вполне вероятно, даст нам фактор истинности.

16.6. Спасение через сверхоценки?

Питер Саймонс пишет, что «необходимые истины не... нуждаются в факторах истинности, поскольку они истинны (или существуют), что бы ни случилось» [Simons 2005: 254]. Это звучит как non sequitur. Но, возможно, его идея заключается в том, что мы получаем необходимую истину посредством сверхоценки над мирами. Сверхоценка — это в первую очередь техника работы с неопределенными терминами. Рассмотрим «лысый». Некоторые люди явно лысые. Некоторые явно нет. Неясно, являются ли остальные таковыми. Это потому, что предикат «лысый» — неопределенный. У него нет точно определенного порогового значения. Например, нет точного минимального количества волос, при достижении которого человек становится лысым. Чтобы разобраться с предикатом «лысый» посредством сверхоценки, рассмотрим каждого кандидата на точное пороговое значение для того, чтобы быть лысым: скажем, каждого кандидата на наибольшее количество волос, которое человек мог бы иметь и при этом оставаться лысым. Если при каждом пороговом значении, которое мы сейчас рассматриваем, я лысый, супервалюционисты говорят, что <Лефтоу лыс> (<Leftow is bald>) истинно за счет сверхоценки. Возможно, Саймонс считает, что необходимые истины истинны в родственном смысле, потому что, независимо от деталей мира, необходимые истины оказываются истинными.

Однако истина за счет сверхоценки обладает факторами истинности. Если истинно за счет сверхоценки, что Лефтоу лысый, то (скажем) если пороговое значение равно n волоскам, Лефтоу лысый, а если равно n-1, Лефтоу лысый, и... Эти кондиционалы обладают факторами истинности. Так же и истина по сверхоценке. При сверхоценке по мирам для работы с тем, что необходимо P, кондиционалы будут такими, что если W актуально, то P, и если W* актуально, то P, и... Каждое истинно из-за содержания мира. Таким образом, при сверхоценке по мирам миры наделяют истинностью.

Идея Саймонса может быть в том, что наделение истинностью — это своего рода объяснение, и объяснение (или соответствующий вид объяснения) требуется только тогда, когда то, что должно быть объяснено, заключается в том, что вещи обстоят так, а не каким-то равно возможным образом. Необходимые истины «истинны... что бы ни случилось»: в их случае нет другого способа для вещей существовать. Если нет другого способа, может подумать он, то не нужно объяснять, что вещи обстоят именно так. Но почему нет другого способа для вещей быть, можно объяснить. Это может объяснить, почему вещи таковы, какими они являются с необходимостью. Многие думают, что некоторые математические доказательства имеют характер объяснения. Опять же, объяснение может исключить альтернативы, которые тем самым оказываются только мыслимыми, а не подлинно возможными. Например, Хартри Филд считает, что математические предложения не являются истинными, а просто «консервативными» над физическими теориями [Field 1980]. Предположим, что, вопреки Филду, они на самом деле истинны. Тогда, несмотря на свою необходимость, этот факт о них требует объяснения, учитывая мыслимую альтернативу. Объяснение, безусловно, должно задействовать факторы истинности, исходя из того слабого понимания «факторов истинности», которого я придерживаюсь. Опять-таки, если математические истины являются истинами о мире, а не чистыми формализмами, то это тоже требует объяснения, несмотря на его необходимость. Это объяснение также будет включать — или должно включать — факторы истинности. Мы думаем, что что-то требует объяснения, если мы думаем, что это озадачивает и в принципе может быть объяснено. Факты, упомянутые о математике, озадачивают, учитывая альтернативы. Кажется, нет веских причин, по которым их нельзя было бы объяснить. Так что если идея Саймонса заключается в том, что только контингентное требует объяснения, то она не выдерживает проверки.

16.7. Сама необходимость?

С другой стороны, «поскольку они истинны (или существуют), что бы ни случилось» может означать «поскольку они необходимы». Так что, возможно, мысль Саймонса заключается в том, что сама необходимость наделяет истинностью (или: обеспечивает истинность), и поэтому необходимые истины не нуждаются во внешнем факторе истинности. Но это не то, что предлагается в концепции факторов истинности. Скорее, эта позиция делает свойство пропозиции — его необходимость — тем фактором, который обеспечивает истинность той пропозиции, о которой идет речь. Опять же, возможно, мысль Саймонса заключается в том, что только различия в истинностных оценках в разных мирах нуждаются в объяснении или в объяснении такого рода, которое обращается к истинностным факторам. Но Саймонс не дает оснований так считать. Часто, если различие нуждается в объяснении, в нем нуждается и отсутствия различия. Если нужно объяснить, что один светофор попеременно горит красным и зеленым, нужно также объяснить, что другой всегда красный. Так что, если это мысль Саймонса, нам нужна история о том, почему в этом случае только различие нуждается в объяснении.

16.8. И теперь к (2)

В разделе 16.5 Меллор мог бы сказать, что то, что необходимые истины являются самими собой, делает их истинными. Если он утверждает именно это, то если истины возможности необходимы, его предложение является версией (2), а именно вариантом «наделения истинностью за счет самого себя»[20]. Автономное наделение истинностью может иметь место. Если есть пропозиции, <есть пропозиции> может наделить себя истинностью. Если пропозиций нет, то подобное будет иметь место для любых реальных носителей истины.

---

[20] 'self-truthmaking', далее: «автономные истинностные факторы» и «автономное наделение истинностью». — *Прим. перев.*

Предположим, что Меллор действительно продвигает (2). То, что необходимая пропозиция является самой собой, влечет не только ее собственную истинность, но и истинность каждой необходимой истины — поскольку, с необходимостью, предложение является самим собой, и каждая необходимая истина строго имплицирует любую другую. Таким образом, если следование из того, что необходимая истина является самой собой, делает необходимую истину истинной, каждая необходимая истина делает каждую необходимую истину истинной. Это неправдоподобно. Правдоподобная версия (2), постулирующая автономное наделение истинностью, сама по себе потребовала бы более избирательного отношения наделения истинностью, — такого, что необходимая истина делает истинной только себя. Очевидный кандидат — *быть истинным за счет* (чего-то). Но хотя очевидно, что сам тот факт, что необходимая пропозиция является самой собой, влечет ее истинность, совсем не очевидно, что необходимая пропозиция истинно *за счет того*, что оно является самой собой. Теперь, за исключением особых случаев, таких как <существуют пропозиции>, неясно, как <P> может быть истинным просто в силу того, что оно <P>. Так что, возможно, мысль будет заключаться в том, что <P> истинно в силу своей природы. Но если так, то любая другая необходимая истина также может быть истинной в силу природы каждой необходимой истины. Сущности могут быть модальными или дефиниционными. Модальная сущность объекта — это просто все атрибуты, которые у него есть с необходимостью. Быть истинным — часть модальной сущности <1 + 1 = 2>. Но так же и быть конъюнктом истины, что 1 + 1 = 2 и холостяк — неженатый мужчина. Таким образом, истина в силу модальной сущности допускает любую другую необходимую истину. Но то, что каждая необходимая истина делает любую другую истину истинной, остается неправдоподобным. С другой стороны, совсем не ясно, является ли истина частью *дефиниционной* сущности <1 + 1 = 2> — т. е. что быть <1 + 1 = 2> — это, *в частности* (inter alia), быть истинным.

16.9. Внутренняя возможность

Другая трактовка (2) говорит, что:

3. Пропозиции возможно истинны просто как таковые.

То есть возможная истина — это часть того, что значит «быть пропозицией»[21]. Если это так, то <существует совершенное существо>, возможно, истинно само по себе. Но (3) неправдоподобно. Для практически любой причины верить в пропозиции, которые могут быть истинными, есть параллельная причина верить в пропозиции, которые не могут быть истинными. Опять же, экономично исключить последнее, но было бы столь же экономично отвергнуть первое. Так что выглядит немного произвольным отбрасывать любое из них. Опять же, если есть пропозиции, утвердительное предложение говорит что-то на всякий случай, если оно это выражает. Если «холостяк — неженатый мужчина» что-то говорит, то, конечно, «неверно, что холостяк — неженатый мужчина» тоже.

В этом случае можно отступить к:

4. Возможные пропозиции возможны просто как таковые.

(4) допускает невозможные предложения. Но (4) привержен (committed to) пропозициям. Если они платоновские, то, если нет ограничений по размеру их содержания, некоторые из них выражают содержание целых возможных миров[22]. Так что они являются возможными мирами, если нет лучшего кандидата. Если они платоновские, то мы возвращаемся к какой-то уже обсуждав-

---

[21] Витгенштейн в «Трактате» придерживается того, что положения дел возможны как таковые (1.21, 3.02–3). Многое или все последующее признает параллели для положений дел.

[22] Если вместо этого пропозиции зависят от нас в своем существовании, то, пожалуй, ни одна из них не является «достаточно большой» для того, чтобы выразить то, что мир существует. Конечно, мы не можем получить все содержание возможного мира перед нашим умственным взором.

шейся альтернативе. Если есть некоторое ограничение по размеру их содержания, классы пропозиций могут служить для миров[23], или для меньших сущностей («ситуаций»[24]), которые могут выполнять аналогичную семантическую работу. Если пропозиции понимаются не платонически, они каким-то образом вытекают из действий или диспозиций говорящих. Таким образом, мы получаем конвенционалистские или концептуалистские проблемы, связанные с возможностью совершенного существа, если только другие независимые от говорящего объекты (entities) не выполняют обязанности для миров или не заменяют их (как в теориях «сил»), и мы получаем проблемы этих теорий. Давайте двигаться дальше.

16.10. Аналитическая возможность

Другая версия (2) предполагает (спорно!), что вся необходимая истина аналитична и истинна *потому*, что она аналитична. Пропозиции являются аналитическими сами по себе. Их аналитичность — это просто факт об их содержании[25]. Поэтому, если аналитичность наделяет истинностью, она делает это независимо от мира. Учитывая S5, все истины возможности необходимы. Если они все являются аналитическими и истинны потому, что являются аналитическими, мы получаем (2).

Чтобы обсудить это, нам нужно сказать, что значит быть аналитической пропозицией (обладать аналитичностью). Общепринятого мнения по этому поводу нет. Поэтому я сейчас рассматриваю множество предлагаемых взглядов. Я показываю, что в каждом случае что-то идет не так на пути к (2). Вероятно, любое

---

[23] Как Роберт М. Адамс — см. [Adams 1979].

[24] См., например, [Perry 1986].

[25] Если они зависят каким-то образом от деятельности или конвенций говорящего, то последние «делают» их аналитическими. Но все же их аналитичность не состоит в чем-то, что относится к говорящим. Она состоит в чем-то относящемся к тому содержанию, которым говорящие наделяют предложения.

новое мнение о том, что собой представляет аналитичность, не будет принципиально отличаться от всех перечисленных[26]. Поэтому мой обзор предполагает, что позиции, которые еще появятся, будут не лучше тех, которые уже имеют место.

Для Канта, как мы видели ранее, быть аналитическим означает иметь противоречивое отрицание. Так что, если истины возможности являются аналитическими по Канту, их отрицания не-парадоксальным образом подразумевают противоречия. ‹Невозможно, что собаки существуют› отрицает истину возможности. Это не-парадоксальным образом не подразумевает противоречия, насколько я могу судить. Вместо этого можно пойти в этом направлении: возможно P, только если не необходимо не P. Предположим, что нет никаких контингентных аналитических истин. Тогда, если вся необходимая истина аналитическая, возможно P, только если не аналитически не P — то есть просто если ‹¬P› не аналитическое. Так что, согласно подходу Канта к аналитичности, возможно, собаки существуют, просто если ‹никаких собак не существует› — не аналитическая пропозиция. То есть, возможно, собаки существуют, просто если ‹собаки существуют› не влечет противоречия. Эта пропозиция не влечет противоречия. Но 6.1–4 показали, почему этого недостаточно для получения абсолютной возможности. Далее, вполне могут быть контингентные аналитические истины[27]. Если они есть, то это не тот случай, когда возможно P, просто если аналитически не P. Ибо если аналитически истинно и контингентно, что P, то возможно ¬P, даже если ‹¬P› аналитически ложно. Так что если контингентные аналитические истины существуют, то здесь и ниже второе «направление» не открыто.

Больцано приравнял вдруг к другу аналитичность и логическую истину [Bolzano 1972]. Так что истины возможности являются аналитическими, по Больцано, если и только если они являются логическими истинами. То, что собаки, возможно, суще-

---

[26] Недавняя попытка Гиллиан Рассел, к примеру, — это сознательное обобщение стратегии Канта — см. [Russell 2008: 100].

[27] См. [Zalta 1988].

ствуют, не является логической истиной. Опять же, по второму направлению, возможно P, только если <¬P> не является аналитическим. Так что, по версии Больцано, возможно P, только если <¬P> не является логической истиной. Этого недостаточно, чтобы сделать возможным P. То, что круглые квадраты не существуют, не является логической истиной. Но то, что круглые квадраты существуют, невозможно.

Для Фреге истина аналитична, если и только если она выводима из логической истины с помощью приемлемого использования определений [Frege 1980]. Если логическая истина заключается в том, что P, то любое предложение логической формы <P> истинно. Таким образом, любое утверждение, которое будет аналитическим по Фреге, будет иметь логическую форму, все инстанции которой истинны. Существуют ложные утверждения о возможности. Опять же, во втором направлении возможно P, только если <¬P> не является аналитическим. Поэтому в версии Фреге, возможно P, только если <¬P> не выводимо из логической истины с помощью определений. Если так, то невозможно, чтобы P, только если <¬P> выводимо из логической истины с помощью определений. Невозможно, чтобы феноменально красный не был цветом. Но то, что он является цветом, не выводимо из логической истины с помощью определений. То, что красный является цветом, не имеет логической формы, все инстанции которой истинны. Кроме того, феноменальная краснота не имеет определения. А определение цвета скажет нам, что значит быть цветом. В нем не будет сказано или указано, какие конкретно цвета существуют.

Айер определил аналитичность как истину в силу определения [Ayer 1936]. Не является истинным в силу определения, что возможно существование собак. Для Айера, во втором направлении, возможно P, только если не-P, не является истинным в силу определения, и поэтому невозможно P, только если не-P верно по определению. Невозможно, чтобы феноменальный красный не был цветом. Но то, что он является цветом, не является истинным в силу определения, по причинам, только что отмеченным.

Ранний Карнап называл логические истины и истины по определению аналитическими [Carnap 1937]. Как мы видели, это не делает все истины возможности аналитическими. Позднее Карнап перешёл к концепции истины в силу семантических правил [Carnap 1947]. Это сделало аналитическую истину конвенциональной, как и раннее предположение Патнэма о том, что она является истиной в силу неявной конвенции [Putnam 1975]. Не конвенционально, что собаки существуют. Поэтому конвенционально, что они возможны, только если любая из возможностей является чисто конвенциональным свойством — т. е. не является частью внеязыкового мира, — или конвенционально, что актуальность влечёт возможность. Как показано в разделе 13.9.1, в конвенционализме оба являются истинными. Таким образом, на этом пути мы получаем характерные для конвенционализма проблемы для возможности совершенного существа. Кроме того, конвенционализм здесь имеет издержки.

Если логический вывод от актуальности к возможности является конвенциональным, то и остальная часть модальной логики является таковой. Кроме того, неясно, почему другие виды логики будут отличаться, если только не потому, что вся модальность является чисто конвенциональной, а остальная часть логики не имеет дела с конвенциональными атрибутами. То, что вся логика является конвенциональной, является серьёзной издержкой. То, что модальность является конвенциональной, также является серьёзной издержкой. Это издержки, даже если те, кто склоняются к конвенционализму, хотят их платить. Как отмечалось ранее, вторая издержка также выводит нас за рамки этого проекта. Я допустил, что реальное является модальным и что это решительно включало абсолютную модальность. Спорить о необходимости совершенного существа стоит только в том случае, если необходимое существование является чем-то реальным в отношении совершенного существа. Далее, предположим, что принято в качестве конвенции, что совершенное существо абсолютно возможно и что постулат Брауэра является частью логики абсолютной модальности. Тогда из этого следует, что совершенное существо существует, как мы видели. Из этого не следует, что существование совершенного существа является чем-то чисто конвенциональным. Наши конвенции могут просто совпадать с реальным фактом в этом моменте. Но аргумент не создает никаких оснований ожидать этого. Если бы это произошло, это было бы счастливой случайностью. Аргумент не давал бы никаких оснований думать, что все обстоит именно так. Но он предназначен для этого. Так что модальные аргументы от совершенства достигают своей намеченной цели (если достигают) только на фоне реальной абсолютной модальности.

Далее мы можем провести параллель с некоторыми утверждениями из раздела 13.9 и далее против конвенциональности возможности. Рассмотрим первое человеческое сообщество, каким бы оно ни было по размеру. Есть три варианта:

5. Сообщество включало всех говорящих. Это было возможно тогда.
6. Сообщество включало всех говорящих. Это не было возможно тогда.
7. Сообщество не включало всех говорящих.

В (5) предположим, что его возможность чисто конвенциональна. Мы спрашиваем, что это подразумевает. Возможны следующие варианты:

8. Конвенции других, существующие в существующем будущем.
9. Возможные, но несуществующие конвенции.
10. Диспозиция сообщества использовать чужие конвенции (говорить на чужих языках).
11. Конвенции самого сообщества.

Теперь я попытаюсь обосновать, что ни один из этих вариантов не сработает.

Вопреки (8), интуитивно, то, что существующее возможно, должно быть установлено полностью, когда оно существует. Опять же, не могло быть других, чтобы устанавливать конвенции. Так что сообщество могло существовать, но никогда не было возможным. Таким образом, согласно (8), актуальность не *строго имплицирует* возможность. Если кто-то говорит, что если бы будущее не содержало соглашений других и один из пунктов (9)–(11) обеспечил бы, что действительность влечет за собой возможность, то было бы проще просто принять один из пунктов (9)–(11) с самого начала.

Как и в 13.9.3, (9) просто возможности находятся вне границ для конвенционалистов. С пункта (10) не стоит даже начинать. Сообщество не расположено говорить на других языках. Оно знает максимум свой собственный. Возможно, оно способно выучить другие. Но это намного меньше того, что есть у носителя французского языка, когда он не говорит. Что касается (11), возникает вопрос, устанавливает ли сообщество все, некоторые или ни одной из своих конвенций. Проблемы здесь разворачиваются так же, как в разделах 13.9.3.1–2.

В (6) в течение некоторого периода сообщество было актуальным, но не возможным. Если что-то когда-либо было актуальным, но не возможным, актуальность не влечет за собой возможность. Остальное идет как в разделе 13.10. В (7) обсуждение идет так же, как в 13.11.

Таким образом, если все утверждения о возможности необходимы, аналитичность просто не сможет нам здесь помочь, как бы мы ее ни анализировали. Если не все эти утверждения необходимы, то ход аналитичности терпит неудачу по этой причине. Я добавляю необоснованный редакторский комментарий: почти ни одно утверждение не является истинным само по себе. Помимо случайной странности, истина коренится вне носителей истины. Хм, это было забавно. Поэтому я добавляю еще одно. Я готов допустить истины без факторов истинности. Возможно, у отрицательных экзистенциалов нет того, что делает их истинными. Но я думаю, что единственный правдоподобный способ получить истины возможности без факторов истинности — это пробелы в факторах невозможности. Таким образом, если это предложение не сработает, я не вижу надежды на (1).

Я сейчас рассмотрел все способы объяснения (NADA), которые я видел или мог придумать. Если кто-то не найдет лучшего способа объяснить и мотивировать его, то (NADA) нежизнеспособен.

16.11. Мораль

Если совершенное существо условно, то существуют миры отсутствия. В них его существование невозможно; или ни возможно, ни невозможно; или возможно. В предыдущих главах утверждалось, что ни один из этих вариантов не является приемлемым. Если ни одно из них не является приемлемым, то и контингентность совершенного существа не является приемлемой. Поэтому мы должны поддержать **Необходимость Совершенного Существа**. Теперь я перехожу ко второму аргументу в пользу **Необходимости Совершенного Существа**.

Глава 17
Аргумент фактора недостатка

Главы 13–16 доказывали **Необходимость Совершенного Существа**. Теперь я выдвигаю еще один аргумент в пользу этого тезиса. Этот аргумент таков:

Совершенное существо — это то, для чего «чем бы оно ни было... лучше быть, чем не быть»[1]. Для совершенного существа существование с необходимостью эквивалентно отсутствию трех (онтологически) преуменьшающих атрибутов[2]. Prima facie, лучше быть, чем не быть, не имея таких атрибутов. Так что prima facie, совершенное существо существовало бы с необходимостью. Этот вывод становится ultima facie, если бы необходимость достигалась приемлемой ценой. Она достигалась бы именно так. Так что совершенное существо существовало бы с необходимостью.

---

[1] См. *Monologion* 15, [Schmitt 1936, I: 28].

[2] Таким образом, необходимое существование является фактором приращения для совершенного существа. Но это не дает необходимости самой по себе позитивной ценности. Факторы недостатка могут быть заменены нейтральными свойствами. Нулевой баланс на банковском счете лучше, чем превышение лимита, но это не делает деньги с нулевого баланса пригодными для траты. Как будет ясно, для настоящей цели нам не нужно вдаваться в подробности насчет того, какого рода ценность фигурирует в том, чтобы терять или приобретать в бытии.

Фактор недостатка[3] делает что-то в одном отношении меньшим, чем некое существо может быть помыслено (описано без априорной лжи). Если возможно заменить преуменьшающий фактор лучшим атрибутом, это делает вещь меньшей в одном отношении, чем что-то могло бы быть. Существенные атрибуты могут быть преуменьшающими факторами. Даже если мы люди в силу своей сущности, бытие человеком делает нас «немного ниже ангелов»[4]. Таким образом, атрибут может сделать вещь меньшей, даже если она не могла бы быть лучше в этом отношении — до тех пор, пока что-то возможно или представимо лучше в этом отношении. Теология совершенного бытия пытается выяснить, каким было бы совершенное существо. Если это исследование проводится как чистый априорный проект, то оно ничего заранее не предполагает о природе совершенного существа. Таким образом, в чисто априорных аргументах о совершенном существе — таких, как приведенный выше, — нет никаких предшествующих фактов о том, каким могло бы или не могло бы быть совершенное существо, о которых стоило бы беспокоиться. Все, что имеет значение, — это ухватить более обеспечивающие или лучшие факторы и избегать факторов недостатка и невозможностей, явных априори. Последнее важно, поскольку цель состоит в том, чтобы описать возможное совершенное существо, особенно в контексте модального аргумента от совершенства.

Ключевая предпосылка в приведенном выше аргументе — это утверждение эквивалентности. Теперь я попытаюсь ее обосновать. Я начинаю с тезиса о жизни совершенного существа, который мотивирует мои предпосылки ниже о факторах недостатка.

---

[3] «less-maker» в оригинале; другой релевантный перевод — «преуменьшающий фактор»; я буду использовать оба варианта. — *Прим. перев.*

[4] Psalm 8: 5.

17.1. Гарантия

Совершенное существо имело бы в целом хорошую жизнь[5]. Рассмотрим утверждение, что жизнь совершенного существа не сложилась удачно. Моя собственная реакция: «Как же оно может быть совершенным, если не может избежать этого?» То есть кажется, что совершенство застраховывает от этого. На самом деле, я думаю:

1. Если бы любое совершенное существо продолжало жить, все новые части его жизни были бы в целом хороши и хороши для него. Это никогда не стоило бы другим ничего. Для него и мира всегда было бы лучше, если бы оно продолжало жить, чем если бы оно этого не делало. Более того, его жизнь не имела бы плохой общей тенденции[6]. Она не была бы, например, всегда хорошей, но все менее хорошей. Ее тенденция помогла бы ей оставаться хорошей.

Для (1) быть истинным о нем значит наличие Гарантии, или Гарантированность, или же то, что его жизнь гарантирована. Я называю жизнь со свойствами в (1) — всегда в целом хорошей и т. д. — хорошей жизнью. (1) — это сослагательное условное предложение. Оно говорит о том, что было бы истинным, если бы совершенное существо продолжило свое существование. Оно ничего не говорит о том, могло ли быть иначе. Может показаться, что только временное существо может быть Гарантировано, поскольку только временное существо может продолжать жить. Это не так. Для вневременного существа продолжение жизни означает продолжение той истины, что оно живо вне времени. Во все

---

[5] Здесь и далее, благо в любом смысле(ах), который(е) подходит(ят) для такого рода оценки. Я имею в виду благо *в течение* его жизни, включая то благо, которым более поздние эпизоды его жизни наделяют более ранние эпизоды. Я не включаю внешнее благо, созданное после окончания жизни.

[6] Это совместимо с тем, что отдельные эпизоды не так хороши, как предыдущие. Одна ласточка весны не делает.

времена, кроме первого, оно продолжает жить в этом смысле. Если бы не было времени, было бы истинным, что, если бы было время, во все времена, кроме первого, оно продолжало бы жить в этом смысле. Таким образом, вневременное совершенное существо могло бы быть Гарантировано даже в мирах без времени.

17.2. Его возможность

Теперь я обосновываю то, что нечто могло бы обладать этой гарантией. Рассмотрим Математического Ангела[7]. Все, что хочет делать это существо, — доказывать математические теоремы и передавать эти доказательства. Он всегда будет желать этого так сильно, что посвятит себя только этому занятию, если продолжит жить. Он всегда будет получать удовольствие от выполнения этих дел и всегда будет делать их хорошо. Он всегда будет делать их добродетельно — основательно, добросовестно, внимательно, честно, с упорством и т. д. Более того, он всегда будет делать их без помех. Бог обещал защищать его и не может нарушить обещание или не справиться с этой задачей[8]. Доказательство, обучение, наслаждение и добродетельная деятельность — это хорошие вещи. Поэтому, пока Ангел продолжает жить, его жизнь будет хорошей. Это будет хорошо и для Ангела. Он будет наслаждаться своей жизнью, и ему будет хорошо развивать свои навыки. Поскольку он будет тратить ее на хорошие вещи, его жизнь всегда будет лучше продолжаться, чем нет, для Ангела и мира. Хорошая жизнь Ангела никому ничего не будет стоить, поскольку он специалист. Он доказывает только теоремы, которые не смог бы доказать ни один другой математик, и поэтому никого не лишает возможности быть первым, кто докажет теорему. Растущее мастерство Ангела обеспечит хорошую тенденцию. Он будет становиться все более способным справляться со

---

[7] Для тех, кто не готов возить с собой нематериальные существа, создайте математический сгусток в глубоком космосе.

[8] Те, кто отвергает нематериальные существа, могут сделать это обещанием некоего подходящего воплощенного агента.

все более сложными доказательствами, получая от этого все большее удовлетворение и т. д. Интуитивно, такой Ангел возможен[9]. Итак, тогда есть Гарантия.

17.3. Гарантировано природой

Я не давал Ангелу этой гарантии по природе. Теперь я утверждаю, что совершенное существо в широком смысле, как его понимает Ансельм, — Ансельмовское существо — будет иметь Гарантию по природе. Независимо от того, возможно ли Ансельмовское существо, мы можем знать, каким оно было бы, если бы существовало. Круглые квадраты невозможны, но мы знаем, что, если бы они были, они были бы круглыми. Если бы существо Ансельма существовало, я сейчас утверждаю, оно имело бы по природе атрибуты, которые совместно дают Гарантию.

Существо Ансельма было бы по своей природе личностным — оно бы знало, желало и т. д. Поэтому оно было бы по своей природе совершенным в личных атрибутах. Таким образом, оно было бы по своей природе (среди прочего) всеведущим, совершенно мудрым, всемогущим, способным использовать достаточно своей силы, чтобы обеспечить себе хорошую жизнь, и свободным делать это. Первые три являются максимами для атрибутов, которыми может обладать любая полностью функциональная личность. Последние необходимы, чтобы сделать первое стоящим. «Способность использовать...» необходима, потому что всемогущество заключается в обладании силой внутренним образом[10]. Можно иметь силу внутренним образом, но не быть способным ее использовать. Вирус может внутренне быть способным убить, но неспособным убить меня, потому что я невосприимчив к нему. Бог внутренне обладает силой говорить. Но если бы Он обещал не делать этого, Он не смог бы использовать эту силу. Ибо Он не может нарушить обещание. Теперь я показываю, что эти атрибуты дают Гарантию.

---

[9] Или, если вам так предпочтительно, сказанное относится к Сгустку.
[10] См. мою статью «Всемогущество» [Leftow 2009b].

Ансельмовское существо может иметь хорошую жизнь. Ведь оно может создать мир, состоящий только из моллюсков, которых оно всегда поддерживает счастливыми, существование которых зависит от него. Если бы оно это сделало, оно всегда было бы хорошо для моллюсков и наслаждалось бы как этим, так и счастьем моллюсков. Легко могло бы никогда не быть уравновешивающего зла (например, оно могло бы легко никогда не впадать в депрессию). Каждая новая часть такой жизни, таким образом, была бы в целом хороша. Это было бы хорошо для него, как проявление добродетели и источник удовлетворения. Лучше бы она продолжалась, чем не продолжалась для него самого — и для моллюсков. Ведь если бы совершенное существо прекратило свое существование, то и они тоже прекратили бы свое существование. Рост численности моллюсков и счастья мог бы обеспечить положительную тенденцию. Предположим, что существо Ансельма существует во времени. Тогда в любой момент времени t оно свободно иметь хорошую жизнь. Оно всегда имеет достаточно силы, чтобы дать себе ее. Поскольку оно всегда всеведуще, оно всегда знает эти вещи. Совершенная мудрость всегда выбрала бы хорошую жизнь, если бы знала, что у него есть такой выбор. Если у t есть прошлое, у него было достаточно полезной силы и т. д., чтобы гарантировать, что хорошая жизнь входит в его возможности в t. Если t — это первый момент, то хорошая жизнь просто входит в его возможности. Ибо хорошая жизнь возможна для него, и в первый момент не произошло ничего такого, чтобы ограничить его возможности. Совершенное существо, использующее достаточно силы по природе, никогда не может стать неспособным сделать мудрый выбор. Что-то мудрое по природе никогда не пожалеет о том, что его жизнь хороша, выбрав вместо этого ту, которая таковой не является. Таким образом, всегда будет так, что существо Ансельма будет иметь хорошую жизнь, если продолжит существовать. У него будет Гарантия. Кроме того, существо Ансельма будет иметь по природе атрибуты, которые приводят к этому выводу. Поэтому оно будет Гарантировано природой.

Предположим теперь, что наше Ансельмовское существо атемпорально. Тогда его жизнь тривиальным образом не имеет плохой тенденции, поскольку у него вообще нет никакой тенденции. Ничто, кроме его обладания своей природой, не является каузально предшествующим его выборам. Так что не произошло ничего, чтобы ограничить его возможности. Я утверждаю в другом месте, что нечто атемпоральное может быть свободным [Leftow 1991b: 301–302]. Если оно свободно иметь хорошую жизнь, его другие атрибуты дают ему Гарантию, согласно аргументу о темпоральном совершенном существе, *mutatis mutandis*. Таким образом, существо Ансельма будет Гарантировано природой, темпоральной или нет.

17.4. Проблема всемогущества

Теперь я рассмотрю проблему для этого заключения. Всемогущество помогло нам вывести его. Но может показаться, что ничто не может быть одновременно всемогущим и гарантированным по природе. Ничто не может, то есть если всемогущество должно включать в себя силу сделать чью-то жизнь плохой. Ибо ничто не может иметь силу, которую оно по природе не может использовать. Если у меня есть Гарантия по природе, по природе я не могу использовать силу, чтобы сделать свою жизнь плохой. Ибо если бы я мог, я мог бы закончить с плохой жизнью. Моя природа исключает это, потому что она дает мне Гарантию в каждом возможном мире, в котором я существую. Так что, как мы можем предположить, всемогущество несовместимо с наличием Гарантии по природе.

Ансельм предполагает, что здесь нет никакой угрозы. Поскольку он считает, что если жизнь человека может обернуться плохо, то это из-за недостатка силы, а не из-за силы как таковой. Таким образом, он утверждает, что всемогущество фактически исключило бы «силу», делающую чью-то жизнь плохой[11]. Опять же, если всемогущество и Гарантия действительно несовместимы,

---

[11] См., например, *Proslogion* 7.

совершенное существо все равно будет Гарантировано, если какой-то пакет атрибутов, содержащий Гарантию, более ценен, чем любой пакет, содержащий всемогущество. Ибо там, где конфликтуют атрибуты-кандидаты или пакеты (атрибутов), теология совершенного существа выбирает лучший, если один из них лучший. Поэтому рассмотрим два пакета основных атрибутов. Один содержит все стандартные божественные атрибуты, но всемогущество. Он также содержит всемогущество, включая силу сделать чью-то жизнь плохой. Он не содержит Гарантию. Другой содержит все стандартные божественные атрибуты, помимо всемогущества. Он также содержит Гарантию, в дополнение ко всему всемогуществу, за исключением силы сделать чью-то жизнь плохой. Я знаю, какой из них я бы выбрал. Я достаточно рационален, чтобы не желать плохой жизни. Так что эта сила кажется мне бесполезной. Так что, возможно, максимальная сила — не лучшая степень, которой можно обладать, — поскольку, возможно, Гарантия стоит того, чтобы иметь ее, больше, чем любая власть, обладание которой она исключает.

Однако я думаю, что кто-то, Гарантированный природой, может быть всемогущим. Если Бог имеет Гарантию по природе, Его жизнь не может быть плохой абсолютно. Если это невозможно, тот факт, что Он не может сделать ее плохой, не засчитывается против Его всемогущества. Всемогущество не требует способности совершать абсолютно невозможные вещи[12]. Если у Бога нет власти дать Себе плохую жизнь, то это потому, что Он не может обладать ею абсолютно. Точно так же у Бога нет власти дать атому водорода плохую жизнь, и это потому, что водород не может ее иметь абсолютно, поскольку он не может быть живым. То, что некоторые вещи абсолютно невозможны, не означает, что никто не всемогущ. Таким образом, всемогущество не обязательно включает в себя власть сделать чью-то жизнь плохой.

---

[12] См., например, Aquinas, ST Ia 25, 3. Если вас интересует мой собственный подход — см. мою статью [Leftow 2009b].

17.5. Совершенное существо в целом

Я попытался обосновать, что Ансельмовское существо было бы Гарантировано. Теперь я пойду дальше. Предположим, что не-Ансельмовское совершенное существо возможно. Теперь я утверждаю, что оно тоже Гарантировано. Как не-Ансельмовское, оно не обладает всеми совершенствами, которые есть у Ансельмовского аналога. Возможно, в некоторых случаях их место занимают несовершенства. Для Гарантии достаточно многих комбинаций атрибутов, включая несовершенства. Чтобы быть Гарантированным, не требуется всеведения. Нужно только знать достаточно, чтобы информировать о выборе хорошей жизни. Опять же, нужно быть только настолько рациональным или мудрым, чтобы выбрать хорошую жизнь. Нужно только иметь достаточно полезной силы, чтобы обеспечить хорошую жизнь. Так что, возможно, любое возможное не-Ансельмово совершенное существо также было бы Гарантировано. Это так, если:

2. Всякое возможное не-Ансельмовское совершенное существо было бы живым.
3. Всякое возможное не-Ансельмовское совершенное существо обладало бы атрибутами, достаточными для Гарантии.

Второй вариант правдоподобен. Совершенное существо должно быть непревзойденным. Но правдоподобно, что любое неодушевленное существо может быть превзойдено. Для каждой (скажем) мультивселенной, полной чудес, правдоподобно лучшая является возможной. Ведь правдоподобно может быть мультивселенная, состоящая из нее и качественного дубликата. Если это верно, то только живые существа имеют шанс стать совершенными. Далее, предположим ради аргумента, что существует наилучшее возможное неодушевленное существо — возможно, чудесная мультивселенная. Мы можем представить себе что-то похожее на нее, но живое[13]. Живая мультивселенная была бы

---

[13] Если мультивселенная состоит из пространственно-временных и причинно-следственных разобщенных вселенных, то они не могут образовывать одно живое тело, поскольку такие вселенные не могут взаимодействовать. Но части

лучше. Мыслимость — это свидетельство возможности, согласно нашей стандартной модальной эпистемологии. Я не вижу никаких отменяющих факторов или свидетельств против этого. Так что согласно этой эпистемологии, правдоподобно возможна живая мультивселенная. Поэтому (2) правдоподобно.

Теперь я обосновываю (3). Лучше обладать Гарантией, чем не обладать ею. Так что prima facie, лучше обладать, чем не обладать атрибутами, которые ее предоставляют. Этот вывод становится ultima facie, если и только если «стоимость» этих атрибутов не отменяет его. Для теологии совершенного бытия иногда приходится рассматривать компромиссы. Предположим, что ничто не может иметь как совершенство F, так и совершенство G. Если они имеют одинаковую или несоизмеримую ценность, нужно спросить, сколько «стоит» каждое из них. То есть нужно спросить, что нечто «теряет», если оно получает F и не получает G, или получает G и не получает F. Затем теолог совершенного бытия выбирает атрибут с меньшими издержками. Если быть F лучше, чем быть G просто само по себе, и затраты не делают по крайней мере таким же хорошим в целом для совершенного бытия быть G, то рассуждающий о совершенном бытии выбирает F.

Атрибуты, достаточные для Гарантии, и сама Гарантия могут не иметь издержек. Существуют минимумы (например, полезной мощности) для обладания Гарантией или максимумы, совместимые с ее отсутствием. Минимальные степени полезной мощности и т. д., достаточные для Гарантии, стоят того, чтобы обладать ими. Ничто не может претерпеть неудачу в том, чтобы быть Гарантированным, имея больше. Гарантия допускает любую степень выше минимальной. Гарантия не стоит никакой мощности — даже силы, чтобы сделать чью-то жизнь плохой. Сила, которую человек не будет использовать, тем не менее может быть силой, которую он мог бы использовать, и, следовательно, силой, которую он мог бы

живого тела могут взаимодействовать. Но вселенные могут быть множественными телами единой «мировой души», которая оживляет их все. Если это возможно, то высказанный в тексте тезис о дублировании мультивселенных предполагает, что только бестелесное живое существо имеет шанс стать совершенным. Ибо наличие лучшего тела делает существо лучше, *ceteris paribus*.

иметь. У меня есть сила, чтобы ограбить банк. Я никогда не буду ее использовать. Но она у меня есть. Гарантия не стоит никаких знаний или рациональности/мудрости. Она также не стоит никакой свободы — даже свободы сделать чью-то жизнь плохой. Поскольку она утверждает только то, что человек будет делать. Она не утверждает, что человек мог бы сделать вместо этого. Здесь есть тонкие логические вопросы. Но я бы поспорил с утверждением, что, по крайней мере иногда, если я что-то делаю, я мог бы вместо этого воздержаться. Если я не прав, то Гарантия стоит только свободы, направленной на то, чтобы сделать чью-то жизнь не-хорошей. Это редко, если вообще когда-либо, ограничит свободу совершать какие-либо конкретные действия, поскольку редко, если вообще когда-либо, один-единственный поступок может перевести чью-то жизнь из статуса «хорошей» в ее отрицание («не-хороший», not good) в смысле, подразумеваемом в разделе 17.1. Гарантия, похоже, не имеет издержек ни в одной другой известной категории атрибута совершенного существа (например, длительность, внутреннее бытие (духовное, материальное, какое угодно), модальность существования), не вовлеченной в его выведение. Поэтому я не вижу категории атрибута, в которой Гарантия имеет издержки. Если я не прав относительно свободы, то она может стоить очень небольшого ограничения на то, какие конкретные действия мы свободны совершать, и стоит желаемого (скажем, я) ограничения на один аспект общего направления, которое мы свободны придать своей жизни. Возможно, неизвестным атрибутам могло бы стоит большего быть достойными обладания[14]. Но я утверждаю в другом месте, что нам не следует беспокоиться об этом настолько, чтобы это мешало моим доводам [Leftow... b]. Поэтому (3) также правдоподобно.

Далее, предположим вопреки (2), что некоторые возможные совершенные существа не были бы живы, если бы существовали. Предположим, что они *могли бы* быть живыми. Тогда они были бы совершенными существами, если бы жили, поскольку лучше быть, чем не быть вещью, которая существовала бы. Так что

---

[14] Как Джефф Спикс — см. [Speaks 2018: 101].

prima facie, они существовали бы. Если цена оправдана, этот вывод становится ultima facie. Этот атрибут ничего не стоит. Единственное, что исключает совершенство, если его носитель жив, — это не быть вещью, которая была бы совершенной, если бы жила. Я не вижу, как отсутствие гарантированного совершенства может быть таким же хорошим или несоизмеримым с гарантией его. Таким образом, неживое не-Ансельмовское совершенное существо было бы совершенным, если бы жило, — то есть оно было бы Гарантировано, если бы жило. Так что, даже если оно не живое, всегда бывает так, что, если бы оно продолжало жить, оно имело бы хорошую жизнь. Оно Гарантировано. Оно является таковым по природе, поскольку его природа делает его совершенным, если бы оно жило. Наконец, для совершенных существ, которые не могли бы быть живыми, (1) было бы контрвозможным. Так что это было бы тривиально верно. Таким образом, перечисленные были бы тривиально Гарантированы. Они были бы таковыми по своей природе. Нетривиальная Гарантия по своей природе имеет цену в свободе. Ни в каком возможном мире такие существа не делают свою жизнь плохой. Так что они не свободны делать это. По моему мнению, эта цена вполне стоит того, чтобы ее заплатить.

Я пытался обосновать, что любое возможное не-Ансельмовское совершенное существо гарантировано природой и что любое Ансельмовское совершенное существо было бы гарантировано природой. Таким образом, независимо от того, возможно ли Ансельмовское существо, любое возможное совершенное существо было бы гарантировано природой. Еще один вопрос о том, кто или что может быть гарантировано, заслуживает обсуждения.

17.6. Проблема любви

Большинство считает, что быть совершенно любящим возможно[15] и достаточно важно, чтобы совершенное существо было таковым. Христиане могут задаться вопросом, не удержит ли

---

[15] Марк Мерфи возражает — см. [Murphy 2017: 74 и далее].

Гарантия совершенное существо от Креста и, таким образом, не является ли она несовместимой с совершенной любовью, которая привела туда Христа. Возможно, Бог, воплощенный во Христе, не Гарантирован. Если Христос намеревается быть распятым, Его следующие часы не будут в целом хорошими. Быть распятым не кажется Ему хорошим. Кроме того, если христианство истинно, то тогда не было бы хорошо для мира, чтобы Христос продолжал жить, сбежав. Ибо если христианство истинно, если бы Христос не умер, благость Его жизни стоила бы спасения каждому.

Я отвечаю, что, если бы Гарантия действительно удерживала совершенное существо от Креста, это не помешало бы ему любить совершенно. Это исключило бы только выражение любви этим конкретным способом или неправильным видом страдания в целом. Поэтому, если совершенная любовь возможна, она совместима с Гарантией. Что касается Креста, жизнь человека может быть в целом хорошей и т. д., даже когда он страдает. Это зависит от того, почему человек страдает, что привело к этому, как он справляется с этим и, возможно, что за этим следует. Распятие не является благом для вас, но героизм является. Распятие может сделать его возможным. Если героизм достаточно велик, эпизод может быть хорош для вас в целом. В случае Христа героизм был больше по мере приближения смерти. Ибо в любой момент Он мог отступить от Своей миссии. Поэтому Его жизнь сохраняла хорошую тенденцию, даже когда она шла на убыль. Наконец, согласно христианству, Христос продолжал жить, и это *было* хорошо, не требовало для мира никакой цены и было бы лучше, чем не продолжать. Поэтому у христианского Бога могла быть Гарантия.

17.7. Окончания

Существование вещи заканчивается, если и только если у нее есть либо последний момент, либо последний произвольно короткий открытый период. Она заканчивается, если в течение некоторого конечного периода времени у нее есть последний период, который имеет эту длину. Ибо если у вещи есть (скажем) последняя минута, то, как только эта минута заканчивается, у нее остается меньше минуты существования. Ее существование заканчивается. Совершенное существо было бы Гарантировано. Если так, то я сейчас утверждаю, что конец существования был бы для нее преуменьшающим фактором. Мы не знаем, существует ли что-либо бесконечно. Само время может закончиться. Но весьма вероятно, что существование чего-либо не закончится. Поэтому вполне правдоподобно, что если конец существования является преуменьшающим фактором, то он делает меньше, чем некая возможная вещь, а не просто некая мыслимая вещь.

Если я гарантирован, то лучше продолжать жить, чем прекращать. Даже если я страдаю, моя жизнь все равно хороша и хороша для меня. Таким образом (я утверждаю), что есть предел тому, как сильно я страдаю. Кроме того, как гарантировано, моя жизнь лучше для меня продолженной, чем не продолженной. Поэтому у меня будет хорошее будущее, если я продолжу жить, какие бы дальнейшие страдания ни ожидали. Предположим, что конец моего существования приносит или помогает принести мне блага. Тем не менее то, что оно закончится, ограничивает то, сколько благ я получу в целом. Если моя жизнь гарантирована, то чем дольше она будет продолжаться после того дня, когда я прекращу свое существование, тем больше благ будет накапливаться. Поскольку гарантированная жизнь не имеет плохой тенденции, не будет «убывающей отдачи» от продолжения жизни. Поэтому не будет того, что блага в моем существовании асимптотически приближались бы к некоторой предельной точке, а блага существования с концом превысили бы этот предел. Напротив, если бы мое существование не имело конца, то блага, которые оно мне принесло, в итоге превзошли бы все блага, которые могло бы принести окончание, и все, что накопилось бы к концу моего существования. Таким образом, наличие конца существования было бы фактором недостатка для человека с Гарантированной жизнью. Это сделало бы эту жизнь менее благой, чем она была бы без конца. Это привело бы к тому, что Гарантированный человек лишился бы благ или, по крайней мере, количества благ, которые он бы имел в противном случае.

Все это верно *a fortiori*, если окончание существования не приносит или не помогает приносить блага.

Опять же, жизнь может быть бесконечной и Гарантированной, бесконечной и Негарантированной, имеющей конец и Гарантированной или имеющей конец и Негарантированной. Это единственные варианты. Первый, очевидно, лучший. Конец подразумевает наличие меньшей комбинации. Таким образом, для чего-то Гарантированного наличие конца было бы фактором недостатка. Это сделало бы его меньшей вещью. Я предполагаю, что это сделало бы его меньшим в одном отношении, чем возможный, а не просто мыслимый вид Гарантированной вещи, поскольку кажется вполне возможным в сильном смысле, что Математический Ангел существует бесконечно.

17.8. Результат

Предположим, что, в самом деле, для Гарантированного окончание является фактором недостатка. С необходимостью, если что-то совершенно, оно Гарантировано. Так что окончание является преуменьшающим фактором для него. Необходимое существование исключает окончание. Так что необходимо существующее совершенное существо не имело бы этого фактора недостатка. Контингентная вещь могла бы быть Гарантированной и существовать бесконечно. Но это нормально. Для настоящих целей достаточно того, что необходимое существование исключает окончание. Я утверждаю не то, что только необходимое существование устраняет любой один фактор недостатка, о котором я говорю. А то, что только необходимое существование устраняет все три.

17.9. Упуская все это

Таким образом, мы получаем один фактор недостатка. Перейдем к следующему. Мы могли бы никогда не существовать. Мы могли бы упустить все. Было бы плохо иметь эту возможность, если бы кто-то имел Гарантию от природы. Действительно, есть возможности, которые плохо иметь, — возможно умереть долгой, мучительной смертью от рака, скажем. Лучше бы их не иметь. Я принадлежал бы к лучшему виду существ, если бы у меня был естественный иммунитет к раку, *ceteris paribus*. Так что возможности, которые плохо иметь, — это преуменьшающие факторы. Так же, как и атрибуты, которые дают вещам такие возможности, по крайней мере в отношениях, которые их объясняют. Для вещи, которая была бы Гарантирована природой, никогда не существовать — возможность, обладание которой не является благом, поскольку если кто-то Гарантирован природой, никогда не существовать может означать только одно — упустить хорошую жизнь. Таким образом, возможность упустить все это и все, что обосновывает эту возможность в отношении всего этого, является фактором(-ами) недостатка для такой вещи. Создают ли они меньше возможной вещи или только мыслимой вещи, зависит от того, может ли что-то быть Гарантировано и неспособно упустить все это.

Теперь я предполагаю, что это действительно возможно. Что-то может быть красным. Что-то может быть додекаэдрическим. Между ними нет очевидной несовместимости. Весьма вероятно, что дальнейшее размышление не даст результата. Поэтому весьма вероятно, что что-то может быть как красным, так и додекаэдрическим. Согласно разделу 17.2, что-то может быть Гарантировано. Предположим, что некая конкретная вещь может быть неспособна упустить все это. Между ними нет очевидной несовместимости. Весьма вероятно, что дальнейшее размышление не даст результата. Поэтому я полагаю, что если что-то может быть неспособно упустить все это, то что-то может быть как Гарантированным, так и неспособным пропустить все это. Теперь я предполагаю, что что-то может быть неспособным пропустить все это. Я делаю три замечания по этому поводу.

Одно из них состоит в том, что неспособность упустить все это не исключает — концептуально или каким-то иным априорным образом — конкретность. Конкретные вещи, которые не могут пропустить все это, концептуально допустимы. Концептуальная допустимость — это некоторое слабое свидетельство метафизической возможности объекта. Другая — аналогия. Объект исторически возможен в момент t только в том случае, если абсолютно возможно, что он существует в истории, которая до и в момент t идет так же, как идет актуальная история. Некоторые вещи исторически не могут упустить все это. Они существуют в какой-то момент в каждой такой истории. Вселенная обладает этим свойством. Если у нее был первый момент, то первый момент был и у всего, что существовало тогда. Конечно, могла быть вселенная с первым моментом. Так что очень многие вещи могли быть исторически неспособны упустить все это. Если один значимый вид такой неспособности к упущению может иметь примеры, возможно, и другие могут. Наконец, я подробно утверждал, что у нас нет веских оснований полагать, что не могло быть ничего конкретного. Предположим тогда, что не могло быть ничего конкретного. Теперь я утверждаю, что если так, то вполне могут быть вещи, которые не могли пропустить все это. Я делаю это, помещая мысль Дэвида Льюиса в актуалистский контекст.

Актуализм: предположим, что возможные миры — это реальные, существующие абстрактные сущности. Они не являются конкретными существующими частностями, как у Льюиса. Вместо этого они являются (скажем) предложениями, содержание которых является целой историей для реальности в целом, или положениями дел, наличие которых было бы такой историей. Идея Льюиса — это трансмировой универсализм в отношении композиции [Lewis 1986: 211]. Многие в наши дни действительно являются универсалистами в отношении объектов внутри миров. Они считают, что любая множественность вещей, или *concreta*, в мире W составляет еще одну вещь в W. Льюис — универсалист и думает, что все миры являются существующими конкретными объектами. Он не видит в пространственном разбросе препятствия для формирования композита. Кроме того, для него отношение между различными возможными мирами — это странный вид пространственного разброса — разброса, при котором вообще нет пространственных отношений. Поэтому для него реальная пуговица и только лишь возможная звезда — это пространственно разбросанные существующие *concreta*. Поэтому для

Льюиса универсализм должен сделать шаг дальше, к трансмировому универсализму — к существованию вещей, части которых включают пуговицу и звезду. Актуалист, сочетающий свой универсализм с трансмировым универсализмом, вместо этого сказал бы, например, что некая вещь на самом деле имеет все и только части кнопки, и, возможно, вместо этого имеет все и только части звезды. Актуалист-универсалист должен быть примерно так же дружелюбен к этому утверждению, как Льюис был к своему.

Я существую в том месте, которое моя рука занимает точно, имея там части (например, моя рука). Время (год) существует в другом времени (день), имея там части. Льюис делает шаг дальше, к трансмировым вещам, которые существуют в одном мире, имея там части, и в другом, имея там части. Учитывая, что такое миры Льюиса, а также принимая во внимание универсализм, мы приходим к выводу, что в этом столько же смысла, как и в утверждениях о руках и годах. Сказать, что вещь существует в реальном мире, имея там части, и в актуалистском только лишь возможном мире, поскольку, если бы такой мир был актуален, у него были бы там части, — это просто актуалистская трансформация утверждения Льюиса.

Учитывая трансмировой универсализм, мы можем определить максимально трансмирового индивида как того, кто имеет собственную часть в каждом возможном мире. Учитывая трансмировой универсализм, существует множество максимально трансмировых индивидуумов. Актуальная наибольшая часть такого индивида — Эйфелева башня. Если бы W_1 был актуален, его наибольшей частью была бы «Мона Лиза» да Винчи. Если бы W_2 был актуален, это была бы планета Вулкан. И так далее. Этот конкретный индивид является контингентным в силу того обстоятельства, что не существование вещи в какое-то время в каком-то мире означает ее контингентность. Это вещь, которая, возможно, не существует, даже если она появляется на некоторое время в каждом возможном мире (что, как я пытаюсь предположить, возможно). До того, как была построена Эйфелева башня, мы можем предположить, что трансмировая вещь, фактическая наибольшая часть которой — Эйфелева башня, не имела здесь никакой части. Поэтому она еще не существовала здесь. Она также не существовала где-либо еще, потому что мои только лишь возможные миры не являются существующими конкретными объектами. Поскольку они не существуют, когда она не имела здесь никакой части, у нее вообще не было частей. Значит, ее не существовало. Значит, она контенгентна.

Максимально трансмировые индивидуумы не могут упустить все это. Они существуют по крайней мере некоторое время в каждом возможном мире. Многие из них контингентны. Давайте назовем максимально трансмирового индивидуума, части которого являются или будут каждой вселенной в каждом возможном мире Максом. Макс может быть конкретным необходимым существом. Это зависит от того, возможны ли ньютоновские миры, то есть миры, в которых время не является просто измерением или иным образом зависимо от вселенной или пространства-времени. Если бы существовало субстанциальное ньютоновское время, возможно, оно могло бы существовать, когда не существовало никакой вселенной. Если бы оно могло существовать, то даже Макс был бы контингентным. Если бы Макс был необходимым существом, он мог бы не быть необходимым существом в натуралистическом смысле. Предположим, что актуальная вселенная удовлетворяет некоторому описанию натурализма, полностью сформулированному в немодальных терминах. Тогда Макс является необходимым существом, которое контингентно не-модально натуралистично. Макс не обязательно понимается натуралистически, поскольку некоторые возможные вселенные не являются натуралистическими. Некоторые состоят из ангелов и фей или заметным образом их содержат. Итак, если необходимое существо, понимаемое натуралистически, — это существо, которое необходимо существует и необходимо является натуралистическим, Макс не подходит. Более того, даже если актуальная вселенная удовлетворяет какому-то немодальному определению натурализма, я не думаю, что натуралист был бы рад сказать о каком-либо предположительно натуралистическом объекте, что он мог бы состоять исключительно из ангелов и фей. Такая вещь, кажется, нарушает дух натурализма, даже если она соответствует немодальной букве определения. Поэтому, когда мы принимаем во внимание его модальные свойства, Макс, вероятно, не является натуралистической сущностью, необходимой или нет.

Я не являюсь даже универсалистом, не то что сторонником трансмирового универсализма. Таким образом, согласно философской теории, которая может быть истинной, некоторые индивиды не могут все это упустить. Это не означает, что, согласно истинной теории мира, такие индивиды существуют или могли бы существовать. Но это предполагает, что это вполне возможно. Если это так, то, *согласно* предыдущему аргументу, что-то может быть Гарантировано и не может все это упустить.

17.10. Другие опции

Я предположил, что для чего-то гарантированного упустить все это — плохая возможность. Некоторые, однако, видят эту возможность как положительную. Они думают, что она усиливает чудо существования — чем менее вероятен цветок, тем большее чудо, что он существует. Они воображают, что совершенное существо, зная, что оно могло упустить все это, может чувствовать себя более счастливым, «достигнув» этого. Они удивляются, почему большая безопасность в существовании добавит больше ценности, чем это[16]. Но существование, противопоставляемое его отсутствию, — это не триумф или достижение. Таким образом не добавляется ценность. Кроме того, принятие мысли «это положительно» в качестве вклада в теологию совершенного бытия смешивает ценность в существовании вещи с ценностью в самой вещи. Быть совершенным существом — это, в частности, быть наилучшим возможным существом. Вещи, которые придают существованию вещи большую ценность, не обязательно делают саму вещь лучше. Если возможное упущение всего этого делает существование более ценным, это тот случай, когда эти два случая расходятся. Этот пример можно обобщить.

---

[16] Как Кристофер Уиллард-Кайл и Лора Каллахан (в беседе).

Рассмотрим редкую *изумрудную орхидею*. Ее редкость придает каждому цветку большую внешнюю ценность. Она даже придает цветку большую внешнюю ценность. Она заставляет его вызывать более сильные эмоции у любителей цветов, которые находят его в дикой природе, и заставляет садоводов ценить их больше. Но орхидея — это чудо, независимо от того, редкая она или нет. Просто мы с большей вероятностью оценим это ее качество, если будем редко ее видеть. Если бы я проектировал цветок, я бы не проектировал его редким. Я бы сделал его похожим на орхидею, но также сделал бы его легко размножающимся, выживающим во многих климатических условиях, устойчивым к болезням и т. д. Это явно делает цветок лучше, даже если они снижают внешнюю ценность и ценность существования, основанную на редкости. Цветок, такой как орхидея, который не мог бы упустить все это, был бы еще лучшим цветком, при прочих равных условиях (ceteris paribus).

Опять же, совершенное существо, которое могло бы пропустить все это, не просто счастливо, что оно существует. Оно также счастливо существовать, а не быть несуществующим, — оно счастливо, поскольку оно этого достигло (так сказать). Но это не бонус, который оно получает, только если бы могло упустить все это. Даже если бы это было не так, оно все равно могло бы быть счастливо существовать, в противоположность несуществованию. Я не мог бы быть жабой. Но я рад, что я не жаба. Мы можем радоваться, что мыслимые вещи не таковы, а не только тому, что по-настоящему возможные вещи таковы.

Более того, даже если бы совершенное существо не могло быть счастливым от того, что не упустило все, если бы оно не могло упустить все, оно не могло бы быть счастливее, если бы оно могло упустить все. Возможно, быть максимально счастливым — это часть совершенства, и точка. Так думали орды теистов. Ибо это часть традиционного содержания и привлекательности традиционных доктрин божественной бесстрастности. Бесстрастность — тот товар, который сложнее продать в наши дни. Компромиссный тезис может быть более привлекательным. Он заключается в том, что быть максимально счастливым относительно своей природы и существования — это часть совершенства, независимо от того, может ли это качество сосуществовать (в какой-то странной путанице) с другими эмоциями, которые реагируют (respond) на действия, совершаемые творениями. Опять же, для совершенного существа существовать — это прекрасно. Это одинаково прекрасно, могло ли оно пропустить все или нет. Быть совершенным — это гарантия полной оценки этого в любом случае. Возможно, счастье совершенного существа в существовании, а не в несуществовании — это как раз это счастье в существовании.

Далее предположим, что существование, а не несуществование, приносит дополнительное счастье. Тогда мы получаем следующее:

Missitall: Прибавление счастья совершенного существа в существовании, а не в несуществовании, к его счастью относительно себя и своего существования дает в общей сложности n единиц. N — это больше, чем оно имело бы, если бы не могло упустить все это.

Nomissing: Лучше бы оно так ценило себя и свое существование, чтобы оно могло получить n из него, и также не иметь возможности все это упустить. Так что вот каким было бы совершенное существо.

Missitall: Лучше быть счастливым ровно настолько, насколько это гарантирует (warrants) реальное положение вещей. Реальное положение совершенного существа гарантирует n только в том случае, если совершенное существо может упустить все это.

Nomissing: Первое утверждение в лучшем случае спорно, и мне интересно, откуда вы знаете второе.

Но давайте подумаем об этом. Счастье совершенного существа относительно себя и своего существования было бы бесконечным. Поскольку у него есть бесконечное количество совершенств всех видов, чтобы быть счастливым, и оно ценит каждую их частичку полностью и должным образом. Просто для иллюстрации скажем, что его счастье относительно этого будет $\aleph_0$ единиц. Чтобы оно было счастливее, если бы оно могло все это пропустить, дополнительное счастье не могло бы быть какой-то конечной величиной, поскольку $\aleph_0 + 1 = \aleph_0$. Оно не могло бы быть дополнительным $\aleph_0$ единиц. Для $\aleph_0 + \aleph_0 = \aleph_0$. Единственный способ получить больше счастья (по крайней мере, в канторовской математике) — это сказать, что с и только с возможностью все это упустить совершенное существо будет иметь по крайней мере $\aleph_1$ единиц. Если его реальное состояние требует по крайней мере $\aleph_1$ только в этом случае, то ценность этой одной черты полностью затмевает ценность всего остального в совершенном существе. Это просто неправдоподобно. Но предположим, что его реальное состояние в этом случае не гарантирует по крайней мере $\aleph_1$. Тогда если в любом случае хорошо, что у него есть по крайней мере $\aleph_1$, то может быть лучше быть счастливее, чем быть строго Гарантированным. Так что мы возвращаемся к моему более раннему пункту. Совершенное существо было бы лучше, если бы оно могло иметь по крайней мере $\aleph_1$ о себе и своем существовании, независимо от того, строго гарантировано или нет, и также не могло бы упустить все это. Предположим наконец, что в любом случае не хорошо, что у него есть по крайней мере $\aleph_1$, потому что — как вы говорите — человек должен быть счастлив лишь настолько, насколько это гарантирует реальное положение вещей. Тогда, поскольку оно совершенно, у него не будет по крайней мере $\aleph_1$. Но затем мы возвращаемся к максимуму $\aleph_0$, и оно не становится счастливее оттого, что может упустить все это.

Далее, если дополнительное волнение действительно связано с возможностью упустить все, можно испытывать такое же волнение и все равно не быть способным упустить все. Если невозможно упустить все, то в каждом возможном мире человек существует по крайней мере мгновение. Но мгновение — это все, что гарантировано. Темпоральное существо может быть неспособным упустить все, но существовать только мгновение. Это одна из причин, по которой невозможность упустить все сама по себе совместима с контингентностью существования. Итак, предположим, что временному совершенному существу гарантировано только мгновение, оно знает это, и оно длится дольше. Более длительный промежуток времени не был гарантирован.

Поэтому оно должно быть так же счастливо в оставшейся части своей жизни, таким же образом, как и тот, кому не гарантировано даже это мгновение. Далее, предположим, что кто-то утверждает, что дополнительное волнение оттого, что у него не было гарантированного мгновения существования, в отличие от волнения, вызванного такой гарантией, делает совершенное существо счастливее, чем оно было бы в противном случае. Темпоральное совершенное существо было бы бесконечно счастливо собой и своим существованием. Так что Missitall и Nomissing снова вступают в спор. Это заканчивается так же, как и выше.

В отношении последнего параграфа можно ответить так:

Совершенное существо не может существовать только темпорально. Его единственными вариантами являются вечное существование и вечное несуществование. Таким образом, если ему гарантировано хотя бы одно мгновение, ему гарантирована вечность. Если бы оно понимало это, оно не могло бы испытывать дополнительного волнения оттого, что будет существовать дольше. Оно бы знало, что вечность гарантирована. Так что любое совершенное существо могло бы иметь дополнительное счастье, только если бы оно могло упустить все это.

Если возможное упущение всего как минимум настолько же хорошо — или соизмеримо с обратной опцией — не-упущением всего, — то можно сказать, что оно связано. На это я отвечу, что, если возможное упущение всего связано, вечное существование и вечное несуществование не являются единственными вариантами для совершенного существа. Предположим, что возможное упущение всего связано. Это так, потому что это делает существование более чудесным. Но еще чудеснее продолжать существовать, когда можно перестать, и тем самым упустить все остальное. Так что, по-видимому, это добавляет еще больше ценности. Совершенное существо, которое может уйти в любой момент, имеет больше причин для счастья по мере того, как его жизнь продолжается, чем то, которое должно существовать вечно. В конце концов, это вечно новый факт, что, несмотря на существование, оно могло упустить это. Так что, если возможное упущение всего связано, возможное прекращение существования также связано, с необходимой вечностью. Таким образом, утверждение, что возможное отсутствие всего связано, противоречит интуитивному утверждению, что быть вечным — это часть совершенства.

Либо возможное упущение всего этого добавляет ценности, либо нет. Если нет, то это буквально бесполезно. Если да, то если возможность пропустить все это связана, то возможность прекратить существование также связана. Если она связана, то не-вечность входит в число вариантов совершенного существа. Если не-вечность является вариантом, то ответ, который я обсуждаю, неверен. Это не тот случай, когда совершенное существо может получить дополнительные острые ощущения или дополнительную ценность, только если оно способно никогда не существовать. Я добавляю, что, если утверждение о связи делает не-вечность хорошим вариантом для совершенного существа, мы должны дважды подумать об утверждении в отношении связи.

Впрочем, есть одно альтернативное мнение. Это мнение заключается в том, что возможное отсутствие всего этого не является ни хорошим, ни плохим для совершенного существа. Пока совершенное существо существует и не может прекратить свое существование, некоторые думают, что не имеет значения, может ли оно все это пропустить[17]. Однако подумайте: ваза может быть изначально небьющейся, небьющейся по своей собственной природе. Вместо этого ваза может быть изначально бьющейся, но небьющейся, потому что она неразрывно запечатана в идеально эффективную защитную оболочку. Интуитивно ваза была бы лучше, если бы ей не нужна была оболочка — если бы она была просто изначально небьющейся. Быть бьющейся — это один из способов нуждаться в удаче для существования — удаче не встретить неуклюжего болвана или быть заключенной в оболочку. Интуитивно ваза, которой не нужна была бы удача для существования, была бы лучше. То же самое относится и к совершенным существам.

---

[17] Как Даниэл Рубио (в беседе).

17.11. Удача и Самосущность

Предположим, что совершенное существо существует, потому что ему повезло. Это делает его слишком похожим на нас. Потребность в удаче для существования — это преуменьшающий фактор. Интуитивно, совершенному существу не нужна удача для существования. Но если совершенное существо могло бы упустить все это, его вечное существование не имеет объяснения. Оно не может объяснить свое собственное вечное существование, и его самосущность исключает что-либо еще, объясняющее его. Таким образом, это рандом, случайное происшествие в жизни мироздания, чистая удача, что, когда реальность бросила кости, они выдали «совершенное существо». Если совершенное существо может упустить все это, ему нужна эта удача, чтобы существовать.

Опять же, совершенное существо будет существовать *a se*. Существование в силу удачи плохо сочетается с самосущностью. «*A se*» означает «из себя». То, что существует a se, не есть *ab alio*. Нет выхода за его пределы, чтобы сказать, почему оно существует. Если совершенное существо существует в силу космической случайности, *есть* выход за его пределы: к тому удачному стечению обстоятельств, что оно вообще существует. Удача не является причиной или основанием. Поэтому существование в силу удачи не есть в самом строгом смысле *ab alio*. Но оно кажется *ab alio* в более широком смысле, поскольку тогда случай является предельным объясняющим фактором того, как обстоят дела, каким бы способом случай ни объяснял. Совершенное существо — это просто самая основная вещь в каузальном аспекте из тех, которые случай нам дал. Греки и северные германцы считали богов подчиненными Судьбам, настолько, что боги могли их бояться. Это делало Судьбу, а не богов, предельной реальностью. Совершенное существо, которое могло бы никогда не существовать, находится примерно в таком положении. Ему повезло в существовании — Судьба оказалась благосклонна к нему. Его существование подчинено случаю. Совершенное существо не должно быть подчинено ничему, что находится вне его самого. Оно не должно благодарить свою счастливую звезду за то, что оно существует. Оно должно (так сказать) быть творцом своей собственной удачи. Оно должно быть истинным предельным объясняющим фактором того, как обстоят дела. Не быть таким — значит быть преуменьшающим фактором.

Перейдём к другому моменту. *Ceteris paribus*, больше силы, больше совершенства. Всемогущество требует (в первом приближении) способности вызывать любое контингентное положение дел из тех, которые вообще можно вызвать[18]. Если в каком-то мире совершенное существо никогда не существует, то существует контингентное положение дел, которое другие могут совместно вызвать, но оно не может, поскольку то, чего нет в W, не может сделать W актуальным. Но объекты в W совместно могут — возможно, с небольшой помощью удачи. Так что то, чего нет в W, не всемогуще. Не-всемогущество — это преуменьшающий фактор.

Трудно понять, с чем может конфликтовать неспособность пропустить все это, кроме, возможно, опции «никогда не существовать». Я утверждал, что в этом конфликте последнее проигрывает. Поэтому я утверждаю, что совершенное существо будет существовать хотя бы мгновение в каждом возможном мире.

17.12. Упущенная часть

Наконец, плохо упускать хорошие вещи, которыми можно было бы насладиться. Это касается и тех хороших вещей, которые были в прошлом. Так что упущение прошлого времени, которое было бы хорошо прожить, делает жизнь хуже. Для чего-то Гарантированного любое упущенное прошлое было бы хорошо. Так что для чего-то Гарантированного упущение прошлого времени делает его жизнь хуже. Опять же, некоторые основания, говорящие, что плохо упускать будущее хорошее время, также являются основаниями, по которым плохо упустить прошлое хорошее время. Так что, по крайней мере, некоторые интуиции, которые говорили в пользу того, что окончание является менее важным для Гарантированного, говорят нам, что упущенное прошлое время также

---

[18] Необходимые уточнения можно найти в моей статье [Leftow 2009b].

является преуменьшающим фактором. Теперь свойство, которое делает вещь уязвимой для меньшей жизни, преуменьшает уязвимое онтологически. Было бы лучше не быть уязвимым для этого.

Я утверждаю, что все, что сделало возможным для совершенного существа пропустить прошлое время — назовем это возможностью отсрочки[19], — будет для него фактором недостатка. Это сделало бы его меньшим в одном отношении, чем некая возможная, а не просто некая мыслимая вещь. Это связано с тем, что, возможно, пространство-время может быть субстанциальным — действительно, многие думают, что наше собственное пространство-время является таковым. Субстанциальное пространство-время не может быть отсрочено. С необходимостью, если оно существует в возможном мире, оно существует во все времена до любого времени, в котором оно существует[20]. Более того, возможность отсрочки преуменьшила бы совершенное существо, даже если бы оно фактически не пропустило ни одного прошлого времени, поскольку оно все равно было бы объектом такого рода, которые могли бы сделать такое упущение. Точно так же смертность была бы преуменьшающим фактором для совершенного существа, даже если бы оно фактически не умерло. Трудно понять, с каким кандидатом совершенство, которое невозможно отсрочить, могло бы конфликтовать. Таким образом, поскольку совершенное существо должно иметь Гарантию, с необходимостью, если существо совершенно, оно не может быть отсрочено. Так что с необходимостью, если существо совершенно, оно не может не пропустить ни одного прошедшего времени. Далее, совершенное существо гарантировано природой. Поэтому необходимо *de re*, чтобы оно не пропускало никакого прошедшего времени. Оно не может пропускать прошедшее время. Необходимо, чтобы оно существовало во все времена до любого, в котором оно существует. Заметьте, наконец, что все, что начи-

---

[19] То есть возможностью быть отстроченным — 'delayability'. — *Прим. перев.*

[20] Если есть пространство-время, то время — это гиперплоскость в нем. Существование до любого времени, в котором оно существует, — это наличие в качестве частей любых своих частей, которые существуют раньше этих плоскостей.

нает существовать, пропускает прошедшее время, которое оно могло бы иметь. Это так, даже если оно начинается в первый момент времени — ибо до этого могло быть время. Поэтому так же, как существование, гарантированное природой, не может закончиться, оно не может и начаться.

17.13. Мораль

Согласно рассуждению о совершенном существе, совершенное существо не может упустить все. Оно существует в какое-то время или вне времени в каждом возможном мире. Если оно существует в какое-то время, оно не начинало существовать. Его существование также не может закончиться. Если и только если эти положения истинны, оно существует вечно или вне времени во всех возможных мирах, то есть — оно существует необходимо. Таким образом, необходимое существование эквивалентно отсутствию трех преуменьшающих факторов. Контингентная вещь может необходимо иметь бесконечную жизнь, необходимо не упускать ни одного прошлого времени или необходимо не упускать все. У нее может быть два из них. Но ничто контингентное не может иметь все три. Если и только если вещь имеет все три, она существует необходимо[21]. Таким образом, есть обеспеченный рассуждением о совершенном существе довод в пользу **Необходимости Совершенного Существа**. Если я прав, что отсутствие этих преуменьшающих факторов совместимо со всеми совершенствами, которые могло бы иметь совершенное существо, эта причина *ultima facie*. Таким образом, я утверждаю, что у нас есть веские причины одобрить **Необходимость Совершенного Существа** и нет веских причин отвергать ее.

---

[21] Я утверждал, что в каждом возможном мире есть только одна темпоральная серия. Если в каком-то возможном мире их больше, возникают осложнения, но в итоге мы приходим к тому же месту. Основная мысль в этом случае будет заключаться в том, что жить хорошей жизнью во всех темпоральных сериях будет лучше, чем хорошей жизнью только в некоторых. Это может в итоге потребовать, чтобы Гарантированное существо было атемпоральным, но теисты, придерживающиеся тезиса о существовании совершенного существа, по большей части считали Бога атемпоральным в любом случае.

Глава 18
Послание

Мы начали с описания ансельмовской концепции необходимости. Это звучит странно для современного читателя. Я пытался обосновать, что Ансельм все же имеет в виду и пытается доказать то утверждение, что совершенное существо существовало бы с абсолютной необходимостью. Он применяет эту концепцию необходимости в самом первом модальном аргументе от совершенства. Раздел 4.1 содержит его изложение. В разделе 4.5 я предположил, что наилучший модальный аргумент, который мог бы дать Ансельм, был бы параллелен этому, но имел бы в качестве своих предпосылок:

1. $\Box(x)((Gx \supset (x$ существует > x не может не существовать)).
2. $\Box(x)((x$ существует > x не может не существовать) $\supset \neg(x$ существует > x не может не существовать)).
3. $\Box(x)(($возможно, x существует и x не существует) $\supset (x$ существует > x не может не существовать)).
4. $\Diamond(\exists x)(Gx)$.
5. $\Box(x)(Gx \supset \Box Gx)$.

«G», опять же, — аббревиатура для «совершенного существа». (1) — это упомянутый ранее тезис Необходимость Совершенного Существа. Я (надеюсь) заблокировал все существующие возражения против этого тезиса. Я также попытался его обосновать. (2) не нуждался в каком-либо аргументе в свою пользу. В главе 5 обосновывалась посылка (3). Посылку (5) я попытался обосновать в другом месте [Leftow 2012: 175–206]. Так что теперь я защитил все предпосылки этого аргумента, за исключением предпосылки возможности. Я надеюсь осуществить и эту задачу. Оставайтесь с нами.

Библиография

Аристотель 1981 — Аристотель. Собрание сочинений в четырех томах. М.: Мысль, 1981.

Кант 1994a — Кант И. Единственно возможное основание для доказательства бытия Бога. Т. 1. М.: ЧОРО, 1994.

Кант 1994b — Кант И. Критика чистого разума. Т. 3. М.: ЧОРО, 1994.

Aczel 1988 — Aczel P. Non-Well-Founded Sets. Stanford, CA: Center for the Study of Language and Information, 1988.

Adams 1971 — Adams R. M. The Logical Structure of Anselm's Arguments // Philosophical Review. 1971. Vol. 80. P. 28–54.

Adams 1979 — Adams R. M. Theories of Actuality // Loux M., ed. The Possible and the Actual. Ithaca, NY: Cornell University Press, 1979. P. 190–209.

Adams 1981 — Adams R. M. Actualism and Thisness // Synthese. 1981. Vol. 49. P. 3–41.

Allaire 1963 — Allaire E. B. Bare Particulars // Philosophical Studies. 1963. Vol. 14. P. 1–8.

Anderson 2015 — Anderson R. L. The Poverty of Conceptual Truth. Oxford: Oxford University Press, 2015.

Anselm 1936 — Anselm. Lambeth Fragments // Schmitt F. S. Ein neues unvollendetes Werk des hl. Anselm von Canterbury. Aschendorff: Munsster i W, 1936.

Anselm 1940–1961a — Anselm. Cur Deus Homo // S. Anselmi Cantuariensis archiepiscopi opera omnia / Ed. by F. S. Schmitt. Vol. 2. Edinburgh: Thomas Nelson and Sons, Ltd., 1940–1961.

Anselm 1940–1961b — Anselm. De Casu Diaboli // S. Anselmi Cantuariensis archiepiscopi opera omnia / Ed. by F. S. Schmitt. Vol. 1. Edinburgh: Thomas Nelson and Sons, Ltd., 1940–1961.

Anselm 1940–1961c — Anselm. De Concordia // S. Anselmi Cantuariensis archiepiscopi opera omnia / Ed. by F. S. Schmitt. Vol. 2. Edinburgh: Thomas Nelson and Sons, Ltd., 1940–1961.

Anselm 1940–1961d — Anselm. De Veritate // S. Anselmi Cantuariensis archiepiscopi opera omnia / Ed. by F. S. Schmitt. Vol. 1. Edinburgh: Thomas Nelson and Sons, Ltd., 1940–1961.

Anselm 1940–1961e — Anselm. Monologion // S. Anselmi Cantuariensis archiepiscopi opera omnia / Ed. by F. S. Schmitt. Vol. 1. Edinburgh: Thomas Nelson and Sons, Ltd., 1940–1961.

Anselm 1940–1961f — Anselm. Proslogion // S. Anselmi Cantuariensis archiepiscopi opera omnia / Ed. by F. S. Schmitt. Vol. 1. Edinburgh: Thomas Nelson and Sons, Ltd., 1940–1961.

Anselm 1940–1961g — Anselm. Reply // S. Anselmi Cantuariensis archiepiscopi opera omnia / Ed. by F. S. Schmitt. Vol. 1. Edinburgh: Thomas Nelson and Sons, 1940–1961.

Armstrong 1978 — Armstrong D. M. Nominalism and Realism. Cambridge: Cambridge University Press, 1978.

Armstrong 1989 — Armstrong D. M. A Combinatorial Theory of Possibility. Cambridge: Cambridge University Press, 1989.

Armstrong 1997 — Armstrong D. M. A World of States of Affairs. Cambridge: Cambridge University Press, 1997.

Armstrong 2004 — Armstrong D. M. Truth and Truthmakers. Cambridge: Cambridge University Press, 2004.

Ayer 1936 — Ayer A. J. Language, Truth and Logic. London: Gollancz, 1936.

Back 2014 — Back A. Aristotle's Theory of Abstraction. Dordrecht: Springer, 2014.

Baker 2003 — Baker A. Quantitative Parsimony and Explanatory Power // British Journal for the Philosophy of Science. 2003. Vol. 54. P. 245–259.

Baldwin 1996 — Baldwin T. There Might Be Nothing // Analysis. 1996. Vol. 56. P. 231–238.

Barnes 1972 — Barnes J. The Ontological Argument. London: Macmillan, 1972.

Barth 1957 — Barth K. Church Dogmatics II:1 / Ed. by G. W. Bromiley and T. F. Torrance. Edinburgh: T. & T. Clark, 1957.

Beckermann et al. 2009 — Beckermann A., McLaughlin B. P., Walter S., eds. The Oxford Handbook of Philosophy of Mind. Oxford: Oxford University Press, 2009. DOI: 10.1093/oxfordhb/9780199262618.003.0010.

Bobik 1998 — Bobik J. Aquinas on Matter and Form and the Elements. Notre Dame, IN: University of Notre Dame Press, 1998.

Bolzano 1972 — Bolzano B. Wissenschaftslehre (Sulzbach: Seidel 1837), selections tr. B. Terrell, in R. George, ed., Theory of Science. Oxford: Basil Blackwell, 1972.

Cameron 2009 — Cameron R. God Exists at Every (Modal Realist) World // Religious Studies. 2009. Vol. 45. P. 95–100.

Cameron 2008a — Cameron R. Truthmakers and Modality // Synthese. 2008. Vol. 164. P. 261–280.

Cameron 2008b — Cameron R. Truthmakers and Ontological Commitment // Philosophical Studies. 2008. Vol. 140. P. 1–18.

Cameron 2015 — Cameron R. The Moving Spotlight. Oxford: Oxford University Press, 2015.

Cameron 2021 — Cameron R. Modal Conventionalism // Bueno O., Shalkowski S., eds. The Routledge Handbook of Modality. Abingdon: Routledge, 2021. P. 136–145.

Caplan 2016 — Caplan B. The Extraordinary Impossibility of Sherlock Holmes // Res Philosophica. 2016. Vol. 93. P. 335–355.

Carnap 1937 — Carnap R. The Logical Syntax of Language. London: Routledge, 1937.

Carnap 1947 — Carnap R. Meaning and Necessity. Chicago, IL: University of Chicago Press, 1947.

Chalmers 1996 — Chalmers D. The Conscious Mind. New York: Oxford University Press, 1996.

Coggins 2010 — Coggins G. Could There Have Been Nothing? Basingstoke: Palgrave MacMillan, 2010.

Conway 1976 — Conway J. On Numbers and Games. New York: Academic Press, 1976.

Correia 2010 — Correia F. Grounding and Truth-Functions // Logique et Analyse. 2010. Vol. 53. P. 251–279.

Craig 1986a — Craig W. Temporal Necessity: Hard Facts/Soft Facts // International Journal for Philosophy of Religion. 1986. Vol. 20. P. 65–91.

Craig 1986b — Craig W. St. Anselm on Divine Foreknowledge and Future Contingency // Laval Theologique et Philosophique. 1986. Vol. 42. P. 93–104.

Craig 2001 — Craig W. God, Time and Eternity. Dordrecht: D. Reidel, 2001.

Crane H., Piantandia 1983 — Crane H., Piantandia T. On Seeing Reddish Green and Yellowish Blue // Science. 1983. Vol. 221. P. 1078–1080.

Crane T. 2013 — Crane T. Objects of Thought. Oxford: Oxford University Press, 2013

Cross 2010 — Cross R. Henry of Ghent on the Reality of Non-Existing Possibles—Revisited // Archiv für Geschichte der Philosophie. 2010. Vol. 92. P. 115–132.

Cumhaill 2015 — Cumhaill C. M. Perceiving Immaterial Paths // Philosophy and Phenomenological Research. 2015. Vol. 90. P. 687–715.

Deutsch 1990 — Deutsch H. Contingency and Modal Logic // Philosophical Studies. 1990. Vol. 60. P. 89–102.

Dolby 1973 — Dolby R. G. A. Philosophy and the Incompatibility of Colors // Analysis. 1973. Vol. 34. P. 8–16.

Dorr 2008 — Dorr C. There are No Abstract Objects // Sider T., Hawthorne J., Zimmerman D., eds. Contemporary Debates in Metaphysics. Oxford: Basil Blackwell, 2008. P. 32–63.

Dunn, Restall 1983 — Dunn J. M., Restall G. Relevance Logic // Gabbay D., Guenther F., eds. Handbook of Philosophical Logic. 2nd edition. Vol. 6. Dordrecht: D. Reidel, 1983. P. 1–128.

Earman 1986 — Earman J. A Primer on Determinism. Springer, 1986.

Earman 1995 — Earman J. Bangs, Crunches, Whimpers and Shrieks. Oxford: Oxford University Press, 1995.

Efird, Stoneham 2008 — Efird D., Stoneham T. What is the Principle of Recombination? // Dialectica. 2008. Vol. 62. P. 483–494.

Einheuser 2006 — Einheuser I. Counterconventional Conditionals // Philosophical Studies. 2006. Vol. 127. P. 459–482.

Field 1980 — Field H. Science Without Numbers. Princeton, NJ: Princeton University Press, 1980.

Findlay 1955 — Findlay J. N. Can the Existence of God be Disproved? // Flew A., MacIntyre A., eds. New Essays in Philosophical Theology. New York: Macmillan, 1955. P. 49–55.

Fine 1994 — Fine K. Essence and Modality // Philosophical Topics. 1994. Vol. 8. P. 1–16.

Fine 2005 — Fine K. Tense and Reality // Modality and Tense. Oxford: Oxford University Press, 2005. P. 261–320.

Fine 2010 — Fine K. Some Puzzles of Ground // Notre Dame Journal of Formal Logic. 2010. Vol. 51. P. 97–118.

Fisher, Watkins 1998 — Fisher M., Watkins E. Kant on the Material Ground of Possibility // The Review of Metaphysics. 1998. Vol. 52. P. 369–395.

Fox 1987 — Fox J. Truthmaker // Australasian Journal of Philosophy. 1987. Vol. 65. P. 188–207.

Freddoso 1983 — Freddoso A. Accidental Necessity and Logical Determinism // Journal of Philosophy. 1983. Vol. 80. P. 257–278.

Frege 1980 — Frege G. The Foundations of Arithmetic / Transl. by J. L. Austin. Oxford: Basil Blackwell, 1980.

Goldschmidt 2012 — Goldschmidt T. Metaphysical Nihilism and Necessary Being // Philosophia. 2012. Vol. 40. P. 799–820.

Gould 2013 — Gould P. How Does an Aristotelian Substance Have its Platonic Properties? Issues and Options // Axiomathes. 2013. Vol. 23. P. 343–364.

Grice 1989 — Grice H. P. Studies in the Way of Words. Cambridge, MA: Harvard University Press, 1989.

Griffith 2014 — Griffith A. Truthmaking and Grounding // Inquiry. 2014. Vol. 57. P. 196–215.

Grim 1991 — Grim P. The Incomplete Universe. Cambridge, MA: MIT Press, 1991.

Guleserian 1983 — Guleserian T. God and Possible Worlds: the Modal Problem of Evil // Nous. 1983. Vol. 17. P. 221–238.

Hacking 1987 — Hacking I. The Inverse Gambler's Fallacy: the Argument from Design // Mind. 1987. Vol. 96. P. 331–340.

Hale 1988 — Hale B. Abstract Objects. New York: Basil Blackwell, 1988.

Hale 2002 — Hale B. Knowledge of Possibility and of Necessity // Proceedings of the Aristotelian Society. 2002. Vol. 103. P. 1–20.

Hanna 2004 — Hanna R. Kant and the Foundations of Analytic Philosophy. Oxford: Oxford University Press, 2004.

Hartshorne 1965 — Hartshorne C. Anselm's Discovery. LaSalle, IL: Open Court, 1965.

Hasker 1989 — Hasker W. God, Time and Knowledge. Ithaca, NY: Cornell University Press, 1989.

Healey 1992 — Healey R. Chasing Quantum Causes: How Wild is the Goose? // Philosophical Topics. 1992. Vol. 20. P. 181–204.

Henry 1967 — Henry D. P. The Logic of St. Anselm. Oxford: Oxford University Press, 1967.

Hitchcock 1993 — Hitchcock C. A Generalized Probabilistic Theory of Causal Relevance // Synthese. 1993. Vol. 97. P. 335–364.

Holden 2014 — Holden T. Hume's Absolute Necessity // Mind. 2014. Vol. 123. P. 377–417.

Hughes, Cresswell 1996 — Hughes G. E., Cresswell M. J. A New Introduction to Modal Logic. New York: Routledge, 1996.

Humberstone 1981 — Humberstone L. From Worlds to Possibilities // Journal of Philosophical Logic. 1981. Vol. 3. P. 313–339.

Hume 1948 — Hume D. Dialogues on Natural Religion. New York: MacMillan, 1948.

Jacobs 2010 — Jacobs J. A Powers Theory of Modality // Philosophical Studies. 2010. Vol. 151. P. 227–248.

Jager 1982 — Jager T. An Actualist Semantics for Modal Logic // Notre Dame Journal of Formal Logic. 1982. Vol. 23. P. 335–349.

Kant 1900– — Kant I. Gesammelte Schriften. Vol. 9, 24, 28. Akademie: 1900–.

Kant 1929 — Kant I. Critique of Pure Reason / Transl. by Norman Kemp Smith. New York: MacMillan and Co., 1929.

Kant 1992 — Kant I. The Only Possible Argument in Support of a Demonstration of the Existence of God // Kant I. Theoretical Philosophy, 1755–1770 / Ed. by David Walford and Ralf Meerbote. Cambridge: Cambridge University Press, 1992.

Katz 1997 — Katz J. J. Realistic Rationalism. Cambridge, MA: MIT Press, 1997.

King 2004 — King P. Anselm's Philosophy of Language // Leftow B., Davies B., eds. The Cambridge Companion to Anselm. Cambridge: Cambridge University Press, 2004. P. 84–110.

Kleinschmidt 2015 — Kleinschmidt S. Shaping up Location // Philosophical Studies. 2015. Vol. 172. P. 1973–1983.

Kripke 1971 — Kripke S. Semantical Considerations on Modal Logic // Linsky L., ed. Reference and Modality. Oxford: Oxford University Press, 1971. P. 63–72.

Kripke 1980 — Kripke S. Naming and Necessity. Cambridge, MA: Harvard University Press, 1980.

Kripke 2011 — Kripke S. Philosophical Troubles: Collected Papers. Vol. 1. Oxford: Oxford University Press, 2011.

Kripke 2013 — Kripke S. Reference and Existence. Oxford: Oxford University Press, 2013.

Lange 2008 — Lange M. Could the Laws of Nature Change? // Philosophy of Science. 2008. Vol. 75. P. 69–92.

Leftow 1988 — Leftow B. A Modal Cosmological Argument // International Journal for Philosophy of Religion. 1988. Vol. 24. P. 159–188.

Leftow 1991a — Leftow B. Timelessness and Foreknowledge // Philosophical Studies. 1991. Vol. 63. P. 309–325.

Leftow 1991b — Leftow B. Time and Eternity. Ithaca, NY: Cornell University Press, 1991.

Leftow 2002 — Leftow B. A Timeless God Incarnate // Kendall D.. Davis S., eds. The Incarnation. New York: Oxford University Press, 2002. P. 273–299.

Leftow 2004 — Leftow B. Eternity and Immutability // Mann W., ed. The Blackwell Guide to Philosophy of Religion. New York: Basil Blackwell, 2004. P. 48–77.

Leftow 2006 — Leftow B. God and the Problem of Universals // Oxford Studies in Metaphysics. 2006. Vol. 2. P. 325–356.

Leftow 2009a — Leftow B. Anselmian Presentism // Faith and Philosophy. 2009. Vol. 26. P. 297–319.

Leftow 2009b — Leftow B. Omnipotence // Flint T., Rea M., eds. The Oxford Handbook of Philosophical Theology. Oxford: Oxford University Press, 2009. P. 167–198.

Leftow 2010a — Leftow, B. Swinburne on Divine Necessity // Religious Studies. 2010. Vol. 46. P. 141–162.

Leftow 2010b — Leftow B. Necessity // Taliaferro C., Meister C., eds. The Cambridge Companion to Christian Philosophical Theology. Cambridge: Cambridge University Press, 2010. P. 15–30.

Leftow 2012 — Leftow B. God and Necessity. Oxford: Oxford University Press, 2012.

Leftow 2015 — Leftow B. Divine Simplicity and Divine Freedom // Proceedings and Addresses of the ACPA. 2015. Vol. 89. P. 45–56.

Leftow 2017 — Leftow B. Anselm on Necessity // Oxford Studies in Medieval Philosophy. 2017. Vol. 5. P. 1–44.

Leftow 2018a — Leftow B. Presentism, Atemporality and Time's Way // Faith and Philosophy. 2018. Vol. 35. P. 173–194.

Leftow 2018b — Leftow B. The Argument from Possibility // Dougherty T., Walls J., eds. Two Dozen (or so) Arguments for God. Oxford University Press, 2018. P. 406–416.

Leftow... a — Leftow B. Anselm's Proof. Forthcoming.

Leftow... b — Leftow B. Perfect Beings and Killer Ghosts. Forthcoming.

Leslie 1979 — Leslie J. Value and Existence. Rowman and Littlefield, 1979.

Leslie 1989 — Leslie J. Universes. London: Routledge, 1989.

Lewis 1973 — Lewis D. Counterfactuals. Oxford: Basil Blackwell, 1973.

Lewis 1979a — Lewis D. Counterfactual Dependence and Time's Arrow // Nous. 1979. Vol. 13. P. 455–476.

Lewis 1979b — Lewis D. Counterpart Theory and Quantified Modal Logic // Loux M., ed. The Possible and the Actual. Ithaca, NY: Cornell University Press, 1979. P. 110–128.

Lewis 1980 — Lewis D. A Subjectivist's Guide to Objective Chance // Jeffrey R. C., ed. Studies in Inductive Logic and Probability. Vol. II. Berkeley, CA: University of California Press, 1980. P. 263–293.

Lewis 1983 — Lewis D. Postscripts to "Counterpart Theory and Quantified Modal Logic" // Lewis D. Philosophical Papers. Vol. 1. Oxford: Oxford University Press, 1983. P. 26–46.

Lewis 1986 — Lewis D. On the Plurality of Worlds. Oxford: Basil Blackwell, 1986.

Lewis 1994 — Lewis D. Humean Supervenience Debugged // Mind. 1994. Vol. 103. P. 473–490.

Logan 2007 — Logan I. Whatever Happened to Kant's Ontological Argument? // Philosophy and Phenomenological Research. 2008. Vol. 74. P. 346–363.

Lo 2020 — Lo T.-C. The Gap Problem Made Easy? // Analysis. 2020. Vol. 80. P. 486–492.

Loux 2006 — Loux M. Aristotle's Constituent Ontology // Oxford Studies in Metaphysics. 2006. Vol. 2. P. 207–250.

Malcolm 1960 — Malcolm N. Anselm's Ontological Arguments // Philosophical Review. 2010. Vol. 69. P. 41–62.

Martin 1975 — Martin J. A Many-Valued Semantics for Category Mistakes // Synthese. 1975. Vol. 31. P. 63–83.

McDaniel 2007 — McDaniel K. Extended Simples // Philosophical Studies. 2007. Vol. 133. P. 131–141.

McDaniel 2017 — McDaniel K. The Fragmentation of Being. Oxford: Oxford University Press, 2017.

Meinong 1960 — Meinong A. On the Theory of Objects // Chisholm R., ed. Realism and the Background of Phenomenology. New York: Free Press, 1960. P. 76–117.

Mellor et al. 2003 — Mellor D. H., Lillehammer H., Rodríguez-Pereyra G., eds. Real Metaphysics. London: Routledge, 2003.

Melnyk 1997 — Melnyk A. How to Keep the 'Physical' in Physicalism // Journal of Philosophy. 1997. Vol. 94. P. 622–637.

Menzel 1991 — Menzel C. The True Modal Logic // Journal of Philosophical Logic. 1991. Vol. 20. P. 331–389.

Menzies 1998 — Menzies P. Possibility and Conceivability: A Response-Dependent Account of Their Connections // European Review of Philosophy. 1998. Vol. 3. P. 255–277.

Merricks 2007 — Merricks T. Truth and Ontology. New York: Oxford University Press, 2007.

Montero 1999 — Montero B. The Body Problem // Nous. 1999. Vol. 33. P. 183–200.

Montero 2009 — Montero B. What is the Physical? // Beckermann A., McLaughlin B. P., Walter S., eds. The Oxford Handbook of Philosophy of Mind. Oxford: Oxford University Press, 2009. P. 173–188.

Moser 1987 — Moser P., ed. A Priori Knowledge. Oxford: Oxford University Press, 1987.

Murphy 2017 — Murphy M. God's Own Ethics. Oxford: Oxford University Press, 2017.

Nerlich 2013 — Nerlich G. Einstein's Genie. Montreal: Minkowski Institute Press, 2013.

Newlands 2018 — Newlands S. Spinoza's Modal Metaphysics // Stanford Encyclopedia of Philosophy. 2018 (Fall) / Ed. by Edward N. Zalta. URL: https://plato.stanford.edu/archives/fall2018/entries/spinoza-modal/.

Nolan 1997 — Nolan D. Quantitative Parsimony // British Journal for the Philosophy of Science. 1997. Vol. 48. P. 329–343.

O'Connor 1955 — O'Connor D. J. Incompatible Properties // Analysis. 1955. Vol. 15. P. 109–117.

O'Hair 1969 — O'Hair S. G. Putnam on Reds and Greens // Philosophical Review. 1969. Vol. 78. P. 504–506.

Owen 2002 — Owen D. Hume's Reason. Oxford: Oxford University Press, 2002.

Perry 1986 — Perry J. From Worlds to Situations // Journal of Philosophical Logic. 1986. Vol. 15. P. 83–107.

Pickavance 2014 — Pickavance T. Bare Particulars and Exemplification // American Philosophical Quarterly. 2014. Vol. 51. P. 95–108.

Plantinga 1974 — Plantinga A. The Nature of Necessity. Oxford: Oxford University Press, 1974.

Plantinga 1983 — Plantinga A. On Existentialism // Philosophical Studies. 1983. Vol. 44. P. 1–20.

Plantinga, Grim 1993 — Plantinga A., Grim P. Truth, Omniscience, and Cantorian Arguments // Philosophical Studies. 1993. Vol. 71. P. 267–306.

Priest 1999 — Priest G. Perceiving Contradictions // Australasian Journal of Philosophy. 1999. Vol. 77. P. 439–446.

Priest 2001 — Priest G. An Introduction to Non-Classical Logics. Cambridge: Cambridge University Press, 2001.

Priest 2005 — Priest G. Toward Non-Being. Oxford: Oxford University Press, 2005.

Priest 2006 — Priest G. In Contradiction. Oxford: Oxford University Press, 2006.

Prior 1960 — Prior A. N. Identifiable Individuals // Review of Metaphysics. 1960. Vol. 13. P. 684–696.

Prior 1977 — Prior A. N. Worlds, Times and Selves. London: Duckworth, 1977.

Proops 2005 — Proops I. Kant's Conception of Analytic Judgment // Philosophy and Phenomenological Research. 2005. Vol. 70. P. 588–612.

Pruss 2011 — Pruss A. Actuality, Possibility and Worlds. New York: Continuum, 2011.

Pruss, Rasmussen 2018 — Pruss A., Rasmussen J. Necessary Existence. Oxford: Oxford University Press, 2018.

Putnam 1956 — Putnam H. Reds, Greens, and Logical Analysis // Philosophical Review. 1956. Vol. 65. P. 206–217.

Putnam 1967 — Putnam H. Time and Physical Geometry // Journal of Philosophy. 1967. Vol. 64. P. 240–247.

Putnam 1975 — Putnam H. The Analytic and the Synthetic // Putnam H. Mind, Language and Reality. Cambridge: Cambridge University Press 1975. P. 33–69.

Quine 1953 — Quine W. V. Two Dogmas of Empiricism // Quine W. V. From a Logical Point of View. Cambridge, MA: Harvard University Press, 1953. P. 20–46.

Rasmussen 2014 — Rasmussen J. Continuity as a Guide to Possibility // Australasian Journal of Philosophy. 2014. Vol. 92. P. 525–538.

Raven 2013 — Raven M. Is Ground a Strict Partial Order? // American Philosophical Quarterly. 2013. Vol. 50. P. 193–201.

Rayo 2015 — Rayo A. Essence without Fundamentality // Theoria. 2015. Vol. 70. P. 749–767.

Rea 1997 — Rea M., ed. Material Constitution. Totowa, NJ: Rowman and Littlefield, 1997.

Remnant 1961 — Remnant P. Red and Green All over Again // Analysis. 1961. Vol. 21. P. 93–95.

Rescher 1975 — Rescher N. A Theory of Possibility. Pittsburgh, PA: University of Pittsburgh Press, 1975.

Resnik 1997 — Resnik M. Mathematics as a Science of Patterns. Oxford: Oxford University Press, 1997.

Richardson 2010 — Richardson L. Seeing Empty Space // European Journal of Philosophy. 2010. Vol. 18. P. 227–243.

Rodriguez-Pereyra 2015 — Rodriguez-Pereyra G. Grounding is Not a Strict Order // Journal of the American Philosophical Association. 2015. Vol. 1. P. 517–534.

Rogers 2008 — Rogers K. Anselm on Freedom. Oxford: Oxford University Press, 2008.

Roques 1963 — Roques R. Pourquoi Dieu S'est Fait Homme. Paris: Cerf, 1963.

Rosenberg 1992 — Rosenberg A. Causation, Probability and the Monarchy // American Philosophical Quarterly. 1992. Vol. 29. P. 305–318.

Rosen 1990 — Rosen G. Modal Fictionalism // Mind. 1990. Vol. 99. P. 327–354.

Rosen 2018 — Rosen G. Abstract Objects // The Stanford Encyclopedia of Philosophy. 2018 (Winter) / Ed. by Edward N. Zalta. URL: https://plato.stanford.edu/archives/win2018/entries/abstract objects/.

Rundle 2004 — Rundle B. Why there is Something rather than Nothing. Oxford: Oxford University Press, 2004.

Russell 1959 — Russell B. The Problems of Philosophy. Oxford: Oxford University Press, 1959.

Russell 2008 — Russell G. Truth in Virtue of Meaning. Oxford: Oxford University Press, 2008.

Salmon N. 1981 — Salmon N. Reference and Essence. Princeton, NJ: Princeton University Press, 1981.

Salmon N. 1984 — Salmon N. Impossible Worlds // Analysis. 1984. Vol. 44. P. 114–117.

Salmon W. 1980 — Salmon W. Space, Time and Motion. Minneapolis, MN: University of Minnesota Press, 1980.

Schaffer 2012 — Schaffer J. Grounding, Transitivity, and Contrastivity // Correia F., Schnieder B., eds. Metaphysical Grounding: Understanding the Structure of Reality. Cambridge: Cambridge University Press, 2012. P. 122–138.

Schmitt 1936 — Schmitt F. S. Ein neues unvollendetes Werk des hl. Anselm von Canterbury. Beitrage zur Geschichte der Philosophie und Theologie des Mittelalters. Bd. 33. 1936.

Schnieder 2007 — Schnieder B. Mere Possibilities: A Bolzanian Approach to Non-actual Objects // Journal of the History of Philosophy. 2007. Vol. 45. P. 525–550.

Schrader 1991 — Schrader D. The Antinomy of Divine Necessity // International Journal for Philosophy of Religion. 1991. Vol. 30. P. 45–59.

Shapiro 2000 — Shapiro S. Thinking About Mathematics: The Philosophy of Mathematics. Oxford: Oxford University Press, 2000.

Shoemaker 1980 — Shoemaker S. Causality and Properties // Inwagen P. van, ed. Time and Cause. Dordrecht: D. Reidel, 1980. P. 109–135.

Shoemaker 1998 — Shoemaker S. Causal and Metaphysical Necessity // Pacific Philosophical Quarterly. 1998. Vol. 79. P. 59–77.

Sidelle 1989 — Sidelle A. Necessity, Essence and Individuation. Ithaca, NY: Cornell University Press, 1989.

Sidelle 2009 — Sidelle A. Conventionalism and the Contingency of Conventions // Nous. 2009. Vol. 43. P. 224–241.

Sider 2005 — Sider T. Another Look at Armstrong's Combinatorialism // Noûs. 2005. Vol. 39. P. 679–695.

Sider 2006 — Sider T. Bare Particulars // Philosophical Perspectives. 2006. Vol. 20. P. 387–397.

Sider 2011 — Sider T. Writing the Book of the World. Oxford: Oxford University Press, 2011.

Simons 2005 — Simons P. Negatives, Numbers, and Necessity: Some Worries about Armstrong's Version of Truthmaking // Australasian Journal of Philosophy. 2005. Vol. 83. P. 253–261.

Skow 2007 — Skow B. Are Shapes Intrinsic // Philosophical Studies. 2007. Vol. 133. P. 111–130.

Smart 1959 — Smart J. J. C. Incompatible Colors // Philosophical Studies. 1959. Vol. 10. P. 39–42.

Smith 2014 — Smith A. D. Anselm's Other Argument. Cambridge, MA: Harvard University Press, 2014.

Soames 2005 — Soames S. Reference and Description. Princeton, NJ: Princeton University Press, 2005.

Sorenson 2008 — Sorenson R. Seeing Dark Things. Oxford: Oxford University Press, 2008.

Soteriou 2011 — Soteriou M. The Perception of Absence, Space and Time // Roessler J., Lerman H., Eilan N., eds. Perception, Causation, and Objectivity. New York: Oxford University Press, 2011. P. 181–206. DOI: 10.1093/acprof:oso/9780199692040.001.0001.

Speaks 2018 — Speaks J. The greatest possible being. Oxford: Oxford University Press, 2018.

Stalnaker 1976 — Stalnaker R. Possible Worlds // Nous. 1976. Vol. 10. P. 65–75.

Stalnaker 1986 — Stalnaker R. Possible Worlds and Situations // Journal of Philosophical Logic. 1986. Vol. 15. P. 109–123.

Stang 2010 — Stang N. Kant's Possibility Proof // History of Philosophy Quarterly. 2010. Vol. 27. P. 275–299.

Stang 2016 — Stang N. Kant's Modal Metaphysics. Oxford: Oxford University Press, 2016.

Stoljar 2001 — Stoljar D. Two Conceptions of the Physical // Philosophy and Phenomenological Research. 2001. Vol. 62. P. 253–281.

Stove 1973 — Stove D. C. Probability and Hume's Inductive Scepticism. Oxford: Oxford University Press, 1973.

Swinburne 1994 — Swinburne R. The Christian God. Oxford: Oxford University Press, 1994.

Swinburne 2004 — Swinburne R. The Existence of God. Oxford: Oxford University Press, 2004.

Swinburne 2010 — Swinburne R. In Defense of Logical Nominalism // Religious Studies. 2010. Vol. 46. P. 311–330.

Swinburne 2012 — Swinburne R. What Sort of Necessary Being Could God Be? // European Journal for Philosophy of Religion. 2012. Vol. 4/2. P. 1–13.

Swinburne 2013 — Swinburne R. Mind, Brain and Free Will. Oxford: Oxford University Press, 2013.

Swinburne 2015a — Swinburne R. Could God Be a Necessary Being? // Oxford Studies in Philosophy of Religion. 2015. Vol. 6. P. 227–238.

Swinburne 2015b — Swinburne R. Necessary Moral Principles // Journal of the American Philosophical Association. 2015. Vol. 1. P. 617–634.

Swinburne 2016 — Swinburne R. The Coherence of Theism. 2nd edition. Oxford: Oxford University Press, 2016.

Tahko 2013 — Tahko T. Truth-Grounding and Transitivity // Thought. 2013. Vol. 2. P. 332–340.

Thomason 1972 — Thomason R. A Semantic Theory of Sortal Incorrectness // Journal of Philosophical Logic. 1972. Vol. 1. P. 209–258.

Turner 2005 — Turner J. Strong and Weak Possibility // Philosophical Studies. 2005. Vol. 125. P. 191–217.

van Inwagen 2006 — van Inwagen P. A Theory of Properties // Oxford Studies in Metaphysics. 2006. Vol. 1. P. 107–138.

van Inwagen 2011 — van Inwagen P. Relational vs. Constituent Ontologies // Philosophical Perspectives. 2011. Vol. 25. P. 389–405.

van Woudenberg 2006 — van Woudenberg R. Conceivability and Modal Knowledge // Metaphilosophy. 2006. Vol. 37. P. 210–221.

Vetter 2015 — Vetter B. Potentiality. Oxford: Oxford University Press, 2015.

Wheeler 1955 — Wheeler J. Geons // Physical Review. 1955. Vol. 97. P. 511–536.

Williamson 1999 — Williamson T. A Note on Truth, Satisfaction and the Empty Domain // Analysis. 1999. Vol. 59. P. 3–8.

Williamson 2000 — Williamson T. The Necessary Framework of Objects // Topoi. 2000. Vol. 19. P. 201–208.

Williamson 2005 — Williamson T. Armchair Philosophy, Metaphysical Modality and Counterfactual Thinking // Proceedings of the Aristotelian Society. 2005. Vol. 105. P. 1–23.

Williamson 2013 — Williamson T. Modal Logic as Metaphysics. Oxford: Oxford University Press, 2013.

Williamson, Boghossian 2020 — Williamson T., Boghossian P. Debating the A Priori. Oxford: Oxford University Press, 2020.

Williams, Visser 2009 — Williams T., Visser S. Anselm. Oxford: Oxford University Press, 2009.

Wilson 2006 — Wilson J. On Characterizing the Physical // Philosophical Studies. 2006. Vol. 131. P. 61–99.

Wippel 1981 — Wippel J. The Reality of Nonexisting Possibles According to Thomas Aquinas, Henry of Ghent, and Godfrey of Fontaines // Review of Metaphysics. 1981. Vol. 34. P. 729–758.

Wittgenstein 1922 — Wittgenstein L. Tractatus Logico-Philosophicus. London: Routledge and Kegan Paul, 1922.

Wolterstorff 1991 — Wolterstorff N. Divine Simplicity // Philosophical Perspectives. 1991. Vol. 5. P. 531–552.

Woodward 2011 — Woodward R. Is Modal Fictionalism Artificial? // Pacific Philosophical Quarterly. 2011. Vol. 92. P. 535–550.

Wright 1985 — Wright C. In Defence of the Conventional Wisdom // Hacking I., ed. Exercises in Analysis. Cambridge: Cambridge University Press, 1985. P. 171–197.

Yablo 2003 — Yablo S. Causal Relevance // Philosophical Issues. 2003. Vol. 13. P. 316–328.

Young 2017 — Young N. Hearing Spaces // Australasian Journal of Philosophy. 2017. Vol. 95. P. 242–255.

Zalta 1980 — Zalta E. Abstract Objects. Dordrecht: Reidel, 1980.

Zalta 1988 — Zalta E. Logical and Analytic Truths That Are Not Necessary // Journal of Philosophy. 1988. Vol. 85. P. 57–74.

Предметно-именной указатель

абсолютная необходимость 13, 14, 20–25, 30, 35, 56, 61–64, 66–68, 75, 82–88, 90, 92, 101, 110, 133, 143, 148, 157, 159, 169, 170, 171, 193, 343, 423, 468

абсолютная модальность 28, 30, 46, 55–57, 60, 61, 87, 90–92, 112, 121, 122, 124, 128, 129, 131, 177, 207, 321, 324, 325, 329, 330, 332, 343, 365, 366, 368–371, 412, 425, 435, 436

абстрактные сущности 17, 90, 153, 188, 303, 336, 342, 390, 455

Августин Иппонийский Аврелий (Блаженный Августин) 10, 28, 81, 90, 91, 97

авраамические религии 12, 13, 317, 348

Адамс Роберт М. / Adams Robert M. 11, 119, 331, 432

Айер Альфред Жюль / Ayer Alfred Jules 434

аль-Фараби Абу Наср Мухаммед ибн Мухаммед 13

аналитическая истина 164, 165, 169, 170, 172, 173, 176, 433, 435

Андерсон Ланье Р. / Anderson Lanier R. 164

Ансельм Кентерберийский 7, 8, 10–12, 14–16, 20, 25–119, 131, 157, 162, 180, 186, 229, 230, 318, 321, 324, 325, 327, 334, 336, 341, 346, 443–445, 447, 450

Ответ Гаунило 11, 14, 29, 111

Cur Deus Homo 31, 49, 50, 52, 62, 63, 73, 79, 81, 98, 100, 102, 107

De Concordia 31, 52, 64, 69, 81, 83, 94–96, 99, 106

De Casu Diaboli 37, 47, 49, 108

De Veritate 71, 72, 76, 77, 81

Monologion 11, 26, 40, 43, 47, 57, 65–67, 75, 76, 79, 81, 88, 91, 104–107, 115, 229, 318, 334, 337, 341, 439

Proslogion 11, 26, 49, 71, 76, 77, 81, 82, 84, 107, 112, 118, 119, 162, 194, 229, 334, 445

Ансельмовское существо 26, 52, 443–445, 447, 450

аристотелики 12, 226, 379

Аристотель 12, 174, 227, 229, 231, 376

Армстронг Дэвид М. / Armstrong David M. 43, 135, 202, 333, 341–343, 360

атемпоральность / атемпоральный 19, 52, 56, 57, 65, 68, 72–75, 78, 80, 89, 90, 94–96, 98–100, 198, 335, 445, 467; Бог 65 68, 72, 73, 75, 78, 80, 89, 90, 94, 95, 98, 99, 198, 467
волеизъявление 99, 100

Барт Карл / Barth Karl 18, 19
Барнс Джонатан / Barnes Jonathan 102, 103
Божественная Необходимость / Divine Necessity 11, 14, 16–19, 90
божественные атрибуты 26, 319, 337, 346, 446
Боэций Северин Аниций Манлий 10, 76
   Утешение Философией 76
Брауэр Лёйтзен Эгберт Ян 28, 112–114, 117, 121–131, 189, 193, 194, 196, 244, 284, 287, 300, 321, 325, 329, 330, 332, 358, 369, 370, 412, 413, 435
   система / постулат Б. 28, 122, 124–127, 129, 129–131, 189, 194, 196, 321, 325, 329, 330, 358, 370, 412, 413, 435
Берндстон Дэниел 8, 213, 214, 338
Больцано Бернард / Bolzano Bernard 301, 303, 433, 434
бытие 11, 18, 42, 44, 105, 112, 116, 131, 132, 168, 175, 195, 201, 281, 284, 301, 302–304, 317, 318, 328, 335, 339, 352, 360, 382, 388, 420, 421, 439, 440, 448, 449, 458

вечность 12, 19, 69, 71, 95, 462, 463
визуальное поле 137, 247, 256, 274

ВОЗМОЖНО, НИ ОДИН / POSSIBLY NONE 284–286, 291–293, 296–300, 310–315
возможные миры 14, 20–24, 43, 55, 60, 61, 65, 75, 76, 84, 85, 90, 92, 101, 103, 106, 113, 114, 117, 121, 123, 124, 127, 134, 136, 145, 152–154, 156, 170, 189–191, 196–198, 201, 205, 207–214, 216, 223, 225, 231, 234, 240, 245, 260, 275, 282, 285, 290, 292, 296, 300, 303, 304, 309, 313, 317–320, 322, 324, 326, 328, 330, 355, 359, 360, 365, 367–371, 373–375, 399, 402, 404, 405, 410–413, 420, 431, 445, 450, 455–457, 461, 465–467
всемогущество 82, 92, 93, 99, 159, 160, 209, 314, 356, 363, 443, 445, 446, 465

Гарантия 441–454, 458, 461, 465, 466, 467
   природы 443–446, 454
Генрих Гентский 301 303
гипотеза Гольдбаха 188
Голдшмидт Тайрон / Goldschmidt Tyron 228
Гриффит Аарон / Griffith Aaron 384

Декарт Рене 238, 356
дизъюнкт 57, 58, 103 227, 228, 229, 235, 309 312, 362, 363
дилемма 97, 107–109, 149, 183–186, 396
   Евтифрона 396
   Канта 183–186
Долби Р. Г. А. / Dolby R. G. A. 137
ДУБЛИКАТЫ 71, 228, 230, 234, 238, 298, 447

Евтифрон, трактат 396

жесткий десигнатор 154–156, 320

Инваген ван Питер / Inwagen van Peter 376, 380, 397, 398

интуиция 14, 15, 28, 125–131, 175, 187, 188, 201–203, 206–208, 210, 216, 224, 227, 235, 240, 242, 244, 245, 269, 270, 287, 289, 291, 308, 310–315, 324–327, 366, 384, 465; модальная 187–191, 201, 202, 206, 207, 240, 244, 245, 287, 291, 310–315

исламские философы 12

Каллахан Лора 458

Кант Иммануил 8, 10, 14, 145, 148–186, 191–193, 201, 433

Кантор Георг Фердинанд Людвиг Филипп 209, 210, 461

Карнап Рудольф / Carnap Rudolf 359, 435

квантификация 21, 22, 53, 65, 73, 155, 181

квантор 21, 80, 145, 170, 181, 186, 304
   универсальный 21
   экзистенциальный 21, 304

Кетцалькоатль 26, 327

комбинаториализм 43, 292, 333, 341–343, 364

конвенционализм 201, 290, 317, 319, 333, 343–353, 355–360, 435

Конкретное Необходимое 62–64, 67, 68, 71–78

контингентность 13, 14, 17, 27, 67, 88, 93, 94, 97–99, 101, 111–113, 115–119, 123–126, 134, 136, 137, 152, 156, 170, 176, 177, 180, 182, 185, 186, 191, 194, 204, 205, 212, 216, 217, 221, 223, 242, 260, 298, 318–320, 325, 328–364, 367–370, 372, 373, 375, 389, 398, 402, 403, 405, 407–438, 453, 456, 457, 461, 465, 467
   существования 112, 118, 152, 369, 370, 372, 373, 375, 402, 410, 418, 461

Корейя Фабриче / Correia Fabrice 385

космологические аргументы 13, 16, 17, 203, 204

Крипке Сол 21, 154, 345–347

Куайн Уиллард / Quine Willard 180

Кэмерон Росс / Cameron Ross 66, 201, 287, 343, 418

Льюис Дэвид / Lewis David 114, 123, 179, 211, 219, 221, 223, 228, 261, 301, 304–310, 359, 360, 370, 410–420, 455, 456
   миры 223, 306, 309, 359, 411, 415–419, 456
   поссибилизм 179, 304

Майнонг Алексиус 114, 179, 180, 301–304, 421

Малкольм Норман / Malcolm Norman 11

Меллор Дэвид Хью / Mellor David Hugh 424, 425

Мельник Эндрю / Melnyk Andrew 226

ментальная визуализация 144

Мерфи Марк / Murphy Mark 450

метафизика 7, 12, 15, 16, 18, 19, 25, 27, 29–64, 84, 85, 87, 90–93,

98, 99, 101, 110, 135, 136, 145, 152, 153, 170, 181, 183, 194, 196–201, 202, 203, 207, 211, 216–218, 223, 235, 237, 273, 278, 289, 290, 300, 308, 314, 320, 324, 333, 340, 344, 355, 360, 372, 377, 385, 404, 411, 420, 422, 423, 454

модальная 7, 15, 16, 19, 30, 31, 40, 44–46, 61, 87, 101, 110, 153, 196–201, 207, 216, 217, 223, 300, 314, 320, 355, 360, 404, 422, 423

необходимости 27, 30–36, 98

плохая 87

мистика 279–281

модальная логика 27, 28, 31, 44–47, 112, 117, 120, 122, 129, 158, 177, 435

Ансельма 44–47

Брауэра 117

и достижимость 120, 122

модальность 7, 25, 28–30, 34, 44, 46, 50, 53, 55–57, 60, 61, 85, 87, 88, 90–92, 95, 98, 112, 121, 122, 124, 127–129, 131, 177, 179, 196, 200, 207, 216, 218, 309, 312, 313, 321, 324, 325, 329, 330, 332, 333, 343, 352, 354, 359, 360, 365, 366, 368–371, 412, 425, 435, 436, 449

абсолютная 28, 30, 46, 55–57, 60, 61, 87, 90–92, 112, 121, 122, 124, 128, 129, 131, 177, 207, 321, 324, 325, 329, 330, 332, 343, 365, 366, 368–371, 412, 425, 435, 436

ансельмовская 44, 60, 61, 87

и зло 325–327

объективная 25, 30

примитивная 34

НЕОБХОДИМО НЕКОТОРЫЕ / NECESSARILY SOME 285–288, 290

Необходимость Совершенного Существа / Perfect Being Necessity 11, 14–16, 20, 25, 27–29, 112, 120, 131, 196, 202, 204, 205, 240, 243, 244, 275, 277, 284, 315–317, 320, 321, 324–327, 411, 413, 438, 439, 467, 468

Нерлих Грэм / Nerlich Graham 270

несуществующие 42, 47, 49, 65–68, 105, 110, 118, 119, 132, 134, 162, 179, 208, 231, 277, 301–303, 314, 333, 340, 342–344, 348, 351, 354, 356, 363, 364, 368–370, 372–375, 400, 401, 404, 406, 408, 410, 420, 423, 436, 459

объекты 47, 65, 66, 68, 134, 162, 179, 231, 303, 333, 354, 363, 370, 374, 375, 410, 420

миры 42, 105

книги 49

конвенции 351, 436

языки 356

совершенное существо 119, 277, 340, 344, 348, 364, 401, 406, 408, 410, 423

НИЧТО / NADA 262–264, 266, 421, 422, 437

объективная возможность 22, 23, 25, 82, 192

онтологический 8, 10, 39, 56, 60, 65, 92, 114, 134, 145, 147, 161, 173, 179–182, 191, 193, 194, 200, 213, 234, 300, 301, 304,

310, 311, 314, 319, 332, 342, 346, 352, 374, 376, 390, 400, 413, 414, 439, 466
мета-онтология 145, 147, 181
Оуэн Дэвид / Owen David 132

Патнэм Хилари / Putnam Hilary 70, 138, 435
Плантинга Алвин / Plantinga Alvin 22, 181, 332, 373
платонизм 92, 190, 301, 303, 310, 343, 356
поссибилизм 179, 180, 288, 301, 303, 304, 310, 311, 343, 363, 365–368, 370, 372, 401, 410
льюисовский 179, 304
не-майнонгианский 180
Прайор Артур Норман / Prior Arthur Norman 43, 330–332, 347, 399, 402, 403
принуждение 29–36, 50–52, 62, 79, 80, 105, 110
принцип исключения Паули 385
принцип рекомбинации 211, 322, 412
природа Бога 43, 91, 106–108, 180, 196, 197, 199, 396
Прист Грэм / Priest Graham 109, 128, 137, 303
ПРОСТОЙ ВЗГЛЯД 366–369
Прусс Александр / Pruss Alexander R. 241, 245, 320, 414
Путь Грубых Необходимостей 287, 288
Путь ограничения 289, 290

Рандл Беде / Rundle Bede 224
Расмуссен Джошуа / Rasmussen Joshua L. 241, 245, 320

Рассел Бертран / Russell Bertrand 303
Рейвен Майкл / Raven Michael 385
Рекомбинация / Recombination 290–292, 322
Родригес-Перейра Гонсало / Rodriguez-Pereyra Gonzalo 8, 237, 384, 385, 425
Розен Гидеон / Rosen Gideon 229, 271, 360
Рубио Даниэл 66, 210, 332, 463

Сайдер Теодор / Sider Theodore 319, 340, 341, 343, 344, 349, 350, 378
Саймонс Питер 427–429
самосущность 18, 19, 79, 104, 106, 334–341, 375, 387, 464
семантика 14, 21, 121, 157, 197, 324
возможных миров 14, 121, 157, 324
модальных высказываний 21, 197
Сенека Луций Анней 10
система / постулат Брауэра 28, 122, 124–127, 129, 129–131, 189, 194, 196, 321, 325, 329, 330, 358, 370, 412, 413, 435
Скот Иоанн Дунс 304
совершенное существо 10–16, 20, 25–29, 82, 91, 107, 111, 112, 115–117, 119, 120, 121, 131, 145, 147, 154, 163, 171–174, 185, 194, 196, 197, 201–205, 229, 230, 240, 241, 243, 244, 275–281, 284, 287, 315–321, 324–367, 374, 383, 387, 390, 391, 396, 398, 399, 401,

404–425, 431, 432, 435, 436, 438–441, 443–447, 449–453, 458–468
Ансельма 107, 447, 450
несуществующее 119, 277, 340, 344, 348, 364, 401, 406, 408, 410, 423
теология 82, 91, 348, 44

Спикс Джефф / Speaks Jeffrey 318, 449

Сталнакер Роберт / Stalnaker Robert 21, 92, 93

Столджар Дэниел / Stoljar Daniel 227

Суинберн Ричард / Swinburne Richard 139–143, 146, 147, 187–204, 319, 343

Сущность 67, 366–376, 378, 382, 383, 386–398, 430

Тахко Туомас / Tahko Tuomas 385

теисты 12–14, 16, 17, 18, 19, 66, 79, 190, 191, 196, 197, 200–203, 240, 312, 324, 330, 339, 344, 346, 415, 419, 459, 467

теология совершенного бытия 335, 388, 440, 448, 458

темпоральность / темпоральный 32, 55, 63, 68, 74, 75, 76, 89, 90, 98, 99, 198, 217, 253, 336, 420, 445, 461, 462, 467

вещь 75, 76, 336

истории 89, 90

существо 420, 445, 461, 462

теология 18, 19, 82, 91, 97, 107, 157, 335, 348, 388, 418, 440, 446, 448, 458

совершенного бытия 335, 388, 440, 448, 458

совершенного существа 82, 91, 348, 446

Тернер Джейсон / Turner Jason 331

типы сил 40–42

транзитивность 122, 131, 382–387, 389

Уиллард-Кайл Кристофер 458

Уильямсон Тимоти / Williamson Timothy 24, 130, 231, 251, 284, 311, 332, 399, 408, 409, 420, 421

Файн Кит / Fine Kit 70, 107, 385

Филд Хартри / Field Hartry 428

Фиксированное Прошлое 62–64, 67, 68, 71–78

фикционализм 333, 341, 359, 360

модальный 333, 359, 360

Финдли Джон Нимейер 14, 316–318

Фома Аквинский 11, 157, 175, 176, 180, 181, 199, 346, 379, 416, 419

Фреге Фридрих Людвиг Готлоб 189, 272, 311, 312, 434

фрейм 39

Ханна Роберт / Hanna Robert 150, 182

Хартшорн Чарльз / Hartshorne Charles 11

Хаскер Уильям / Hasker William 68

христианство 10, 12, 450, 451

Хьюз Кристофер 7, 103, 106, 107, 155, 239

цепочка силы 38, 39, 41, 44, 46, 54, 57, 60, 423
Циммерман Дин 102, 250, 252, 333, 393, 396

Чалмерс Дэвид 226

Шаффер Джонатан 385
Шрейдер Дэвид 274, 275, 277, 280, 320
Шумейкер Сидни / Shoemaker Sidney 218

экзистенциальный 21, 72, 73, 133, 144–147, 155–159, 162, 170, 177–179, 181, 182, 276, 290, 304, 305, 422–424, 437
  квантор 21, 304
  негативные экзистенциалы 147, 422–424, 437
эпистемология 19, 130, 131, 201–203, 221, 238, 259, 448
  модальная 130, 131, 201–203, 220, 221, 238, 448

Юм Дэвид 12, 14, 132–147, 170, 176, 186, 191, 192, 201, 290

Ягер Томас / Jager Thomas 134
Якобс Джонатан / Jacobs Jonathan 38
Янг Дэниел 182

arguendo 26
ceteris paribus 17, 238, 245, 246, 293–295, 448, 454, 459, 465
de dicto 53
de re 53, 305, 466
esse cognitum 304
haecceity 230
ipso facto 52, 58, 68, 254, 372
mutatis mutandis 329, 421, 445
prima facie 158, 188–192, 387, 439, 448, 450
prohibitio 30
reductio ad absurdum 175
simpliciter 97, 382, 403, 418
ultima facie 192, 388, 439, 448, 450, 467

Оглавление

Предисловие 7
Введение 10

Глава 1. Метафизика 29
  1.1. Метафизика необходимости 30
  1.2. Ансельм о возможности 37
  1.3. Модальная логика Ансельма 44
  1.4. Собственное и Не-собственное 47
  1.5. Ансельмовская метафизика для базовых
      модальных истин 53
  1.6. Возможные миры 60

Глава 2. Приложения 61
  2.1. Фиксированность прошлого 62
  2.2. Правдивость Бога 78
  2.3. Справедливость и Бессмертие 83
  2.4. Аргумент от благожелательности 84
  2.5. Неопределенное модальное понятие? 86

Глава 3. Проблемы 87
  3.1. Не упускаются ли здесь какие-то возможности? 87
  3.2. Проблемы в связи с Божественной
      Необходимостью 101
  3.3. Аргумент от совершенства 110

Глава 4. Аргумент 111
  4.1. Аргумент Ансельма 111
  4.2. Первые три посылки 112

- 4.3. Майнонгианская посылка ... 114
- 4.4. Недостающая посылка ... 115
- 4.5. Посылка возможности ... 118

Глава 5. Брауэр ... 121
- 5.1. Модальная логика и достижимость ... 121
- 5.2. Если и только если Брауэр ... 122
- 5.3. Интуиция ... 125
- 5.4. Модальное различие ... 126
- 5.5. Содержание и Статус ... 128
- 5.6. Модальная эпистемология ... 130

Глава 6. Юм ... 132
- 6.1. Тождество ... 134
- 6.2. Метафизика ... 135
- 6.3. Супервентность ... 136
- 6.4. Исключение цветов ... 137
- 6.5. Мыслимость ... 143
- 6.6. Дополнение Суинберна ... 146

Глава 7. Кант ... 148
- 7.1. Общий план ... 148
- 7.1.1. Реальное vs Номинальное определение ... 149
- 7.2. Почему пропозиции? ... 151
- 7.3. Аргумент Канта ... 157
- 7.4. Концепция аналитичности у Канта ... 162
- 7.5. Оно должно быть аналитическим ... 171
- 7.6. Почему аналитичность значима ... 172
- 7.7. Дилемма Канта ... 183
- 7.8. Тезис о существовании ... 186

Глава 8. Суинберн ... 187
- 8.1. Модальные интуиции ... 187
- 8.2. Юм и Кант — *в сокращенном виде* ... 191
- 8.3. Нет хороших аргументов? ... 193
- 8.4. Модальная метафизика ... 196
- 8.5. Модальная эпистемология ... 201
- 8.6. Гамбит космологического аргумента ... 203

Глава 9. Параллельный аргумент 205
    9.1. Зачем верить в физически пустые миры? 206
    9.2. Обосновывая параллельное 225

Глава 10. Воображая Ничто 244
    10.1. Обыденное чувственное воображение 247
    10.2. OSI и свидетельства в пользу возможности 247
    10.3. Не воображая никаких конкретных объектов 250
    10.4. История исчезновения 252
    10.5. Фон 266
    10.6. Шарик Шрейдера 274
    10.7. Мистическое воображение? 279
    10.8. Сенсорные модели 281

Глава 11. Думая о Ничто 284
    11.1. Путь необходимости 285
    11.2. Комбинации 290
    11.3. Подобие возможному 293
    11.4. Сходство и вычитание 296
    11.5. Мыслимость 300
    11.6. Поссибилизм 301
    11.7. Модальная интуиция 310

Глава 12. Еще пять возражений 316
    12.1. Финдли 316
    12.2. Обобщение аргумента Финдли 317
    12.3. Проблема уникальности 319
    12.4. Шрейдер: перезагрузка 320
    12.5. Модальность и зло 325

Глава 13. Контингентность Совершенного Существа? 328
    13.1. Невозможное 329
    13.2. Опция Прайора 330
    13.3. Что обеспечивает возможность в Отсутствующем ... 332
    13.4. Необходимая самосущность 334
    13.5. Тезис совместимости 337
    13.6. Более сильная самосущность 338
    13.7. Комбинаториализм 341
    13.8. Конвенционализм 343

13.9. Модальная трилемма 349
13.10. Совершенное существо, единственное
и невозможное 357
13.11. Совершенное существо, никогда не
в одиночестве 358
13.12. Модальный фикционализм 359
13.13. Наделяя истинностью по небольшой цене 360
13.14. Меньшие степени 362
13.15. Конкретные несуществующие объекты:
поссибилизм 363

Глава 14. Опции в отношении сущности 365
14.1. Простая теория 366
14.2. Сущность как Необходимое 367
14.3. Две асимметрии 375
14.4. Сущности как конституэнты 376
14.5. Сущность не конституэнтна 378
14.6. Ван Инваген 380
14.7. Никакого обратного объяснения 381
14.8. Проблема транзитивности 382
14.9. Вторая проблема транзитивности 383
14.10. Ответ 386
14.11. Второй ответ 387
14.12. Другой ответ 388
14.13. Проблема зависимости 389
14.14. Варьирование общей сущности 390
14.15. Обратно к индивидуальным сущностям 391
14.16. Варьирование общей сущности в общем 395
14.17. В духе Евтифрона 396
14.18. Объяснительная приоритетность 397

Глава 15. Другие не-конкретные объекты 399
15.1. Объяснительная приоритетность и платоновские
миры 399
15.2. Аналогия 401
15.3. Рассмотрим отдельные случаи 403
15.4. Атрибуты указывают 404

15.5. Дальнейшие примеры 405
15.6. Наиболее фундаментальный уровень реальности ... 407
15.7. Уильямсон 408
Глава 16. Заключение о контингентности 410
16.1. Конкретные существующие объекты 410
16.2. Другие опции 420
16.3. Вообще ничего 421
16.4. Негативные экзистенциалы 422
16.5. Применяя бритву к факторам истинности 424
16.6. Спасение через сверхоценки? 427
16.7. Сама необходимость? 429
16.8. И теперь к (2) 429
16.9. Внутренняя возможность 431
16.10. Аналитическая возможность 432
16.11. Мораль 438
Глава 17. Аргумент фактора недостатка 439
17.1. Гарантия 441
17.2. Его возможность 442
17.3. Гарантировано природой 443
17.4. Проблема всемогущества 445
17.5. Совершенное существо в целом 447
17.6. Проблема любви 450
17.7. Окончания 451
17.8. Результат 453
17.9. Упуская все это 453
17.10. Другие опции 458
17.11. Удача и Самосущность 464
17.12. Упущенная часть 465
17.13. Мораль 467
Глава 18. Послание 468

Библиография 469
Предметно-именной указатель 483

Научное издание

Брайан Лефтоу
АРГУМЕНТ АНСЕЛЬМА
Божественная необходимость

Директор издательства *И. В. Немировский*
Ответственный редактор *И. Белецкий*
Куратор серии *С. Козин*
Заведующая редакцией *И. Емельянова*

Дизайн *И. Граве*
Редактор *П. Матвеева*
Корректор *А. Филимонова*
Верстка *Е. Падалки*

Подписано в печать 29.08.2025.
Формат издания 60 × 90 ¹/₁₆. Усл. печ. л. 31,0.
Тираж 200 экз.

Academic Studies Press
1577 Beacon Street, Brookline, MA 02446 USA
https://www.academicstudiespress.com

ООО «Библиороссика».
198207, г. Санкт-Петербург, а/я № 8

Эксклюзивные дистрибьюторы:
ООО «Караван»
ООО «КНИЖНЫЙ КЛУБ 36.6»
http://www.club366.ru
Тел./факс: 8(495)9264544
e-mail: club366@club366.ru

Книги издательства можно купить
в интернет-магазине: www.bibliorossicapress.com
e-mail: sales@bibliorossicapress.ru

Знак информационной продукции согласно
Федеральному закону от 29.12.2010 № 436-ФЗ

www.ingramcontent.com/pod-product-compliance
Lightning Source LLC
Chambersburg PA
CBHW061923220426
43662CB00012B/1783